𝔅𝔞𝔳𝔞𝔯𝔦𝔠𝔞 Reprint
im Süddeutschen Verlag
München

Wanderungen

im

Bayerischen Gebirge

und

Salzkammergut.

Geschildert von

Herman von Schmid und Karl Stieler.

Illustrirt von

Gustav Cloß, Wilhelm Diez, Alois Gabl, Richard Püttner,
Arthur v. Ramberg, Carl Raupp, L. Ritter, J. G. Steffan, Friedrich Voltz,
Josef Watter, Josef Wopfner.

Zweite Auflage.

Die erste Auflage erschien unter dem Titel:

„Aus deutschen Bergen".

1976

ISBN 3-7991-5884-7

Druck: Karl Wenschow GmbH, München. Bindearbeit: R. Oldenbourg, München

Seiner Majestät
König Ludwig II. von Bayern
dem deutschgesinnten Fürsten,
dem hohen Schützer der Künste,
dem begeisterten Verehrer der
Bergwelt

Ehrfurchtsvollst gewidmet

von den

Herausgebern.

Inhalt.

	Seite
Die Berge grüßen! Von Herman von Schmid	1
Vor den Bergen. Von Herman von Schmid	3
In den Bergen.	
Oberbayern. Von Karl Stieler und Herman von Schmid.	
1. An der Zugspitze	21
2. An den Walchensee	26
3. Durch die Jachenau nach Länggries	31
4. Ein Rundgang um den Tegernsee	33
5. Dorf Kreuth und Wildbad	37
6. In der Kaiserklause	44
7. Am Spitzing	48
8. Der Schliersee	51
9. Fischbachau und Bayerischzell	55
10. Nach Miesbach	60
11. Der Chiemsee	62
12. Zum Königssee	67
Schwaben. Von Karl Stieler.	
1. Ins Algäu	75
2. Füssen und Hohenschwangau	84
Salzburg. Von Karl Stieler	92
Die Seen des Salzkammergutes. Von Karl Stieler.	
1. Vom Attersee und Mondsee nach St. Wolfgang	103
2. Vom Wolfgangsee auf den Schafberg	106
3. Traunsee und Ischl	110
4. Am Hallstädtersee	115
5. Gosau-See	117
Die Giselabahn. Von Karl Stieler.	
1. Von Salzburg nach Hallein	120
2. Golling, Lichtensteinklamm, Gastein	123
3. Zell am See und seine Umgebung	127
4. Ueber Saalfelden ins Innthal	133
Bergschlösser. Von Herman von Schmid	135
Das Bergdorf. Von Karl Stieler.	
1. Haus und Brauch	143
2. Der Schuhplattltanz	153
3. Vom Haberfeldtreiben	157
4. Die Wildschützen im bayerischen Gebirg	159
Ein Räuberleben in den Bergen	165
5. Beim Sonnenwendfeuer	171
6. Almenleben	175
Städtisches Landleben. Von Karl Stieler.	
1. Sonnige Tage	182
2. Regentage im Gebirg	187
Behüt' dich Gott! Gedicht von Herman von Schmid	191

Anhang.

	Seite
Aus der Thier- und Pflanzenwelt. Von Herman von Schmid	195
Der geognostische Bau der deutschen Alpen. Von Dr. Karl Haushofer	202

VI Inhalt.

Verzeichniß der Illustrationen.

Ganzseitige Bilder.

	Nach Seite
Der Starnberger See von Feldafing aus. Von J. Wopfner	6
Ammerland am Starnberger See. Von C. Raupp	8
Partenkirchen vor dem Brande. Von J. G. Steffan	20
Der Eibsee. Von G. Cloß	24
Mondnacht am Walchensee. Von G. Cloß	28
Saumpferd an der Benediktenwand. Von F. Voltz	32
Tegernsee. Von L. Höfer	34
Kirchweih in der Kaiserklause. Von W. Diez	44
Ziegenalm. Von F. Voltz	48
Auf dem Chiemsee. Von J. Wopfner	62
Fischzug auf dem Chiemsee. Von C. Raupp	64
In der Ramsau. Von G. Cloß	66
Mühlsturzhörner. Von G. Cloß	68
Obersee. Von G. Cloß	72
Wimbachklamm. Von J. G. Steffan	74
Die Mädelesgabel. Von R. Püttner	80
Hohenschwangau von der „Jugend" aus. Von R. Püttner	84
Salzburg. Von G. Cloß	92
Salzburg. Von L. Ritter	98

	Nach Seite
St. Wolfgang mit dem Schafberg. Von C. Raupp	106
Ischl. Von L. Ritter	112
Hallstadt. Von R. Püttner	116
Partie vom Gosau-See. Von G. Cloß	118
Golling mit Umgebung: Gollinger Wasserfall, Abstieg zu den Oefen, Partie aus den Salzachöfen, Paß Lueg, Brunneck. Von R. Püttner	122
Wildbad Gastein: Wasserfall beim Badeschloß. Platz in Hofgastein. Von R. Püttner	126
Zell am See. Steinernes Meer. Fischhorn. Von R. Püttner	128
Hochzeitszug. Von A. Gabl	150
Verfolgung. Von W. Diez	166
Johannisfeuer. Von J. Watter	172
Mißgeschick auf der Alm. Von F. Voltz	176
Abzug von der Alm. Von F. Voltz	180
Städter auf dem Lande. An sonnigen Tagen! Von J. Watter	182
Kahnfahrt. Von A. v. Ramberg	184
Städter auf dem Lande. Eingeregnet! Von J. Watter	188
Pferde unter der Schirmtanne. Von F. Voltz	196
Adler eine Schafheerde überfallend. Von F. Voltz	200

Text-Illustrationen.

	Seite
Anfangsvignette. Von J. Wopfner	1
Blick aus dem Vorlande auf das bayerische Gebirge. Von G. Cloß	3
Ammersee. Von J. G. Steffan	4
Oberammergau. Von L. Höfer	5
Am Starnberger See. Von F. Voltz	6
Abfahrt in Starnberg. Von R. Püttner	7
Schloß Berg. Von demselben	7
Possenhofen. Am Seeufer. Von demselben	8
Bernried. Von demselben	9
Starnberg. Von demselben	10
Kirchhof in Seeshaupt. Von demselben	10
Benediktbeuern. Von demselben	11
Am Kochelsee. Von G. Cloß	12
Isarthal mit Burg Schwaneck. Von R. Püttner	13
Blick auf Tölz. Von demselben	14
Isarfloß. Von W. Diez	15
Landschaft an der Mangfall. Von O. Frölicher	16
Das Innthal bei Brannenburg. Von J. G. Steffan	17
Wendelstein vom Vorlande aus. Von demselben	18
Loisachthal mit Zugspitze. Von J. G. Steffan	21
Schmuggler. Von W. Diez	22
Die blaue Gumpe. Von R. Püttner	23
Partie vom Schachen: Blick auf die Alpspitze und Hochblassen. Von demselben	24
Königshaus am Schachen. Von demselben	24
Kloster Ettal. Von O. Frölicher	25
Straße am Walchensee. Von J. Wopfner	26
Mittenwald. Von R. Püttner	27
Waldeinsamkeit. Von G. Cloß	28
Blick über den Walchensee von Urfeld aus. Von R. Püttner	29
Klösterchen am Walchensee. Von G. Cloß	30
Laube. Von W. Diez	31
Schützenzug in Länggries. Von demselben	32

	Seite
Anfangs-Vignette. Von W. Diez	33
Egern am Tegernsee. Von R. Püttner	34
Schluß-Vignette. Von W. Diez	36
Kirchhof in Kreuth. Von J. Wopfner	37
Bittgang. Von C. Raupp	38
Holzknechte. Von W. Diez	40
Wildbad Kreuth. Von L. Ritter	42
Vignette. Von W. Diez	43
Anfangs-Vignette. Von demselben	44
Holzhütte im Walde. Von demselben	45
Schluß-Vignette. Von J. Wopfner	47
Spitzingsee. Von demselben	48
Wurzelgräberin. Von demselben	50
Schliersee. Von demselben	52
Zur Leonhartsfahrt. Von W. Diez	53
Wendelstein vom Josephsthal aus gesehen. Von J. Wopfner	54
Initial. Von demselben	55
Alm auf dem Wendelstein. Von J. G. Steffan	56
Mädchen auf der Laube. Von J. Watter	57
Wirthshausbalgerei. Von W. Diez	58
Schluß-Vignette. Von J. Watter	59
Miesbach. Von R. Püttner	60
Schluß-Vignette. Von W. Diez	61
Frauenwörth. Von G. Cloß	62
Fischerhäuser auf Frauenwörth. Von demselben	64
Blick auf die Herreninsel. Von demselben	65
Reichenhall. Von J. Wopfner	67
Berchtesgaden mit dem Watzmann. Von L. Höfer	68
Hintersee mit dem hohen Göll. Von R. Püttner	69
Königsee. Von G. Cloß	70
Schiffer vom Königsee. Von C. Raupp	71
Echo auf dem Königsee. Von demselben	72
St. Bartholomä. Von R. Püttner	73

Inhalt.

VII

	Seite
Kempten. Von R. Püttner	75
Rathhaus in Kempten. Von demselben	77
Immenstadt. Von demselben	78
Der hohe Grünten und Blick auf Sonthofen. Von demselben	80
Vignette: Oberstdorf, Spielmannsau, Gerstruben mit Hoffatsspitze, Loretto und Zwingsteg. Von demselben	82
Füssen. Von R. Püttner	84
Hohenschwangau vom Schwansee aus. Von demselben	86
Bilder aus Hohenschwangau. Von demselben	89
Marienbrücke. Von demselben	90
Minnesänger. Von demselben	91
Schwanenwappen. Von demselben	91
Anfangsvignette. Von C. Raupp	92
Partie an der Salzach: Vorstadt Stein. Von R. Püttner	93
Salzburg: Residenzplatz mit dem Hofbrunnen. Von L. Ritter	94
Salzburg: Kirchhof von St. Peter. Von demselben	96
Mozarts Standbild und Mozarthäuschen. Von R. Püttner	98
Schloß Mirabell. Von demselben	99
Vignette: Schloß Leopoldskron. Schloß Hellbrunn: Steinernes Theater, Partie an der Tischgrotte. Von demselben	100
Maria Plain mit Blick auf Salzburg. Von demselben	101
Salzburg: Das Neuthor. Von L. Ritter	102
Anfangsvignette. Von A. v. Ramberg	103
Schloß Kammer, Weißenbach und Unterach. Von R. Püttner	104
Blick über Mondsee. Von demselben	105
Partie vom Mondsee mit Drachenwand. Von demselben	106
St. Gilgen. Von C. Raupp	107
Anziehendes Gewitter. Von demselben	108
Gasthaus auf dem Schafberg. Von demselben	109
Gmunden. Von L. Höfer	110
Sturm auf dem See. Von C. Raupp	111
Traunkirchen und Traunfall. Von R. Püttner	112
Schlußvignette. Von C. Raupp	114
Anfangsvignette. Von demselben	115
Anfangsvignette. Von demselben	117
Partie aus der Gosauschlucht mit Blick auf die Donnerkogeln. Von R. Püttner	118
Schlußvignette. Von F. Specht	119
Hallein und der Salzberg. Von R. Püttner	120
Einfahrt in den Salzberg. Von demselben	122
Markt Werfen und Schloß Hohen-Werfen. Von demselben	124
Bischofshofen. Von demselben	125
In der Lichtensteinklamm. Von demselben	126
Zell am See. Von demselben	127
Mitterfill. Von demselben	128

	Seite
Schmittenhöhe. Von R. Püttner	130
Schlußvignette. Von J. Watter	132
Saalfelden mit steinernem Meer. Von R. Püttner	133
St. Johann mit dem Wilden Kaiser. Von R. Püttner	134
Anfangsvignette. Von W. Diez	135
Schloß Hohenaschau. Von J. G. Steffan	138
Burg Falkenstein im Innthal. Von demselben	139
Schlußvignette. Von W. Diez	142
Anfangsvignette. Von J. Watter	143
Felsenkapelle. Von G. Cloß	148
Kammerwagen. Von A. Gabl	149
Suppensalzen. Von demselben	150
Almerinnen vor der Sennhütte. Von C. Raupp	152
Anfangsvignette. Von W. Diez	153
Heimgang. Von demselben	155
Anfangsvignette. Von demselben	157
Schlußvignette. Von demselben	158
Unerwartete Begegnung. Von C. Raupp	159
Vignette. Von demselben	161
Anfangsvignette. Von W. Diez	165
Das Ende des Wiesbauer-Franzl. Von demselben	169
Schlußvignette. Von demselben	170
Anfangsvignette. Von J. Watter	171
Schlußvignette. Von demselben	174
Steinalm auf der Kampenwand. Von J. G. Steffan	175
Jäger in der Sennhütte. Von W. Diez	178
Sonntag auf der Alm. Von A. Gabl	180
Schluß-Vignette. Von W. Diez	181
Anfangs-Vignette. Von J. Watter	182
Städter in der Almhütte. Von demselben	185
Anfangs-Vignette. Von demselben	187
Schluß-Vignette. Von A. v. Ramberg	190
„Behüt dich Gott!" Von J. Watter	191
Anfangs-Vignette. Von J. Wopfner	195
Schmiede im Walde. Von J. Wopfner	196
Urwald. Von demselben	197
Berghirsch. Von L. Voltz	199
Rehe. Von demselben	199
Tatzelwurm. Von W. Diez	200
Engelstein. Von K. Haushofer	208
Wetterstein. Von demselben	210
Watzmann (Westseite). Von demselben	211
Dachsteinkalk. Von demselben	212
Blaueis. Von demselben	214
Schluß-Vignette. Von demselben	215

Die Berge grüßen!

Sei willkommen, Bergeswandrer!
Dich empfängt der Berge Gruß!
Wie vor eines Tempels Schwelle
Streif' die Sohle dir vom Fuß!
Komm, des Waldes Wipfel rauschen
Und die Wasser brausen drein —
Nahst du in der Weihestimmung,
Wirst du ein Geweihter sein!

Wenn das Leben dich ermüdet
Und des Lebens schwüler Tag,
Wenn dir sich die Glieder sanken,
Matter pocht des Herzens Schlag,
Komm und laß den Hauch der Berge
In die kranke Brust dir wehn,
Und du sollst in neuer Blüthe
Neu dir selber auferstehn!

Hast du des Erkennens Becher bitter bis zum Grund geleert,
Daß in Zweifel sich der Glaube und die Lieb' in Haß verkehrt,
Komm — bei uns, die ruhig stehen und des Wandels unbewußt,
Findest du den Himmel wieder und den Gott in deiner Brust!

Und wenn lächelnd dich die Stunde bis zu diesem Tag gewiegt,
Keine Blume dir verdorrte, keine Quelle dir versiegt,
Eile zweifach, Sohn des Glückes, von den Unsrigen zu sein:
Freude, dir niemals verduftet — Freiheit wohnt bei uns allein!

Freude nistet mit den Schwalben an des Bauers Giebeldach,
Freude jauchzt den Ruf der Sennin in dem Hall der Felsen nach;
Freiheit tönt im Waldesbrausen — Wassersturz und Adlerschrei
Singen die gewalt'gen Noten ihrer Riesenmelodei!

Sei willkommen, Bergeswandrer! Wie wir dich jetzt nahen sehn,
Sahen wir durch manch' Jahrtausend Volk an Volk vorübergehn,
Werden manch' Jahrtausend schauen, das nach dir von hinnen treibt,
Werden zeugen von dem Einen, das in Sturm und Wetter bleibt:

Zeugen, daß des Edlen Sehnsucht kein vergeblich leeres Wort,
Daß sichs lohnt, festzuhalten an dem auserwählten Hort —
Ob dir Leid, ob Wonne flute durch das heiße Menschenherz,
Blick' auf uns, und mit den Augen steigt die Seele himmelwärts.

H. Sch.

Blick aus dem Vorlande auf das bayerische Gebirge.

Vor den Bergen.

er die Berge kennen und lieben gelernt, der vergißt sie nie wieder; er beneidet und preist Jeden, dem es vergönnt ist, ihnen zu nahen, und die Erinnerung an sie ist ihm ein unerschöpflicher Vorrath, an dem er sein ganzes Leben lang zehrt — ist es doch ein Zug der Natur, der sich hierin ausspricht, denn die Berge sind die Schatzkammer der Natur, in welcher sie alle einzelne Schönheit von Höhe und Ebene, von Wasser und Land, von Erstarrung und frischgrünendem Leben gesammelt hat und in Einem gesammelten Bilde darbietet. — Allerorten nun sind die Berge, diese Säulen und Grundfesten der Erde, schön, sei es, daß in ihnen das Gepräge wilder Großartigkeit oder anmuthiger Milde vorwalte; kaum zu widerlegen ist aber, daß die Vereinigung all' dieser Eigenthümlichkeiten und Vorzüge nirgends gelungener und bei der abwechselndsten Mannigfaltigkeit nirgends zu höherer Schönheit durchgebildet ist, als in dem Theile der deutschen Alpen, welcher gewöhnlich als das bayerische Gebirge bezeichnet wird. Ein gleiches Maß von Reiz ist auch auf das Land „Vor den Bergen" ausgegossen, so daß es gerechtfertigt ist, ihm zuerst die Aufmerksamkeit zuzuwenden.

Der allgemeine Charakter dieser Vorlande stimmt überall darin überein, daß er mehr oder minder das Gepräge ihrer Abstammung trägt: ihrer Abhängigkeit vom Gebirge selbst und ihrer Entstehung durch dasselbe, vor dem sie ja gelagert sind, wie Kinder zu den Füßen ihrer Eltern. Diese Vergleichung ist vollkommen passend für einen großen Theil des Landes vor den Bergen, denn die letzte Erhebung derselben aus dem Erdrunde und über denselben, der sie ihre jetzige Gestalt verdankt, war es wohl auch meistens, welche die Massen von Eisgestein und Wasser niederstürzte, wälzte und goß, deren Prall und Drang die Umuferung der damals überall vor den Bergen vorhandenen Seebecken durchbrach, dadurch deren Abfluß veranlaßte und so die Geröllflächen und Lehm-Mulden, die Torftiefen und Wasserbehälter entstehen ließ, welche noch jetzt dem Forscher von diesen gewaltigen Umwälzungen erzählen, wenn er, nicht befriedigt von dem reizenden Landschaftsbilde, den Grund untersucht, auf welchem der Farbenzauber dieses Gemäldes aufgetragen ist.

Ammersee.

An sich stehen die Gebirge wie feste Wälle und undurchdringliche Mauern da, die sich gleich den einzelnen vorgeschobenen Werken einer gigantenhaften Centralfestung nach allen Seiten ausbreiten und vorschieben. Wohl ist es menschlicher Kühnheit und Kraft nicht unmöglich, sie zu übersteigen, aber der ruhig genießende Wanderer und Naturfreund zieht es doch vor, die Pforten zu suchen, welche die Bergwelt selbst geöffnet hat, um durch dieselben wie durch eine Art lebender Straßen bis zur Stunde den alten Verkehr mit Vorland und Ebene zu unterhalten. — Diese Pforten und Straßen sind die Flüsse und die Thäler, welche jene aus dem Herzen der Berge gehöhlt und gegraben, und die eben deßwegen am sichersten und nächsten zurückführen an dieses Herz.

Die Bergflüsse sollen es daher sein, an deren Hand wir die Wanderung in die Berge beginnen — allerdings ein Weg, der ziemlich weit abliegt von den Eisenbahnsträngen, auf denen jetzt meist überall die Arbeit dahin dampft, wie die Erholung von ihr; dafür ist er aber desto lohnender und die Geister in den Bergen sind eifersüchtig und scheu; sie hassen das Geräusch und gönnen nur demjenigen ihre geheimste Herrlichkeit zu schauen, der ihnen still und vertrauend naht.

Der erste Strom, der als solcher Führer in die Berge zu betrachten kommt, ist der Lech, doch bleibt er hier außer Frage, weil er die Grenze ist, die den eigentlich bayerischen Gebirgsstock von den, später behandelten auch in ihrer Gestaltung wesentlich verschiedenen Allgäuer Alpen, das bayerische Oberland vom bayerischen Schwaben scheidet; desto wichtiger sind die Isar und der Inn mit ihren untergeordneten Lehensleuten und Vasallen, der Amper und der Loisach, der Mangfall, der Prien, der Traun und der Saalach, die sich alle unter einander verbinden, um dann gemeinsam dem Oberstromherrn des Gebietes, der Donau, entgegenzueilen.

Bei sehr vielen Bergflüssen ist es eine wiederkehrende Eigenthümlichkeit, daß ihr Austritt aus den Bergen durch ein größeres Becken, einen See, bezeichnet ist, den sie zu durchströmen scheinen, indem sie ihn bilden und dann erst den eigentlichen Lauf ins Land beginnen. Das Becken, welches von der Ammer (Amper) gebildet wird, trägt ihren Namen, es ist der Ammersee mit seinen einsamen Hügelufern, von welchem die Sage kündet, er sei einst ein Moor oder Sumpf gewesen; drei edle Jungfrauen hätten sich bemüht, das weite, öde Land fruchtbar zu machen und hätten, da es ihnen nicht gelang, die Wasser zu bewältigen, es völlig verwünscht, ein See zu sein und zu bleiben — ein ziemlich deutlicher Fingerzeig, wie lang in der Erinnerung des Volkes die Zeit fortlebte, da das

Oberammergau.

Seebecken noch nicht ganz vollgelaufen und wie versumpft sein mochte! Wer jetzt über den mächtigen, breit hingegossenen Wasserspiegel dahinrudert im schmalen Kahne von einfachster Gestalt und nicht selten aus dem Stamm einer Eiche gehöhlt, der sieht sich, während rechts das alte Diessen seine blanken Häuser schimmern läßt, gegenüber von der Höhe herab von den Thürmen und Giebeln von Andechs begrüßt, dem weitblinkenden Herrschersitze der alten Grafen dieses Namens, die einst hier geschaltet und gewaltet, als die römische Provinz, durch welche der Römer seine Straße von Augsburg her geführt, zum Amber=gau des Mittelalters deutscher Kaiserzeit geworden war. Vor ihm aber, zwischen den beiden Seitenbildern winken ihm die Berge entgegen, in derselben Herrlichkeit, wie sie durch all diese Zeiten gestanden, von denen jetzt keine Spur mehr erzählt, als hie und da ein römisches Castell, oder eine verblichene Stickerei, die der fromme Glaube als die Reliquie eines Heiligen gerettet hat und in Ehren hält.

Dann beugt sich der Weg an dem hohen Peissenberg vorüber mit seiner Wallfahrtskirche, seiner berühmten Rundschau und seinen mächtigen Kohlenflötzen: einer der höchsten Punkte des ganzen Vorlandes, das er durch seine Isolirung gleich einer Warte beherrscht, weßhalb er auch mit Erfolg zu meteorologischen Beobachtungen dient. Das Massiv des Molassengesteins, das bei der Bergbildung so weit und vereinzelt vorgeschoben wurde, war dem jungen Bergkinde Amper zu fest; es zog daher vor, sich daran hin zu schlängeln und diese Krümmung führt den an ihr aufwärts Schreitenden in die bergumrahmte, aber breite Thalfläche, über der das einst ansehnliche Stift Rotenbuch seine einsamen entweihten Mauern erhebt und dann in die grüne Breite, wo Unter= und Oberammergau liegen, die schönen, gewerbreichen Orte, mit den schmucken, bildbemalten Häusern, den darin fast überall seßhaften Familien von Bildschnitzern und der weltberühmten, jede Dekade wiederkehrenden Passionsvorstellung, überragt von dem abenteuerlichen

Am Starnberger See.

Riesengipfel des Kofels (dem Coveliacas der Römer) zwischen dem Hörnel und Ettaler-Mandl in waidenreichen Matten anmuthig eingebettet — ein höchst anziehender Landstrich, welcher wohl der Mühe lohnt, in ihm den Wanderstab auf ein paar Tage bei Seite zu legen, auch wenn nicht die Zeit des „Passion" ist, zu welchem die Völkerstämme in Schaaren angewandert kommen, wie einst zu den olympischen Spielen der Griechen, denn es ist viel ursprüngliche Poesie in den einfachen Menschen und unendlich viel Schönes in der Natur, in der sie hausen. Die Passionsvorstellung aber ist in ihrer einfachen Größe ein Schauspiel, wie es nirgends in der Welt zu schauen ist, bei welchem, abgesehen von dem religiösen Inhalte, sich unwillkürlich die Ahnung von der Bedeutsamkeit aufdrängt, welche eine auf solch' nationaler Grundlage ruhende Bühne auf das Volk haben müßte, wenn sie aufhörte, ein müßiges Spiel der Unterhaltung zu sein und zugleich über solche Mittel geböte, wie sie hier vereinigt sind in dem Theater, welches mit seinem fünffachen Schauplatz eine höchst glückliche Verbindung der altgriechischen Scene mit jener der mittelalterlichen Mysterienbühne bildet.

Hier ist wohl die Region zu Ende, die man als vor den Bergen liegend bezeichnen darf, denn außerhalb Oberammergau's wendet sich der Weg links nach Ettal, der alten, wunderlichen Stiftung Kaiser Ludwigs des Bayern, auf das später zurückgekommen wird, und senkt sich dann in langer, steiler Bergstraße in das Gebiet der verwandten Loisach hinunter; rechts aber, und Amper-aufwärts thut sich am Fuße des Kofels das lieblich grüne, einsame, bergüberragte Thal auf, wo Graswang liegt, das stille, trauliche Dörfchen, die verkörperte Heimat von Allem, was man von einem idyllisch wirklichen Bergleben erzählt, wo weiter hinein der noch einsamere Linderhof folgt, welchen sich der dichterische König von Bayern zu einem jener Plätze tiefer Beschaulichkeit umgeschaffen hat, die er so sehr liebt, und vollends hinein in die grünen Schluchten des Ammerwaldes; hinüber zum weltvergessenen Plansee, mit dem Brünnlein, woraus Kaiser Ludwig der Bayer seinen Kaiserdurst gelöscht, zum tirolischen Reutte und nach Füßen.

Ein nicht minder schöner Weg bietet sich demjenigen, der es vorzieht, an dem Rinnsal der Loisach hinan den Bergen entgegen zu wandern. Schon die Vorhalle, die er zu diesem Zwecke durchschreiten muß, gehört zu dem Lieblichsten was auf der Erde zu schauen ist — es ist der Würm- oder Starnbergersee, an dessen Ufer der große Landschaftskünstler Carl Rottmann, der geniale Schöpfer der griechischen Landschaften in den Arkaden des Münchener-Hofgartens, sich seinen Lieblingsaufenthalt gewählt hatte. Eine Stelle besonders war es, eine kleine Anhöhe hinter Leoni am linksseitigen Ufer, auf welcher er stundenlang saß, in der prachtvollen Aussicht schwelgend. An diesem

Der Starnberger See von Feldafing aus. Von J. Wopfner.

Abfahrt in Starnberg.

Schloß Berg.

Lieblingsplätzchen wurde nach seinem Tode von Genossen und Verehrern ein einfaches Denkmal errichtet, eine Ruhebank aus Sandstein mit einer kleinen Pyramide, auf welchem der Name des Künstlers eingegraben ist; darüber schwebt, von einem Kranze umgeben, ein Schmetterling, als Sinnbild der Unsterblichkeit. Der Name Rottmannshöhe ist geblieben, und auch das Denkmal steht noch auf demselben Platze, aber es ist nun von einem großen geschmackvollen Hotel über- und umbaut, und bildet den Schmuck der Hauptterrasse. Der Ort ist reich besucht und so gebührt dem Unternehmer das Verdienst, den herrlichen Aussichtspunkt, den sonst nur einsame Künstler oder Naturschwärmer besuchten, durch die Lockung materieller Genüsse auch Andern zugänglich gemacht und so indirekt zur Erhöhung des Natursinns und Hebung des Geschmacks beigetragen zu haben. Rottmann hatte Recht: der Starnbergersee ist wie eine schöne und zugleich edle Frau, die beim ersten Anblick durch Anmuth und Bedeutsamkeit fesselnd, immer noch anziehender wird, je länger man sie beschaut und kennt, weil jeder Augenblick des Kennens einen neuen Reiz, eine neue Schönheit an ihr entfaltet. Wohl Jedem bleibt der Augenblick unvergessen, wenn man auf dem blitzenden Wasserspiegel dahin gleitet, den schöngeschwungene, waldbegrenzte, mit Burgen und Villen umrahmte Hügel umfassen, während im blauen Duft der Ferne die Alpenkette gleich einem sich entschleiernden Eden immer näher, immer klarer, immer hinreißender heranschwebt; in der Mitte, über die moosigen Vorebenen und Anhöhen hin, der weit erkennbare Bergeinschnitt, wo zu den Füßen der Jocher-Alm und des Herzogenstandes der Kochelsee sich eingetieft hat, über sich die riesigen Kalkschrofen des Karwendels, während westlich nach links hin der Bergzug der Benediktenwand mit seinen wuchtigen Felswänden und markig gezogenen Linien den Reigen der weiter sich herandrängenden Berge beginnt, östlich aber der Wetterstein sich aufthürmt, um immer wilder ansteigend zuletzt in der herrlichen Zugspitze abzustürzen, welche dasteht, wie ein leergelassener, seines ewigen Gebieters harrender Thronstuhl, zu dessen Füßen die Allgäuer und ferner noch die Schweizer Berge in verschwindender Kleinheit und Ferne hingeschmiegt sind. Trotz aller Schönheit aber ist es noch gar nicht sehr lange, daß der See wie eine Art Dornröschen völlig vergessen oder doch unbeachtet war. Der warmherzige Patriot Lorenz Westenrieder war es, der ihn so zu sagen entdeckte und durch seine Beschreibung zum Besuche lockte. Dem ungeachtet war dieser viele Jahrzehnte noch ein sehr spärlicher, und lange Zeit genügte ein sehr bescheidener Stellwagen vor dem damals ebenfalls noch sehr bescheidenen „Stachusgarten", um die Seefreunde durch den öden Forstenrieder-Park dahin zu karren — welch' ein Abstand gegen den Zeitraum von ein paar Jahrhunderten zurück! Damals war es, als die bayerischen Kurfürsten in den Schlössern zu Berg und Starnberg Hof hielten, den Glanz

Possenhofen. Am Seeufer.

von Versailles nachahmend auf dem goldenen Riesenschiffe, das der Bucentoro hieß, zur Seejagd auf die hier heimischen Möven oder auf ins Wasser gehetzte Hirsche ausfuhren; als das Schiffsungeheuer, zwei große Springbrunnen über sich spritzend und an jeder Seite hundert Ruder gleich Füßen bewegend, zwischen zahllosen größeren und kleinen Barken, Booten und Nachen dahinschwamm, unter rauschender Musik und mit einbrechender Nacht einen künstlichen Sternhimmel an den wirklichen emporschleudernd. Das war Alles mit dem See vergessen; auf demselben ruderten nur einzelne Fischer in ihren kunstlosen Einbäumen und warfen ihre Netze nach den kostbaren, überall an den fernsten Fürsten- und Bischofs-Höfen begehrten Renken aus; von größern Fahrzeugen gab es nur die Holzschiffe, die schwer beladen und mit ihrer Last durch ein großes Segel fort bugsirt, langsam von Seeshaupt nach Starnberg, riesigen Käfern ähnlich, über die Flut dahin krochen. Jetzt hat sich das Bild wieder völlig umgestaltet — das sonst einsame Gestade ist mit einer Reihe von Landhäusern in den verschiedensten Geschmacksarten bekränzt, welche sich stellenweise an die Uferortschaften vergrößernd und schmückend anschließen, aber auch manchmal neue Gemeinwesen zu bilden scheinen. Jetzt wird im Sommer der glänzende Seespiegel nicht leer von Booten und Fahrzeugen, wie zu Lande Straße und Eisenbahn von Wagen aller Art, die fröhliche Menschen dahin tragen und in den vielen freundlichen Uferorten absetzen, um sich des herrlichen Anblicks zu erfreuen. Die Reicheren und die Reisenden von Profession, denen es gilt, jeden Genuß im Fluge abzuthun, benützen die Dampfschifffahrt, um in einem halben Tage die Rundfahrt um den See zu machen, während diejenigen, die weniger Mittel aber etwas mehr Zeit haben, zu Fuß die herrlichen Ufer entlang wandern, welche beinahe von Starnberg an über Possenhofen bis Feldafing, bis Tutzing und Bernried einen zusammenhängenden und ununterbrochenen Park bilden, welcher, von der Natur verschwenderisch angelegt, von der Kunst im schönsten Sinne ausgeführt und mit dem oben entworfenen Bergbilde als Hintergrund kaum irgendwo seines Gleichen findet. Das erstgebaute niedliche aber kleine Dampfschiff, das zu seiner Zeit für ein Art Phänomen galt, ist längst durch ein zweites größeres und dieses wieder durch ein drittes überholt, das sowohl durch Schönheit des äußern Baus als den Comfort der innern Einrichtung mit den Schiffen am Rhein und Bodensee den Vergleich zu seinem Vortheil aufnehmen kann.

Namentlich besucht ist Possenhofen, das alte aber ganz modernisirte Schloß, das den Herzogen in Bayern gehört und der Jugendspielplatz der drei Schwestern war, deren Eine auf dem österreichischen Kaiserthrone sitzt.

Ammerland am Starnberger See. Von C. Raupp.

Bernried.

Oberhalb Possenhofen liegt das schon erwähnte Dorf Veltolfing, heutzutage Feldafing geheißen, das am schönsten Aussichtspunkte ein treffliches Gasthaus stehen hat und so alle Genüsse, das Nützliche mit dem Angenehmen, in lockendster Weise vereinigt. Beinahe nur von der gegenüberliegenden, schon erwähnten Rottmannshöhe stellt sich der See mit den Coulissen seiner Gestade und dem Hintergrunde seiner Bergwelt in so gewaltigem Umfang, in so reizenden Linien, in solch' entzückender Schönheit dar. Fügt man noch den Reiz der Farbe, die beinahe mit jeder Stunde wechselnde Beleuchtung hinzu, vom frischklaren Morgen, durch die Verschleierung des Mittags bis zum abendlichen Erlöschen des Alpenglühens, so war es wohl ein treffendes Wort, wenn Julius Braun, der zu früh entschlafene, geistvolle Egyptologe, nachdem er nahezu die ganze Welt durchwandert, an dem Aussichtspunkte zu Feldafing ausrief: es gäbe auf der weiten Erde nur Einen Punkt — das goldene Horn bei Byzanz — der mit diesem an hoher, immer wechselnder und doch immer unveränderter Schönheit zu vergleichen sei. Die beigegebene Zeichnung hat denselben festgehalten, so weit es im Umriß möglich ist. Aber auch Tutzing hat seine Freunde, das alte jetzt in buchhändlerisches Eigenthum übergegangene Grafenschloß mit seinem Bräuhause und noch mehr das alte Stift Bernried mit seinen Buchenwäldern, deren Stämme an Schönheit, Größe und Alter wenig ihres Gleichen haben in der Welt. Diesem Gestade ist das Voltz'sche Bild mit der ins Wasser weidenden Herde entnommen. Viele gibt es auch, die das linke Gestade vorziehen, weil es den Vorzug hat, daß man bei einer Morgenwanderung zwischen den Schlössern und Villen von Berg, Leoni, Allmannshausen und Ammerland, dem einstigen Wohnsitze des romantischen Dichters und Zeichners Franz Grafen von Pocci, in kühlem Schatten dahin wandert und das jenseitige Gestade in voller Sonnenpracht vor sich liegen hat. In dem von einem wundervollen Parke umgebenen Schlosse Berg residirt König Ludwig II. alljährlich mehrere Monate.

Wer es liebt, den Genuß der Gegenwart mit dem der Vergangenheit zu verbinden und die herrlichen Landschaftsbilder mit geschichtlichen Staffagen auszuschmücken, hat ebenfalls die reichste Gelegenheit dazu; er kann sich von dem kleinen Eilande, wo König Ludwig unter seinen Rosen weilt, von den Zeiten der keltischen Pfahlbauten, oder jenen spätern germanischen erzählen lassen, welche in Gestalt von drei übereinander liegenden Begräbnißplätzen den Boden der Insel bildeten, die einst einen heidnischen Tempel trug. Es gehört nicht viel Phantasie dazu, um sich einen Zug ritterlicher Kämpen zu denken, die aus dem Burgthore von Garatshausen heraussprengen, zum Waidwerk gerüstet mit Armbrust und Hüfthorn oder zur Fehde in Stahl gepanzert, den Schild am Arm und das Banner überm Helm; wer es vorzieht, mag sich einbilden, aus der Kirche von Bernried klinge die Orgel zum Chorgesang der Mönche über das schweigende Gewässer herüber, oder ein Zug schwarzgewandeter Gestalten wandle unter den

Starnberg.

grün einfallenden Schlaglichtern des Buchenwaldes dahin. Auch Starnberg selbst, um nochmal an den Ausgangspunkt zurückzukehren, bleibt weder in dieser, noch in landschaftlicher Beziehung zurück. Anmuthig, auf verschiedene Abstufungen hingestreut, steigen die freundlichen Häuser des, durch neue Ansiedelungen und Gasthäuser längst über seine frühern Dorfgrenzen hinaus gewachsenen Ortes, zu der hochgelegenen Pfarrkirche und dem, sie und die ganze Gegend weithin beherrschenden Schlosse empor. Das Letztere, im 13. Jahrhundert entstanden und im 15. in seine jetzige Gestalt umgebaut, ist nun Sitz der Behörden und weiß wenig von den Zeiten zu erzählen, als auf ihm das ritterliche Geschlecht der Starnberger hauste und den Ort benannte. Es weiß nichts mehr zu erzählen von der Pracht der Zeiten, als der friedliche Kurfürst Ferdinand Maria hier seiner geliebten savoyischen Adelheid prunkvolle Feste gab, und aus den Tagen, wo Max Emanuel hier sein Türkenliebchen verborgen haben soll, weiß nur noch eine Sage zu erzählen, welche die schöne Türkin noch heute spuken läßt.

In Seeshaupt am Ende des Sees gelandet, wirft der Wanderer von dem schöngelegenen Friedhofe aus wohl noch einen letzten Blick zurück auf die glänzende Wasserfläche und zieht dann durch dessen früheres Gebiet, von welchem noch rings die vielen kleinen Seen Zeugniß geben, in das eigentliche Loisachbereich hinein, durch meist niedriges, oder doch nur welliges Land, bis zu dem alten Kloster Benediktbeuern, dessen Namen in der Geschichte nicht bloß die Erinnerung an hohes Alterthum, sondern an reiches Verdienst um Kunst und Wissenschaft und an manche kostbare Handschrift weckt, die hier eine treue, bewahrende Stätte gefunden! Unweit davon kommt die Loisach aus dem sogenannten Rohrsee

Kirchhof in Seeshaupt.

Benediktbeuern.

hervor, dem vorderen und weitaus größeren Theile des Kochelsees, der weit über seinen eigentlichen tiefen Felskessel hinaus das Land durchwässert und in welchem der Fluß früher völlig zu verschwinden schien, bis durch denselben zur Regelung der Floßfahrt ein Kanal geführt wurde, denn diese, wie die Holztrift wird auf der Loisach nicht minder lebhaft betrieben, als auf der Isar. Auch hier wiederholt sich die schon beim Ammersee bemerkte Erscheinung, daß vor dem Fluß oder richtiger bei seinem Austritt aus den Bergen ein See wie eine Art Behälter gelagert ist, der die Flut nicht eher von sich läßt, als bis er sich vollgesogen hat und dadurch eine treffliche Schutzwehr gegen Ueberschwemmungen bietet. Dies ist namentlich bei der Loisach der Fall, welche häufig, wenn im Hochsommer der Bergschnee schmilzt, plötzlich sehr stark „ausgießt" und dadurch große Verwüstungen und vieles Unheil anrichtet. Glücklicherweise dient hiebei der Rohrsee als ein mehrstündiger Aufhalt und gibt dadurch den oberhalb gelegenen Ortschaften Zeit, durch sogenannte Wasserreiter in die abwärts liegenden Gegenden die Botschaft zu bringen, daß „das große Wasser" im Anzuge sei. Auf diese Weise können Sicherheits-Vorkehrungen getroffen werden und die Isar, in welche die Loisach sich ergießt, ist es allein, die plötzlich angeschwellt heranbraust, denn vor ihrem Austritt fehlt ein solcher Sicherheitskessel. Auch der freundlich ernste Staffelsee bei dem Flecken Murnau und der Würmsee selbst gehören in diesem Sinne eigentlich dem Loisachgebiete an, denn die Spuren einer früher in dieser Richtung gegangenen Strömung lassen sich noch jetzt mit ziemlicher Bestimmtheit verfolgen.

Es ist erklärlich, daß der Anblick immer reizender wird, je mehr die moorige Ebene zurückbleibt; allerdings sind auch die ferneren und höheren Berghäupter und Rücken zurückgewichen, dafür aber werden die vorderen in immer schärfern, immer klarern und immer schönern Umrissen sichtbar und bieten ein zwar enger umrahmtes, aber durch seine Einzelheiten noch anmuthigeres Bild. Riesig erhebt sich die Benediktenwand, die breite Felsenstirn, die Jocheralm reiht sich an, ihr folgen der Herzogenstand und der Haimgarten bis zum Sonnenspitz, mit welchem dann das Gebirge sich wieder abdacht gegen die Ebene. In dieser, unter Obstbaumwipfeln versteckt liegt das freundliche Dörfchen Kochel, in welchem sich noch manches jener schönen Bauernhäuser befindet, welche mit dem gesenkten, weit vorspringenden Kreuzgiebel und dem blumengeschmückten Umgang um das obere Stockwerk — der sogenannten Laube — ein eigenthümliches Zeichen der Gegend sind, leider aber gleich den Volkstrachten, immer mehr von der sich überall einschleichenden städtischen Weise verdrängt wird, und mit welcher wohl ein Hauptschmuck der Landschaft vor den Bergen zur Sage und zum Märchen einschrumpft. Ein Vorspiel davon bietet das jenseits des Sees gelegene Schlehdorf, das durch Feuer vernichtet, aus demselben zwar wieder erstanden ist, aber nicht wie der Phönix in alter verklärter Gestalt, sondern in einer Nüchternheit, die kaum ihres Gleichen hat und dem Dorfe von Ferne das Ansehen gibt, als habe dort eine Heeresabtheilung die weißen Lagerzelte aufgeschlagen. — Die schönste Stelle, welche man recht eigentlich den Abschluß des Vorlandes in dieser Richtung nennen kann, ist das eigentliche Becken des Kochelsees, von nicht beträchtlichem Umfange, aber eben deßhalb mit Einem Blick zu überschauen; ein kleiner, runder Wasserspiegel von durchsichtigem Metallgrün, das sich durch die Wälder erklärt, die an den Bergen hinanklimmend, zugleich aus der Flut widerscheinen. Unmittelbar dahinter steigen steile Felswände, vom Volke ob ihrer wunderlichen Gestalt die Nase genannt, empor; nach links an der anmuthig versteckten Jochmühle geht es einen Ausläufer der Jocher= alm, den steilen Kesselberg hinan durch mächtige Wälder und an herrlichen Wasserfällen vorüber bis zur Höhe, an deren

Am Kochelsee.

Fuß das überraschte Auge den ernsten Walchensee ausgebreitet sieht; in der Mitte steigt der schon öfter genannte Herzogen= stand empor, einer der schönsten, durch den von König Max angelegten Reitweg leicht zugänglichsten und zugleich lohnend= sten Aussichtspunkte, von welchem aus die Ebene sowie die ganze umliegende Bergwelt übersehen werden kann und vor welchem das Rigi=Panorama nichts voraus hat, als den berühmten Namen. Rechts schließt sich der sanft gerundete Heimgarten an, der Sage nach einst eine germanische Opferstätte, eingeleitet und an seinem Fuße umgrünt von einer sanft ansteigenden Halde, wo die einstigen Chorherrn von Schlehdorf unter herrlichen Ahornbäumen einen Bierkeller in die Felsen gehauen und damit thatsächlich bewiesen haben, welch' gebildeten Geschmacks sie in jeder Hinsicht sich erfreuten.

Wer das kieselreiche Flußbett der Loisach noch weiter aufwärts verfolgt, gelangt bald zwischen die Berge hinein, die immer enger zusammenrücken und kaum noch Raum lassen für den schmalen, am Gestade sich hinschmiegenden Straßensaum; es ist der Heimgarten, diesmal von der Rückseite, der Hirschberg, der Krottenkopf und das Ettaler= Mandl, da wo es, wie bereits erwähnt, den Ettaler Berg hinangeht und in den Ammergau hinein. Das ganz veränderte, wildschöne Bild wird im Hintergrunde durch das Wettersteingebirge und die Zugspitze abgeschlossen — doch das liegt längst außer dem Bereiche des Vorlandes und so unterlassen wir es, dem ungestümen Bergsohn weiter bis hinter Garmisch und Partenkirchen in die Tirolerberge von Lermos und Ehrwald hinein entgegenzugehen,

Isarthal mit Burg Schwaneck.

und kehren statt dessen zurück, um den Gang gegen die Berge hinan an der Hand eines dritten Führers von Neuem zu beginnen, eines Vornehmeren noch dazu, denn er ist es, dem Amper und Loisach unterthan sind und dem sie ihre grünen und braunen Wellen in dienstbeflissener Eile und sinnender Bedächtigkeit entgegentragen. — Dieser Führer ist die Isar.

Wer dem Gebirge an ihrem Ufer aufwärts zuwandert, erhält schon nahe oberhalb München in dem engen Flußbett mit bald kahlabschüssigen, bald buchenbewaldeten Hochgestaden, in Burg Schwaneck, dem verkörperten Rittertraum eines genialen Künstlers, sowie in der reizenden Thalebene, wo Kloster Schäftlarn sich einsiedlerisch erhebt, einen Vorgeschmack der Naturgenüsse, die seiner warten. Wohl geht der Weg vielfach durch ebenes Sumpfland, bis mit Wolfrathshausen der Vereinigungspunkt der Isar und Loisach erreicht ist, aber er wechselt doch ungemein anmuthig und reich zwischen Wald und Höhe; manch' freundliches Dorf grüßt heran, manch' schöne Herrenburg, wie das schöne Schloß Eurasburg schaut freundlich hernieder und wenn vollends die letzte Höhe erreicht ist und die herrliche Alpenkette in ihrer ganzen Ausdehnung daliegt, wie eine Zauberwelt — da ist auch die letzte Wegmühe gelohnt und vergessen.

Den Schlußpunkt des Landes vor den Bergen bildet hier das freundliche, ob der Heilkraft seiner Jodquellen und durch das nahe Bad Heilbronn viel besuchte Städtchen Tölz, welches durch seine auf einem Bergrücken hinansteigende Lage so recht geeignet ist, dem Fremdling einen Begriff von der Bergwelt im schönsten Sinne des Wortes zu geben und ihm wie von einer eigens dazu erbauten Hochwarte den ersten Einblick in deren Geheimnisse zu gestatten. Wer die Anhöhe mit der Calvarienkirche und den Kreuzwegstationen erstiegen hat und nun in das zu seinen Füßen ausgebreitete Isarthal hineinsieht, ohne daß ihm dabei unter Weste oder Mieder warm geworden, von dem mag man getrost glauben, daß dort überhaupt nichts anzutreffen ist, was einer Regung fähig wäre. Der Anblick gehört zu den vollendetsten, in sich geschlossensten und darum schönsten Landschaftsbildern, die irgendwo aufgefunden werden können und Mancher, der hier gestanden, zumal wenn ein weiches, warmes Abendroth die dunklen Berge umflorte, mochte sich in die reizenden Thalgelände des deutschen Südtirols, an die Ufer der Etsch versetzt glauben, unter die Weinberge und Castanien von Meran.

Wer die Isar noch weiter aufwärts verfolgt, in den Berg hinein, der hat im langgezogenen Länggrieser Thal und noch mehr seitab in der Riß reichliche Gelegenheit, Studien über das eigentliche Wesen und die Thätigkeit eines Bergstromes zu machen: er gelangt aufwärts bis an das geigenkundige Mittenwald, das sich am Fuße des

Blick auf Tölz.

prachtvollen aber unwirthlichen Karwendelgebirgs so stillvergnügt hingelagert hat, als gäbe es gar keinen Winter, der nicht selten mit den Vorläufern und Nachzüglern volle drei Viertheile des Jahres hindurch über ihm den eisigen Scepter führt. Doch auch das gehört nicht mehr in diesen Abschnitt, so wenig als ein Abstecher in die nach rechts abzweigende Jachenau, ein langgezogenes, breites, von hohen Bergen umschlossenes Alpenthal, dessen wenige Bewohner in zerstreuten, ansehnlichen Höfen hausend, wie es Sitte der altgermanischen Vorfahren gewesen, geschützt durch ihre Abgeschlossenheit und unabhängig durch ihre Wohlhabenheit noch viel von alter Berg- und Volkssitte bewahrt haben, deren Spuren sonst vielfach unter dem Treiben steigenden Verkehrs ausgetreten zu werden beginnen.

An der Isar hinan, namentlich im Länggries ist ja vorwiegend die Heimat jener stattlichen Gestalten von Bergsöhnen, die der Fremde in den Straßen von München mit Wohlgefallen gewahrt, in kurzer Lederhose, den allerdings immer seltener werdenden Wadenstrümpfen oder „Beinhöseln", den Gurt um die Mitte, die Joppe und das Beil auf der Schulter und auf dem braunen Krauskopf den grünen Hut mit der schmalen Krempe und den herabhängenden Schnurtrobbeln. Es ist dies das Geschlecht der Holzfäller und Flößer, die in den Bergen Holz und Bäume schlagen, diese dann zu Flößen vereinigen und mit einer Ladung von Kohlen, Gips oder Brettern nach München fahren. Dort wird die Ladung sammt dem Fahrzeug verkauft und der Fuhrmann wandert, den Erlös im Gurt, mit seiner Holzaxt zu Fuße nach Haus, um dort das Geschäft von Neuem zu beginnen. Das Auftauchen anderer Verkehrsmittel und das Entstehen großartiger Schneidemühlen mag die Floßfahrt vielfach beeinträchtigt haben, mindestens der Ausdehnung nach, denn früher war es keine Seltenheit, einen solchen Floß sammt Fährmann und Ladung bis nach Wien fahren zu sehen. Dabei schloß sich dann auch manch' andrer Gast an; manch' reisender Handwerksbursche, der das Fuhrlohn dadurch abzahlte, daß er am Ruder mitarbeitete, fand sich dazu, hie und da wohl auch ein Mädchen aus dem Oberland, das sich in München einen Dienst suchte, oder ein Mönchlein, das den langweiligen Rückweg vom Terminirgang abkürzen wollte. Da war auf dem Floße, der meist auch an den Stationen zur Nachtherberge dienen mußte, aus Brettern eine leichte Hütte gezimmert; vor ihr brannte auf Steinen ein lustiges Herdfeuer, die höchst einfache Mahlzeit zu bereiten, um das Feuer saß die bunt zusammengewürfelte Reisegesellschaft, nicht selten beim Citherspiel und Gesang, und wer auf der Isarbrücke stehend einen solchen Floß unter den Pfeilern derselben hindurchgleiten sah, dem war es wohl zu verzeihen, wenn es ihn anwehte, wie gesellige Wanderlust.

Ganz anders, aber nicht minder schön gestaltet sich das Bild der Berge für den, der als Zugang einen der Flüsse wählt, die dem zweiten Hauptstrome, dem Inn angehören und sich mit ihm verbinden. Hat er die ermüdende, eintönige Münchener Hochebene mit ihren Haiden und Tannenforsten hinter sich, so bietet sich ihm mit Einem Male

Isarfloß.

das überraschende Schauspiel, das Land in starkem Thaleinschnitt absinken zu sehen, in welchem ein gar munteres, frischgrünes Bergwasser heranrauscht — es ist die Mangfall (wegen ihres mannigfaltig gewundenen Laufes von den Alten so genannt), der Ausfluß des Tegernsees und gewissermaßen auch des ihm benachbarten Schliersees, denn unfern davon hat sie die aus diesem kommende kleine Schlierach in sich aufgenommen. Das sind ein paar anmuthige Wegweiser, denen man gerne folgen möchte, aber hier nicht weiter kann, als höchstens bis an den Markt Miesbach, den freundlichen Vorort, denn was weiter drinnen lockt, gehört spätern Blättern an, weil es, so zu sagen, nicht die äußere Verzierung des Bergschatzkästleins betrifft, sondern ein paar der schönsten, im innersten Fache desselben gelagerte Juwelen und Edelgesteine.

Wohl aber gehört hieher der ganze reizende Thalstrich, den die Mangfall auf ihrem jetzigen Wege zum Inn durchströmt, denn früher, in der Periode der Umwälzungen, floß sie Moosburg zu, um sich dort in die Isar zu ergießen; jetzt hat sie sich am Fuße des Schlosses Altenburg, des einstigen Herrensitzes der gewaltigen Grafen von Falkenstein, einen Weg durch das Gestein gebrochen und wendet sich in überraschend kühner, wie in sich selbst zurückkehrender Krümmung, der breiten Thalmulde zu, welche, dereinst Seegrund, jetzt zu einem so lieblichen Bilde gestaltet ist, daß ihr, wo das Land vor den Bergen gerühmt wird, unbestreitbar unter den Ersten ein erster Platz gebührt. Wohl mag von manch' anderem Punkte aus der Anblick des Gebirges großartiger sein, aber dreist darf behauptet werden, daß es nirgends malerischere, schönere Linien, nirgends ein so umfassendes und doch so einig abgeschlossenes Bild derselben gibt, als es vom geometrischen Zeichen auf dem Irschenberg oder gegenüber von der Höhenrainer Kirche sich dem Beschauer zeigt. Nicht minder glücklich ist Aibling gelegen, der hübsche, durch die wunderbare Heilkraft seiner Moorbäder berühmte Markt, welchem, seit das nachbarliche Rosenheim in den stolzen Reigen der Städte eingetreten, wohl Niemand den Ruhm, der früher Rosenheim eigen war, streitig machen dürfte: der schönste unter den Marktflecken des Berglandes zu sein. Herrlich, in weit geschwungenem Bogen dehnt sich das weite Land, gleich einem ungeheuren Garten, in reicher Abwechslung geziert mit anmuthigen Gebüschen, herrlichen Eichengruppen und dunkeln Wäldern von Nadel- und Laubbäumen, dazwischen durchbrochen von schimmernden Dörfern, blanken Schloßdächern und ragenden Thurmzinnen und von den Bergen umrahmt im gewaltigen, von Westen durch Mittag in

Landschaft an der Mangfall.

den Aufgang hinein reichenden Ring. Gewöhnlich ist es der Wendelstein, den man als Wahrzeichen der Gegend, als eine Art Mittelpunkt derselben hervorhebt, aber mit Unrecht, denn so sehr dieser Riese unter den Riesen durch seine Höhe und seine eigenthümliche Pyramidengestalt einen Vorzug und gerechte Huldigung verdient, so liegt doch die charakteristische Signatur des Vorlandes an der Mangfall nicht in ihm, sondern in dem Thale oder Bergeinschnitt, aus welchem der Inn, von Tirol kommend, ins Flachland tritt. Mit kühner Senkung zeigt sich derselbe wie ein breiter und steiler Riß, welchen der ruhelose Strom endlich in die Berge gefressen und gewühlt; in ihm und über ihm nach der ganzen Breite erhebt sich die niedrig hinstreichende Wand des „schönen Kaisers", in furchtbarer Wildheit, Erstarrung und Zerklüftung noch überragt und übertroffen von dem eigentlichen Kaisergebirge mit der zackigen Trafoispitze, das wohl mit vollem Rechte und zum Gegensatze der „wilde Kaiser" geheißen ist. Zur rechten Seite steigt die Schneide der Madron mit dem Petersbergkirchlein hinan; dann folgen der Wildbarn, der Riesenberg, die beiden fremdartigen Asenköpfe immer höher ansteigend bis zum Brünstein, der Haidewand und endlich dem Wendelstein, an welchen sich dann wieder der Miesing, die Rothwand und andere schließen, um sich in anmuthigem Verlaufe nach dem Irschenberg hin auszuladen. Gegenüber als linke Coulisse der Innkluft oder des Innthors erhebt zuerst das Kranzhorn (richtiger Gränzhorn) seine wunderlichen Zacken, der Heuberg streckt sein phantastisch geformtes Haupt; in immer kühnerer Steigung schließt der Samerberg sich an und die Hochriß, bis die gleich einer Riesenmuschel ausgehöhlte Kampenwand erreicht ist und die Götterwand mit ihren abenteuerlichen Hörnern und Spitzen abfällt. Weiter noch streifen vor dem staunenden Auge die Berge um Traunstein und Reichenhall dahin, der Hochgern und der Hochfellen mit dem wuchtigen Staufen und dem manchmal sichtbaren und wie im Dufte seiner Mährchen verdämmernden Untersberg.

Von Aibling selbst führt ein vollständig müheloser, höchst reizender Weg durch Wiesen und Wald zu einer kleinen Anhöhe, wo früher das Häuschen eines Bahnwärters stand, das vorzugsweise „zur schönen Aussicht" benannt war und diese Bezeichnung mit vollem Recht trug, denn wer einmal hier oben gestanden und die Berge, das Kaiserthor und den Wendelstein mit den im Abendlicht roth glühenden Felsen gesehen, der wird den Abend für immer zu den schönsten seines Lebens rechnen. Jetzt hat das unscheinbare Bahnwärterhäuschen einem Hotel zur französischen Bellevue-Platz gemacht, das mit seinem Thurme allerdings das Panorama vervollständigt, aber die frühere einfache Naturstimmung durch seine salonmäßige Geselligkeit kaum zu erhöhen vermag. Es hat aber auch den kleinen Fichtenhain beseitigt, der sich früher vor den östlichen Theil der Aussicht vorgeschoben hatte und so mag ihm seine Existenz verziehen sein. Wer übrigens die ganze Bergkette überblicken will, hat dazu in Aibling selbst unweit der Hauptkirche von dem stattlichen Keller der Wild'schen Bierbrauerei die beste Gelegenheit und kann zugleich bei der außerordentlichen Güte des Stoffes Studien anstellen über die Wahrheit der Horaz'schen Lehre „das Nützliche mit dem Angenehmen zu verbinden". Er mag auch nördlich die Höhen hinwandern, zu dem alten Schlosse von Maxlrain, dessen Geschichte noch immer der rechten, schilderungskundigen Feder ermangelt, das aber unter dem Schatten einer uralten Eichengruppe von seltener Schönheit eine Ansicht öffnet, welche den Gedanken weckt, als sei auf Erden das Paradies doch noch nicht völlig verloren, mindestens was die Schönheit der Natur betrifft.

Das Innthal bei Brannenburg.

Der Innstrom selbst, so lange er noch zwischen den immer breiter auseinander tretenden Bergen dahin rollt, zieht an dem anmuthigen Oberaudorf, dem gemüthlichen Fischbach und der Ruine von Falkenstein, an den fast gegenüberliegenden Schlössern von Brannenburg und Neubeuern vorüber, deren wohl noch weiter gedacht werden mag im Verlaufe dieser Blätter; sie gehören mehr oder minder schon der innern Bergregion an, deren Grenzen hier von Ferne zu umgehen gesucht worden ist. Wird der Inn überschritten, so zeigt sich zuerst im Chiemsee wieder die Erscheinung eines Vorbeckens, bestimmt, die Bergwasser zu sammeln und aufzuhalten, wenn auch hier mehr das Ueberbleibsel des einstigen riesenhaften Sees vorliegen dürfte, der einst die ganze Inngegend zu beiden Seiten überflutete und von welchem in den Hochmooren von Rosenheim und Aibling noch unverkennbare Spuren erhalten sind. Die von den Bergen her kommenden, beträchtlichsten Zuflüsse sind allerdings nur klein, aber so unscheinbar sie auch als Führer erscheinen mögen, halten sie doch mehr als sie versprochen; das wird erfahren, wer an der klaren Prien aufwärts wandert in das Bergthal von Hohenaschau mit seinem gastlichen Wirthshause und dem lange öde und ungastlich gewesenen Ritterschlosse, das nun, seit es in die Hände eines Ritters der Neuzeit, eines bedeutenden Industriellen (Cramer-Klett in Nürnberg) gekommen, seine Wiedergeburt feiert. Von da geht es weiter an die Tirolergrenze bei Sacharang. Wer eine Wanderung an der lauten Achen vorzieht und sie in die Berge hinein verfolgt, gelangt in das heitere Grassau, das romantische Marquartstein und das enge bergbehütete Kössen.

18 Vor den Bergen.

Ueber den Chiemsee selbst winken dem Wanderer, der auf den blauen Wellen an den beiden Inseln vorbeigedampft kommt, die Hochgebirge in weitem Kranze entgegen, darunter sichtbar und bedeutsam vor allen der Hochgern, der Kampen und der schauerlich zerklüftete Bergstock der wilden Riß. Der Kampen, einst wegen seiner Unbesteiglichkeit bekannt, ist nun durch den, von dem Besitzer Hohenaschaus hergestellten prachtvollen Reitweg zu einer Luftpartie geworden.

Noch weiter östlich leitet die Traun denjenigen, der sich ihrer Führung anvertraut, von dem schönen Markte Trostberg an dem herrlich gelegenen Kloster Baumburg und dem Schlosse Stein mit seinen romantisch-ritterlichen Erinnerungen vorüber und in das vom Salinenbetriebe belebte, anmuthige Städtchen Traunstein und weiter, wo die weiße und die rothe Traun sich scheiden, an jener in die stillen Thäler von Eisenarzt und Zell, an dieser durch das malerische, einsame Thal von Innzell und den gewaltigen Bergstock des Staufen umschreitend, wieder in ein anderes Gebiet, das der rauschenden Saalach, die aus den engen Tirolerbergen von Lofer und Anken einher stürmt und in die liebliche Bergbucht leitet, wo das salinenreiche Reichenhall mit seiner berühmten und vielbesuchten Heilanstalt sich behaglich und gefällig ausbreitet.

Mit ihm darf wohl die Rundschau der Vorlande abschließen, denn was jenseits im Gebiete der namensverwandten Salzach und im Rücken von Salzburg sich öffnet von den Wundern der Bergwelt, gehört wie das Lechgebiet theils nicht in den hier gesteckten Rahmen, theils hat es seine Stelle, wo von dem Berginnern, dem eigentlichen Sanctuarium des Gebirgs die Rede sein wird.

H. Sch.

Wendelstein vom Vorlande aus.

In den Bergen.

Partenkirchen vor dem Brande. Von J. G. Steffan.

Loisachthal mit Zugspitze.

Oberbayern.

1.

An der Zugspitze.

en westlichen Höhepunkt der oberbayerischen Alpen bildet der Wetterstein. Er ist der König im Westreich, wie der Watzmann im Osten, kein Haupt erhebt sich höher, keine Krone trägt reicheres Felsgezack, als die seine. Hier hat die Natur eine wilde Arbeit gethan, als sie diese Gipfel schuf; die Berge sind trotziger und rauher, als rings im Land, es ist eine Versammlung von Fürsten, jeder von ihnen heischte seinen Thron und sein Königsgebiet!

Am höchsten aber ragt die Zugspitze hervor, die von dem übrigen Stock des Wetterstein fast völlig losgerissen erscheint. Zur Rechten rückt der Eibsee an ihre Wände heran, zur Linken hat sich die Isar den Weg gebahnt und bricht durch ein schmales Thal ins Flachland. Eine Welt von unnahbarer Wildheit liegt in diesen Felsen, meilenweite Wüsten erstrecken sich durch das Gestein, kein Baum und keine Pflanze; urweltlich groß ist diese Einsamkeit. Drunten aber ist das Gefild weithin eben und die heiße Sonne wirft ihren Strahl auf die hohen Wiesen und das goldene Aehrenfeld.

Dicht an der Zugspitze liegt Partenkirchen, das schon die Römer auf ihrem Weg ins deutsche Land erbaut haben. Damals wurde es Partanum geheißen; ihr Lager stand hier und ihre Heerden weideten vor demselben. Auch später, als diese Zeiten längst verwichen waren, führte die Straße aus Italien ins Reich hier vorüber, zahlreiche Handelskarawanen zogen im Mittelalter des Wegs und wenn sich die Fugger und Welser Schätze des Südens holten, dann hielten ihre Reisigen in Partenkirchen ihr Nachtlager.

Das heutige Völkchen in diesen Gauen ist freilich von anderem Schlag, gleich weit entfernt vom kriegerischen Geist der Römer, wie von dem Reichthum der alten Städtebürger. Nur wenige Gestalten zeigen den athletischen

22   Oberbayern.

Schmuggler.

Bau und die kühne Stirne des Hochländers und wie ihrer äußeren Erscheinung das Schöne, so fehlt ihrem Wesen manchmal jener freie und souveräne Zug, welcher den Bergvölkern einen natürlichen Adel verleiht. Es herrscht mehr Hang zum Stillesitzen, als zum Herumschweifen, mehr Sinn für industriellen Fleiß, als für Hirten= und Jägerleben. Natürlich finden sich auch solche Gestalten, die das Herkulische der Bergnatur an sich tragen, aber im Markte selber darf man nach ihnen nicht suchen und immerhin werden sie nicht einen Typus, sondern eine Ausnahme vom allgemeinen Gepräge bilden. Alle Wildheit hat die Natur an die Landschaft verschwendet, und unwillkürlich sind deßhalb die Figuren etwas zahmer gerathen.

In der guten, alten Zeit, da es noch der Mühe werth war, ging das Schmugglerhandwerk sehr lebhaft in diesen Bergen. Auf dem schmalen Pfad, der am Abgrunde hinführt, kletterte der verwegene Schwärzer empor, mit der centnerschweren Last auf dem Rücken, dem geladenen Stutzen in der Faust. An den überhängenden Felsen kroch er vorüber, das zerbröckelte Gestein rollte unter seinem Fuß, es war ein beständiges Wandeln zwischen Tod und Leben. Wo die Pfade gangbar waren, trug ein Saumpferd die versteckten Waaren und unter mancher Ladung, die scheinbar von der Alm herunter kam, waren fremde Kostbarkeiten verborgen, die dann in den Felsen versteckt und zur Nachtzeit weiter befördert wurden.

Der Markt Partenkirchen, der früher auch architektonisch sehr anziehend war, ist vom Feuer mehrmals fürchterlich verwüstet worden. Wie er ehedem beschaffen war, zeigen uns zahlreiche Bilder von Bürkel und Peter Heß, die so schlagend wahr und so ungemein verbreitet sind, daß wenigstens die Erinnerung vor dem Flammentode gerettet wurde. Auf ihnen sehen wir noch den alten Dorfbrunnen mit dem heiligen Florian (der seines Amtes schlecht gewaltet hat), die Häuser sind noch von dem alten gebräunten Holz und tragen jene anmuthigen Galerien, die man „Lauben" nennt. Auch die für dieses Werk gezeichnete Illustration von Meister Steffan giebt ein treues Bild des alten Partenkirchen. — Seit dem letzten Brande (1865) wurden nur mehr gemauerte Gebäude errichtet, und so ist das neue Partenkirchen denn ein Phönix von Kalk geworden.

Nicht weit davon liegt Garmisch, wo das berühmte Husarenwirthshaus steht. Doch deutet dieser martialische Name nicht etwa auf eine Cavallerie=Besatzung hin, sondern der einzige Husar, den man daselbst begegnet, ist al fresco an die Wand geworfen und stört den Frieden des Hauses weder durch Säbelgerassel, noch durch sonstigen Uebermuth. Auch die Civilbehörde hat ihren Sitz in Garmisch, welches dann „Werdenfels" ausgesprochen wird. Dies war nämlich der Name der uralten Grafschaft und so mag es sich wohl gebühren, daß auch das heutige Bezirksamt nicht gern auf dieses stolze Wort verzichten will.

Zahllose Ausflüge von ungemeiner Pracht bieten sich den Fremden dar, die während der Sommermonate in beiden Orten Quartier nehmen. Da ist das Forsthaus von Graseck, die Partnachklamm, das Rainthal und der Bauer am Eck, der den höchsten, ständig bewohnten Hof in Bayern besitzt. Dringt man noch tiefer ins Rainthal vor, so liegt die blaue Gumpe vor uns, ein enger See, zu dem die Partnach sich aufstaut, ein Smaragd in Felsen gefaßt.

Die blaue Gumpe.

Und in tiefer weltverlorener Einsamkeit schaut auf die Alpspitze hinüber das Königshaus am Schachen.

Die Besteigung der Zugspitze selbst ist bedeutend erleichtert worden, seit durch die Liberalität einer Münchener Familie die Knorrhütte errichtet wurde, die am Beginn des sogenannten „Plattert" mitten im Steingerölle steht und nunmehr durch den D.-Ö. Alpenverein bedeutend vervollständigt worden ist.

Der Gipfel selbst trägt ein eisernes Kreuz von vierzehn Fuß Höhe und ist im Jahre 1820 zum erstenmal erstiegen worden; die Fernsicht, die er eröffnet, reicht von Kärnthen bis in die Schweiz, von der Donau bis an die italienischen Grenzen. Tief drinnen sehen wir den Einschnitt, den der Brennerpaß bildet, in langen, hohen Reihen steht die Taurenkette, das Stubai und die Ortlergruppe vor unseren Augen — Schnee, Schnee, unermeßliche Welten des Schnees! Drunten aber glitzert das heitere Land — jedes Haus ein schimmernder Punkt — jeder Fluß ein silberner Faden!

Es gibt in Partenkirchen noch ein anderes Ziel, das in der Tiefe liegt, und wenn es sich auch an Größe des Raums mit jenem nicht messen kann, so ist es ihm doch an Größe des Stils gewachsen.

Wir stehen vor meilenhohen Felsen, die senkrecht in die Tiefe stürzen; zerrissen, als ob die Verzweiflung sie geschaffen hätte. Traurige Tannen umklammern ihren Fuß, trümmerhaftes Gestein liegt rings umher verschleudert — und dazwischen eine Fluth, unergründlich tief, unergründlich dunkel.

Das sind die Ufer des Eibsee, den der Absturz des Wetterstein vor Jahrtausenden gebildet hat; aber noch heute steht die ungeheure That gleichsam versteinert vor unseren Blicken. Eine schauerliche Gestaltungskraft liegt über diesem Bilde, etwas furchtbar Gewaltiges liegt in dieser Landschaft; sie ist hoch wie der Himmel, tief wie die Hölle, uralt und steinern wie die Ewigkeit. Wer an diesen Wänden emporschaut, 10,000 Fuß, dem ist, als seien finstere Geister hier in die Tiefe gestürzt, als stünde er vor ihrem Kerker, mitten in ihrem Reich.

Wenn der Wind in den fernen Schluchten tost, dann stöhnen sie, dann bebt eine stumme Erschütterung durch den Abgrund des Sees. Der Eibsee ist die Hölle der Natur — etwas Stygisches liegt in dieser Fluth.

24 Oberbayern.

Königshaus am Schachen.

Partie vom Schachen: Blick auf die Alpspitze und Hochblassen.

Nur wenige morsche Häuser stehen am Rande des schwarzen Gewässers, und die Bewohner derselben taugen zu dem düsteren Gemäuer. Ueber dem Gestein hängen verwickelte Netze, zwischen dem spärlichen Gras klettern die Ziegen umher und nagen an dem struppigen Gesträuch, das zwischen den Felsen wuchert. Wenn die Fremden im Sommer hieher kommen, dann nehmen sie in diesen Häusern einen Fährmann, um auf die zahlreichen Inselblöcke überzusetzen. Halbnackte Kinder kommen dann gelaufen mit Erdbeeren und Alpenrosen und nehmen die kleine Gabe wie den Obolus entgegen, den man im Nachen des Charon entrichten mußte.

Wie ärmlich, wie winzig ist das Treiben dieser Gestalten neben den Kolossalgestalten der Natur; wie anders ist das Herz des dunkeln Sees umnachtet, als das Herz dieser Menschen! Wie erhaben ist sein Kummer und jene, wie kümmerlich!

Pygmäen gleich stehen die Fremden am Ufer in ihrem zierlichen Kleid und schauen mit vergnügten, hellen Augen in die unglückselige, schwarze Tiefe. Ihr Verstand ist zu kühl und ihr Gemüth zu weich für die vulkanische Kraft dieser Gewalten, sie fühlen nicht mit ahnungsscharfem Geist, daß hier Welten über einander krachten, sondern schießen eine Pistole los, um am Krachen des Echos künstlich zu erschrecken. Liegen nicht bereits genug Schrecken hier aufgethürmt? Und hallt es nicht aus den grollenden Stimmen des Echos, als riefen die Geister des Berges zurück aus sechs- und siebenfacher Tiefe: — Spielt nicht mit unserem Schicksal!

* * *

Der Eibsee. Von Gustav Closs.

Wer sich noch ferner herumtreiben will in jenen Gauen, die vom Wettersteingebirge beherrscht werden, wird manches anmuthreiche Dorf und manches lachende Idyll begegnen. Hier und dort läuft uns, wenn wir nach Norden schweifen, die Loisach über den Weg, die von den Floßknechten schier italienisch ausgesprochen wird und dann die „Luisa" heißt.

Einer der berühmtesten Punkte aber in der Nachbarschaft ist das Kloster Ettal. Hoch über seinen Dächern steht das Ettaler-Mandl wie ein Wachposten im grauen Mantel mit verwitterten Zügen und manche Sage haftet an dem alten, seltsam geformten Berge. Das Kloster, das zu seinen Füßen liegt, ward von Kaiser Ludwig dem Baier erbaut, der ein wunderthätiges Marienbild aus Italien heimgetragen hatte. Zahlreiche Mönche aus edlem Geschlechte

Kloster Ettal.

bewohnten damals die hohen Hallen, Bilder von Meisterhand schmückten das Gewölbe der Decke und der Klang der Orgel war weit berühmt in deutschen Landen. Auch eine Herberge für Ritter und ihre Frauen ward daselbst errichtet, wo sie der Gottesfurcht und ehelichen Treue pflagen.

Aber die Herrlichkeit hatte keinen Bestand; denn schon die Söhne des Kaisers rissen die Güter im Ammergau wieder an sich, die ihr Vater dem Kloster Ettal gegeben hatte; ein großer Brand verwüstete die Reste, die nach Jahrhunderten übrig waren und heute noch liegen prächtige Säulencapitäle im jonischen Stil an der Straße zerstreut, wenn man den Ettalerberg hinaufzieht. Nur die Kirche ist stehen geblieben mit ihrer breiten Peterskuppel und das kleine Marienbild bewohnt noch jetzt seine uralte Heimat. An Festtagen kommen zahlreiche Landleute zur Wallfahrt, der einzelne Wanderer aber, den der Zufall vorüberführt, wird eine unendliche Einsamkeit empfinden. Tief melancholisch strömen die Wundertöne der Orgel durch die weite Kirche dahin, wenn dann und wann ein Kundiger die schmale Wendeltreppe emporsteigt und den versunkenen Zauber aus ihren Fugen lockt.   K. St.

Straße am Walchensee.

2.

An den Walchensee.

Kehren wir den riesigen bleichen Felsen des Wetterstein den Rücken und verlassen den Lauf der Isar, die ihre lichtgrünen Wellen durch weißes Gerölle drängt, dann liegt der uralte Wallgau vor unsern Blicken. Der Weg, welcher uns zuerst am Fuße der jäh aufsteigenden Wand des Karwendelspitz entlang durch den reizenden Markt Mittenwald mit seinen theilweise noch sehr alten, eigenthümlich gebauten Häusern geführt, geht schließlich scharf bergab, tiefe Tannenwälder sind vorgerückt und zwischen ihnen träumt der Walchensee, die traurig schöne Perle der Berge. Weithin öffnet sich die Fluth und dennoch erscheint sie eingeschlossen, gefangen; spielendes Sonnenlicht verklärt die Fläche und dennoch ist sie düster. Und wenn auch der schwarze Spiegel in regungsloser Ruhe liegt, so liegt doch eine Leidenschaft in seinen Zügen, die das frohe Gemüth des Wanderers erschreckt. —

Darum und nicht bloß weil die Ufer unbewohnt sind, ergreift fast Alle ein wunderbares Gefühl der Einsamkeit, die zum erstenmal an dieser stummen Fluth dahingehen; denn keine Naturerscheinung lockt so sehr zum Vergleiche mit dem Menschen, in keiner liegen so viele psychologische Motive als in den Wellen. Die Wellen gehören dem Sturm wie unser Herz; auch ihnen schreibt man ein geheimnißvolles unerforschliches Leben zu; und unwillkürlich finden wir in jedem See einen bestimmten menschlichen Charakter. Der Walchensee ist ein unglückliches Genie. Großartig angelegt, mit edlen Linien und kolossalen Mitteln hat er dennoch etwas Eingekerkertes und Verstörtes, ja fast etwas Unfruchtbares. Sein Reichthum ist ohne Segen. Etwas Räthselhaftes und Mystisches bleibt übrig in seiner Pracht und der Volksgeist hat ein feines Gefühl gehabt, daß er gerade diesen See mit den meisten und dunkelsten Mythen umgab.

Die Straße, die von der Post nach Urfeld führt, geht dicht am Strande entlang. Dunkle Tannenzweige hängen herab in die Fluth, klaftertief liegen die morschen Stämme auf dem Grund, nur dann und wann ragt über den schwarzen Spiegel ein Felsblock empor, auf dem ein scheuer Vogel seine Rast hält. Wer an hellen

Mittenwald.

Junitagen auf dieser Straße schlendert, dem werden wenige Menschen den Weg vertreten. Er hat Zeit, den stillen Gedanken nachzuhängen, welche die Fluth in seiner Brust emporträgt. — Der räthselhafte Charakter des Walchensee's (der auch Wallersee genannt wird), hat schon in den frühesten Sagen Ausdruck gefunden. Man erzählte von ungeheuerlichen Fischen, die in der Tiefe hausen und manche wollen sogar den Namen hievon ableiten. Richtiger ist es, das Wort Walchinsee als „See der Fremden" zu verdeutschen, weil keltische oder romanische Anwohner hier gesessen haben. Da seine Wasser sich von je sehr ungestüm benahmen, so ist man auf allerlei geognostische Erklärungen verfallen. Mit allen möglichen Gewässern, ja sogar mit dem Ocean brachte man den wilden Bergsee in Verbindung, und allgemein war der Glaube verbreitet, daß zur einstigen Vernichtung des Bayerlandes der Walchensee erkoren sei. Daher kam die geheimnißvolle Scheu des Volkes gegen denselben; denn zwischen der Ebene und seinen ungeheuren Tiefen liegt nur der Kesselberg wie ein steinerner Riegel.

Oft war man besorgt, daß derselbe durchbrochen werden könnte und als während des Erdbebens von Lissabon die Welle wie rasend an ihre Ufer schlug, kannte das Entsetzen keine Grenzen mehr. „Zur Sühne" des See's ward täglich eine Messe in München gelesen und alljährlich versenkte man einen goldenen Ring in die finsteren Fluthen.

Nur an wenigen Stellen ist der schwarze Kranz gelichtet, mit dem die Tannenwälder das Ufer säumen; kaum zwanzig Häuser stehen an dem öden Strande, obschon derselbe Meilen im Umkreis zählt. Am Südrande liegt die Post, ein wohnlicher Winkel, wo man freundlich empfangen und in seiner Beschaulichkeit wenig gestört wird. Grüner Epheu rankt sich ums Fenster der niederen Gaststube, ein Kreuzschnabel pickt im Käfig und breite Hirschgeweihe, an deren Enden der Bauer seinen Hut hängt, schmücken die Wände. Allein noch ein anderer Schmuck ist diesen zu Theil geworden; denn einem talentvollen jungen Maler, der seinen Sommer hier verbrachte, sind sie so eintönig erschienen, daß er sie zu eigener und fremder Lust mit reizenden Jagdbildern verzierte. Nur wenige Gäste sitzen vor dem grünen Tisch und unterbrechen mit behaglicher Rede die stille Ruhe des Nachmittags. Der Tourist tritt herein; ein paar geistliche Herren, welche Tarok spielen und mit Auszeichnung behandelt werden, geben ihm freundliche Auskunft und wenn er dieselbe erhalten hat, greift er in nachlässiger Neugier nach dem Fremdenbuch. Es sind bunte Namen darinnen, große und kleine, wie sie die Stunde bringt: Le Comte de Boissy avec sa famille. — Sebastian Geisreiter, Handwerksbursch mit Wanderbuch — von Müller, Cavallerieoffizier mit Pferd.

In der Saison ist allerdings auch hier ein regerer Verkehr, denn die Gäste aus den benachbarten Bädern kommen wenigstens besuchsweise an den Walchensee. Da stehen vor dem Hause die ausgespannten Wagen, in denen man Sonnenschirme und rothe Shawls zurückgelassen hat, aus dem Sommerhäuschen aber, das am See steht, tönt jenes vielstimmige, rasche Geplauder, welches das Dasein der Städter bekundet. Dampfende Schüsseln mit Forellen werden aus dem Posthaus herübergetragen und wenn die Forellen gegessen sind, ist man der Ueberzeugung, daß man nun den Walchensee von Grund aus kenne. Die Kinder aber, welche am Ufer geplätschert haben, werden nun zusammengetrommelt, der Kutscher trinkt seinen Maßkrug leer, holt die Pferde heraus, und während die Sonne schweigend hinunter sinkt, fährt man kichernd von dannen. Die Mama würde sich erkälten, wenn man noch länger bliebe.

Gegenüber von der Post ragt eine Halbinsel in den See hinein, auf der ein kleines zerfallenes Kloster steht. Es ist ein

Waldeinsamkeit.

alter Bau aus jener Zeit, da der Walchensee noch zur Abtei Benediktbeuern gehörte, in deren morschen Chroniken gar oft von der düsteren Villeggiatur geredet wird.

Wenn einer der Mönche krank war an Leib oder Seele, oder wenn die Sorgen des Heils ihn zu tief verfolgten, dann flüchtete er hieher in diese Einsamkeit. Damals lag noch die eiserne Zeit der Franken über dem deutschen Land, die Völker waren Barbaren und die Wälder Urwald. — Manch edler Mann trug damals das Ordenskleid und rettete seine Gedanken in eine stille Zelle. Wenn dann der Abendstern heraufstieg über der zauberhaften Wildniß, dann zog er mit stiller Hand die Glocke und trat hinaus an das umspülte Ufer; an seiner Seite ging das Reh und sah ihm in die Augen; wer konnte sagen, was ihm die stolze Brust bewegte? Nur der Südwind knistert noch in den Zweigen, nur die Welle schlägt ans Land wie ein leiser Gesang.

Verlorenes Leben, verlorene Liebe,
Unsagbar ist dein Herzeleid!

Jetzt ist aus dem düsteren Kloster eine kleine Schule geworden, in welcher die bösen Buben das ABC studiren. Allein da diese Bildungsanstalt eine überseeische ist, so wird sie durch Wind und Wetter arg verkümmert; denn oft wenn die Lehrstunde beginnt, erhebt der See seinen finsteren Spektakel und lehnt sich zornig dagegen auf, daß seine jungen Bewohner buchstabiren lernen.

Jenseits des Wassers liegt Altlach, wo ein einsames Försterhaus uns entgegenschaut. Von hier aus geht der Weg auf den Hochkopf und in die vordere Riß, in der die Pürschhäuser des Königs stehen, weil die Jagd gar

Mondnacht am Walchensee. Von Gustav Closs.

ergiebig ist in diesen schweigsamen Revieren. Auf den steilen Felsgraten äsen die Gemsen, durch den hohen Buchenwald zieht der Hirsch und lauscht mit erhobenem Haupte. Und wo eine Lichtung im Walde ist, da kommt zur Dämmerzeit das Reh hervor mit seinem schlanken Gefolge. Wenn es tiefer in den Oktober geht und der Vollmond mit lockendem Lichte über den Wäldern liegt, hört man auf Stunden weit den mächtigen Schrei der Hirsche im Dickicht. — Langsam ziehen sie heraus an den glitzernden Strand und schwimmen hinüber nach der Insel, ein silberner Streif zeigt ihren Weg, nur das riesige Geweih erhebt sich über dem schwarzen Spiegel.

Am südlichen Ufer des Sees ist man tiefer in dessen Wildheit versunken, allein schöner ist ohne Zweifel der Nordrand, wo das Gasthaus von Urfeld und niedere Fischerhäuser stehen. Ueber die schwarzen Wälder ragen die trotzigen

Blick über den Walchensee von Urfeld aus.

Formen des Karwendelgebirges herüber, man sieht die Dreithorspitze und den hohen Daniel. Auch hier ist noch tiefe Einsamkeit. Selten streicht ein Schifferboot über die lange Fläche, nur die kleine Post, die nach Mittenwald hinübergeht, rollt am Saume des See's entlang und überholt den vereinzelten Wanderer, der grüßend stehen bleibt. Unter dem breiten Schirmdach des Hauses bin ich oft gesessen und habe hinausgeschaut auf das melancholische Gewässer. Schlechtes Wetter trat ein, immer tiefer drängt sich der Nebel herab und die alten Tannen, deren Aeste er umwindet, werden dann so rabenschwarz, als ob eine Finsterniß sich nahen wollte. Nur wenige Schritte ist das Ufer flach, die Woge spielt um die kleinen Steine, das Fischlein nascht an ihrem Moose; dann stürzt der See mit einemmal in grauenvolle Tiefen ab. Noch liegt der Spiegel regungslos; nur die graue Möve streicht über seine Flächen. Jede ihrer Bewegungen ist voll Anmuth, jede leicht und beflügelt, aber doch ist keine leichtfertig, heiter und froh nach Oben strebend; denn gleich als suchte sie etwas, so kehrt ihr Flug immer wieder zur selben Stelle zurück und dann wieder hoffnungslos von dannen. Darum ist die Möve ein Vogel, der so unendlich zu schwermüthiger Stimmung paßt und fast nur in schwermüthigen Liedern vorkommt. Er ist das Bild der schweifenden unstäten Sehnsucht.

Die Töne des Walchensee's sind an und für sich tief, aber sie können sich zu einer Dunkelheit steigern, die am Tage die Nacht heraufbeschwört.

Solche Stunden haben etwas grauenhaft Imposantes; denn sie bergen einen Gram, für den es keine Erlösung mehr gibt als den Wahnsinn. Lasciate ogni speranza — steht auf dem Spiegel des schwülen See's. Und in der That, sein Sturm ist ein Wahnsinn! Wenn der Gewitter-Himmel tiefer herunterrückt, wenn die Aeste knistern und die Ringelnatter sich raschelnd in ihre Höhle flüchtet, das sind seine Zeichen. Dann schäumt die Fluth mit einem zornigen Schrei gegen Himmel, sie packt die zitternden Fichtenbäume, die über das Ufer hängen, als wollte sie dieselben niederreißen, jede Woge ist ein wirres Wort, jeder Windstoß ein Weheruf. Dann spricht der Kummer des versunkenen See's als wollte er den Schöpfer verklagen — warum hast du dein Räthsel in meine Tiefen verschlossen, warum ist meine Schönheit vom Leid und mein Friede von der Leidenschaft beschattet?

Wer einen wahren Sturm am Walchensee erlebt, der wird den Eindruck jener tiefen Erschütterung nie mehr

Klösterchen am Walchensee.

vergessen. Um so zauberhafter ist eine Mondnacht an diesen Gestaden. Da löst sich der schroffe Geist des See's in mildes Spiel; wie ein Elfenreigen ist der Tanz der Wogen, wenn sie mit den verschlungenen Wurzeln am Ufer kosen und hinaufgreifen nach den schlafenden Blumen. Da ist es, als zöge ein Traum des Glückes durch seine versunkene Seele; in jeder Woge tönt ein Gruß. Wer das Waldesdunkel liebt, der kann auf den steilen Gehängen, die den See umgeben, gar wunderbare Pfade finden. Durch die kühlen Zweige spielt der Sonnenstrahl und huscht über den Waldgrund wie güldene Schlangen; Tiefsinn und Schalkheit weben durch einander in dem leuchtenden Dunkel und verwirren das erregte Gemüth des Wanderers. Wo er vorübergeht, greift die Brombeerranke in sein Kleid, reicht ihm der Hagedorn seine wilden Rosen entgegen. In den tollen Orgien des Lenzes, wo alles zittert vor Lebensdrang, und in den schwülen Stunden der Sommergluth, wo alle Wesen lautlos athmen, irrte ich einsam durch diese grüne Wildniß; manchmal vertrat mir das Reh den Weg und zog erschrocken ins Dickicht; aber der kleine Vogel zwitscherte weiter und achtete nicht auf den seltsamen Störenfried.

Ein einziges Mal bin ich am Walchensee gewesen, ohne von seinem Ernste ernst zu werden. Es war ein früher Junitag; wir fuhren im leichten Nachen am Strande hin; die Menschen, die mich umgaben, waren Kinder des Glücks. Frohbewegt schaute die junge Frau hinaus auf die Wellen. Heiter wie der Tag war unsere Rede; der Himmel blaute, die Ruder flogen; einsam schweigend lagen die Ufer da und sahen den glücklichen Menschen zu.

Es war so still, und dennoch wurde mir fast bange, als wir an's Land stiegen — und mit dem Schilfrohr spielend, grub ich ein Zeichen heimlich in den weichen Sand. Es war das Wort, das einst der alte Grieche dem Gastfreund in den Sand geschrieben: φεῦγε — flieh!

K. St.

3.

Durch die Jachenau nach Länggries.

Laube.

Von Sachenbach aus am Walchensee führt der Weg in die Jachenau. — Es ist ein langes waldiges Thal, das eintönig wäre, wenn ihm nicht der vollendete Gebirgscharakter und der ächte uralte Schlag seiner Bewohner Reiz verliehe. Durch die letzteren ist es fast zum Prototyp des bayerischen Hochlands geworden; wo man von alter Bergessitte spricht, denkt man zuerst an diese Stätte und wenn Peter Heß oder Bürkel bayerische Bauern malten, dann waren sie fast immer in der Jachenau daheim. Auch die Tracht hat sich dort besonders gestaltet, sie ist complicirter, man möchte fast sagen altmodischer als in den übrigen Theilen des Gebirgs. In den früheren Zeiten trug man lange Röcke von grünem Stoff mit gelber Naht, die Hüte hatten breite Krämpen mit breitem Band und wenn auch jetzt die Mode leichtfertiger ward, so finden sich doch noch reichliche Ueberreste der Vorzeit. Das ganze Thal hatte etwas partikularistisches; fast Niemand zog aus demselben weg, weil es Allen dort wohl erging und fast Niemand ließ sich neu dort nieder, weil ihm eine festgeschlossene Coterie der alten Ansiedler gegenüberstand. Wer ein Weib begehrte, fand sie daheim und so lebte die ganze Bewohnerschaft wie eine einzige große Familie. Trotz dieser Umstände degenerirte die Bevölkerung keineswegs, sondern erhielt ihren Schlag vielmehr in ungetrübter Echtheit und Frische; denn man sah hier strenger auf Mäßigkeit und gute Sitte als irgendwo anders.

Wenn man das Thal entlang geht, das von der Jachen durchströmt wird, so kommt man vielleicht nach einer Stunde an die ersten Wohnstätten. Ein Dorf kann man es nicht nennen, denn neben dem Wirthshaus und der Kirche stehen höchstens drei bis vier Häuser, die mit geschnitzter Altane (Laube) umgeben und mit einem frommen Reime geziert sind. Hier ist der Mittelpunkt für die geistlichen und leiblichen Freuden dieses Erdenthals; wenn eine Hochzeit gefeiert wird, wenn man eine Leiche zu Grabe trägt, versammelt sich hier die Gemeinde. Auf der ganzen Strecke von fünf bis sechs Stunden liegen nicht mehr als etwa sechsunddreißig Häuser. Wo die Menschen so sehr auf einander verwiesen sind, da müssen sie auch innerlich sich enger an einander schließen, und deßhalb ist es kein Wunder, wenn ihre Sitte einfach und ihr Herz getreu bleibt. Niemals aber geht diese Einfachheit in Roheit oder Unbildung über, denn die paar Rekruten, die etwa nach München müssen, können allezeit vortrefflich lesen und schreiben und auch jene, die daheim bleiben, wissen mancherlei von der Welt, ohne daß sie dieselbe gesehen haben.

Das zweite Wirthshaus, das auf der andern Seite des Thales steht, heißt „Zum Bäcken"! Hat man hier die letzte Rast gemacht, so ist nicht mehr weit nach Länggries, das am Fuße der Benediktenwand, und am Ufer der Isar liegt. Diese bestimmt den Charakter der Gegend; man wandelt in einem grünen blühenden Thalgrund, über

32   Oberbayern.

dem sich ein mäßiger Hügel erhebt, mit Lärchen bewaldet und mit den Stationen des Kreuzwegs andächtig illustrirt. Breit und behäbig stehen die beiden Wirthshäuser im Dorfe, schmuck und traulich reihen sich die Wohnungen der übrigen Menschenkinder an dieselben. Eine Viertelstunde davon liegt das Schloß Hohenburg, mit fürstlichen Räumen und zahllosen Fensterreihen und rings umher zieht sich ein prächtiger Park, eine liebliche Wildniß mit hohen Buchenstämmen und verschlungenen Gehegen. Wir kommen an tiefe Weiher, auf denen sich schlanke Schwäne wiegen, wir kommen zu einer einsamen Gitterthüre, über die der Hagedorn uns eine Hand voll Rosen entgegenreicht. Durch das glitzernde Laub fällt die Abendsonne, ein verborgener Vogel singt und wo die Zweige eine Lücke lassen, schauen die Berge herein mit ihrer leuchtenden Stirne.

Schützenzug in Länggries.

Draußen im Dorf weht eine derbere Luft. Früher war Länggries die Hauptstätte für jenes Schützenleben, das dem Hochländer ins Herz gewachsen ist, und das in Tagen der Freude, wie in Stunden der Noth sich hervorgethan. Man trug bis in die letzte Zeit die alten urväterlichen Kleider; Trommler und Schwegelpfeife gingen voran und der Hauptmann der Kompagnie warf sich in die Brust wie ein General. All das wurde abgethan, weil es polizeiwidrig erschien; aber je mehr man gegen die legitime Büchse auftrat, um so eifriger ward der unrechtmäßige Gebrauch derselben betrieben; aus den Schützen sind Wildschützen geworden, die die Gegend weit und breit durchstreifen. Der wesentlichste Betrieb der Einwohner ist die Flößerei. Mit Hacke und Seil bewehrt, bis an die Kniee im Wasser stehend, treiben diese baumhohen Gestalten ihr Floß auf der Isar dahin; manche halten in München an, andere fahren die Donau hinab bis Wien oder Ungarn.

Länggries ist weder so idyllisch noch so tugendhaft wie die Jachenau. Schon nach außen genommen sind die Bewohner herkulischer gewachsen, sie sind minder elastisch und weit eher massiv, als in den übrigen Theilen des Gebirgs. Auch die Schlagringe sind doppelt so dick denn anderwärts; und wenn irgendwo ein Haberfeldtreiben ausbricht, dann gehören die Länggrieser Bursche gewiß nicht zu den letzten.   K. St.

Saumpferd an der Benediktenwand. Von Fr. Voltz.

4.

Ein Rundgang um den Tegernsee.

ehr als tausend Jahre sind nun verflossen, seit die Jünger des heil. Benedikt ihr Haus an diesem Strande errichtet haben. Musik und Dichtung blühten dort, Wissenschaft und Malerei ward gepflegt in den langen Tagen des Mittelalters und manches Denkmal mächtiger Lebenskraft fand seinen Ursprung an dieser Stätte. Der berühmteste Name des Klosters aber ist Werinher; von ihm soll der Sage nach das reizende Lied stammen, dessen Zeilen uns fast in den Kreis der Minnesänger geleiten:

„Du bist mein; ich bin Dein
Du bist beschlossen in meinem Herzen
Verloren ist das Schlüsselein
Nun mußt Du ewig darinnen sein."

Viele meinen, daß es nicht der heiligen Jungfrau gegolten habe, sondern einem lockigen Kinde, das hier in stiller Hütte seine Schönheit barg.

Die Abtei (die ursprünglich gefürstet war), besaß weiten Ruhm im deutschen Reiche. Ihre Jünger zogen nach Bologna und Paris, ihre Prälaten verkehrten mit König und Kaiser, unter den Gästen, die im stolzen Klosterhofe weilten, war auch Walter von der Vogelweide gewesen. Daß die Pracht dieses Lebens zuletzt zum Verfalle führte, war natürlich und so untergaben sich die Aebte bald den bayerischen Herzogen, die diese That mit reicher Gunst vergalten. 1802 ward das Kloster säkularisirt; ein Theil seiner Kostbarkeiten wanderte nach München, ein anderer wurde auf die unverzeihlichste Weise verschleudert.

Das alte Tegernsee ist freilich heutzutage nicht mehr zu erkennen. Mauern und Wälle sind zerstört und die Kinder der Welt hausen mit moderner Lebenslust, wo einst die Jünger des Geistes wandelten. Auf dem Portal der Kirche steht noch jetzt das Steinbild der beiden Stifter und schaut mit steifer Verwunderung auf die geputzten Damen herab, die am Sonntag in die Messe kommen. Eines aber ist unverändert geblieben — der Zauber der Landschaft. Diese blickt uns noch an mit den Augen ewiger Jugend, als ob die Welt seit tausend Jahren nicht älter geworden wäre. Allerdings fehlen ihr jene großen Züge, welche den Königssee so tiefsinnig und den Walchensee so leidenschaftlich machen, allein ihr Antlitz ist mit unendlichem Liebreiz gesegnet. Es liegt eine Eintracht und eine Heiterkeit in diesen Formen, die das Herz erlöst; eine Schönheit, die uns nicht erschöpft, sondern labt und dauernd entzückt, weil wir sie dauernd ertragen können. Ringsum hat das Auge einen weiten Blick und dennoch findet es überall wohlthätige Grenzen; die Berge sind felsig, ohne schroff, die Bewohner echt, ohne rauh zu sein. Viele sind deßhalb gegen Tegernsee eingenommen, weil es zwischen zwei Extremen die Mitte hält; aber die Mitte bedeutet nicht immer das

Mittelmäßige, sie bedeutet viel öfter die Vollendung. In dem Dorfe selbst drängen sich die Häuser dicht zusammen, ihre Dächer springen weit in die Straße vor und bilden jene lange malerische Gasse, die für die Bauart des Gebirgs so charakteristisch ist. Schlanke Gestalten mit grünem Hut dienen zur Staffage und geben dem Ganzen eine Lebensfrische, die man im Flachland vergeblich sucht. Drüben über dem See sind die Wege einsam. Lang gewunden läuft die Straße am Ufer hin, dann und wann von Fichten überschattet, die ihre Zweige in die Wellen tauchen. Nur zerstreute Einödhöfe, von denen fernes Gebell herübertönt, liegen hier am Fuße der Berge, die Wälder stehen dichter, die Bauern sind trotziger und abgeschlossener da drüben. Wer den Bächen nachgeht, welche auf dieser Seite in den See herunterstürmen, der kommt bald in eine dichte Wildniß. Klafterhohe Steine, die die Natur hier herabgeworfen (als sie noch in den Flegeljahren stand), vertreten uns den Weg, feuchtes Moos und wilde Brombeerstauden reichen über den schmalen Weg, der nur gemacht ist, um das Holz auf demselben zu Thal

Egern am Tegernsee.

zu bringen. Kühl und schweigsam weht die Luft, das Rauschen des Wassers ist die einzige Sprache und der scheue Vogel, der über den niedrigen Bach fliegt, der einzige Wanderer. Wenn der Morgen graut, blickt das Wiesel neugierig zwischen den Steinen hervor und spielt in der Sonne, die durch die Zweige hereinlauscht. Auf dem westlichen Ufer ist es am schönsten des Abends zu gehen, wo die Straße schon im Schatten liegt und der sinkende Strahl nur noch die Häuser von Tegernsee beleuchtet. Zur einen Seite überblickt man den weiten See, auf der andern ist Weideland, in dem sich die Füllen tummeln, die am Abend ins Freie kommen. Zwischen den Zinken der Bodenschneid blickt der Brecherspitz herüber; die Berge haben einen so warmen blauen Ton und der See liegt da wie ein Spiegel ihres Glücks. In der Ferne glänzt der spitze Kirchthurm von Egern und die kleine Kapelle vom Riederstein; ein Schifflein streicht im langen Zuge durch's Blaue.

Zwei Dörfer, Abwinkel und Wiessee, liegen an diesem Ufer; sie haben die ältesten Häuser der Umgegend, die in einem dichten Kranze von Kirschbäumen versteckt sind. Hier ist die Dorfidylle daheim, wo der Alte unter der Hausthür sitzt und mit den schelmischen Enkeln spielt; hier guckt das Füllen zum Fenster hinein und unter dem Giebel hängt die Scheibe mit unzähligen Schüssen in's Schwarze. Die Töchter des Hauses sind auf

Tegernsee. Von L. Höfer.

den Almen „in der schwarzen Tenn", die Söhne sind in den Bergen bei der Holzarbeit, es ist eine tiefe einsame Abendruhe.

Von Abwinkel führt die steile Straße zum Bauern in die Au hinauf, die fast am Fuße des Kampen liegt. Durch die Reize des Weges ist sie ein Lieblingspunkt der Fremden geworden, die vor dem Hause ihren Mokka schlürfen, während in der breiten Stube die Holzknechte beim Maßkrug sitzen. Von hier weg geht der Weg auf die Hirschstallalm und nach Länggries, auch eine Menge geheimer Fußpfade verzweigt sich in's Innere der Berge.

Wenn man den kürzesten derselben heruntergeht, dann kommt man über eine Halde mit herrlichen Ahornstämmen und ist plötzlich an dem sog. Ringsee, einer schmalen, tiefen Bucht, die der Tegernsee an der Mündung der Weißach bildet. Hier ist es stille — regungslos steht das Schilf am Strande, nur ein einziges Dach liegt hinter hohen Wipfeln versteckt, und auch dies eine war lange unbewohnt, weil man glaubte, daß dort Gespenster hausen. Man nannte es „das todte Haus".

Wer die Straße, die am Ringsee hinführt, verfolgt, kommt in einer halben Stunde nach Egern oder Rottach, wo aller Reiz der oberländischen Abzeichen den Wanderer fesselt. Hinter der Kirche breiten sich duftige Wiesen aus, die bis zum Fuße des Wallbergs reichen. Manch alte Linde steht hier auf dem Feld, darunter ein verwittertes Kreuz mit welken Kränzen behangen; wenn man tiefer bergeinwärts geht, findet man sechs bis acht Häuser, die alle ihren eigenen Namen führen und nach wenigen Schritten stehen wir mitten im reizenden Rottachthal. Auch hier sind zerstreute Ortschaften; unter ihnen das reizende Försterhaus Oberwinkel. Wer im Spätherbst, wo die Wälder gelb werden, hier weilt, der lernt das alte echte Jägerleben der Berge kennen. Mit der Dämmerung kommen die Gehilfen heim, den breiten Rucksack über der Schulter, aus dem die „Läufe" des erlegten Gamsbocks hervorschauen; zur Seite troddelt der Dachshund und verkündet mit Gebell die Beute. Drinnen aber ist (nach Bauernsitte) der Ofen schon längst geheizt, über demselben sind ein Dutzend Marderfelle zum Trocknen ausgespannt. Nachlässig schlendernd tritt der Jägerbursch herein und hängt den Hut an die Enden des Hirschgeweihs; dann kommt der Abendtrunk und die behagliche Erzählung, wie es mit dem Gamsbock zugegangen. Alle Hörer sind gespannt, die Frau des Försters geht ab und zu, und nur dann entsteht eine Pause, wenn er die Pfeife am brennenden Kienholz anzündet.

Das letzte Haus im Thale ist der Enterrottachbauer; es ist prächtig gelegen zwischen den Felsen der Bodenschneid und den Wasserfällen der Rottach; auch eine Sägmühle und eine kleine Wirthschaft sind hier errichtet. Diese gilt als Sammelpunkt für die Bauern der nächsten Umgegend, wenn sie am Sonntag ihren Abendtrunk begehren, hier werden geheime und öffentliche Angelegenheiten erörtert und wer mit seinem Fuhrwerk an der Straße vorüber kommt, hält an und setzt sich zu den Genossen. Der Wirth aber ist ein kluger und wohlerfahrener Mann, mit dem sich vortrefflich plaudern läßt und der täglich seine Zeitung lesen würde, wenn er sie nicht blos alle vierzehn Tage bekäme. Früher ging's noch viel vergnügter zu an dieser Stätte, als seine beiden bildhübschen Töchter lebten, die er mit achtzehn und neunzehn Jahren verloren hat. Damals war im Freien ein Tanzboden aufgerichtet, und allabendlich kamen die Musikanten und spielten den Burschen und Dirnen ihre Weisen; Maitanz und Kirchweihtanz ward hier gehalten und wer vorüberging, konnte die Trutzlieder schon auf hundert Schritte weit hören.

Kommt man vom Enterrottacher heraus nach Tegernsee, so zeigt das östliche Ufer eine Reihe von niedlichen Villen. An dem grünen Tische, der vor der Hausthüre steht, sitzen elegante Mädchen bei ihrer Arbeit, eine Schale mit frischen Erdbeeren oder ein aufgeschlagener Roman liegt vor denselben. Neugierig schauen sie heraus, wenn wir gemächlich auf der Straße vorüberziehen, die uns in wenigen Minuten wieder in die Mitte von Tegernsee zurückführt. Die Eingebornen nennen es im Sommer „die Stadt". Für den Glanzpunkt des Sees wird indessen von den meisten das nördliche Ufer gehalten; dort liegt Kaltenbrunn, früher ein Bauernhof, jetzt eine Meierei des Prinzen Karl Theodor.

Kaltenbrunn ist der aristokratische Spaziergang für die Sommergäste von Tegernsee, aber trotzdem oder ebendeßhalb der besuchteste von allen. Zur linken Hand liegt Gmund, durch das die Mangfall mit grünen Wellen eilt. Wundervolle Buchenwälder und Mühlen stehen an ihrem Ufer, die einzelnen Höfe sind weit umher zerstreut. Für den Landwirth ist das Dorf durch seine Viehzucht werthvoll, für den Wanderer nur dadurch, daß hier die letzte Stundensäule vor Tegernsee steht.

Die Berge, welche den See umrahmen, sind nicht höher als fünf- bis sechstausend Fuß; allein sie schauen in's Flachland bis an die Donau und zeigen die Gletscher bis tief in die Tauern. Und wenn auch kein stolzes Edelweiß auf denselben blüht, so blühen doch die Alpenrosen und ein fröhliches frisches Almenleben auf ihren Matten. Durch ihre Wälder geht der Hirsch, in ihren Felsen klettern die Gemsen, der Himmel ist heiterer hier als anderswo. Man hat in Tegernsee das Gefühl, als hätte die Natur an ihren Einen Liebling Alles verschwendet.

K. St.

5.
Dorf Kreuth und Wildbad.

Auf der Landstraße rollt der Postwagen dahin, der von Tegernsee über die Grenze führt. Ehe er diese erreicht, hält er noch einmal still in einem niedlichen, uralten Dörflein, das die Berge von drei Seiten umrahmen. Gegen Süden liegt die breite Wand des Planbergs, links sinkt der Felsen der Roßsteinwand zu Thale und gegenüber schaut der Leonhartsstein empor. Auf der blauweißen Tafel aber, an der wir vorüberfahren, steht geschrieben: Dorf Kreuth.

Die Häuser liegen auch hier, wie so oft im Gebirge, weit auseinander; man sieht ihre braunen Dächer mit den schweren Steinen unter dem dichten Laub der Bäume hervorlauschen. Nur das Wirthshaus hat den Ehrenplatz an der Straße und ist stattlich und wohlgepflegt wie sein Besitzer. Dicht dahinter steigt die grüne Halde zum Hügel an, auf dem das schmucke Kirchlein mit seinem spitzigen Thurme ruht; über ihm tiefe Wälder voll schwarzer Tannen.

Das kleine Kirchlein ist ein Juwel, in dem eine seltsame Kraft der Andacht verborgen liegt. Wenn ein Hochzeitszug dort hinaufzieht, wenn eine fromme Prozession ihre Fahnen durch die ungemähten Wiesen trägt, dann fühlt man ihn erst, den heimlichen Zauber der kleinen Kirche! Am schönsten aber ist es im Herbst, wenn die Luft so schmerzhaft bewegt ist, wenn die Natur unmerkbar verstummt und mit jedem Blatt ein Gedanke vor uns niederfällt.

Um das Kirchlein zieht sich die zerbröckelte Friedhofmauer, von Hollunderbäumen überschattet. Niedere Kreuze lehnen daran, welke Kränze sind ihre Zier und doch ist die Stätte nicht arm, weil sie schmucklos ist, denn ein Friede, ein so unergründlicher und unbeschreiblicher Friede waltet hier, daß unser Tritt unwillkürlich leiser wird. Man möchte die Hand auf's pochende Herz legen und sagen: Schweig!

Bittgang.

Ich bin an der niederen Mauer gelehnt an einem klaren Maimorgen. Unten jubelte der Bach vorbei, im nahen Walde sang die Drossel und über die Gräber, auf denen die wilden Veilchen blühten, fiel die warme stille Sonne. Es lag etwas Seliges im Schlafe Derer, die da ruhten, die da ruhen durften, während Alles sich rüstete zur schmerzensvollen Lust des Daseins. — Ich bin an der niederen Mauer gelehnt an einem Abend im Herbste, die letzten rothen Lichter glühten über den Bergen, der Vogel flog heim zum Walde, die Menschen, die unten im Thale gingen, zogen schweigend nach Hause. Ein Drang, eine Sehnsucht der Heimkehr war über Allem, was da lebte. Zu meinen Füßen aber lagen die, die heimgekehrt waren zur ewigen, langen Rast. Sie hatten die Ruhe gefunden, die Jene suchten, sie begehrten keinen andern Schmuck, als die Blätter, die der Abendwind auf ihre Scholle warf. Ich las die Namen auf den niederen Steinen und siehe da! es waren manche fremde darunter, denn die Brustkranken, die in dem nahen Wildbad sterben, werden hier zur Erde bestattet. Ihr Name allein klingt wie ein leiser Schmerzensruf in dieser Einsamkeit, sie allein bringen einen melancholischen Zug in diesen Geist des Friedens. Sterben soll man daheim. Mancher Wanderer aus hohem Norden fand hier sein Grab, auf manchem Stein stehen Zeilen in fremder Sprache oder ein Gruß, den zitternde Hände geschrieben haben.

Da die Bewohner von Kreuth so dicht in den Bergen leben, so läßt es sich denken, daß der alte derbe Schlag sich hier ganz besonders erhalten hat, wenn auch die Kultur des nahen Badelebens nicht ganz ohne Einfluß blieb.

Unter den Bauern der Umgegend ist Einer, den man beinahe als einen oberbayerischen „Faust" bezeichnen könnte, denn sein Schmerz besteht in dem, was er weiß. Es ist eine selten begabte Natur, die Entschlossenheit des Charakters mit freier Urtheilskraft verbindet. Im Jahre 1848, wo er Soldat war, bot man ihm eine Offiziersstelle an; wäre er dem Rufe gefolgt, so würde er jetzt in Epauletten ein Bataillon kommandiren, statt in Hemdärmeln sein Pferd auf die Waide zu treiben. Allein der Sinn für die angeborenen Grenzen seiner Natur war stärker, als der Sinn für den Erfolg; mit Geschick wußte er jedem Amt (auch in der Gemeinde) zu entgehen und lebt als homo sui juris in civilem Stolze.

Die einzige Würde, die er bekleidet, ist die eines Holzmeisters. Da gerade hier die Wälder am dichtesten stehen und da sich von hier aus eine Reihe der rauhesten Thäler aufthut, wie die Langenau und die schwarze Tenn', so hat das ganze Treiben der Holzknechte einen natürlichen Mittelpunkt in Kreuth gefunden. Ueber jeden Menschen gewinnt die Lebensweise, der er sich hingibt, eine gewisse Macht, die um so stärker wirkt, je weniger Berührungspunkte dieselbe mit dem regelmäßigen Dasein der übrigen hat. Und eben deßhalb bilden die Holzknechte beinahe eine eigene Kaste. Tag und Nacht, bei Sturmwind und Sonnenschein hausen sie in den tiefsten Bergen, ihr Schirmdach ist die Tanne und ihr Becher die Quelle. Ihr Handwerk aber ist fast ein Kampf. Wer einmal einen mächtigen Stamm hat fällen sehen, wer es weiß, wie die grüne Fichte sich zornig zurückbeugt, wie ihr goldenes Blut aus klaffenden Wunden träufelt, dem wird es zu Muthe sein, als ob der angegriffene Stamm lebendig würde in seiner letzten Stunde, als ob er sich zur Wehre setzte und fühlte, was ihm begegnet. Auch seine Aeste sind gewaltige Arme, aber sie sind ohnmächtig vor der bewaffneten Hand des Menschen. Stöhnend sinkt der getroffene Stamm zu Boden, seine Kraft aber gibt er dem zum Erbe, der ihn erschlagen hat. So kommt der baumstarke Wuchs in jene Gestalten, die mit nackter Brust und schallender Axt durch den Forst ziehen. Weithin tönen ihre Schläge; denn die Axt ist ein Rufer, wie schon das alte Sprichwort sagt. Wenn es keine Holzknechte in den Bergen gäbe, dann würden die Bewohner derselben viel kultivirter sein; diese vermitteln recht eigentlich den Zusammenhang des Volkes mit dem wilden, ursprünglichen Element des Waldes. In ihnen liegt die verwildernde Kraft, die das Volk der Berge zum Bergvolk stempelt und die sie davor schützt, daß sie nicht so leicht gezähmt werden.

Wenn die Sommerarbeit beendet ist, in den letzten Oktobertagen oder Anfangs November, wird der sogenannte Holzhacker-Jahrtag gefeiert. Es besteht nämlich unter ihnen seit mehr als fünfzig Jahren ein Verein und für diesen zunächst ist das Fest bestimmt, obgleich auch andere Gäste Zutritt erhalten. Tiefe Nebel und eine kalte, scharfe Luft liegen bereits über den Bergen, wenn der stattliche Zug zu dem Kirchlein emporsteigt; graue Männer, die vor sechzig Jahren das kühne Handwerk begonnen haben, gehen bei demselben mit oder nehmen wenigstens an der kirchlichen Feier Antheil, mit welcher das Fest eröffnet wird. In dem solemnen Hochamt, das der Herr Pfarrer absingt, wird zunächst der Genossen gedacht, die im vergangenen Jahre verunglückt sind, dann erst beten die Lebendigen, daß es ihnen nicht desgleichen ergehe.

Den Vorsitz bei dem festlichen Mahle führen die „Herren vom Forstamt", die aus der ganzen Umgegend an diesem Tag zusammenkommen. Ihre Uniform ist die graue Joppe, ihre Dienstmütze ist oft nur der grüne Hut mit dem Gemsbart, ihnen gebührt die Repräsentation beim Feste. Im Ganzen kann man nicht behaupten, daß diese Behörde den Gebirgsbewohnern gerade sympathisch ist, weil sie den Wald zu geschäftsmäßig und die Wildschützen zu gebieterisch traktirt, für die Holzknechte aber, deren Oberbehörde das Forstamt bildet, ist eine größere Verehrung derselben unvermeidlich. Diese müssen wenigstens offiziell dafür schwärmen, ähnlich wie die Soldaten für ihren Hauptmann.

Bei dem Holzknechtdiner verfährt man sehr liberal, denn es ist Jedermann unbenommen, seine bessere Hälfte (worunter nicht bloß die Ehehälfte begriffen wird) mitzubringen. Zwischen jedem Gang des Mahles kommt ein Tanz und wenn das Mahl zu Ende geht, kommen die Toaste. Wie gegen Abend jedes Fieber zunimmt, so auch das Festfieber, das heißt jene erregte Jubelstimmung, die alle gewöhnlichen Naturen bei außergewöhnlicher Gelegenheit ergreift. Die Holzknechte sind ohnedem gar feurige Seelen, und wenn auch kein Oel, so wird doch ohne Unterlaß Bier und Branntwein in's Feuer gegossen.

Nach dem Gebetläuten wird das Gedränge in dem kleinen Saal immer dichter, ein gewisses Geräusch geht durch die Reihen; man fühlt, daß sich ein Ereigniß vorbereitet. Worin dies besteht, werden wir baldigst inne; denn mit einemmal verfinstert sich die Luft und an der Wand gewahren wir ein buntes brennendes Transparent, auf dem die Holzknechte Gott und ihren Vorgesetzten Dank sagen. Auf oberbayerisch gebietet einer der Anwesenden silentium und nachdem dasselbe in soweit eingetreten, als es überhaupt herstellbar ist, hält derselbe eine vortreffliche Anrede, die als Commentar zu dem beleuchteten Motto dient. Der Redner aber ist unser alter Freund, der Doktor Faust von Kreuth und Offizier in partibus.

Es hat einen eigenthümlichen Reiz, dieses originelle, in sich abgeschlossene Festtreiben anzusehen, das nur mit

Holzknechte.

seinen eigenen Mitteln zu Werke geht und durch den eigenen Erfolg befriedigt ist. Der Effekt der Scene liegt darin, daß nirgends nach dem Effekt gehascht wird, kein Suchen nach fremdem Schmuck, kein Heraustreten aus der eigenen Sphäre begegnet uns. Wie droben im Walde das Bergfeuer, so zünden sie hier beim Feste das selbstgeschnitzte Transparent an, und wie sie zum Kuckuck in den Zweigen sprechen, so sprechen sie hier zu König und Vaterland. Sie wissen nichts vom suum cuique, aber sie üben es.

Nach dem beredsamen Holzknechte ergreift der Forstmeister das Wort, um den Untergebenen für ihre treue

Dienstleistung bei einem so harten und gefährlichen Beruf zu danken. Das Gewinnende, das darin liegt, wenn ein Vorgesetzter sich wohlwollend an die Seinen wendet, verfehlt auch diesmal seine Wirkung nicht, denn ein allgemeiner Beifall folgt den herzlichen Worten. Mit ihnen ist der offizielle, der exclusive Charakter des Festes geschlossen; es ist von beiden Seiten „abgedankt", und von nun an hat Jedermann Zutritt zum Tanze.

Nun kommen die Bursche aus der Nachbarschaft mit ihrem Schatz, und der wilde Lärm, ohne den jeder Tanzabend traurig wäre, hallt durch alle Räume des breiten Hauses.

Die Stimmung wird immer höher animirt, der Hut rückt immer näher auf's Ohr. Die Mädchen, die zuerst auf der langen Bank gesessen, sitzen jetzt auf dem Schooße ihrer Liebsten und lassen sich von den derben Händen streicheln; ihre Feindschaft wäre gefährlich, wenn man den riesigen Schlagring betrachtet, der auf dem kleinen Finger Vorposten steht. In die schwere silberne Platte ist das Bild des heil. Antonius oder St. Benedicti geprägt, damit durch deren Fürbitte die Köpfe, die man mit dem Ring entzweischlug, wieder zusammenheilen. Ob solche grausam-fromme Kuren wirklich Erfolg haben, ist freilich noch nicht festgestellt, und es wird auch Niemand Lust verspüren, sich persönlich darüber zu vergewissern; eine bestimmte Vorsicht aber ist jedenfalls von neun Uhr Abends an sehr räthlich. Von da an soll man jede Situation, auch wenn sie noch so interessant scheint, nur auf Distanz betrachten; denn die Idylle nimmt oft schnell eine robuste Wendung an und das Schäferspiel geht nicht immer so sentimental zu Ende, als es beschrieben wird.

Da bei der Holzarbeit zahlreiche Tiroler verwendet sind, die über Sommer aus dem Zillerthal nach Bayern kommen, so bekömmt das Fest hiedurch ein gefährliches internationales Gepräge. Es sind merkwürdige Gestalten, diese hochgewachsenen, breitschultrigen Männer, denen das braune Ringelhaar so tief in die Stirne wächst, und diese stillen, schönen Mädchen, die eine vegetative Sinnlichkeit in ihrem Wesen haben und doch dabei die Augen so sittsam niederschlagen, als ob sie das Vorbild der Madonna im Herzen trügen. In Beiden aber liegt etwas Demüthiges, etwas Duldsames, das mit den prächtigen Gestalten in peinlichem Widerspruche steht. Denn es drückt uns, so viele Kraft und so wenig Freiheit zu finden. Die Tiroler haben den Patriotismus gezeigt, sich todtschießen, aber nicht jenen, sich bilden zu lassen, sie haben einen gewissen Zug der Passivität, der auf den edelsten Gesichtern wie eine unbewußte Wehmuth liegt. Allein selbst in dieser Wehmuth fehlt der schmerzlich vibrirende Zug, der in Irland oder in Polen auf vielen Zügen steht; es ist eine gesunde Wehmuth, die nur dem Beschauer, nicht dem Träger wehe thut. Die Tiroler sind fromm, aber ohne Leidenschaft, stark, aber ohne Heftigkeit, sie sind fanatisch, aber ihr Fanatismus schwärmt für das ruhige Ertragen.

Achtzehnhundertneun allein hat eine Ausnahme gemacht und diese Ausnahme haben die Bayern noch immer nicht verschmerzt. Von da an datirt eine gewisse Rancune zwischen den beiden Stämmen, die sich bei jeder Gelegenheit Luft macht und seit dem Gastmahle der Lapithen ist ja die beste Gelegenheit zum Streite von jeher ein Fest gewesen.

Wer im Faustkampfe Sieger bleibt, wenn der bayerische und der tiroler Holzknecht zusammentreffen, ist schwer zu entscheiden, denn das ist ein Kampf zwischen Hector und Diomedes; im Sängerkrieg indessen sind die Tiroler gewöhnlich Meister.

Zahllose Trutzlieder, in welchen sich die Gegner Injurien entgegenjodeln, verleihen dieser Eifersucht einen so intensiven Ausdruck, daß keine Steigerung mehr übrig bleibt, als eine Prügelei.

Dies ist der geeignete Moment, um sich des Heimwegs zu erinnern; es ist besser als mit dem heil. Antonius Bekanntschaft zu machen. Wenn wir jetzt durch die offene Hausthür treten, so liegt die dunkle Landschaft frei vor unserem Blick, der Nebel hat sich zertheilt; über dem Leonhartsstein steht die silberne Sichel; Alles ist still, nur von drinnen hört man noch den Lärm und die muntere Weise, die durch die erleuchteten Fenster schallt.

„Gute Nacht, Holzknecht!" ruft uns ein alter Bauer nach, der vor der Thür eifrigst nachdenkt, wo er daheim ist.

* * *

Wildbad Kreuth.

Ein halbes Stündlein vom Dorfe liegt das Wildbad Kreuth, wo es von städtischer Eleganz wimmelt. Schon im sechszehnten Jahrhundert von lungensüchtigen Mönchen besucht, nahm es doch seinen eigenthümlichen Aufschwung erst, als König Max I. ihm seine Fürsorge zuwandte. Kaiserliche und königliche Majestäten wandelten damals vor den Terrassen, sechsspännige Equipagen und zahllose Bedientenseelen eilten über den Kies, Kreuth war ein aristokratischer, fast ein souveräner Sammelpunkt geworden. Doch wenn die vornehmen Gäste verschwunden waren, dann trat das schlichte, herzliche Familienleben, das die Freude und der Stolz des „alten Max" war, wieder in seine Rechte ein, und mit bürgerlicher Liebenswürdigkeit verkehrte er alsdann mit den Fremden, die er förmlich als seine Gäste ansah. Die Elite der Münchener Gesellschaft fand sich dort zusammen, Concerte und Theater, Bälle und Ausflüge aller Art wechselten in bunter Reihe.

Die jetzige Physiognomie des Bades hat sich natürlich ebenso geändert, wie die ganze Zeit.

Was die Landschaft anlangt, so ist diese hier noch weit abgeschlossener, sie ist geradezu gefangen. Wir stehen in einem kleinen Thalkessel, der enge angebaut und abgezirkelt ist; auf der Westseite die langen Badegebäude (ein Mittelding von Schloß und Kaserne); auf der Südseite der Planberg, der so zudringlich hereinragt, daß man sich fürchtet, mit der Krempe des Strohhutes oder mit den Spitzen des Regenschirmes daran zu stoßen. Durch die Löcher des letzteren gesehen erscheint die Landschaft allerdings sehr trübe und noch viel enger, als sie ohnedem schon ist — allein trotzdem ist dieser Fall oft Wochen lang nicht zu vermeiden. Auch die Staffage hat etwas Eintöniges.

In der Frühe traf man sich vordem in dem kühlen Molkensaal, wo eine Reihe von Nippsachen zum Verkaufe aufliegen: geschnitzte Holzwaaren und Erzeugnisse aus dem nahen Marmorbruch; roth gebundene Bücher über das bayerische Hochland und andere zeitgemäße Gegenstände. Selbst den obligaten „Gevatter Handschuhmacher" aus Tirol wird Niemand vermissen. Jetzt aber ist der Molkensaal zum großen Speisesaal verwandelt.

Bis es zu Tische geht, versammeln sich etwa hundertfünfzig Personen in dem nahegelegenen Buchengehölz, um dort Waldeinsamkeit zu genießen; auch ein Buch aus der tugendhaften Bibliothek des Bades kann man hier ungestört zu Ende lesen. Nachmittags geht man auf die Königsalpe oder den Hohlenstein, wo sich eine gezähmte Sennerin befindet, die auf Fremde ein- und abgerichtet ist. Wird das Steigen zu mühsam, so stehen Esel bereit, denen sich gern ein begehrlicher Führer anschließt.

Wer aber daheim bleibt, bemächtigt sich rechtzeitig der Terrasse, weil man dort den schattigsten Kaffee trinkt und die sämmtlichen Wagen im Auge hat, welche des Nachmittags ankommen. Auf diesen Terrassen vegetirt die elegante Welt gleich kostbaren Pflanzen in gesondertem Beete; hier sitzen die vornehmen Damen, die in Kreuth sich langweilen und lorgnettiren jene, die sich in Tegernsee langweilen und deßhalb nach Kreuth fahren. Wenn die Saison auf der Höhe steht, im Juli oder August, dann finden sich zahlreiche Russen und Norddeutsche ein; in dem Gartenstuhl, der unter dem Fenster steht, schaukelt sich der Banquier aus Wien, schneeweiß gekleidet, mit doppelter Uhrkette und der „Neuen freien Presse". Seine Gemahlin trägt ein großes Smaragdbracelet und das Rauschen ihres seidenen Kleides erscheint ihr viel melodischer, als das von Wald oder Quelle.

Um sechs Uhr Abends ist Musik, zu der sich alles versammelt. Die Damen kleiden sich vorher um, der routinirte Stammgast kehrt von seiner Excursion nach Hause und im präcisen Tempo wandeln die Kurgäste auf und nieder „an der schönen, blauen Donau". Vor dem Gitter aber, hinter dem eine gefangene Gemse wohnt, stehen die Kinder und füttern dieselbe mit Brod oder Kuchen, weil dieses ausdrücklich verboten ist. Damit sie sich nicht undankbar erweise, sind ihr die stößigen Hörner mit Bast umwickelt. — Niemand wird wohl behaupten, daß diese Gestalten (die Gemse etwa ausgenommen) eine besondere Sympathie erwecken, aber dennoch kann man auch manchen Freund in Kreuth gewinnen. Neben dem eitelsten Weltleben liegt eine Fülle von geistiger Kraft, die es verschmäht, sich geltend zu machen, hinter dem Donnerwetter brillanter Toiletten finden wir immer auch den lichten Sonnenschein der Anmuth. Schaut nur die kleine Schwäbin da drüben an, wie die so treuherzig plaudert, wie die sich der grünen Wiesen freut, als ob es gar keine Smaragdbraceleten gäbe auf Erden!

An dem offenen Fenster seiner Stube lehnt ein kräftiger Mann mit edlen, starken Zügen; es ist ein junger Professor der Musik und das Papier, das er in Händen hält, ist ein Druckbogen seiner Opernpartitur. Während er in stille Freude vertieft ist, klingelt es oben im Gesellschaftssaal ohne Ende; denn die junge Gräfin studirt eine neue Polkamazurka.

Es gibt noch andere Gestalten in Kreuth, deren Anblick tief in's Herz greift — das sind die wirklich kranken Leute. Die unerbittlichen Zahlen der Wissenschaft stellen es fest, wie viel Procente des Lebens von jeder Krankheit hingerafft werden und hier stehen diejenigen, die das Geschick sich ausgewählt hat zum Tribut für das Ganze, auf deren Jugend es seine unbarmherzige Hand gelegt. Das Verhängniß steht in ihren Zügen und mit Recht hat ein geistvoller Autor von ihrem Gruß gesagt: Morituri te salutant.

K. St.

6.

In der Kaiserklause.

Mitten in der Wildniß liegt ein mächtiges Forsthaus. Ueber der Thür prangt das riesige Hirschgeweih, um das Fenster rankt der Epheu seine grünen Schlingen, auf der Altane, die rings um die Mauer läuft, stehen Nelken und Geranium.

Steigt man über die steinernen Staffeln empor, so springt uns ein schlanker, gelber Jagdhund entgegen, der als Portier vor der Hausthür sitzt. Sein Gebell meldet uns alsbald dem Herrn und schallt über den langen Gang, auf dem wir allenthalben die Zeichen des Waidwerks finden. In der Stube aber gewahren wir einen mächtigen Mann mit vollem Barte und breiter Brust, der behaglich den Arm auf den Tisch stützt. Er selber sieht aus wie ein Nimrod, an der Wand hängen die Gewehre, drei bis vier Dachshunde liegen in einem Korbe am Ofen, auch wenn er nicht geheizt ist, und schnappen nach den Mücken, die etwa vorüberfliegen.

Die Stube sieht nicht aus, wie ein Bureau und dennoch ist sie eines; ihr Inhaber ist der Oberförster von der Kaiserklause. Aber allerdings ist es kein Bureau im bureaukratischen Sinne, denn der Chef selber trägt Kniestrümpfe und Lederhosen und während er die Akten registrirt, singen die Holzknechte ihre Schnaderhüpfeln. In der That hat das große Eckzimmer, das hart an der Hausthür liegt, eine ausgedehnte Competenz; es ist zu gleicher Zeit die Schreibstube, das Wohn- und Wirthszimmer; eine seltsame Mischung von Amtlichkeit und Häuslichkeit liegt darinnen und gibt dieser Wildniß einen halboffiziellen Charakter.

Als das stille Forsthaus erbaut ward, vor langen Jahren, da standen zwei gute Feen an seiner Wiege: die Schönheit, die ihm ihren Zauber, und die Einsamkeit, die ihm ihren Frieden gab. Noch heute walten die beiden hier und wer sie voll empfinden will, der muß an einem hellen Maimorgen kommen, wo der Fink in den Buchen schlägt, wo die Kinder vor den Stufen des Hauses spielen. Da glänzen die Zinken des Sonnwendjoches im klaren Morgenblau, gegenüber der Wildbach, über dessen Tiefen ein schmaler Steg gebaut ist. Rauschend spült er den weißen Schaum an die Felsen und bildet kühle, smaragdgrüne Becken, in denen die Sonne glitzert, durch welche die scheue Forelle dahinschießt.

Auf der schmalen Halde, die ober dem Hause liegt, steht eine kleine Kapelle, schmucklos und ohne Bild. Kein Priester predigt hier, keine Kunst hat zu ihrer Zier gedient, aber die ganze Andacht der Natur liegt über derselben. Es ist ein Segen, der höher ist, als der von Menschenhand, denn Berg und Thal empfinden seine Weihe. Wenn die Sonne im Sommer sinkt, dann geht einer der Bewohner die niederen Stufen empor und zieht die kleine Glocke zum Abendläuten.

Dann ist die Kaiserklause einen Augenblick lautlos und still; die Knechte, die vor dem Hause sitzen, lüften den Hut, die Kinder und der gewaltige Mann erheben sich von ihrem Sitze, bis der letzte Ton verklingt. Ein Tag des Friedens geht mit ihm zu Ende.

Kirchweih in der Kaiserklause. Von W. Diez.

Die Kaiserklause (officiell wird sie Valepp geheißen) ist ein stolzes, prächtiges Revier; überall geht es zu tiefst in die dunkeln Forsten hinein und das ächte, wilde Bergesleben liegt fast vor der Schwelle des Hauses. Auf dem Felsen der rothen Wand und im „Kahr" treiben sich Rudel von Gemsen umher; über den Stümpflinggraben und die „Sutten" wechseln Rehwild und Edelhirsch; droben aber in den gelichteten Holzschlägen falzt im Frühjahr der Auerhahn, wenn der Schnee noch den Boden deckt und der Tag kaum zu grauen beginnt.

Das ganze Leben im Hause ist das des Waidmanns — tagelang sind der Förster oder die Gehilfen draußen, um einer kostbaren Beute zu folgen, die oft in stundenweiter Entfernung erlegt wird. Auch die Wildschützen machen scharfe Arbeit, da sie von Bayerisch-Zell und Fischbachau herüberkommen und das Revier mit seinen dichten Schleichwegen ihnen nur allzu günstig ist. Von dem Raubwild, das den jungen Rehstand gefährdet, werden vor Allem

Holzhütte im Walde.

die Füchse in großer Menge erlegt; auch die Fischotter ist in dem wilden Bergbache heimisch. Von ganz kolossaler Kraft aber sind die Waldungen, welche die Kaiserklause umgeben, denn viele tausende von Klaftern werden alljährlich darin gefällt. Um den Arbeitern Unterkunft zu gewähren, ist ein eigenes stattliches Blockhaus neben dem Försterhause errichtet, das oben die unabgetheilte Liegerstatt und unten die gemeinsame Wohnstube, das drawing-room der Holzknechte enthält. Auch die Jagdgehilfen wohnen hier und wenn im Sommer eine Ueberzahl von Fremden Nachtquartier begehrt, dann werden sie zwischen diese Waldmenschen eingebettet, die dann wohl auch in sehr luftig gebauten, improvisirten Holzhütten im Walde ihr Nachtlager aufschlagen. Im Frühjahr wird das Holz zu Thal getriftet; man öffnet die mächtigen Schleusen des Baches und mit einem wilden Jubel packt er von allen Seiten die aufgethürmte Beute. Der letzte Ruck an der Schleuse ist nicht selten lebensgefährlich, das Tosen und Krachen des entfesselten Baches, der einen förmlichen See vor seinem Kerker gebildet hat, spottet aller Beschreibung. Von hier wird das Holz in den Tegernsee geführt, der es der Mangfall zum weiteren Betriebe überläßt.

Die ständige Gesellschaft also, die wir in dem kleinen Forsthause finden, ist sehr naturwüchsiger Art; höchstens kommt noch ein Köhler dazu oder ein Bauer, der nach Brandenberg geht, um dem dortigen Wunderdoktor seine Schmerzen zu klagen, dann und wann ein Maler oder ein Geometer. Allein all' das ist nur für stille Zeiten wahr, im Sommer herrscht ein ganz anderes Treiben: da wird das schmucke Forsthaus zum Taubenhaus, in dem hundert und aber hundert vornehme Gäste aus- und einfliegen. Mehrere Zimmer des obern Stocks sind eigens für sie eingerichtet und mit allem dem versehen, was eine sorgsame Aussteuer Stattliches liefern kann. Excellenzen aller Art haben hier geruht, wenn sie zur Auerhahnfalz oder zur Hirschjagd kamen und von vielen findet man das Conterfei in einem zierlichen Photographiebuch, das sich in diese Wildniß eingeschlichen.

Schön ist die Kaiserklause immer, am schönsten aber ist sie an St. Bartholomä. Dies ist ihr eigentlicher Festtag, denn dies ist der Jahrestag für den Schutzpatron der kleinen Kirche. An diesem Tage ist Kirchweihfest und von nah und fern kommen die Gäste in's Haus. Am Morgen wird in der Kapelle Messe gelesen, die einzige im ganzen Jahr. Festlich geschmückt windet sich der kleine Zug empor über die schmalen Stufen, eine rothe Fahne flattert dazwischen und Jeder trägt heute sein Feierkleid. Natürlich treten nur Wenige durch die niedere Pforte, die mit Kränzen verhangen ist, die anderen stehen im Freien versammelt und horchen, wie der Gesang des Agnus Dei heraustönt, oder die Worte der Predigt. Wenn die Wandlung kommt, dann sinkt das Volk in die Kniee — das sind regungslose feierliche Augenblicke. Selbst der Bach geht sachter dahin, selbst die Buchenwipfel halten ein mit ihrem Rauschen.

So wird dem Ueberirdischen sein Theil gegeben. Nach der Messe aber kommt die Weltlust mit ihren jubilirenden Stimmen und ihrer übermüthigen Jugendkraft. In dem Zuge, der nun herunterkommt von dem kleinen Kirchlein, gehen die Musikanten voraus; muthwillig rücken die Burschen den Hut und die Mädchen eilen leichteren Schrittes herab, als sie emporstiegen. Unten herrscht bereits das bunteste Treiben; denn die Hausflur ist zur Schenke geworden; große Fässer stehen bereit und werden mit dem Hammer erbrochen, Gestalten von hohem Wuchs, die die Joppe über der Schulter tragen, sehen mit Befriedigung auf diese Operation. Es ist auch in der That nicht lange Zeit zu verlieren für den ersten Trunk, denn jeden Augenblick beginnt der Tanz, für den ein eigener Bretterboden im Freien aufgeschlagen wurde. Nur ein leichter Schlag auf die Schulter und mit fröhlicher Miene folgt das schmucke Dirndl ihrem Buben in's Getümmel. Zwischen den grüßenden Blicken und den aggressiven Nagelschuhen windet sie sich geschickt hindurch; doch wenn ein kecker Bursch nach den brennrothen Blumen greift, die sie im Mieder trägt, dann schlägt sie flugs die Augen nieder und ist ihm entwischt, eh' er sich deß versieht.

Schmucker als in der Kaiserklause kann man die Burschen und Dirnen nicht beisammen finden; denn von allen Almen kommen die Sennerinnen herunter, wenn sie hübsch und jung sind; auch die Burschen, die den ganzen Sommer durch in den Wäldern Holz schlagen, auf Bartholomä kommen sie in die Kaiserklause. Darum kann der Förster stolz sein auf „seine Kirdaleut". In langen Reihen belagern sie die improvisirten Bänke, Jeder sein Mädel auf dem Schooß, seinen Federstoß auf dem Hute, sein Trutzlied auf den Lippen. Wenn ein guter Freund kommt, dann will er sie wohl auch „herleichen" für den einen oder andern Tanz, bei den meisten aber macht er wilde, eifersüchtige Augen, so nur Einer sein Wohlgefallen verspüren läßt.

> Und dös muaß ma scho' tho (thun)
> Daß sie's sicht, daß man's ko' (kann).

Da die Grenze wenig entfernt ist, so kommen auch viele Tiroler zur Kirchweih mit blonder Stirnlocke und breitem dunklem Hute. Sie tanzen langsamer und massiver, als die bayerischen Hochländer und bringen fast allezeit ihren Schatz „aus dem Kaiserlichen" mit, das mit solchen Schätzen allerdings besser, als mit andern versehen ist.

Da nur einmal im Jahre Kirchweih ist, so hört man so bald nicht auf zu tanzen; erst wenn die Sterne verbleichen, geschieht der Heimkehr Erwähnung. Die meisten Mädchen steigen noch Nachts auf die Almen, von denen sie herunterkamen, die Holzknechte gehen schnurgerade vom Fest weg um vier Uhr Morgens zur Arbeit.

In der Kaiſerklauſe.

In der Kaiſerklauſe wird es nun ſtiller und immer ſtiller, ſobald einmal Bartlmä vorüber iſt; die Jahreszeit geht mächtig zur Neige, bald fällt das Laub und über Nacht eiſiger Reif und oft vor November ſchon kommt der erſte Schnee. Dies iſt an ſich kein Ereigniß, allein hier wirkt der Schnee wie Eiſen, denn wie ein unerbittlicher Riegel trennt er die ſtille Klauſe von der Welt. Kurze Zeit nur ſchickt die Sonne dann ihren Gruß in das tiefe einſame Gefängniß, aus dem Niemand entweichen, zu dem Niemand mehr gelangen kann und erſt, wenn es zu ſchneien aufhört, mag man daran denken, einen Weg zu bahnen, auf dem das Holz nach Schlierſee oder nach Tegernſee gefrachtet wird. Iſt der Winter ſtreng, dann kommt von allen Seiten das abgehärmte Wild an die Futterſtellen, die man im tiefen Forſt errichtet, allein auch ſie werden häufig unzugänglich; und nur in den Morgenſtunden, ſo lange der Schnee noch ſtark gefroren iſt, kann man mit Schneereifen darüber gehen, unter Tags iſt die ganze Gegend unnahbar. Sieben Monate dauert der Winter hier und vielleicht kommt nicht Ein Menſch während dieſer Zeit in die ſtille Klauſe. Wie eigenthümlich muß die Chriſtnacht ſein an dieſer Stätte der Abgeſchiedenheit! Wie rauſchend wogt das Leben in den großen Städten an dieſem Abend und hier nichts als Schnee, erſtarrte Tannen und die funkelnden Sterne der Winternacht! K. St.

Spitzingsee.

7.

Am Spitzing.

Zwischen Schliersee und der Kaiserklause zieht sich ein schmaler Bergpaß hin, den man den Spitzing nennt. Da die Straße fast viertausend Fuß hoch steigt, so finden sich zu beiden Seiten des Weges Niederalpen und selbst die Almrosen wuchern dicht am Wege; das ganze Bergleben mit seiner Formenfülle und seinem einsamen Reiz steigt hier fast bis auf die Straße herunter.

Mitten drinnen in dieser abgeschlossenen Welt liegt ein kleiner See von melancholischem Gepräge, fast immer dunkel, fast immer spiegelklar. Seine Berge sind nicht wild, sein Charakter hat nichts vom Sturm und nichts von Größe; aber wenn ihm auch die Leidenschaft fehlt, so sehen wir doch in seinen Zügen einen tiefen Ernst, dem unsere Gedanken nachgehen, der uns fesselt wie ein Blick aus düsterschönen Augen. Wir bleiben gerne an seinem Ufer stehen, wir möchten zu ihm sagen, wie der Dichter sagt:

Weil' auf mir, du dunkles Auge!

An dem Ufer des Spitzingsee steht kein Haus; nur eine niedere Hütte ist unter den Tannen aufgerichtet, die den Südrand bewalden. Dort hauste bis in die letzten Jahre ein altes Liebespaar, das mündlich durch sein Kauderwelsch und schriftlich durch Meister Steub berühmt geworden. Da der Staat ihrer Verheirathung Hindernisse entgegen legte, so beschritten sie den Weg der Thatsachen und lebten in dem einsamen Bergesthal ungetraut zusammen. Das ging Jahre und Jahrzehnte so fort und wenn sie überhaupt einmal Hochzeit gehalten hätten, so hätten sie schon längst die silberne gefeiert. Der Mensch muß sich indessen auch nützlich machen auf Erden. Dies empfanden die Alten und in dieser Erwägung ward es ihr Lebensberuf, Wurzeln zu suchen und sich dem Brannt=

Ziegenalm. Von Fr. Voltz.

wein zu ergeben. In geheimnißvoller Kammer ward das mysteriöse Getränke gebraut; Herren und Knechte verlangten darnach und wenn ihre Köpfe davon glühten, dann saß die alte Frau vor ihrer Hütte und freute sich wie eine Hexe der bösen That.

Gleichwie ein Kohlenbrenner fortwährend rußig ist, so darf ein Schnapsbrenner fortwährend betrunken sein. Das gehört zum Handwerk, und der Pseudogatte legte Gewicht darauf, daß er der beste Gast seiner Schenke war. Man sollte sehen, daß er sich um die Sache annahm, seine Figur machte für die Güte des Stoffes Reklame. Was er übrig ließ, das ward an die wilden Holzarbeiter verkauft, oder an die neugierigen Herrschaften, die in großer Zahl zu der romantischen Stätte kamen. So geschah es, daß die Spekulation in das stille Idyll hineinfuhr und daß die kleine Hütte bald „einen Namen" bekam.

Die persönlichen Verhältnisse haben sich unterdessen allerdings geändert, seit der alte „Girgl" das Zeitliche gesegnet hat. Er war fast achtzig Jahre und ist als Postillon d'amour in die Ewigkeit vorausgefahren: wenn die Welt nicht so undankbar wäre, würde sie eine Enzianblume auf sein Grab pflanzen. Die greise Gattin aber hat sich in's Zillerthal und in den „wohlverdienten Ruhestand" zurückgezogen.

Gleichwohl blüht die Firma, welche diese Beiden mitten in der Wildniß begründet haben, noch in ungestörtem Glanze. Statt der alten „Burgl" sind zwei junge stattliche Mädchen erschienen, die gleichfalls aus dem Zillerthale kamen und unter der Aegide einer wirklichen oder nominellen Mutter das Branntweingeschäft betreiben. Es sind ächte Tirolermädchen von jener Schmiegsamkeit, die mit demselben Worte so zuthunlich und doch so scheu sein kann, die so viel Begehrlichkeit hat und doch so sittsam erscheint. Wenn man sie frägt, was sie den ganzen Tag über treiben, dann sagen sie: „Wurzzen graben thän mer". Denn für die ganze Umgegend haben die Bewohner der Spitzinghütte das Recht gepachtet, Wurzeln und werthvolle Kräuter zu sammeln, die sie zu geistigen Zwecken verwenden. Daß die Erlangung derselben körperlich sehr ermüdend ist, liegt auf der Hand. Wenn der erste Morgen graut, brechen die beiden Mädchen auf, und um größere Strecken auszubeuten, geht jede ihre eigenen Wege, die oft stundenweit auseinanderliegen.

Das Geräthe, das sie von Hause mitnehmen, ist nicht sehr weitläufig. Es besteht in einem breiten Korb, einer scharfen Hacke, die als Werkzeug und Waffe dient, und in einem bescheidenen Mittagsmahl (wobei sich die Hacke nach Belieben auch zum Tranchiren verwenden läßt).

So durchstreifen die Beiden die weiten, dunklen Staatsforste, in denen viele tausend Morgen noch niemals von der Axt berührt wurden. So ziehen sie hin über die stille Wiesenhalde, wo die Almhütten wie kleine Nester am Felsen hängen und die schönsten Blumen nur von den Wiederkäuern gepflückt werden. Hier und dort finden sich auf den Höhen kleine Wasserbecken, „Tümpl" genannt. Sie liegen in einem schmalen Kessel und erscheinen als Krater, die von früheren vulkanischen Evolutionen herrühren und die Neptun in stürmischer Vorzeit mit seinen Fluthen gefüllt. Deßhalb sind sie oft von schauerlicher Tiefe. Dichte Schlingpflanzen bekränzen die steilen Ufer, über den Spiegel ragt der Felsblock hervor, auf dem der Bergvogel zwitschert; auf dem Grunde liegen morsche, riesige Tannenstämme. Große Fische steigen herauf aus der Tiefe und spielen in der Sonne; hierher kommt der Hirsch in der Sommernacht und trinkt die kühle Labung.

Auch die Flora der Alpenwelt wuchert am üppigsten an solcher Stätte. Manch köstliches Kraut blüht an jenem Rande. Aber nur mit Lebensgefahr neigt sich die Hand über das trügerische, stille Wasser. Um das Ufer solch kleiner Seen hat sich oft ein Kranz von Geheimnissen gewunden, manche duftige Sage liegt in dem Kelche dieser Blumen.

Weil in der Wurzel eine natürliche Kraft verborgen ist, so hat das die Menschen verlockt, eine wunderthätige Kraft in sie zu verlegen und manches Kraut, das aus derselben sprießt, ward als ein Zauberkraut betrachtet. Ganze Bücher hat der Aberglaube vergangener Zeiten mit solchen Rezepten angefüllt, die nicht bloß von Krankheiten, sondern auch von allerlei stillen Wünschen erlösen sollten. Wer darüber Näheres lesen will, dem empfehlen wir das „Kräuterbuch von 1687".

Es ist freilich ein einsames, fast versunkenes Leben, wenn man so Tag für Tag durch die Wälder streift und die Blätter am Boden betrachtet. Kein Laut ertönt, nur die Eidechse raschelt auf der sonnigen Erde, nur das Eichhorn schaukelt sich in den Zweigen. Und doch hat auch dies Treiben seinen Reiz, denn man kommt dem Kleinleben der Natur so nahe; der Verkehr mit einer schönen äußeren Umgebung wirkt auf den Charakter. Viele Züge, die zum Wesen des Hochländers gehören, finden darin ihren Grund, treffende Feinheiten des Dialekts sind nur entnommen aus dieser feinen, scharfen Anschauung.

Früher, als noch das alte Liebespaar in der „Wurzelhütte" regierte, blieb dieselbe auch zur Winterszeit bewohnt. Jetzt ist eine Art von Saison eingeführt, denn Ende November ziehen die Bewohner der Hütte von dannen und verbringen den Winter im Zillerthal. Hunderte von Angehörigen dieses reizenden Thales befolgen dieselbe Gewohnheit, indem sie über Sommer die Heimat verlassen, um Arbeit zu suchen; ganze Familien lösen sich in dieser Weise auf. Die einen finden als Handwerker oder Holzarbeiter ihr Brod, die anderen beim Wegbau oder bei den Eisenbahnen; warum sollte nicht auch die Spezialität gestattet sein, auf fremder Erde Schnaps zu brauen?

Manchen Sommer ist das bayerische Hochland förmlich überschwemmt von Tirolern.

Wenn ein ländliches Fest gefeiert wird, dann haben sie im Wirthshaus ihren eigenen Tisch, sie haben ihre eigenen „Mädeln" (denn es kommen fast mehr Weiber als Männer) und singen auf eigene Faust ihre Schnaderhüpfeln. Nicht alle der letzteren sind so bigott wie sie selber.

Sobald es Mai wird, beginnt die Wanderschaft auf's Neue; dann wird auch die Wurzelhütte am Spitzingsee wieder bevölkert. Freilich ist es dort im Mai noch nicht Frühling, sondern der See trägt eine fußdicke Eisrinde, selbst während im Thal schon die Schlüsselblumen grünen.

Welche Massen von Schnee der Winter dort anhäuft, das weiß nur

Wurzelgräberin.

der, der sie gesehen hat. Zwischen Schliersee und der Spitzinghütte wird wenigstens bisweilen ein Weg ausgegraben durch Tausende von Klaftern, die hier hinabgefrachtet werden; zwischen Valepp und Spitzing dagegen liegt der Schnee wie eine undurchdringliche Mauer zehn bis zwölf Fuß hoch und eine Stunde dick.

Nur in aller Frühe, wenn er noch hart gefroren ist, kann man es wagen, mit Schneereifen darüber hinzugehen; die Straße liegt zwei Mann tief unter dem Wanderer. Ueber die Spitzen der Bäume, über die Dächer der Almhütten, die neben dem Wege liegen, schreitet er dahin. Wer hier versinkt, der ist verloren.

So erlebt man denn auch einen der merkwürdigsten Gegensätze, wenn man im Mai von Schliersee an den Spitzingsee emporsteigt. Unten im warmen Thalkessel sind schon die Bäume grün, die Luft hat jenen warmen Ton, ohne den wir den Frühling nicht empfinden können. Und dann die Höhe. Hier starren uns die nackten, grauen Felsklippen entgegen, hier liegt das glatte Schneefeld und die eisgewordene Fläche des Sees.

Kein Vogel singt, keine Knospe regt sich noch hier. Da erst weiß man es, was die Sehnsucht nach dem Frühling bedeutet, wenn Winter und Frühling so hart an einander gerückt sind. Niemand jodelt im Winter. Man sehnt sich nach einem hellen Menschenlaut und wenn der erste Juhschrei hier oben tönt, dann ist es nicht nur ein Zeichen der Freude, es ist ein Zeichen der Befreiung. Aber nur die Menschen fühlen diese Freude; über der Landschaft bleibt ein melancholischer Schatten. „Ernst ist der Frühling."

K. St.

8.
Der Schliersee.

Der Weg vom Spitzing nach Schliersee herunter ist eine steile, vielgewundene Bergstraße. Zur Linken stehen die zerklüfteten Felsen der Brecherspitze, zur Rechten der Jägerkamm mit dunklem Tannenwald; tief unten der Thalkessel mit kurzem Alpengras überwachsen, mit mächtigem Geröll verschüttet. Einzelne Hütten liegen dort in der Mulde: wir hören das Geläute der Alpenglocken, wir fühlen die Kühle, die schon des Nachmittags über den tiefblauen Schatten der Brecherspitze liegt. Ihre Felszacken sind so nah, daß ein Büchsenschuß sie erreichen könnte, daß wir mit freiem Aug' die Gemsen sehen, die in denselben herumklettern. Einsam und still sind hier die Wege, nur das rothe Feldkreuz steht an der Straße und der Jägerbursch rückt ehrerbietig den Hut, wenn er daran vorübergeht.

Bei der nächsten Biegung, welche die Straße macht, sehen wir hinab auf den Schliersee, seine kleine blaue Fluth liegt lachend zwischen Wald und Wiesen. Wenn wir an einer schattigen Mühle vorbeigegangen, so erreichen wir bald das südliche Ufer, wo das kleine Kirchlein von Fischhausen und die Grenzstation „Neuhaus" steht. Hier öffnet sich der Pfad nach Osten und in wunderbarem Blau liegt der Wendelstein mit seinen reizenden Formen und seiner sagenreichen Schönheit da. Man kann nicht vorübergehen, man muß hineinschauen in das lichtgrüne Thal, auf die duftigen Almen, die von seiner Spitze herniederleuchten.

Dann erst kommen wir auf die schmale Uferstraße, die am See entlang und endlich in das heitere Dörflein führt. Es ist eines der ächtesten und reizendsten im ganzen bayerischen Gebirg, aber man sieht es ihm nicht an, daß es sogar historische Ansprüche erheben darf. Manche Zeichen deuten noch auf jene Zeit, da die Römer diese Gauen besaßen, in anderen finden wir die Trümmer uralter deutscher Tage. Denn das morsche Gemäuer, das zwischen den Fichten herauslugt, war einst eine stattliche Ritterburg. Dort oben in ihrem Felsenneste saßen die Grafen von Maxelrain und die Herren von Waldeck, der Humpen ging um den eichenen Tisch und die Härte der Zeit lag auf den harten Zügen jener Gestalten. Indessen war das stille traute Thal zur Fehde nicht beschaffen, und so rückten die Ritter bald gegen Miesbach vor und schlugen dort ihr räuberisches Domizil auf. Auch andere „Herren", die nicht den Panzer, sondern die Kutte trugen, ließen sich an der blauen Welle nieder, allein auch ihnen wollte der Wohnsitz nicht recht gedeihen. Sie zogen in das Chorstift zu Unserer lieben Frau nach München zurück und ersparten sich den Schmerz, zu sehen, wie die Reformation selbst bis an den Schliersee vordrang. So haben wir hier den ganzen stattlichen Apparat, um ein anständiges Stück Mittelalter zusammenzustellen: Ketzer und Klosterbrüder, Raubritter und Heloten, ja sogar Hungerthürme, darin man treulose Gemahlinnen internirte.

Lange, lange nach dem Mittelalter kam die „gute, alte Zeit". Wir meinen damit jene harmlosen, fröhlichen Tage, da die jungen Künstler zuerst begannen, das Gebirg zu „entdecken", wo die Brutalität der Vergangenheit schon abgestorben und die Skepsis des jüngeren Geschlechts noch nicht erstanden war. Es herrschte nicht nur Friede, es herrschte Friedfertigkeit und in diese glückliche Epoche fiel das Regiment der donna del lago.

Der Schliersee ist mit diesem Namen ebenso eng verknüpft, als Weimar mit Karl August oder Padua mit dem heiligen Antonius. Der Schliersee ist geradezu undenkbar ohne die „Fischerliesel". Schaarenweise kamen die

Schliersee.

jungen Maler damals aus München hergereist, Monten und Ott, Gail und Peter Heß, Stieler und viele andere. In dem schlichten Wirthshaus, das gegenüber der Halbinsel lag, nahmen sie ihr Quartier und malten vor demselben einen prächtigen Schild, der die Fischerliesel im schwanken Kahne darstellt. Ueber dem Schilde aber stand: „Alla donna del lago". Das Regiment der Fischerliesel war übrigens sehr patriarchalisch, zu Wasser wie zu Lande; sie erhob wenig Steuern, denn die Gäste bezahlten nur, was ihnen selber gut dünkte, keine Polizeistunde drückte auf das öffentliche Vergnügen, keine „administrativen Erwägungen" beseitigten das geniale Individuum. Und wer in's Fremdenbuch einen Vers schreiben wollte, für den bestand vollendete Preßfreiheit.

So erlangte die Fischerliesel allmählig „einen in ganz Deutschland bekannten Namen" und als sie vor mehreren Jahren starb, sah sich die „Allgemeine Zeitung" genöthigt, das Ereigniß ihren Lesern mitzutheilen. Die Epoche freilich, die mit ihrem Namen verknüpft ist, ging lange vor ihr zu Grab. Die Welt ist jetzt zu klug und zu anspruchsvoll, um sich am heiteren Sonnenschein der Dorfidylle zu erwärmen, das Leben ist zu komplizirt und zu künstlich geworden, als daß man noch ungetheilt sich der Natur erfreuen könnte. Alle Kraft des Genießens und des Begreifens wendet sich ja auf jene Dinge an, die der große Strom der Zeit uns entgegenwirft, es bleibt uns nichts übrig an Gefühl und Gedanken für eine stille Beschaulichkeit. Das heutige Leben der Fremden, die ihre Sommerfrische in Schliersee suchen, ist nicht anders, als überall, nur das tempo ist vielleicht etwas mehr allegretto, denn das Piano in dem niedlichen Speisesaal wird fast keinen Abend beurlaubt. „Alpensänger", die von München nach Schliersee kommen, statt umgekehrt, machen nicht selten die Gegend unsicher und der Sinn für Bergpartien ist derart entwickelt, daß man sogar die Treppen in der Hausflur mit großen Stöcken emporsteigt. Das Gesammtbild von Schliersee muß man am nördlichen Ufer suchen, etwa auf dem höchsten Punkt der Miesbacher Straße, und wenn es auch Niemanden durch große Linien entzücken wird, so zeigt es uns doch die Vollendung lieblicher Formen, wie kaum ein anderer Winkel der Berge. Ganz besonders reizend ist der geschlossene Vordergrund, den das Dörflein Schliers, der waldige Vorsprung der Halbinsel und die schlanke Kirche von Westenhofen bildet. Zwischen diesen und den Bergen des Hintergrundes, die den Blick auf die Spitzingstraße und das ferne Sonnwendjoch gestatten, liegt der kleine See voll und unversteckt vor unseren Augen.

Nicht minder traulich schaut uns die Landschaft an, wenn man auf die kleine Kapelle emporsteigt, die hart ober der Post liegt. Zu unseren Füßen breiten sich dann die braunen Dächer aus, der Glockenton steigt zu uns empor und alles Schöne, das wir sehen, ist so nahe! Hier läßt sich wohl ein Stündlein verträumen in heller

Zur Leonhartsfahrt.

Morgensonne oder am Abend, ehe der Lichtstrahl von den Bergen flieht; und wenn nicht der jähe Ton der Lokomotive, die seit einigen Jahren dies stille Thal erobert hat, uns gemahnte, so könnten wir unversehens glauben, es wäre noch die alte Zeit mit ihrer Einsamkeit und ihrem stillen Gang!

An dem kleinen Kirchlein Fischhausen, das am Ende des Schliersees liegt, wird im Herbste ein Fest gefeiert, welches auch an vergangene Zeiten mahnt. Es ist dem heiligen Leonhart gewidmet, der der Schutzpatron des Viehes und deßhalb ein großer Herr im Gebirge ist. Sein Porträt hängt fast vor jeder Stallthür und zeigt uns den Heiligen mit erhobenem Krummstab, zu seinen Füßen rechts ein Füllen und links ein marodes Rind. Für diese Patienten wird St. Leonhart als Leibarzt berufen; doch da heutzutage Jedermann Spezialist ist, so ist auch seine Hülfe nicht in allen Fällen gleich probat. Er wird mit sich selber multiplizirt und an vielen Orten mit verschiedenem Zweck verehrt; hier ist er ganz besonders berühmt für die Pferde, dort für Kühe und an anderen Orten für Kälber (als Kinderarzt).

Seinen Ehrentag aber bildet die Leonhartsfahrt, die ganz besonders schön in Fischhausen gefeiert wird.

Sie findet an einem Sonntag im Herbste statt, wenn alle Fremden längst das Gebirge verlassen haben, wenn nur mehr die einsame Sonne auf das Gefilde scheint.

Tiefer als sonst ist das Blau des Wendelstein in diesen Tagen; er ist ein König unter den Bergen und wie eine goldene Krone leuchtet der gefärbte Wald. Die Luft erglänzt dann so durchsichtig klar, die Wiesen stehen niedrig und nur der schüchterne Enzian schließt noch die letzten Knospen auf.

Da wird es mit einemmal lebendig vor dem kleinen Kirchlein am Schliersee. Stattliche Leiterwagen, mit Tannengewinden bekränzt, mit vier kräftigen Rossen bespannt, kommen von allen Seiten herangefahren. Ueber der Halfter weht ein rothes Tuch, in dem Wagen selbst sitzt der Herr des Hauses mit seiner Bäuerin im Sonntagstaat. Und wer kein Viergespann hat, der kommt zu Zweien oder im flinken Einspänner des Weges, wo auch noch Platz genug für Mann und Weib ist. Wiehernde Rosse führt der Knecht am Zügel; andere nahen beritten und reden ihrem Hengste freundlich zu, daß er dem alten Brauch nicht widerstreben soll. Auch das Vieh, das von den Almen

Wendelstein vom Josephsthal aus gesehen.

zurückgekehrt ist, wird an vielen Orten zur Leonhartsfahrt gebracht, und die Sennerin im schlanken Mieder, die es geleitet, trägt heute einen besonderen Strauß auf dem spitzen Hute.

Ehe der Umzug gehalten wird, ist eine feierliche Messe; helle Kinderstimmen und voller Orgelklang tönt aus der kleinen Kirche, in ruhiger Andacht steht die Menge vor den geöffneten Pforten. Wolkenlos schaut der blaue Brecherspitz herab, spiegelklar liegt die blaue Fläche des Sees drüben und schimmert durch die Zweige der uralten Linde hindurch, die das Kirchlein überschattet.

Nach dem Gottesdienste beginnt die Fahrt; jeder Wagen macht dreimal die Runde in schnellem Trab und die Andacht ist nun in Neugier verwandelt, ob die scharfe Wendung auch Jedem gelingt. Wagen und Vorreiter tummeln dicht durcheinander, die Laubbögen, die über dem Fuhrwerke aufgerichtet sind und in deren Rahmen der Passagier wie ein Triumphator sitzt, schwanken vor Aufregung, die bunten Fähnlein, die zu beiden Seiten den Wagen zieren, flattern im Winde und manches geflügelte Wort, mancher Gruß fliegt unter die bunte Menge.

Auch den Krambuden, die heute unter der Linde errichtet und mit geistlichem und weltlichem Tand gefüllt sind, wird fleißig zugesprochen, die schönen Bauerntöchter kaufen sich hier ein seidenes Halstuch und nehmen wohl auch ein Zuckerherzlein für den filius naturalis mit. Endlich zerstreut sich die buntbewegte Menge. Nach der Leonhartsfahrt ist Tanz im „Neuhaus"; Alt und Jung ist hinübergezogen, und nur ein uraltes Mütterlein sitzt noch dort an der sonnigen Kirchenwand. Wie ist die Luft so milde, wie thut das Sonnenlicht den müden Augen so wohl! Von der Linde fallen die welken Blätter wie eine stille Botschaft, die der Herbst ihr sendet.

Drüben hört man die Geigen klingen; auch ihre Enkel sind drüben beim Tanz. Sie horcht, es ist dieselbe alte Weise, die einst auch ihr geklungen, es ist dieselbe, die einst ihr Hochzeitstanz gewesen war. Aber das sind lange Jahre her, und die, welche ihr damals zum Reigen die Hand gereicht, sind lange todt. Alle, alle sind sie dahin; nur Berg und Thal sind noch übrig aus jener Zeit und die alte Linde. So sinnt das Mütterlein und das welke Laub fällt herunter auf ihre welken Hände und rauscht — —

Warte nur, balde
Ruhest Du auch.

K. St.

9.
Fischbachau und Bayerischzell.

Durch das lachende Thal führt ein schmächtiges Sträßlein, das zur Verirrung keine Gelegenheit bietet. „Geht's nur alleweil pfeilgrad (sagt der Bauer, der uns begegnet), das Straßl laßt nit aus." Wer sich ihm anvertraut, der wandelt in einem breiten grünen Grunde dahin, zu dessen Seiten saftige Wiesen liegen, auf die der hohe Miesing und der Troadn, das Geitaueraibl und der breite Seeberg herunterschauen. Den Abschluß des Thales aber bildet der felsige Wendelstein, der zwar nicht wie unser Herrgott allsehend, aber doch mindestens allsichtbar ist. Auf der windigen Ebene, die sich hinter München bis an die Donau ausdehnt, auf Meilen und Meilen weit schaut die spitzige Pyramide des Wendelstein in's Land hinaus, aber weiter noch als man ihn sieht, kann man ihn hören, denn das „Lied vom Wendelstein" ist fast in der Welt bekannt.

Wer klug ist, der begeht dies Sträßlein in der Abend=kühle, weil es zu Mittag viel Hitze entwickelt und noch ein=mal so lang ist als nach Sonnenuntergang. Daß man keinen Gestalten begegnet, die unseren Frieden trüben, davor ist man ziemlich sicher, höchstens kommt ein Pilgerchor gegangen von Birkenstein oder ein Familienvater, der seine patriarchalische Sommerfrische in diesem Thal genießt.

Dazwischen dann und wann ein Bauernknecht mit offener Brust und einer Sense auf dem Rücken. Er schlendert links über die Wiesen hin, denn dort liegt der gewaltige Eisenhammer des Oppenrieder, dessen fernen Schlag man im ganzen Thale pochen hört; aber kein entmenschtes Paar wartet daselbst, um den „frommen Knecht" zu empfangen.

Nur wenige Dörflein vertreten uns den Weg auf dieser Wanderschaft, und da von Hundham und Ellbach doch Niemand etwas weiß, so ward es für Bayerischzell und Fischbachau um so leichter, sich einen Namen zu machen. Beide reichen in uralte Zeit zurück und sind aus den Gewissensskrupeln der frommen Gräfin Haziga hervorgegangen. Da diese eine stille Klause in der Wildniß errichten wollte, so wurden Fischbach und die bayerische Zell als Mittel zu „frommen Zwecken" betrachtet und emancipirten sich erst, als späte Zeiten den Klosterschutt bei Seite räumten.

Unweit davon liegt Marbach, ein Edelhof mit alterthümlichen Reminiscenzen, die zum Theil noch heute daselbst gesammelt sind und den Fremden auf Verlangen gezeigt werden. Nach der jetzigen Terminologie ist von dem Edelhof allerdings nichts mehr übrig geblieben, als ein solides einfaches Wirthshaus; das Geschlecht der „Hafner" aber, die dort gehaust, wird nur noch von einer Tochter vertreten.

Den Ruhm, daß die echte Bergsitte in Fischbachau ganz besonders daheim ist, kann Niemand antasten; Pfarrer und Förster theilen sich gleichmäßig in die höchste geistliche und weltliche Würde. Auch der Sinn für Musik liegt den Leuten tief im Blute; die meisten jener reizenden Almenlieder, die im Volksmunde leben, sind in Bayerischzell

Alm auf dem Wendelstein.

oder Fischbachau daheim, dessen Bewohner kurzweg die Fischbäcker heißen. (Dialektischer Umlaut von Fischbacher.) Bald werden die Fischbäcker Almen gepriesen und dann das Fischbacher Glöckl oder die Fischbacher Dirndln. Wie reizend naiv ist jene Zeile, die das Wasser der Leizach bedauert, daß es fort müsse aus diesem herrlichen Thal, wie übermüthig frisch sind jene, die der Wildschütz auf den Bergen singt! Alt und Jung, Herr und Knecht handhabt die frohe Weise und mit Recht dürfen sie sagen:

> Z'Fischbach am Wendelstein
> Da bin i gern,
> Da kann ma' lustige
> Leutln g'nug hör'n.
> D' Liedln, die s' singa,
> Die ham Dir a Schneid,
> Daß sich der traurigste
> Tropf drüber freut.

Von seinem Schatz aber singt der Fischbäcker Bursch:

Viel bildschöne Dirndln
San rund umadum,
Aber i hab dös mei'
Und i schaug mi nit um.

Is nit z' groß und nit z' kloa,
Will i bußeln mit ihr:
I derf mi nit strecka
Und nit ducken zu ihr.

Und 's Fischbäcker Glöckerl
Dös hat an schön Klang,
Und bal's Dirndl amal stirbt,
Leb i aa nimmer lang.

Mädchen auf der Laube.

Noch toller als in Fischbachau wird es „mit der Singerei" in Bayerischzell getrieben, das sich hart am Fuß des Wendelstein dahinstreckt, auf das man senkrecht von der Kapelle heruntersieht, um die auch bei klarem Wetter ein leichtes Wölkchen streift.

Z' bayerisch Zell da is a Freud,
San die Gambs leicht zum derfragen,
San die Dirndln bei der Schneid,
Dort gibt's allweil ebbes z' jagen.

Birsch' im Miesing spat und fruah
Und im Troadn seine Graben,
Und hat's Gambs amal a Ruah
Jag i's Dirndl auf der Laaben.

Unter den Laaben aber versteht man die Altane (die Laube), die rings um den ersten Stock des Hauses läuft. Dort zieht das Dirndl Nelken und Rosmarin, dort wird sie am liebsten von ihrem „Buben" heimgesucht. Wenn die Nacht recht sternenhell ist, dann sagen die Bursche lachend zu einander: „Heut wär a Nacht für'n Bettel auf der Laaben!"

Wirthshausbalgerei.

Im Ganzen wird Fischbachau und Bayerischzell nur von wenigen Fremden besucht, und selbst diese berühren es fast bloß auf der Durchreise, weil die Wirthshäuser noch ziemlich primitiv sind. Wer sich indessen durch diese Zustände nicht einschüchtern läßt, der kann noch frohe und billige Tage dort genießen. Allein trotz dieser ungestörten Einsamkeit, die der Erhaltung alten Brauches so gedeihlich ist, hat sich doch auch hier Manches verändert, selbst der Chor der Singenden ist kleiner geworden, als er früher war. In solchen Fällen sind manche stets mit dem „Ernst der Zeiten" bei der Hand, allein die Phrase ist doch ein wenig zu hochtrabend, wo es sich nur um Schnaderhüpfeln handelt. Man muß die Gründe näher suchen (oder tiefer wie man will), man muß sehen, wenn sich etwas im Gebirge ändert, ob nicht eine Viehseuche oder ein Hagelschauer oder eine Epidemie, ein Landrichter oder ein Pfarrkaplan dazwischen gekommen ist. Und in der That meldet die Sage so etwas der letzten Art. Ein geistlicher Herr, welcher da meinte, daß man im Himmel nur an Litaneien Freude habe, und daß unserem Herrgott ein Juhschrei ebenso zuwider sei wie ihm, soll stark gegen das almerische Singen geeifert haben, und da man glaubte, daß er das schließlich doch am besten verstehen müsse, so ward sein Wunsch zum Befehl.

Die Extreme berühren sich — unmittelbar neben dem Frieden, der das stille Kirchlein vom Birkenstein verherrlicht, herrscht eine üppige Rauflust, man singt nicht bloß, man prügelt sich auch nach Noten. Zum Beginn der vierziger Jahre war dies Vergnügen ganz programmmäßig geworden, es ward ein förmliches Turnier gehalten, doch wie der Herr Pfarrer die Lust der Töne, so kürzte der Herr Landrichter die Lust der Waffen. Da man Gift nur durch Gift vertreiben und jeden Feind nur mit seinen eigenen Waffen besiegen kann, so rief er zuletzt nach den Liktoren, die die Ruthenbündel am Landgericht Miesbach verwalteten und vertrieb den Teufel durch Beelzebub — die Prügel mit Prügeln. Freilich ist dies Bild mittlerweile so verfassungswidrig geworden, daß wir auf eine nähere Schilderung desselben verzichten müssen, obwohl sich manch schlagendes Wort darüber verlieren ließe. Ganz war die alte Sitte freilich nicht auszurotten. Allein das Organisirte, der alte „Schwung", der früher darinnen war, hat nachgelassen und tritt nur vereinzelt noch hervor. Wer eine kapitale Balgerei aus der guten alten Zeit heutzutage mitmachen will, der muß schon ganz besonderes Glück haben, denn die Regel ist zur Ausnahme geworden und der berühmte Spruch: „Heut is lusti', heut muß noch einer hin werden"; ward durch verschiedene Artikel des Strafgesetzbuchs mehr und mehr eingeschüchtert.

So finden wir denn in dem stillen Thale Alles, was dem Leben Reiz verleiht, wenn man's nicht gar zu genau mit demselben nimmt. Auf den Bergen schöne „Gambsein", im Thal schöne „Dirndln", am Werktag ein grünes hochstehendes Feld, das wohl seiner Arbeit werth ist, und am Sonntag Kegelscheiben, Zitherspiel und eine Rauferei.

Wen wird es Wunder nehmen, daß deßhalb Jeder mit tausend Fäden an seiner Heimat hängt, wenn er „da hinten" daheim ist? Und in der That, von allen Stämmen des Gebirgs liebt keiner in gleichem Maß die Scholle, wo er geboren ist — das Heimweh nach dem Wendelstein thut nochmal so weh, als das Heimweh nach Dachau.

K. St.

10.
Nach Miesbach.

Wenn man vom Leizachthale gegen Norden geht, so verliert die Gegend rasch ihren rauhen Gebirgscharakter; sie wird flach und manierlich und schaut mit Behaglichkeit hinüber nach den blauen Spitzen, die ihr nunmehr nur zur Zier und nicht mehr zur Mühsal gereichen. Das Land, in welchem wir stehen, nennt man bereits das Vorland.

Ehe wir eine der berühmtesten Stätten dieses Reviers, den Markt Miesbach betreten, sei uns ein kurzer Blick auf die Umgebung verstattet. Durch das Thal, das weit vor unsern Augen liegt, schickt die Mangfall ihre grünen Wogen, breiten Laubwald zu beiden Seiten; auf den Höhen aber ragt hier und dort ein Schloß mit langen unbewohnten Fensterreihen. So liegt Weyarn da und die Altenburg und vor Allem das prächtige Schloß Valley.

Das Geschlecht, welches einst hier hauste, gehört zu den ältesten in Bayern, denn die Grafen von Valley spürt man bereits in der frühesten Wittelsbachischen Geschichte. Jedenfalls aber muß man sehr alten Ursprungs sein, wenn man

Miesbach.

bereits im Jahre 1238 (cum laude) ausgestorben ist.

Die aristokratische Bedeutung, der historische Beruf, den solche Schlösser hatten, ist natürlich im Laufe der Zeiten abhanden gekommen. Da die Besitzer derselben nicht auf all' ihren Schlössern zugleich sein können, so fällt der persönliche Nimbus fast ganz hinweg und nur die ökonomische Seite derselben bleibt noch übrig. Sie bilden jetzt nur mehr den Mittelpunkt großer landwirthschaftlicher Gütercomplexe und haben nichts mehr zu thun, als — sich gut zu rentiren. Ein einsilbiger Verwalter wohnt in dem weiten Erdgeschoß; durch den Hof rollt der beladene Erntewagen und die Pfannen des Bräuhauses zischen vernehmlich, wenn das Winterbier für die Wirthe der Umgebung gesotten wird. Von den alten Herren aber, die einst hier regiert und deren Ahnenbilder noch droben in den einsamen Gängen stehen, verspürt man nirgends ein Lebenszeichen, wenn nicht bisweilen die Bauern mit Achselzucken bemerken: „Droben im G'schloß — geht's um!" — Treten wir nun in Miesbach selber ein, so empfängt uns eine schmucklose, aber gediegene Behaglichkeit; diese waltet in der altberühmten Wirthschaft „Beim Waizinger" vor, in den offiziellen und halboffiziellen Personen, die dort ihre Mahlzeit halten, ja sogar in dem Habitus der Sommerfrischler, deren alljährlich mehr erscheinen. Will man das Ganze zusammenfassen, so besteht ein ausgeprägter Sinn für gute Naturalverpflegung in Miesbach, den man als Fremdling nicht unterschätzen darf.

Durch die großen Steinkohlenlager, welche hier und bei Schliersee entdeckt worden sind, ist in die Physiognomie des Marktes ein neuer interessanter Zug gekommen. Denn wenn man an Sonntagen des Weges schlendert, so begegnet man allerwärts den schlanken Bergknappen in ihrer malerischen Tracht, Belgiern und Franzosen, Schlesiern und Polen. Dem Kohlentransport verdankt die Miesbacher Eisenbahn (die jetzt auch Schliersee überrumpelt hat) vor Allem ihre Entstehung; im Sommer sind es lange Wagenreihen, im Winter aber kann man gar leicht den Stolz erleben, der einzige Passagier zu sein. Man hat dann für eine Mark beinahe das souveräne Gefühl eines Extrazugs!

Die Eingeborenen von Miesbach gehören natürlich ganz zum echten, alten Gebirgsschlag; doch haben sich die Eigenthümlichkeiten desselben nirgends mehr als dort nivellirt. Durch den regen Verkehr wird das bürgerliche Element dem bäuerlichen allmälig überlegen und absorbirt das Kostüm, den Dialekt, die Rauheit des letzteren. Wer in Miesbach Kniehosen trägt, ist gewiß von Schliersee oder Fischbachau herübergekommen, wenn es nicht gar ein „Stadtfrack" aus München ist; auch im Laden des Hutmachers sieht man bereits mehr schwarze als grüne Hüte hängen.

Trotz alledem gilt Miesbach noch immer für den Vorort oberbayerischer Sitte und Art; ja, es hat Allem, was dahin gehört, sogar den Namen gegeben. Noch heute nennt man den grünen Hut mit Spielhahnfedern ein „Miesbäckerhütl" und das gesammte Gebirgskostüm die „Miesbäckertracht". Daß sich Beides allgemach verflüchtigt, ist nicht die Schuld der Bewohner, es liegt in der natürlichen Entwicklung der Dinge, die kein Vernünftiger kurzweg ignoriren kann. Wenn nur der alte, echte Sinn, wenn nur „die Schneid" nicht ausgeht, dann hat es mit den Miesbäckern noch immer gute Wege.

K. St.

Frauenwörth.

11.

Der Chiemsee.

Eine Reihe lachender Bilder thut sich dem auf den Bahnschienen dahin Brausenden bald hinter Rosenheim auf; sind es auch meist nur Waldausschnitte, Ausblicke durch die gelichteten mächtigen Forste, durch welche der hohe Eisenbahndamm aufgeschüttet ist, sie genügen, um im Fluge zu gewahren, daß in beträchtlicher Tiefe ein mächtiger lang gedehnter Wasserspiegel eingebettet liegt, von schön geschwungenen mit Wald und Rasen bedeckten Uferhügeln umrahmt, über welchen gewaltige Berghäupter und Bergrücken emporragen — ein so überraschender als anmuthiger Anblick: so anmuthig, daß wer etwa im Waggon eingenickt wäre und hier erwachte, sehr leicht auf den Gedanken verfallen könnte, es seien die durch ihren eigenthümlichen Reiz berühmten Gestade des Würm= oder Starnbergersees, an denen er dahin brause. Lange wird die Täuschung allerdings nicht dauern — denn mit dem Vergleiche, der sich unwillkürlich aufdrängt, macht sich auch der Unterschied geltend — am Würmsee blinkt es überall von Dörfern und Landhäusern, von Schlössern und Thürmen, welche verkünden, daß ein thätiges und kräftiges Geschlecht sich die schönen Ufer und die Höhen daran zur Heimat erkoren hat — am Gestade dieses Sees dagegen ist es so einsam, daß nicht einmal ein Fußpfad an demselben herumführt, daß die paar Siedeleien von Menschen, die man am Anfang und Ende des Wasserbeckens gewahrt, sich wie furchtsam auf den Höhenrand zurückgezogen haben, daß kein Nachen, kein Ruderschlag den ansehnlichen Wasserspiegel durchstreift: daß, als führe man durch eine Strecke Urlandes, kein anderer Laut zu vernehmen ist, als ein Vogelruf, keine andere Bewegung, als die eines Geiers, der langsam darüber hinzieht. Es ist auch eine Art Urland, von dem wir sprechen — so sonderbar es klingt, mitten in Bayern

Auf dem Chiemsee. Von J. Wopfner.

findet sich ein der Kultur wie des Ertrags fähiger, nicht unansehnlicher Landstrich, der durch alle Reize den Ansiedler lockt und der dennoch weder vom Landwirthe, noch vom Industriellen, noch vom Naturfreunde entdeckt worden ist. Der See, von dem wir reden und der auf der Fahrt an den Chiemsee eingeschaltet ist, wie hier in diese Blätter, heißt der Simmsee, eine noch in der Muschelhülle schlummernde Perle landschaftlicher Schönheit, ein ungeschliffener Diamant, der aber vielleicht in nicht ferner Zeit seine Stelle im Schmuckkästchen doch finden wird, denn die Industrie wird wohl nicht mehr lange zögern, die Schätze und Vorräthe aufzuschließen, die der genügsame Landbau hier unbeachtet läßt: sie wird ihrem Bedürfniß eine Straße am See dahin bahnen und auf dieser, hart hinter ihr und ihre mitunter schonungslosen Tritte verhüllend und ausgleichend, wird die bequeme Geselligkeit ihren freudigen Einzug halten.

In diesen Gedanken ist man an Endorf vorüber: genannt, weil es vor einigen Jahren versuchte, mit den Passionsspielen von Ammergau in Rivalität zu treten, und so ist die Fläche erreicht, in welcher der Chiemsee seine blauen Gewässer breitet, der größte von den bayerischen Seen, der, wenn er auch früher noch beträchtlich größer gewesen sein und die stundenweit ihn umgebenden Moore und Niederungen ausgefüllt haben muß, noch immer einen sehr ansehnlichen Umfang hat, denn er ist vier Stunden lang und drei Stunden breit und hat einen Umkreis von vierzehn Stunden inne. Wer von der Bahn herankömmt, hat einen verhältnißmäßig untergeordneten Anblick und Eindruck, selbst an der Eisenbahnstation bessern beide sich nur wenig, denn das Dörfchen Prien mit seinen rasch aufgeschossenen Häusern bietet keine Aussicht auf den See; man muß eine kleine Wanderung antreten, um ans Gestade zu gelangen und man thut es gern, denn sie führt durch anmuthiges Gelände und hübsche Waldpartieen und der Abschied von Prien fällt nicht schwer, weil es den Gegensatz von Stadt und Land noch nicht überwunden hat und in einem unerquicklichen Mittelding stecken geblieben ist. Früher, als man auf der Salzburger Poststraße reiste, war man glücklicher; dort ist ein Abhang, auf welchem das ganze herrliche Gesammtbild sich mit Einem Male auseinander breitet: der herrliche Vordergrund grünen Landes, in dem die dunklen Moorstrecken wie Schattentöne wohlthätig wirken, während die blanken Thurmspitzen und Schloßmauern sich wie Lichter abheben — dahinter das in Hügeln anschwellend Land, überragt von der Bergkette in großartiger Ausdehnung, dem majestätischen Stauffen, dem Hochgern und Hochfelln und vor Allen der Kampenwand mit ihren phantastischen Krümmen und Zacken, um welche die Sage ihre Blumen so gerne keimen läßt.

Es ist herrlich, über den See zu fahren und wer jetzt einen vollen Aussichtsgenuß haben will, muß sich diesen Genuß gewähren, denn die Inseln bieten dazu wetteifernd Gelegenheit.

Der Freund der Bequemlichkeit findet in einem niedlichen Dampfschiffe Gelegenheit zu dieser Fahrt, wer Urwüchsiges liebt, kann sich in einem der immer seltener werdenden Einbäume hinausrudern lassen: das sind Kähne aus einem einzigen großen Eichenstamm gehöhlt, die dem damit nicht Vertrauten allerdings etwas eng und befremdlich vorkommen, aber den nicht zu unterschätzenden Vorzug haben, auch im heftigsten Sturme nicht umzuschlagen und das ist viel werth auf einem Gewässer, auf welchem der Sturm eine Heftigkeit entwickelt, welche ihm ein begründetes Anrecht gibt, ein Meer genannt zu werden. Wem es nur um eine Küstenfahrt zu thun, den ladet gar manche schöne Uferstelle gastlich zum Besuche ein, wie am Ende des Sees, wo die Alz aus ihm mündet, das freundliche Seebruck, oder tiefer ins Land hinein das einst am See gelegene Grabenstädt oder das nun in ein Bad umgewandelte Kloster Seeon, mitten in einem kleinen See gelegen, wohl erhalten, ein Ueberrest urgermanischer Tempelstätte und eine herzerhebende Zuflucht aus der Welt zu sich selber und zur Natur.

Der See hat zwei Inseln, nach den Stiftern oder Klöstern benannt, die der von Karl dem Großen wegen seines unbezwingbaren Selbstständigkeitsdranges entthronte und in ein Kloster gesperrte Bayern-Herzog Thassilo II. gegründet hatte. Auf der größern, der Herreninsel, stand ein Mannskloster, das sogar der Sitz eines Bischofs war und in welches Thassilo den gelehrten griechischen Mönch Dobda berufen hatte, um dort eine Schule, eine Art adelichen Erziehungsinstituts, zu begründen, wie auf der Fraueninsel ein Frauenstift bestand, in welchem Fürstinnen

Fischerhäuser auf Frauenwörth.

und Prinzessen eine geistliche Zuflucht bereitet war. Auch die Sage hat nicht unterlassen, den ansehnlichen Zwischenraum zwischen beiden Eilanden zu überbrücken, indem sie in grauesten Zeiten einen mönchischen Leander zu einer nonnenhaften Hero hinüberschwimmen und da die neidischen Schwestern die wegzeigende Leuchte gelöscht, wie diesen enden läßt. Das Alles ist längst verschwunden und anders geworden; auf der Herreninsel steht nur ein Theil der im Rokokostil umgebauten Klostergebäude; die Kirche, die sehr schön gewesen sein soll, ist in ein Bräuhaus umgewandelt. Die Fraueninsel dagegen ist glücklicher gewesen, sie hat ihre uralte, ergreifend ernste Kirche mit den dunklen Gewölben und Schiffen und dem eigenthümlichen Portale bewahrt und im Kloster (von König Ludwig I. restaurirt) hausen wieder Nonnen, die eine Erziehungsanstalt halten, aber nicht mehr für die Herrengeschlechter, sondern für die Töchter der umwohnenden wohlhabenderen Bürger, Landbauern und Beamten, welche noch immer der Ansicht huldigen, daß Mädchen, die einst Hausfrauen und Mütter werden sollen und wollen, zu diesem Berufe am besten durch Frauenzimmer erzogen und gebildet würden, welche die Welt verlassen haben, weil sie diesen Beruf, den sie für geringer halten, als gottselige Einsamkeit, nicht erfüllen wollten oder — aus irgend einem Grunde — es ihres besten Willens ungeachtet nicht konnten. In den letztern Jahren ist der Herreninsel ein neuer Hoffnungsstern aufgegangen, indem dieselbe von König Ludwig von Bayern gerade noch in dem Augenblick erworben wurde, als eine moderne Holzmördergesellschaft schon daran war, den durch alte und herrliche Bäume, wie sie nur selten noch zu finden sind, ausgezeichneten Wald nieder zu schlagen. Zur Freude der ganzen Umgegend bleibt derselbe nun wohl für immer erhalten und an der schon abgeholzten Stelle wird ein Versailles in Miniatur erbaut und verkündet, daß der neue Gebieter in Zukunft wohl öfter hier zu weilen gesonnen ist.

Wer den Chiemsee nur berührt, kann der Erörterung der Frage nicht entgehen, welche der beiden Inseln

Fischzug auf dem Chiemsee. Von K. Raupp.

Blick auf die Herreninsel.

die schönere sei: er wird mit in die Controverse hineingezogen, die mitunter nicht minder heftig geführt wird, als jene, ob Schiller oder Goethe der größere Dichter sei. Und die Lösung des Zwiespalts ist doch so leicht wie hier — es bedarf nur der Kleinigkeit, daß man vor Beginn der Debatte oder Abstimmung die Frage ganz genau stellt und sich darüber vereinigt, in welchem Sinne das vieldeutigste aller Worte, das Wort „schön" verstanden werden wolle. An sich betrachtet kann wohl nur die Herreninsel auf diese Bezeichnung Anspruch machen, sie ist so groß, daß sie in ihrem Innern eine reiche Abwechslung von Wiese, Garten und Feld, von Wald, Hügel und Thal bildet, daß man Stunden zu gehen hat, um sie zu umwandern und daß man bei dieser Wanderung über der Schönheit der Matten und der Wälder, die man kaum irgendwo in diesem Zustande der liebevollsten Schonung antreffen mag, wohl ganz darauf vergessen kann, daß man sich auf einer Insel befindet. Herrenwörth ist eine kleine Insel für sich; dagegen kann die kleine Fraueninsel nicht aufkommen, der schmale flache Landstreifen, den man bequem in einer halben Stunde durchwandert, mit seinen paar Lindenbäumen und Fischerhäusern und der Unmöglichkeit, einen Spaziergang zu machen. Es mögen daher wohl nur zwei Gründe sein, welche früher das Frauenwörth so gepriesen machten, ein idealer und ein realer. Der ideale lag darin, daß die etwas weiter zurückliegende Fraueninsel einen etwas erweiterten Gesichtskreis auf das Gebirgsbild öffnet, der reale war vermuthlich, weil hier diese Ansicht so zu sagen vor der Nase lag, während man auf der Herreninsel nahezu ein Stündchen wandern muß, um von der Steinwand oder Paulsruhe dieselbe Rundschau zu genießen, nur noch um so viel schöner, als der Standpunkt des Beschauers ein höherer und darum günstiger ist. Gewiß hat auch wesentlich der Umstand dazu beigetragen, daß der frühere Eigenthümer der Herreninsel, Graf Hunoltstein (derselbe, der den neu entdeckten, dann aber als falsch erwiesenen Briefwechsel Marie Antoinettens veröffentlichte) in Paris lebt und zwar für Besucher ein freundliches Unterkommen durch seinen Verwalter bereiten aber keineswegs eine mit besonderer Absicht betriebene Gastwirthschaft halten ließ, während auf der Fraueninsel zur Zeit ihrer Blüthe ein gar wackeres Wirths-Ehepaar hauste, das den Malern auf ihren Studienausflügen gar bald ein lieber Ziel- und Mittelpunkt wurde, wo sie, körperlich auf's Beste verpflegt, sich geistig eine Welt der Laune und des genialen Humors erschufen, der manch edle Kraft die Anregung, manch schöne Schöpfung den Ursprung verdankt. — Auch das ist Alles anders geworden! Das wackere Paar, Philemon und Baucis in Wirthsgestalt ist lange zur Ruhe gegangen, die trefflichen, schönen Töchter sind ebenfalls lange von Malern heimgeführt worden, die ihren Ruhm hauptsächlich ihren Chiemseebildern verdanken (wie Haushofer), die weiland so fröhliche Malerherberge wurde verkauft, aber der Geist, der sie einst geschaffen, läßt sich nicht mit verkaufen: er ist entwichen wie der Spiritus und in dem sehr nüchtern und alltäglich gewordenen Wirthshause ist als Phlegma nur der Malerschild zurückgeblieben und die von Friedrich Lentner begonnene, bildergeschmückte Reim-Chronik. Wohl dem Genius, daß er im Augenblick des Schaffens nicht ahnt, welche Hände später einmal das Werk der schönen Schöpferstunde betasten, was für Augen es begaffen — hätten Lentner und seine Genossen die Verse und Zeichnungen geschaut, die von den Epigonen an ihre urfrischen Herzensergießungen angenietet wurden, hätten sie die Touristen und Touristinnen gesehen, die in dem Buche blättern und es glossiren: die Chronik wäre ungeschrieben geblieben oder wäre dem letzt Ueberlebenden heimgefallen, mit der Verpflichtung, sie dem Elemente, aus dem sie stammt, dem Feuer, wiederzugeben.

Gleichwohl ist nicht in Abrede zu stellen, daß, wenn auch Manches sich geändert hat und nicht eben zum Vortheil, doch die Hauptsache dieselbe geblieben ist, die unantastbare Pracht und Herrlichkeit der Natur, die Schönheit des Seebildes, wie der es umrahmenden Bergkette, deren Linien mit jeder Nuance der Beleuchtung neue Reize entfalten. Auch bietet die Fraueninsel, die bei der Annäherung sich wie ein kleines ins Wasser gebautes Kastell ansieht, Annehmlichkeiten, die für stille Gemüther unvergleichlich sind — wer ein Auge und ein Herz hat für behaglich träumerisches Stillleben, wer in den malerischen und doch so einfachen Fischerhäusern sich heimisch macht und das noch einfachere genügsame und doch zufriedene Leben ihrer Bewohner kennen lernt, dem thut sich eine verkörperte Idylle auf, wie sie sonst wohl schwer zu finden sein wird. Ein Abend unter den großen Linden des Gasthauses, einem schönen Sonnenuntergang oder einer Mondnacht gegenüber ist immerhin ein Kleinod, das werth ist, in tiefster Seele bewahrt zu werden. Einen solchen unvergeßlichen Abend besingt Joseph Victor Scheffel in seinem Festgruß zu Hebels hundertjährigem Geburtstag:

> Im Bayerland isch mi Station. Und gester
> Do fahri uf'me wunderblaue See,
> Me seitem Chiemsee oder bayrisch Meer,
> Und find' en Insle, sunnig, sufer, chli
> Und friedli still. Es huuse Fischer dört
> Und Chlosterfrauen immen alte Stift:
>
> Und wenig hört me Lerm: nummе Glockeg'lüt
> Und Ruderschlag und frohe Vögel G'sang,
> Denn d'Vögel hen e liebi Herberg dört.
> Uf dere Insle stöhn as wie 'ne Chron'
> Uralti Lindebäum, im Zirkel pflanzt,
> Und spieglen ihre Dölder mit im See. — — —

Ein dritter Wörth im See heißt die Krautinsel, ziemlich in gleicher Entfernung von den beiden größeren Eilanden, für die er als gemeinsamer Gemüsegarten gedient haben soll.

Daß der See einst viel größer gewesen, wurde schon erwähnt; er reichte unverkennbar einmal von Grassau bis Seeau und von Prien bis Erlstätt, dennoch denkt man noch immer daran, ihn durch Tieferlegung der aus ihm abfließenden Alz noch mehr zu verkleinern — ein Unternehmen, das nicht nur die jetzt zurückgebliebenen Moore und Sumpfstrecken in fruchtbares Land umschaffen, sondern auch beträchtliche nutzbare Flächen aus dem Wasser neu hervorheben würde und das sich daher um so mehr empfehlen dürfte, als die jetzige Seefläche noch vierundzwanzigtausend bayerische Tagwerk beträgt, also eine Verkleinerung immer noch erleiden kann, und als dadurch die Schönheit der Landschaft auch nicht im mindesten beeinträchtigt würde, denn die Berge bleiben und der flüssige Vorgrund vor ihnen würde ihnen noch immerhin Raum genug bieten, ihre Felszacken, Waldrücken und Eishäupter darin wiederzuspiegeln.

H. Sch.

In der Ramsau. Von G. Cloß.

Reichenhall.

12.

Zum Königssee.

Zwei Wege führen zu demselben, der nähere von Salzburg her über das uralte Stift von Berchtesgaden mit seinen unerschöpflichen Salzquellen — ein etwas weiterer, aber durch hohe Schönheit ausgezeichneter hat seinen Ausgang in Reichenhall, geht dann stromaufwärts an der tosenden Salach entlang, um da, wo der Weg nach Unken und Schneitzelreut abzweigt, in starker Steile das Lattengebirge emporzuklettern bis zur Schwarzbach-Wacht, und jenseits hinunter zu führen in das reizende Längenthal der Ramsau. Ehe wir aber vollends in dasselbe niedersteigen, ist es wohl am Platze, wenigstens einige Augenblicke an den erwähnten Ausgangspunkt, in das alte, schöne, vielbesuchte Reichenhall zurückzukehren. Reichenhalls Vergangenheit reicht in die Urzeiten der Geschichte zurück, der Reichthum an Salz, den es in seinem Boden birgt, läßt die Salinenstätte Hall schon unter den Römern blühend erscheinen und dann mit der alten Juvaria durch den Einbruch der Heruler zu Grunde gehen. Von den Tagen des bayerischen Herzogs Theodo, welcher auch den Wiederaufbau Salzburgs durch den heiligen Hrodbert und die Ausbeutung des Salinenwesens zuerst durch seine Kammerbeamten regelmäßig betreiben ließ, läßt sich die Geschichte Reichenhalls fast ununterbrochen urkundlich nachweisen, wie kaum eine andere Stadt Deutschlands dies zu thun im Stande ist. Das Salz, dies unentbehrlichste aller Bedürfnisse, bildet den Leitfaden, an dem sich die Ereignisse aufreihen: bald Kämpfe mit der Natur, um sie zu zwingen, ihre Schätze leichter und reichlicher abzugeben, bald mit den Nachbarn, welche den Alleinbesitz der letztern anstrebten und in jeder Weise zu erringen trachteten. Namentlich waren es die Salzburger Bischöfe, welche den Kampf immer wieder, oft in blutigster Weise erneuerten. Erst die Verträge des laufenden Jahrhunderts brachten Frieden in diese Verhältnisse: der Reichthum ist auch groß genug, um Alle zu befriedigen. Da

68   Oberbayern.

Berchtesgaden mit dem Watzmann.

nicht alles salzhaltige Wasser in Reichenhall versotten werden kann, wurde dasselbe (die Soole) durch kunstvolle Druck=
werke zuerst nach Traunstein und dann nach Rosenheim geleitet; Werke, welche die Namen ihrer Baumeister Reifenstuhl
(1618) und Reichenbach (1817) verewigen. Die neuere Zeit hat noch eine andere Art der Benützung der Soole
gelehrt, die zum Badegebrauch, und seitdem ist Reichenhall an einen der ersten Plätze in der Reihe der Bad= und
Kur=Orte getreten und hat nach und nach auch äußerlich, zumal nach dem großen Brande von 1834, das Ansehen
eines solchen angenommen. Das Bad Achselmannstein hat eine Art von Weltruf erlangt und verdient denselben wohl
auch, weil es mit seinen Heilerfolgen auch eine landschaftliche Umgebung verbindet, wie sie kaum schöner gedacht werden
kann. Anmuthige Hügel umlagern das Thal und über ihnen steigen die Riesen des Hochgebirgs empor — nach Süden
und Osten seien nur die Loferer Steinberge, das Sonntagshorn, der Watzmann und in nächster Nähe der lang
gestreckte gewaltige Rücken des Untersbergs erwähnt mit seinen rothen Marmorbrüchen und dem Sagenschatze, den er birgt,
denn wie im Kyffhäuser der Rothbart, haust in seinem Innern Kaiser Karl mit seinen Zwergen und Mannen bis zur
Zeit von Deutschlands völliger Wiedergeburt. Gegenüber ragt die Pyramide des Stauffen empor, mit dem alten
Schlosse von Stauffeneck gekrönt. Auch sonst ist die Umgegend reich an schönen Punkten und Erinnerungen, wie
die Kirche von St. Zeno mit dem herrlichen Kreuzgang aus dem Anfang des 12. Jahrhunderts, das Schloß Marzell,
die lieblichen Dörfer Non und Gmain, der romantische Thumsee und die herrliche Ruine von Karlstein, deren
Besteigung niemand unterlassen mag. Da hausten einst die Hallgrafen in dem ehemals römischen Kastell und es ist
so recht ein Platz, Weltgeschichte nicht zu studiren, aber zu empfinden.

Doch brechen wir ab und steigen wir zurückkehrend in die Ramsau hinunter.

Mühlsturzhörner. Von G. Cloß.

Hintersee mit dem hohen Göll.

Das kleine friedliche Dörfchen, dessen Häuser sich unter den mächtigen Ahornbäumen um die höher liegende Kirche wie eine Schaar Kinder um die Mutter drängen, ladet zur Ruhe ein und bietet in der ächt gebirgischen Schenke gute und freundliche Herberge, wenn nicht etwa die Maler Münchens schon alle Winkel und Betten mit Beschlag belegt haben. Da herrscht noch der alte Ton ächter Gemüthlichkeit, denn der Touristenschwarm hält nicht an und besieht sich die Gegend nur vom Wagenschlag aus — es ist aber auch ein eigenthümliches Völkchen, das hier haust, einfach bis in's Unglaubliche und so unter sich abgeschlossen, daß bis vor noch nicht langer Zeit kein Auswärtiger herein heirathen durfte und daß die vier „Genotschaften", in die das Thal getheilt ist, sich lang isolirt erhalten haben. Man erklärt das damit, daß man die Ramsauer für Abkömmlinge versprengter Römer hält, die bei der Völkerwanderung aus dem zerstörten Juvavium hieher flüchteten. Die Meinung wird unterstützt durch das Aussehen der Bewohner, die allerdings häufig schwarz, hager und bleich sind: wenn sie aber auch nicht den Typus der andern germanischen Bergbewohner zeigen, haben sie doch deren Sinn und Sitten vielfach angenommen und kaum in einem andern Thale kann man so viel von den Thaten der Wildschützen und ihrem steten Kampfe mit den Jägern hören, als hier — natürlich aus jenen Zeiten, da die Jagd noch lohnte und lockte, weil sie wegen der damit verbundenen natürlichen und gesetzlichen Gefahr als etwas Heldenhaftes erschien.

Auch das Berchtesgadnerländchen verdient, daß man einen Augenblick in demselben verweilt, eh' man die Wanderung an das eigentliche Ziel, den Königssee, fortsetzt. Es ist eine der ältesten deutschen Kulturstellen und die Gründung des Stiftes reicht hinauf bis in die ersten Jahre des zwölften Säkulums und die Berge, die es umschließen, vom Watzmann bis zum Untersberg wüßten gar mancherlei zu erzählen von all' den Völkergeschicken und Menschenläufen, die sie auf dem kleinen Fleckchen Erde an sich vorüberziehen gesehen. Wer die Sage liebt, mag sich von dem Jäger erzählen lassen, der eine Schwanenjungfrau geliebt und zum Troste für die versagte Vereinigung

Königsfee.

die Kunde von den Salzquellen erhielt, die auch in Berchtesgadens Erlebnissen immer den durchlaufenden rothen Faden bilden; der Freund der Geschichte mag auch hier den Streitigkeiten der Halleiner mit den Berchtesgadnern nachforschen oder den Kämpfen der Bauern, die sich den Prediger der neuen Lehre, den man gefangen wegführen wollte, nicht nehmen ließen, sondern ihn mit Gewalt befreiten und als sie endlich doch unterliegen mußten, lieber nach dem Norden auswanderten und sich eine neue Heimat gründeten. Auch von des Stiftes Schuldenlast mag er hören und wie Bayern, das sich in der Stille zum Hauptgläubiger gemacht hatte, allmälig den Besitz erwarb und behauptete und die sinnreiche Leitung baute, welche die Soole bis Traunstein und weiter befördert. Die Gegenwart weiß von alle dem nicht mehr viel, aber das Salzwerk blüht noch und Berchtesgaden ist geblieben, was es von jeher war, — ein stiller Erdenwinkel voll Frieden und Schönheit, auf den das berühmte Horazische Ille mihi terrarum praeter omnes angulus ridet vor allen paßt. An der aus dem Hintersee vom Fuße der Mühlsturzhörner heransausenden Ache geht es zwischen grünen Hängen, unter herrlichen Ahornkronen längs des hier zum ersten Mal sichtbar werdenden Watzmann dem majestätischen hohen Göll entgegen, vorüber an dem merkwürdigen Druckwerk von Ilsang, das die Soole bis zu den schon erwähnten Hütten von Schwarzbach-Wacht empor treibt, durch die einsame Waldblöße Engadein und dann, rechts abweichend, durch die breit sich ausdehnende Thalebene der Schönau, welche, nach links vom Untersberg abgeschlossen, nach rechts von dem gewaltigen hohen Göll überragt, durch ihren Namen beweist, daß schon die ältesten Bewohner deutscher Zunge für die Reize des Ortes sehr wohl empfänglich gewesen sind.

Wer zwischen Wäldern und an überwachsenen erratischen Blöcken entlang ans Ufer des Bartholomäus- oder Königssees gelangt, kann im ersten Augenblick enttäuscht sein, weil das, was er zuerst gewahrt, nur eine kleine unansehnliche Wasserfläche zu sein scheint — aber desto überwältigender ist das Bild, wenn schon nach wenigen Ruderschlägen der Kahn um eine Felsecke an der Brändelwand vorbiegt, und nun das eigenthümlichste Wasserbecken, das die Natur irgendwo geschaffen, vor dem Beschauer liegt, mit dunkelgrüner, stellenweise schwarz erscheinender unergründlicher Fluth, rings von steilen Felswänden eingeschlossen, welche die Höhe von fünftausend Fuß erreichen und unmittelbar in's Wasser abstürzend nirgends eine Hand breit festen Boden bieten, an welchem man landen und der zürnenden Fluth entrinnen könnte, wenn der Sturm sich auf sie wirft, der in dem Felsthale eingezwängt, mit gesteigerter Wuth unentrinnbar tobt. Im fernen Hintergrunde (der eine halbe Stunde breite See hat eine Länge von zwei Stunden) wird das erhabene Bild von den malerischen Zacken des Bergriesen Watzmann abgeschlossen. Nur zur Linken, wo der Königsbach und dann der Kesselbach in sehenswerthem Falle hernieder brausen, steigt das Gestade etwas minder schroff empor, gegenüber aber an der Felswand zeigt ein Zeichen die Stelle, wo eine ganze Hochzeitsgesellschaft, vom Sturme überrascht, mit Mann und Maus vom See verschlungen wurde. Dennoch ist keine Gefahr zu fürchten, denn die Schiffer kennen das Wetter und wenn es bedenklich wird, ist kaum Einer zu dem Wagestück zu bewegen.

Es ist eine wunderbare Einsamkeit, die hier waltet, eine so tiefe Stille, daß der Ruderschlag im Stande ist, ein Echo zu wecken; manchmal klingelt es aus den Höhen leise und magisch, es sind die Glocken des oben auf den Sennereien weidenden Almviehs. Desto gewaltiger ist die Wirkung, wenn an einer Stelle, wo die Felsen beiderseits am schroffsten abstürzen, ein Schuß losgebrannt wird — der Schall erdröhnt, als begännen die Berge einzustürzen: sie werfen sich denselben wie einen Springball zu, daß der ununterbrochene Donner Sekunden lang dahin rollt — es ist, als ließe sich die Stimme des Berggeistes vernehmen, der aus dem Schlummer emporgeschreckt lautauf brüllt und dann sich langsam, murrend wieder dazu niederstreckt.

Schiffer vom Königssee.

Auch an sich ist die Fahrt außerordentlich angenehm, namentlich wenn sich die hoch gestiegene Sonne noch nicht in den Fels- und Wasserkessel hineinlagert, sondern der Schatten der einen oder andern Seite wohlige Kühle über die leichtbewegten Wellen breitet, deren Kräuseln anmuthig das finstere Dunkelgrün unterbricht, durch welches die Fluth grauenhaft ihre Unergründlichkeit ahnen läßt. Doppelt anziehend ist es, wenn der alte Schiffer eben den Kahn zur Ueberfahrt besteigt, der mit struppigem Barte und kurzer Stummelpfeife wohl Jedem aufgefallen, der den See befährt und der als der kundigste und kühnste von allen auch der reichste an den Schätzen ist, welche am See und auf den Bergen sich seit Jahren angesammelt haben von lustigen Jagdstückchen und gefährlichen Abenteuern auf den Bergen und im See. — Wer aber vollends so glücklich ist, in dem Kahne ein paar hübsche Schifferinnen zu finden, mit ihren knappen goldverbrämten Sammtmiedern und wer den Ton zu treffen weiß, der sie zutraulich, redselig und aufgelegt macht, die Ruder eine Weile einzuziehen und eines ihrer thaufrischen Berglieder zu singen, der mag in gerechtem Zweifel sein, ob der Genuß des Auges für ihn größer ist oder der des Gehörs. Befindet man sich überdies in guter Gesellschaft und findet im Reisesacke noch eine wohlgesparte Flasche edlen Weines, um sie in so wundervoller Umgebung zu leeren, dann aber Glas und Flasche im See zu begraben, damit keine folgende profane Stunde sie entweihe — der mag den Tag immerhin roth anstreichen im Kalender: einen schöneren hat er wohl kaum erlebt! Aber — alles Schöne ist flüchtig und wer weiß, ob nicht gerade der Hauptreiz des Schönen in dieser Flüchtigkeit besteht!

Mögen die Ruderschläge noch so kurz und langsam gemacht werden, endlich geht doch die Fahrt zu Ende, der Watzmann rückt immer näher heran und läßt schon die Bergschlucht erkennen, wo das Eis das Rinnsal eines

Echo auf dem Königsfee.

Baches überwölbt und ausgekleidet hat, daß allerdings nicht viel Einbildungskraft dazu gehört, von einer Eiskapelle zu sprechen.

Um den Fuß des Bergriesen schlingt sich ein breiter Waldkranz und vor diesem ist wie ein Teppich eine Rasenmatte hingebreitet von so lebhaftem und saftvollem Grün, daß das gefesselte Auge schon von ferne daran haftet und der Wanderer, neben der unscheinbaren Kapelle von St. Bartholomä landend, es mit einem Vergnügen thut, wie Einer, der festes grünes Land wieder betritt nach langer mühevoller Meerfahrt.

Daß hier ein Heiligthum, ein Andachtsort stand, reicht in die ältesten Zeiten des einziehenden Christenthums zurück und wer davon nähere Kunde haben will, möge in meiner Novelle „Sankt Bartelmä" nachlesen, was Geschichte, Sage und Dichtung davon zu verkünden wissen — das jetzige Kirchlein zeigt keine Spur mehr von dem hohen Alter, es ist zopfig umgebaut und mahnt an die Zeit, da die Chorherren von Berchtesgaden hier in der Verborgenheit ihre fröhliche Sommerfrische hielten. Dennoch bildet die Kapelle mit ihren Rundkuppeln ein charakteristisches

Obersee. Von G. Closs.

Wahrzeichen und den schmückenden Augenpunkt des ganzen Landschaftsbildes und es war daher im höchsten Grade erfreulich, daß der kunstsinnige König Ludwig II. die Erhaltung derselben auf seine Kosten übernahm, weil sie baufällig geworden und über dem nicht zu entscheidenden Streite, wer die Verpflichtung habe, sie repariren zu lassen, bereits dem Abbruche verfallen war! Das kleine Gebäude daneben, jetzt vom Förster bewohnt, verräth durch seine ganze Bauart den klösterlichen Ursprung: im obern Stockwerk haben wie früher die Aebte von Berchtesgaden, nachmals die bayerischen Regenten, namentlich Max Joseph I. und sein Enkel Maximilian II. gewohnt, wenn sie dem edlen Waidwerk oblagen. Die kühlen Gewölbe des Erdgeschosses sind zu Wasserbehältern eingerichtet, um die kostbaren Fische, an denen der See so reich ist, aufzubewahren. Obenan unter denselben steht die Rothforelle, im Munde des Volkes „Saibling" und im kleinen, nicht ausgewachsenen Zustande „Schwarzreuterln" genannt — ein wegen des wohlschmeckenden röthlich-gelben Fleisches allgemein beliebtes Gericht, das aber nicht jedem zu Theil wird. In den Gängen und Gemächern sind Abbildungen von besonders großen Exemplaren, welche vor Jahren gefangen wurden, nebst den Geweihen schöner Hirsche aufbewahrt, denn der Edelhirsch hat hier noch seine ächte Heimat. Ein uraltes Gemälde stellt den abenteuerlichen Kampf dar, den vor etwa hundert Jahren der damalige För-

St. Bartholomä.

ster sammt seinen Genossen mit einem in den See getriebenen Bären bestand und alterthümliche schlichte Reime erzählen, wie der Bär den Nachen bereits erfaßt hatte und alle im See begraben haben würde, wäre es nicht noch eben im rechten Augenblick gelungen, ihm mit dem Beile den Kopf zu spalten.

Bis die bestellte Mahlzeit bereitet ist, hat man vollauf Zeit, den Ausflug nach dem Obersee zu unternehmen, einem verhältnißmäßig kleinen, rings von ungeheuren Felswänden eingeschlossenen Wasserbecken, das ursprünglich mit dem Königssee zusammen-

hängend, durch einen Bergsturz von ihm abgetrennt wurde, der in fabelhafter Zeit wahrscheinlich von dem der Sage nach viel höheren Kaunstein abging und einen Damm bildete, der den See in zwei Hälften trennte.

Wilder und einsamer ist kaum ein anderes Seebecken gestaltet, als etwa die hoch in den Alpen liegenden kleinen Wildseen: gewiß aber ist keines anmuthiger, denn der Ernst, der auf dem ganzen Bilde ruht, ist der Ernst eines schönen, edel lächelnden Angesichts, aber in dem Lächeln liegt ein siegreicher Gedanke der Ewigkeit. Die wilde Majestät der felsigen Seitenwände wird durch die in der Mitte sanft ansteigende Rasenhalde gemildert, in welcher, von Wald umfangen, eine Sennhütte liegt. Darüber steigen wieder Felsen und Wald empor, zwischen denen wie ein breiter Silberstreifen ein Bach herunter stürzt, überragt von den rothen Zacken der unheimlichen Teufelshörner.

„In der Fischunkel" heißt die welt- und menschenvergessene Oede, sie war ein Lieblingsaufenthalt König Max II., dem einst die gerechte Nachwelt den Namen des Weisen nicht versagen wird und der an manchem Morgen sich hieher rudern ließ, um in der großartigen Einsamkeit seinen ernsten Gedanken nachzuhängen oder einen seiner Lieblingsdichter zu lesen. Aber er war auch ein rüstiger Freund des Waidwerks und ist mancher Gemse nachgestiegen auf die höchsten Berggrate, die er in liebenswürdigster Liberalität durch bequeme Reitwege auch für solche Menschenkinder zugänglich machte, welche nicht zu den Bergsteigern und Kletterern von Fach oder Passion gehören. Unter seinem Ahnherrn, Max dem Gütigen, herrschte an diesen Gestaden noch lauteres Leben, da wurden große Jagden im See, Bergbeleuchtungen, Holzstürze gehalten, bei welchen ganze Stämme im Rinnsal des Königsbachs wie in Schleusen aufgestaut und dann in den See losgelassen wurden, in welchem sie zermalmt unter Donnergetöse anlangten. Der prunkliebende Fürst erfreute sich, seine fürstlichen Gäste in prachtvollen Gondeln unter rauschender Jagdmusik dahin rudern zu lassen, während Gemsen und Hirsche rings auf den Bergen zusammengetrieben und vorwärts an die steilen Felswände gedrängt, keinen anderen Ausweg hatten, als den ungeheuren Sprung in den See, während dessen schon meist der tödtliche Schuß sie erreichte.

Wer die Kraft seiner Fersen und die Ausdauer seiner Kniekehlen erproben will, der mag durch die Fischunkel bergan klettern in die öden Funtensee-Tauern, wo der unheimliche Grünsee schläft und träumt, den kein lebendiges Geschöpf bewohnt, oder noch weiter in die riesige Felswüste des „steinernen Meeres", das allerdings aussieht, wie ein mitten im wüthendsten Sturm durch einen Zauberschlag versteinerter Ozean. Oder er mag nach St. Bartholomä zurückkehrend den Watzmann ersteigen, zu dem sogenannten „Label" und den andern grünen Oasen, in denen die Sennhütten eingebettet liegen, oder in die überallhin sichtbare „Scharte", in welcher der Schnee niemals schmilzt. Es ist immerhin eine Wanderung, auf die man mit Stolz zurückblicken kann, denn der Watzmann ist achttausend fünfhundert achtundsiebenzig Fuß hoch und wenn auch der Weg, den man am besten von der Ramsau aus antritt und in etwa sechs Stunden zurücklegt, keineswegs eine Promenade genannt werden kann, ist er doch gefahrlos und der oben sich bietende Ausblick über die den Vorgrund bildenden Felsen und Gletscher der nächsten Umgebung bis an den Großglockner, Venediger und die Krimler-Tauern, über das Salzburgerland und die ganze bayerische Ebene gehört zu dem Großartigsten und Schönsten, was eine Bergwanderung zu bieten vermag. — Auch über den Grat von Bartlmä her kann ein Jäger wandern und gelangt dann auf den „Hundstod", der, selbst eine ungeheure Felspyramide, eine nicht minder ungeheure Felswüste beherrscht, durch welche der Wimbach kalt und hell heranrauscht, um sich dann in eine tiefe enge Schlucht — die Wimbach-Klamm — zu stürzen, deren Steinwände sich oben so nahe aneinanderneigen, daß nur einmal des Tages es der senkrecht stehenden Sonne möglich wird, einen Blick hinein zu werfen und die Wasserstrahlen und Fäden blinken und glitzern zu machen, die von allen Seiten über Moos und Flechten wie flatterndes Bandwerk hernieder rieseln, während der Bach selbst in mehrfachem Absturz zum Abgrund tost. An der einen Seite sind in die Felsen Balken zu einem schmalen Brückenstege eingetrieben, auf welchem man die Klamm durchwandern und gefahrlos die Steile über, wie die Tiefe unter sich betrachten kann, fast betäubt von dem Getose des schäumenden Wildwassers, das jeden Laut verschlingt: angehaucht von der Kühle einer Gruft, von den aufsprühenden Tropfen wie von einer Todesweihe befeuchtet.

Man athmet voll und freudig auf, wenn man aus der Schlucht wieder in's Freie tritt, aus der Nacht in den Tag — da stehen die Berge der Ramsau im herrlichsten Sommerabendlicht.

Der hohe Göll glüht, als hafte die Sonne länger auf ihm, um länger auf einem Anblick verweilen zu können, wie sie kaum einen schöneren grüßt auf ihrem Gange um die Welt!

H. Sch.

Wimbachklamm. Von J. G. Steffan.

Kempten.

Schwaben.

1.

Ins Algäu.

Bergland und Schwabenland, sei uns gegrüßt! Vor tausend Jahren schon sind jene Stätten, durch die wir nunmehr wandern wollen, in Sang und Sage bekannt geworden, Albegawe nannten die Ahnen das holde Stück Erde, das sich mit grünen Wiesen hinzieht, die Iller hinauf über Immenstadt, Sonthofen und Oberstdorf, bis einsame Felsengipfel die Welt verschließen.

Nach der politischen „Geographie" gehört das Algäu zu Bayern, aber Land und Leute zeigen doch einen mächtigen Gegensatz zu dem, was man im Allgemeinen „bayrisches Hochland" nennt. Fast der gesammte Gau ist Weide, bis hoch zum Gipfel sind die Berge sammtgrün bewachsen und die Zacken, die sie überragen, fallen steil und unvermittelt ab, ohne jene riesigen steinernen Plateau's zu bilden, durch die man stundenlange hingeht in scharfer Alpenluft am Wendelstein, am wilden Kaiser oder im Berchtesgadener Land.

Der Charakter des Volkes aber, das drunten in den breiten Thälern wohnt, zeigt noch viel vom alten Blut der Alemannen. Auch sie sind geweckten Sinnes — doch ernster und verschlossener, als der Oberbayer; die unbefangene Lebenslust, die sich dort in allem Thun und Treiben äußert, ist hier durch eine gewisse Besonnenheit, in die sich Berechnung mischt, gedämpft; uralte Sitte, in der noch vielfach heidnische Reminiscenzen liegen, begegnet uns allerwegen; aber sie weiß sich klüglich abzufinden mit den Forderungen der Neuzeit und die Befriedigung eines naturfrohen behäbigen gesicherten Lebens führt nur selten zu dem jauchzenden Uebermuthe, womit man am Wendelstein oder am Watzmann singt. Es ragt etwas herein vom Schweizerthum, es ist anderes Volk und anderes Land, wie um Isar und Inn oder Salzach.

* * *

Als herrschende Stadt jenes Gaues aber, obwohl von den Bergen noch ziemlich entlegen, erscheint uns Kempten, und an ihren Namen knüpfen sich denn auch die Spuren der ältesten Kultur. Campodunum war Römersitz; auf der Burghalde zu Hilarmont ward schon 773 jene Abtei gegründet, die nun tausend Jahre lang mit fürstlichen Ehren bestand, in deren Wappen das Bildniß einer gekrönten Frau stand. Es ist das Bildniß der Stifterin Hildegard, der Gemahlin Karls des Großen, und die Aebte führten deßhalb bis zur Säkularisation den Titel „Erzmarschall der römischen Kaiserin"; ringsum erwarben sie Land und Leute, „Rain und Stein", „Wunn und Waid", wie der alte Ausdruck lautet, die Herren des Stiftes aber, das in geistlichen Dingen nur dem Papste unterstand, mußten einer schwierigen Ahnenprobe genügen.

Allein auch in anderer Hinsicht ist Kempten von historischer Bedeutung, denn dicht neben dem Kloster, das von Hilarmont inzwischen in die Ebene verlegt worden war, wuchs trutzig und selbstbewußt die kleine Stadt empor, auch vom Drange nach freier Macht getragen, auch bestrebt, keinen andern Herrn über sich zu wissen, als den Kaiser. Dies Ziel hat sie erreicht, dem Reichsstift stand bald die Reichsstadt gegenüber und durch das ganze Mittelalter hindurch zeigt sich nun das Ringen dieser zwei historischen Gewalten, des Bürgerthums und der Geistlichkeit, beide überdies erfüllt von dem zähen Geiste schwäbischer Art. Wer die vergilbten Pergamente durchforscht, mit den bleiernen päpstlichen Bullen oder den großen Kaisersiegeln, den weht noch jetzt etwas an vom Odem dieser fehdelustigen Zeit, wo der Friede, der heute geschlossen ward, schon morgen wieder in hellem Zwist verging. Es waren keine großen Verhältnisse, in denen sich die Geschichte Kemptens bewegte, aber sie waren um so typischer für die ganze Signatur dieser Jahrhunderte. Die Mehrzahl der deutschen Kaiser war der Stadt freundlich gesinnt und verbriefte ihr aufs Neue die alten Rechte, keine Gelegenheit wurde verabsäumt, um sich von den Verbindlichkeiten loszuwinden, welche die Bürger noch dem Stifte gegenüber hatten und so stand Kempten kühn und angesehen im schwäbischen Bunde, als das große Drama der Reformation begann.

Mit offenen Armen kam die kleine trutzige Reichsstadt der neuen Lehre entgegen; sie hatte schon früh industrielle Betriebsamkeit und regen Handel besessen und ihre Kaufleute hatten auf den Messen zu Leipzig Luthers Thesen vernommen und nach Hause gebracht, während man sie anderwärts noch verbrannte. 1534 verließ auch der letzte katholische Priester, der Kaplan des Grafen von Montfort, die Stadt, und nun ward alles, was an den alten Glauben gemahnte, beseitigt; aus den Kirchen wurden die Bilder entfernt und selbst die Mauern, welche durchaus mit biblischen Historien bemalt waren, wurden übertüncht; ein kunstsinniger Bürger erbot sich zwar, die Kirche mit weißer Leinwand zu bekleiden, wenn man mit der Zerstörung der Malereien einhalten wollte, allein sein Erbieten wurde nicht angenommen. So erzählt der Chronist — wer kann es sagen, wie viel Schätze im deutschen Land damals durch Uebereifer zu Grunde gingen!!

Am 15. Juli 1543 kam Karl V. als Gast in die Stadt und hielt des Abends um acht Uhr in vollem Ornate seinen Einzug mit einem Gefolge von zweitausend Pferden; im kleinen Erker des Rathhauses, der mit Teppichen reich geziert war, hielten die beiden Bürgermeister Zwiesprach mit ihm, aber der Kaiser war grämlich gesinnt, weil die Bürger es unterlassen hatten, sich zur Huldigung zu erbieten, wie dies beim ersten Besuche jeder Stadt der Brauch war. Auch das Nachtlager nahm er bei dem Abte, „der ihn zuerst geladen", dort wurden die Ehrengeschenke niedergelegt und beim Abschiede ließ der Fürst, in dessen Reich die Sonne nicht unterging, den Bürgern sagen: „man werde Sr. Majestät väterlich Gemüth im Werk verspüren".

Unter der Drangsal des dreißigjährigen Krieges hatte Kempten furchtbar zu leiden, vom Degen der Schweden, wie vom Feuer der Kaiserlichen, denn Freund und Feind war zuletzt gleich gefürchtet in dieser verwilderten Zeit.

Mehr als 3000 Bewohner erlagen 1635 der Pest und die Theuerung der Lebensmittel war auf einen solchen Grad gestiegen, daß man einen halben Gulden für das Pfund Pferdefleisch und vierzig für den Malter Roggen bot — innerhalb zweier Jahre war die Stadt auf die Hälfte ihrer bisherigen Bevölkerung gesunken.

Das achtzehnte Jahrhundert brachte hier wie allenthalben — Zopf und Schwert: neue gewaltige Kriege und im täglichen Leben jene gepuderte Convenienz, die dem Pompe des fürstlichen Stiftes natürlich förderlicher war, als der Entwicklung der kleinen Freistadt. Wer die Verzeichnisse jener Hofchargen liest, die der Abt zu Kempten halten mußte und hielt, diese Obristjägermeister, Stallmeister und Küchenmeister, wer den immensen Apparat betrachtet, dessen jeder Gebieter einiger Quadratmeilen bedurfte, um damals zu regieren, der muß wohl unwillkürlich gestehen, daß diese Zeit zum Ende reif geworden und das Ende kam denn auch rascher als man gedacht. Nach dem Lüneviller

Rathhaus in Kempten.

Frieden fiel Stift und Stadt an Bayern, welches im November 1802 feierlich Besitz ergriff, über Nacht war aus der tausendjährigen Selbständigkeit eine stille Provinzstadt geworden.

Und dies ist Kempten noch heute, aber es ist es im besten Sinne des Wortes; der Ruf der Tüchtigkeit und Wohlhabenheit, den es genießt, ist redlich verdient. Die beiden Communen, Altstadt und Neustadt (denn auch die Ansiedlung der stiftischen Unterthanen erhielt schon früher städtische Rechte), sind seit 1818 vereinigt und die Fülle gemeinnütziger Institutionen, wie sie eben nur unter dem Schutze früherer Autonomie erstanden, kommt noch dem heutigen Geschlechte zu statten. Uns aber schien es doppelte Pflicht, dem reichen Kranze landschaftlicher Bilder, die uns nun begegnen, auch ein Städtebild einzuflechten, das gleichsam auf die historische Bedeutung des ganzen Gaues ein Licht wirft. In Dorf und Wald mag die Natur mit ihrem Zauber sprechen, für die „Hauptstadt des Algäu" aber spricht ihre Geschichte. Lachend und heiter liegt sie heute vor uns, dies trutzige Schwabenkind und über ihre Dächer hinweg, über das Laub ihrer Gärten und Hügel sehen wir die blaue Kette von der Zugspitze bis fast zum

Immenstadt.

Bodensee. Wie viel Handel und Wandel ist dereinst auf diesen Straßen gezogen, nach Wälschland, Spanien und zur Levante, vor allem aber waren es die Weber, die großen Ruf und reiche Stiftungen in Kempten besaßen. Zwei- bis dreimalhunderttausend Stück Leinwand wurden von dortigen Häusern in einem Jahre exportirt, aber auch die Schätze von Augsburg und Nürnberg, die nach Süden gingen, nahmen den Weg nicht selten durch Kemptens Thore und auf der Rückkehr trug das Saumpferd die feine Seide, die in Roveredo gesponnen ward, und die Güter der italischen Küste. Das Saumpferd trug sie — uns aber weckt aus den Träumen vergangener Zeit der schrille Pfiff der Lokomotive, die brausend dahinjagt, in's Herz der Berge!

* * *

Wenn man Kempten als „Vorort", als die „Hauptstadt von Algäu" bezeichnen kann, so trägt Immenstadt schon ganz den wirklichen alpinen Charakter; es lagert dicht am Fuße zweier Berge („Mittag" und „Horn") zwischen denen der rauschende Steigbach hervorbricht; überall lacht saftiges Grün und auf den Wegen, welche die Stadt umgeben, sehen wir weit hinein in die Berge von Hindelang und Hinterstein, während der nahe Grünten mit seinen Almenmatten und Felsen malerisch alleinsteht. Aber das, was einer Landschaft den höchsten Reiz verleiht, das ist und bleibt doch immer blaue Fluth und auch sie ist uns hier gegeben, denn nur eine halbe Stunde entfernt liegt der reizende kleine Alpsee.

Das Städtlein selbst hat wenig Bemerkenswerthes und macht wohl auch keinen Anspruch auf besondere Bedeutung, seine Geschichte ist vielfach verknüpft mit den Geschlechtern der alten Dynasten und Grafen, an denen Schwaben reicher ist, als irgend ein anderer süddeutscher Stamm. Auch hier, wie fast allerwärts in diesen Gauen, spüren wir schon in allerfrühester Zeit die Hand der Welfen, der Staufen und dann der Grafen von Montfort; nach ihnen kam der herrliche Besitz an die Grafen von Königseck-Rothenfels, die sich inmitten des Städtleins niederließen, als ihr altes Schloß 1463 ein Raub der Flammen geworden war. Erst durch den Preßburger Frieden (am 26. Dezember 1805) fiel Immenstadt an Bayern.

Sein Stolz und sein bester Schatz aber ist nicht die Vergangenheit, sondern das was noch heute blüht und grünt in altem Zauber — die Natur. Erst im Zusammenhange mit ihrer reizvollen Umgebung erhält die Stadt ihr eigentliches Gepräge; von den nahen Ausflügen ist die Ruine Rothenfels mit ihrem herrlichen Blick auf den Alpsee hervorzuheben, Rauhenzell, das wir durch hohen Buchwald wandernd erreichen, und Rettenberg, von dem wir weit hinabschauen durch's grüne Illerthal.

Wer höher hinaus will (wörtlich genommen), dem bieten die nahen Berge reiche Gelegenheit, vor Allem der Stuiben, der unbedingt den ersten Rang unter seinen Nachbarn behauptet. Der Weg, welcher den Steigbach zweimal überschneidet, zeigt uns satte Weide und hochgewachsenen Wald, wir schauen hinüber auf den massigen Höhenzug, der die Gewässer der Donau und des Rheines trennt — so scheiden sich in stiller Waldesnacht die Pfade zur Nordsee und zum schwarzen Meer. Eine kleine Wirthschaft, „Almag'mach" genannt, gibt denen freundliches Obdach, die zum Sonnenaufgang den Gipfel ersteigen wollen. Und wahrlich, er ist der langen Mühe werth, denn in wunderbaren blauen Duft getaucht liegt das herrliche Land vor uns — Hochland mit seinen gigantischen Felsenmassen, der schimmernde Bodensee und das weite Flachland mit seinen uralten Städten Augsburg und Ulm! Und das alles leuchtet und lebt, das alles ist Heimat und Vaterland!

So trägt die Gegend rundum denn einen durchweg idyllischen Charakter und man will es kaum begreifen, daß die Natur, die uns mit vollen Händen hier ihre Gaben beut, sich auch empören könne, daß sie uns plötzlich zum drohenden Feinde wird! Und doch knüpfte sich an den Namen Immenstadt vor wenigen Jahren ein „Hilferuf", dessen schmerzvolles Echo durch ganz Deutschland hallte; die grauenhafte Verwüstung, welche durch die Ueberschwemmung von 1873 veranlaßt ward, wird niemals vergessen werden! Sie kam völlig wider Erwarten — es war ein schwüler Sommertag und die unheimlich grauen Wolken, die sich über den Bergen immer finsterer zusammenballten, fast grünlich gefärbt, ließen wohl ein schweres Gewitter ahnen, aber die Menschen sind auch wetterfest und wettergewohnt in den Bergen. Die Finsterniß, die sich ringsum verbreitete, das grelle Licht und den grollenden Donner — man hatte sie ja so oft erlebt und wenige Stunden später war doch wieder blauer Himmel. Diesmal freilich kam es anders — es blaute zwar auch der Himmel wieder, aber er sah herab auf eine Wüste von Schutt und Schlamm, auf zerstörte Heimstätten und verwaiste Menschen — und all' dies Elend und Herzeleid war das Werk weniger Stunden! Man hörte die Gefahr fast nahen, bevor man sie sah — im rauschenden Regen, in jener vibrirenden Erregung, darin die Natur sich während jedes mächtigen Wetters befindet, vernahm man plötzlich das gurgelnde Tosen entfesselter Wassermassen, die von allen Bergen herniederschossen, in das Rinnsal des Steigbachs drängend. — Aber zu eng und schmal war dieser Weg für die zürnenden Gewässer, riesige Felsblöcke, entwurzelte Tannen wirbelten in der grauen Fluth; ein Augenblick, da sie sich stauten — der Strom ward zum See und dann brach der See hindurch mit grausiger Unwiderstehlichkeit über die Barrikaden, die sich aus den Trümmern des Waldes von selbst gebaut. Brausend und tosend ging es dahin über die friedliche wehrlose Stadt, wo man die Sturmglocken zog, wo in der nächsten Sekunde Weg und Steg verloren war. Es war betäubend, die Sinne erlagen dem Bild, das an ihnen vorüberstürmte, vor den Augen endloses Kreisen, im Ohre das wilde Getös und im Herzen das Beben um Haus und Herd! Es war wie ein wilder Traum und dennoch war es die Wirklichkeit!!

Aus ganz Deutschland flossen damals die Liebesgaben für die Opfer der Ueberschwemmung zusammen, es handelte sich in der That um ein Unglück, dem kein Herz sich verschließen konnte — aber dennoch darf man auch hier die Frage stellen, war es ein Unglück ohne jede Schuld? Die Schuld trifft keinen einzelnen, aber sie trifft den Geist der Zeit; sie lastet auf jener thörichten Nutzung, die auch im Algäu ganze Wälder niederhieb, das Erbtheil langer Geschlechter, um einen augenblicklichen Vortheil zu erlangen. Noch mehr als im bayerischen Hochland waltet ja dort ein spekulativer Geist und der Bergbach nahm gleichsam Rache für das, was man seiner Bergesheimat zu leid gethan!

Der Zerfall des alten urkräftigen Volksthums, der Niedergang der alten geheiligten Traditionen, die sich einst vom Vater zum Sohn vererbten, (vielleicht als bestes Erbstück!) hat sich leider auch hier bethätigt. Die Verwüstung der Wälder, die Zertrümmerung der heimatlichen Höfe ist täglich mehr in Brauch gekommen und mit der

Der hohe Grünten und Blick auf Sonthofen.

Loslösung von Haus und Herd wird unfehlbar auch die Stätigkeit des Volkscharakters ins Wanken gebracht, die ganze Lebensführung wird eine andere, sobald der Immobiliarbesitz bei einem Volksstamme mobil ward. Was das ersparte Vermögen, das er nur nutzen, nicht antasten darf, in den Händen des Bürgers ist, das ist beim Bauer der Wald; das heiligste Stück von seinem Erbe, sein Sparpfennig, sein Rückhalt in der Noth. So ward es auch im Algäu seit Menschenaltern gehalten, ja vielleicht mit übertriebener Sorgfalt ließ man das Holz, das zum Schlage reif war, altern; denn es war Stolz und Ehre, wer die höchsten Tannen besaß; man kannte seinen Namen weithin. So wuchsen sie empor ins Himmelblau, ihr Werth aber wuchs in die Tausende und dem Dämon dieses Werthes, dessen Versuchung der Vater nie gekannt, erlagen Söhne und Enkel.

Da der Volksstamm im Algäu ohnedem bedeutend rühriger und betriebsamer ist, als der bayerische Bauer, so hatten die Händler und Gutszertrümmerer, die allerwärts auf der Lauer liegen, noch leichteren Stand und die Schwäche, die jeder Bauer für das baare blanke Geld hat, bringt es dann nicht selten dahin, daß er der eigenen Habsucht zum Opfer fällt und seine Habe unter dem wirklichen Werthe verschleudert. Kaum aber ist sie seinen Händen entwunden, so beginnt auch schon die sinn- und rücksichtslose Verwerthung derselben, Stück um Stück werden von den Käufern die einzelnen Bestandtheile des Gutes versteigert, während ein freies Faß den herbeigelaufenen Gästen Lust und Laune macht. Unter ausgelassenen Scherzen, unter Lachen und Trinken wird dabei ein Stück Leben zu Grabe getragen, das durch Generationen hin Glück und Friede gebracht hat — und was übrig bleibt, ist ein nacktes leeres Haus, in dem jene auf's Neue verarmen, die es nun als öde Heimstätte erwerben.

Das sind unerfreuliche Dinge und doch gibt es noch einen Trost — die Unverwüstlichkeit, die unberechenbare Widerstandskraft, die jedes gesunde Volksthum besitzt und die sich auch da noch nachhaltig erweist, wo der richtige Weg fast verloren scheint. Er ist nicht verloren, er ist nur verschüttet; guter Wille und redliche Arbeit machen ihn wieder frei! Daß aber das Volksthum im Algäu in der That ein gesundes ist, trotz aller modernen

Die Mädelesgabel von Einödsbach aus gesehen. Von Richard Püttner.

Verstümmelung, das wird Niemand bestreiten, der es in seiner Gesammtheit betrachtet, und es hat außerdem noch eine Quelle ewiger Erfrischung und Verjüngung, das sind die Berge, das ist die Natur!

Bergwelt und Volksleben aber tritt uns nun erst in seiner vollen Kraft entgegen, wenn wir aus dem Bannkreis des kleinen lieblichen Städtleins, von dem wir uns nur allzugerne festhalten ließen, noch weiter eilen in die Einsamkeit stiller Thäler, in die hohe Alpenwelt, die sich alsbald hinter Sonthofen und Oberstdorf vor uns erschließt.

Sonthofen ist wohl von allen Ortsnamen im ganzen Algäu der bekannteste, und man darf vielleicht hinzufügen der populärste; denn da bei dem wenigen Getreidebau das Volk fast nur von Viehzucht lebt, hat der erste Markt des Gaues eine erhöhte Bedeutung. Dieser Markt aber ist hier, es ist der Sammelpunkt jener prächtigen Rasse, die auf diesen satten Weiden gedeiht und die in ganz Deutschland berechtigten Ruf genießt; hier wird im bunten Volksgewühl, zu welchem Hunderte von allen Seiten hinzuströmen, das Beste unter dem Guten ausgewählt und der Werth für das Werthvollste bestimmt, was der Bauer hierzulande besitzt. Ein solcher Tag, wenn die milde Herbstsonne darauf niederscheint, ist in der That für jeden Freund volksthümlicher Scenen ein Fest und der reizende Rahmen, den die Natur darum gezogen, ist des frischen, lebendigen Bildes würdig. Mit hellen Wogen zieht die Iller und die flinke Osterach, die hier mündet, durch das grüne Thal und gewaltig ragen gegen Süden hin die Zinken der stolzen achttausend Fuß hohen Riesen über Wälder und Matten; nordwärts aber steht mit seinen scharf markirten Formen weithin gebietend der Grünten.

Den schönsten Blick auf dies herrliche Bild genießen wir von droben, wenn wir am Rathhause vorüber den Calvarienberg ersteigen; dort an der kleinen Kapelle läßt sich's wohl träumen im Sonnenschein von jungen und alten Tagen, denn vor mehr als vierhundert Jahren schon hat Kaiser Sigismund Marktrechte an das schmucke Dorf verliehen, das damals zum Hochstift Augsburg gehörte. Das nahe Hüttenwerk, das viele tausend Zentner Eisen im Jahre liefert, ist auch im Wappen Sonthofens vertreten, denn neben drei blühenden Flachsstengeln zeigt uns dasselbe zwei eiserne Hämmer, so daß man hier wohl an das Wort des Dichters denken mag:

> Wo sich das Starke mit dem Zarten,
> Wo Strenges sich und Mildes paarten,
> Da gibt es einen guten Klang.

Und wahrlich, guten Klang hat das kleine reizende Oertlein unter den Wohnstätten bayerischer Bergeswelt!

Wer den Grünten besteigen will — und Niemand, der hier weilt, sollte das versäumen — nimmt den Weg über Burgberg, ein mächtiges Dorf, das dicht vor dem Anstieg liegt. Nach ihm war einst ein altes Herrengeschlecht genannt, das schon im Jahre 1102 urkundlich auftritt und dem Stifte Kempten mehrere Aebte gab; aber flinken Fußes zieht das heutige Geschlecht dahin über diese Spuren der Vergangenheit. Der Weg, den herrliche Waldesschatten uns kürzen, ist ziemlich mühelos und das Obdach, das wir unterhalb des Gipfels finden, gibt uns gastliche Rast, bevor wir die Spitze des Berges erklimmen und in der Sonne liegend unsere Ausschau halten. Es ist ein wundersames Bild, dessen Anziehungskraft wohl vor allem darin ruht, daß der Mittelgrund und das nächstliegende Terrain des Berges selber eben so schön gegliedert ist, als die eigentliche Fernsicht. Der Ausgleich von Berg und Thal, von Höhe und Fläche, kann kaum malerischer gedacht werden und wenn eines fehlt, so ist es höchstens das Wasser. Zwar glänzt in weiter Ferne ein silberner Streifen herüber — das ist der Bodensee, aber er ist unerreichbar, er blaut nicht mehr, er kühlt nicht unsere Blicke und unser Gefühl, wie jene Alpenseen, die dicht zu Füßen des Wanderers liegen, daß sich die heißen Blicke fast hinunterstürzen möchten in ihre labende Fluth. Das allein ist vielleicht ein Mangel, aber man wird sich desselben kaum bewußt in dieser Fülle von Pracht und Schönheit; denn in unermeßlicher Reihe, in blauen Schimmer getaucht, liegen die zerklüfteten Gipfel vor uns, lauter Berge, die acht- bis neuntausend Fuß hoch sind, und deren Namen schon zum Theil jenen gewaltigen geheimnißvollen Klang haben, der uns an steinerne Welten gemahnt — Hochvogel, Himmelsschroffen, Nebelhorn, Gottesackerwände.

Am höchsten aber von allen ragen die Gipfel der Scesaplana hervor und in Duft verschwommen der herrliche Säntis, während sich in der Tiefe der grüne Thalboden hinzieht, von der Iller in schlanker Windung durchströmt und sich langsam verengend gegen Süden hin, wo Oberstdorf liegt und Einödsbach.

An dichten Wald gelehnt, der von den Mittelbergen in die grünen Auen herabreicht, liegen die trauten Dörflein zerstreut, Altstetten, das uralte Fischen (Fishinga) und Obermaiselstein, über dem Stegen, die uns von dort in die Berge führen, empfinden wir den Odem echter Hochgebirgsnatur. Drei Thäler treffen hier zusammen, die Spielmannsau, die Birgsau und das Walserthal, jedes von einer rauschenden Ache eine Felsenklamm, der „Hirschensprung" gelegen ist. Zur Rechten und Linken aber münden stattliche Seitenthäler, zwischen denen Oberstdorf gleichsam als herrschender Mittelpunkt liegt. Hier, in dem reizvollsten Orte des Algäus wollen wir nun noch einige Tage verweilen, denn wenn auch der Ort selber seit dem großen Brande von 1865 jene malerische Einheit verloren hat, welche früher die im Grün versteckten braunen Häuser boten, so bleibt doch die Lage desselben bezaubernd und auf allen Wegen und durchzogen, die sich dann zur Iller verbinden, jedes mit kühnen Steigen und Pfaden, wie sie dem echten Bergfreund willkommener sind, als die prächtigste Straße.

Das eine dieser Thäler, das Walserthal, führt gegen Vorarlberg und bringt uns bald an die österreichische Grenze; nicht fern davon liegt in tiefer Schlucht der Zwingsteg. Schwindelnd überbrückt derselbe eine gähnende Kluft, welche die Breitachfluthen in den Fels gespült; die Sage meint, daß einst ein Wilderer, der von den Jägern verfolgt ward, den Sprung über diese Kluft gewagt und damit den Verfolgern entkommen sei. An St. Loretto vorbei führt der Weg nach dem Freiberger See, der blau und einsam im Walde glänzt; wunderbar schön liegt der Weiler Gerstruben da, von dem man in die Spielmannsau einen herrlichen Einblick hat und durch die Spielmannsau selber führt der Weg zur Mädelesgabel, die man auch über Birgsau und Einödsbach erreichen kann.

Sie ist und bleibt doch immer der herrschende Berg im Algäu, sie ist dort, was in den westlichen Alpen die Zugspitze und im Berchtesgadener Lande der König Watzmann ist. Mühevoll bleibt die Besteigung solcher Höhen immerhin und darin liegt ja zum Theile ihr Reiz; aber die Gefahren sowohl wie die Unbequemlichkeiten sind in letzter Zeit bedeutend gemindert worden, vor allem seit der Erbauung des sogenannten Waltenberger Hauses, das einem Manne gewidmet ist, der für die Topographie und für die Erschließung des Algäu so viel geleistet hat, daß er in der That wie kein anderer diese sinnige Ehrung verdiente. Seine Karten und Schriften über den Gau werden mustergiltig bleiben und haben das Land bei Tausenden ebenso populär gemacht, wie er selbst dadurch bei den Leuten des Landes geworden.

Im Uebrigen darf wohl die Meinung, daß fast alle Bergstämme geistig geweckt und speziell mit einer gewissen künstlerischen Anschauung begabt sind, auch im Algäu Recht behalten. Insbesondere ist Oberstdorf die Heimat zweier Künstler, die im Gebiete religiöser Malerei erste Namen tragen, wir meinen Johannes von Schraudolph, der die Fresken im Speyerer Dom gemalt, und Joseph Anton Fischer, der die Glasfenster für die Auer Kirche entwarf und leider zu früh dahinschied, um den Ruhm zu ernten, zu dem er berufen schien.

Aber auch in der alltäglichen Lebensführung, in der Anlage der Häuser, die mit ihrem braunen Schindelpanzer so malerisch aus den Baumgruppen hervorlugen, in den Sagen, die im Munde des Volkes leben, liegt doch ein gewisser poetischer Zug, den die Leute vielleicht mehr haben als zeigen. Sie wollen zurückhaltend erscheinen und gehen nur langsam und vorsichtig aus sich heraus — aber wer jemals dies Volk gesehen beim sommerlichen Tagewerk oder im Winter bei der Abendrast, wenn der Alte mit den hartgeschnittenen Zügen auf der Ofenbank („Gutsche") sein Pfeiflein schmaucht und dabei nachdenkt, wie er des Hauses Wohlfahrt mehren möge, wer dies Wesen studirt, das halb den schlauen Schwaben und halb den kecken Hochlandbauer verräth, der kann ihm etwas Fesselndes nicht absprechen.

Es ist eine neue eigene Nuance, die dies Völklein darstellt in der Mannigfaltigkeit der deutschen Stämme, und gerne scheiden wir von seinen grünen Matten mit dem Frohgefühl — auch sie sind unser!

2.
Füssen und Hohenschwangau.

Wir fahren auf der breiten Poststraße dahin, zu deren Seiten der Lech schäumt, eine lange Wolke Staub wirbelt hinter dem Wagen, und die Abendsonne fällt uns über die Schulter. Wenn wir das Land in frohem Behagen überblicken, so überrascht uns unwillkürlich der gewaltige Gegensatz. Wir befinden uns noch in der weiten Ebene, wo Ackerbau und flache Kultur zu beiden Seiten sich ausdehnt, aber wie ein ungeheures Amphitheater liegen die Berge vor uns, unvermittelt durch Vorland.

Ja, es sind wieder die Berge! Aus dem breiten blauen Schatten des Nachmittags heben sich schon die einzelnen Formen deutlich hervor, wir fühlen schon die Tannenluft, die uns entgegenweht! Jetzt rasselt der Wagen über das steinige Pflaster hin, die neugetünchten Häuser zu beiden Seiten schauen freundlich auf uns herab, auf der Straße blondlockige Kinder und am Fenstersims kichernde Mädchen, das ist das erste Bild, wenn wir stille halten.

Das kleine Städtchen hier heißt Füssen, es ist die Schwelle, die zu den großen westlichen Gebirgsstraßen führt; schon die Römer haben es angebaut und ihre Hand auf den steinernen Riegel gelegt, mit welchem die Natur selbst diesen Weg beschirmte. Im Mittelalter waren die Bischöfe von Augsburg die Gebieter der Stadt, und auch ihr Dasein hat zahlreiche Spuren zurückgelassen; die gewaltigen Klostermauern, die hoch über alle Häuser hinwegragen und die steinernen Wappen, auf denen der Krummstab prangt, erinnern an ihre Zeit.

Aber mächtiger als diese Erinnerungen tritt die Natur selbst uns entgegen, die Berge drängen sich bis an die Thore des Städtleins, und der Lech bricht hier aus schwindelnder Höhe hindurch ins Freie. Wer oben an der Straße entlang geht, die gegen die kaiserliche Grenze führt, der sieht über zerklüftetes Felsgestein in den schäumenden Abgrund; ängstlich klammert die Kiefer sich an die überhängenden Wände, kreisend ringt sich die Woge hindurch, bis sie wieder ebenen Weg gewinnt.

Füssen.

Hohenschwangau von der „Jugend" aus. Von Richard Püttner.

Das ist die Schwelle der Berge, wir treten leicht beschuht darüber hin und nun — sind sie unser.

Der Weg, der zur Linken abzweigt, nimmt bald ein milderes Gepräge an. Nur noch von ferne tönt das Rauschen des Flusses, eine schmale Matte liegt zu beiden Seiten, auf der zerstreute Heerden weiden, der Weg führt unter Bäumen hin, auf denen die Abendsonne schimmert — es ist ein wonnevolles Wandern. Drüben aber, wo der Fußpfad endet, liegt tief im Tannenwalde eine Burg mit goldenen Zinnen und grüner Einsamkeit, es sieht sich von der Ferne an, als wäre kein Fuß breit Land zu ihrer Seite, als wüchse sie frei empor aus dem tiefen Waldesgrund. Sagenhaft und stille liegt sie da, noch sieht man nichts von den beiden Seen, in denen sie sich spiegelt, noch hört man keinen Laut und kein Lebenszeichen derer, die sie bewohnen. Und wie die Sage klingt selbst ihr Name, wir denken an vergessene Geschlechter, dieweil wir dahin wandeln, und an die Poesie der Zeiten, da Konradin hier Abschied nahm.

Das ist Hohenschwangau! Durch den Park, in welchem Buchen und Erlen stehen, kommen wir hart an den Fuß der Burg, und nun ist das Bild fest und strenge geschlossen. Nur im Rücken zwischen den Wipfeln der Bäume hindurch blickt man noch hinaus auf das flache Land, von drei Seiten aber thürmen die Berge ihre Mauern auf. Aus dem engen Kessel, den sie umschließen, steigt das Schloß empor, auf waldige Felsen gebaut, zu beiden Seiten liegen zwei Seen, tiefblau und regungslos. Kein Hauch trübt die Flut, mächtige weiße Schwäne gleiten darüber hin, nur die funkelnde Sichel, die hinter den Bergen hervorlugt, spiegelt sich darinnen. Es ist ein Märchen, vor dem wir stehen.

Nicht viele Bewohner bevölkern diese stille Scholle, denn kaum ist Raum für die paar Häuser, die sich unten an den Felsen schmiegen, kaum für den schmalen Weg, der sich am Ufer entlang zieht. Nur zwei bedeutendere Straßen beherrschen die Gegend; die eine führt hinaus nach Füssen, in das bunte Städtlein voll Menschengedräng, die andere hinein ins Dickicht der Berge, gegen Reutte hin, wo die Landschaft noch wilder und das Gestein noch trotziger ist als auf der Burg zu Schwangau. Hier rollt gar oft ein flüchtiger Wagen mit schnaubendem Viergespann, hier sprengt ein schäumender Rappe vorüber, und der vereinzelte Wanderer bleibt staunend stehen und sieht dem kühnen Reiter nach. Es ist eine edle fürstliche Gestalt mit tiefen, leuchtenden Augen, es ist der Burgherr von Schwangau, der König des schönen Landes.

Sein Vater war es, der das zerfallene Schloß der Staufenzeit gewissermaßen wieder aufgefunden hatte, und nun ist es zum Lieblingssitze seines Hauses geworden.

Und fürwahr — von allen Ritterburgen im deutschen Süden wird es vielleicht nur wenige geben, die so reich an historischen Erinnerungen sind — so tief verknüpft mit den gewaltigsten Momenten heimischer Geschichte, so typisch für die Entwicklung und Bedeutung deutschen Wesens. Denn Alles, was im Bereiche dieser Entwicklung lag, hat hier vollendeten Ausdruck gefunden: Kaisermacht und Kaisernoth, Heldenschwert und Minnesang, die Begeisterung derer, die mit dem Kreuze gen Osten zogen und die herbere Geisteskraft jener anderen, die in den sturmvollen Tagen der Reformation gesprochen: „Ich kann nicht anders!" Die Aebte der nahen mächtigen Klöster, — wie oft waren sie Genossen und Freunde dieses Hauses und die Denker der Humanistenzeit, auch sie fanden gastliches Obdach — immerfort wird die stille Burg am Schwansee ruhmvoll genannt und in ihrer Einsamkeit finden die Gedanken der Zeit gewaltigen Widerhall. Freilich auch an dem Jammer, wie er nach dem dreißigjährigen Krieg über unser Land hereinbrach, trug sie ihr reiches Theil; sie zerfiel wie hunderte von stolzen Burgen, aber wenn hunderte von ihnen Ruinen geblieben bis auf den heutigen Tag, so war ihr ein besseres Geschick vergönnt. Sie selber sollte auferstehen aus Schutt und Vergessenheit, und mit neubewehrten Zinnen auch die Auferstehung jenes Volkes erleben, das sie dereinst in den glanzvollen Tagen der Staufen geschaut!

Vom römischen Wachtthurm bis zum Königsschloß Ludwig II. — welch' unermeßlicher Weg! — und darum ist es nicht nur ein Dichterwort, sondern ein Wort der Geschichte — Schwanstein, Hohenschwangau! Das Glück und Leid von tausend Jahren hallt durch diesen Namen.

Hohenschwangau vom Schwansee aus.

Die Lage des Schlosses war schon frühe in doppelter Hinsicht bedeutsam. Von hier führte bereits zur Römerzeit, als Drusus und Tiberius das deutsche Land gewonnen, der wichtigste Heerweg durch die Julischen Alpen (Fauces Alpium heißt Füssen) und der große Gothenkönig Theodorich ernannte eigens einen seiner Getreuesten, Servatus, zum Herzog von Rhätien, damit er ihm diesen Schlüssel Italiens in festen Händen halte! Neben der strategischen Bedeutung aber ward dies Gebiet alsbald ein Mittelpunkt der großartigen Culturmission, welche die deutschen Glaubensboten sich gesetzt; noch in den rauhen Zeiten der Merovinger baute hier der hl. Magnus seine Zellen. So begegnen uns denn auf dieser Scholle schon die beiden ältesten Mächte deutscher Vergangenheit, das Römerschwert und das Christenkreuz und nach beiden Beziehungen hin bleibt dies Land klassischer Boden.

Wann auf den Trümmern der römischen und gothischen Warte die deutsche Burg errichtet ward, das wird wohl allen Zeiten ein Geheimniß bleiben, aber in der frühesten Geschichte der trutzigen Welfen, in den Tagen Otto III., der jugendkrank nach Süden zieht, gewahren wir bereits die Spuren ihrer Macht. Heinrich der Heilige empfängt auf Hohenschwangau die Gesandten des Königs Stephan von Ungarn und in den Urkunden der großen benachbarten Abteien treten mehr und mehr die Schwangauer als Zeugen hervor; doch erst im zwölften Jahrhundert wird der Brauch immer allgemeiner, daß aus dem Besitzthum sich allmälig Familiennamen bilden und nun erst steigt ein neuer Stern herauf über der alten ehrwürdigen Veste.

"Hiltebold von Swanegow" heißt nun der Herr der stillen Alpenburg und wer die Zeiten deutschen Minnesanges kennt, der hört bei diesem Namen die Harfe klingen, und gedenkt der süßen Weise, daß nimmer will

. . . . min leid zergân
daz klage ich der schoenen, von der ich ez hân.

Die Sammlung seiner Lieder, die hier in deutscher tannengrüner Einsamkeit entstanden, birgt die Manesse'sche Handschrift in Paris. Das Pergamentbild vor derselben zeigt uns den Ritter im Panzerkleid, auf Schild und Mantel und auf dem geschlossenen Helm trägt er den Schwan und ihm zur Seite stehen langgelockte Frauen mit Rosen im Haar, die er an beiden Händen führt, indeß ein Geiger die Saiten streicht. Der Name Hiltebold war damals häufig im Schwangauer Geschlecht und so ist auch über die Identität seiner Persönlichkeit mannigfach gestritten worden; Johannes Schrott, der seine Lieder 1871 edirt hat, setzt ihre Entstehung in die Zeit von 1215 bis 1220 und legt es nahe, daß Hiltebold auch mit Walther von der Vogelweide, der eben damals durch die Alpen zog, persönliche Beziehungen gepflogen. Er war ja die "Meisterin" in jener "lieben Schaar von Nachtigallen", wie Gottfried von Straßburg sie genannt hat.

Auch aus dem Kreuzzug, den Hiltebold (wahrscheinlich im Jahre 1217 mit Herzog Leopold von Oesterreich) nach Syrien unternahm, sind uns mehrere Lieder erhalten; es deuchte ihm nicht zu viel, wenn Gott sein Aufgebot erließ, die Minne zu verlassen, denn

"Dies Leid thut mancher Fraue nun weh"

und sein Herze hofft, daß es wohl im heiligen Land gar bald "ein Theil seiner Schwere vergäße". Aber in weiter Ferne zwingt ihn der Minne Noth nur noch stärker, und ein wundersames Heimweh klingt uns aus diesen Liedern entgegen — Heimweh nach grünen Tannen und blauen Augen!

Noch Jahre lang war holde Dichtung daheim in den Burgen am Schwanstein; noch blühte das Reich mächtig und stolz und der genialste aller deutschen Kaiser, Friedrich II., führte sein Scepter. Aber mit ihm ging auch der Stern der Staufen nieder; es kamen die Schatten, die jedem Glanze folgen. Kaum ein Menschenalter war vergangen, seit Hiltebold gesungen, da rüstete sich der Letzte dieses Kaisergeschlechtes zur letzten Fahrt, und die Stätte wo er Abschied nahm, Abschied ohne Wiederkehr, war die seeumspülte Burg von Schwangau. König Konrad IV. war gestorben, ohne daß er sein Schmerzenskind gesehen, und mit seiner Mutter Elisabeth, der Tochter des Bayernherzogs Otto des Erlauchten, finden wir den kleinen Konradin nun häufig in der Gegend des Lech, in den Klöstern Steingaden und Raitenbuch, und auf der Burg zu Schwangau. Von dort zog der jugendschöne, siegesfrohe Jüngling dahin mit seinen Getreuen — am 21. August 1267, in Thränen sah ihm die Mutter nach, denn ihr Herz mochte es wohl empfinden, daß sie ihn hingab für immer. Am 29. Oktober 1268 fiel Konradins Haupt auf dem Schaffot und die Sage fügt hinzu, ein Adler sei aus den Lüften herabgestoßen und habe seinen Fittig durch Konradins Blut gezogen, der Henker aber sei sofort durch einen andern Schergen niedergestochen worden, damit er sich nicht rühmen könne, er habe das Blut des letzten Hohenstaufen vergossen. Schluchzend und klagend stand das Volk auf dem Markte von Neapel, — daheim aber, auf der Burg zu Schwangau rauschten die Tannen im herbstlichen Schauer, die Tannen, die ihn einst gesehen, "König Konrad den Jungen!"

Den Höhepunkt seiner historischen und man kann wohl sagen seiner tragischen Bedeutung hatte Hohenschwangau damit erreicht, aber sein Zauber war nicht vergangen mit dem Geschlechte, das vergangen war, und noch so mancher Kaiser fand Rast in seiner holden Wildniß. Aus dem nahen Ettal kam Ludwig der Bayer hieher, des Waidwerks pflegend, und noch ist nach ihm der Kaiserbrunnen am Plansee genannt; in einem Almenstreit, der lange nachher entstanden, erzählt ein Zeuge (Kunz Fendt), er sei vor 70 Jahren einst des Kaisers Ludwig Führer und Jäger gewesen und der Kaiser selbst habe ihm gesagt, "all' die Almen und Gebirge, die herwärts gegen das Kloster hangen, die seind dem Gotzhaus zu eigen, und die hinaus gen Schwaben hangen, die sollen denen von Schwangau gehören". Und dann berichtet er, wie er später mit dem Abte zu Ettal in die Alm hereingeritten im Frühjahr, um das Federspiel zu sahen und auch das sei ungeirrt (ohne Widerstreit) geschehen. Aber des Waidwerks Blüthezeit kam erst mit Kaiser Max, dem letzten Ritter, der ja im nahen Tirol, wo es gen Stamms und Innsbruck hinübergeht, seine liebsten Jagden hatte.

Es ist bekannt, daß er ein genaues Tagebuch führte über die Beute, die er von seinen Bergen und seiner „Fischwaid" gewann, und auch darinnen wird gern der wunderschönen Pfade um Swanegow gedacht, und der einsamen Steige, die an den Seen hin ins Gebirg führen. Den Falken auf der Faust, den er sich selber gezogen und die spitzen Eisen am Fuß, stieg er empor in scharfe Luft und blaue Höhen, lebensfroh und minnefroh und doch immer der Macht bewußt, die in seinem Namen lag. Auf dem Stammserfelde, wo er die Gemsen jagte, zwischen grauem Gestein und duftigen Alpenrosen empfing Kaiser Max die Abgesandten des türkischen Sultans, — sie sollten nur fühlen, daß auf solchem Boden streitbare Männer wachsen! Das Geschlecht der Schwangauer selbst war freilich um diese Zeit schon mehr und mehr verfallen und dem Erlöschen nahe; viel von den herrlichen Besitzungen war allmälig weggegeben worden.

Nur einmal noch vor dem dreißigjährigen Kriege pocht die Hand der Geschichte an das vermoderte Thor; man sagt, daß Luther hier seine Rast gehalten, als er vom Reichstag zu Augsburg unter dem Schutze Langenmantels entfloh. Doch das alles ist mehr Sage als Geschichte, wie ein letzter Schatten an der Wand hingleitet, so berührte diese Mythe noch die Mauern der berühmten Burg, dann ging die Sonne ihres Namens unter und ihre Herrlichkeit versank.

Als Erzherzog Ferdinand einen Boten sandte, um die Beschaffenheit des Baues zu untersuchen, weil das Edelgeschlecht, dem sie gehörte, am Erlöschen stand, da fand er schon alles im tiefsten Verfall. Die drei Gelasse, welche damals auf dem Felsenvorsprung standen, wo sich jetzt die Königsburg erhebt, bestanden zwar noch, aber Stiegen und Ingebäude waren zerfallen, und der Bote, der die Schau hielt, konnte nur schlimme Kunde geben:

„Das dritte Schloß, der Schwanstein genannt, liegt herunten zwischen nachgemeldeten zween Seen auf einem niederen Schroffen und ist zu keiner Noth noch Wehre dienstlich. Sondern von ganz dünnem Gemäuer und kann man ringsum wohl dazu kommen, es ist auch inwendig alles von Holzwerk und übel erbaut, an Dachungen, Stiegen und allem anderen gänzlich zergangen."

Im Januar 1538 genehmigte Kaiser Karl V. den Uebergang ihrer Reichslehen in fremde Hand; in Madrid ward entschieden über die stille waldumrauschte Burg am Schwansee — und die Herren von Paumgarten, ein altes Augsburger Patriziergeschlecht, kommen nun in den Besitz der Burg. Zu Neapel aber, wo einst Konradins Haupt gefallen, bestätigt der Kaiser ihre Erwerbung.

Doch nicht nur der Glanz, auch das Glück von Hohenschwangau war dahingegangen; auch der Sohn des neuen Herrn, David von Paumgarten, der immer tiefer in Schulden und Händel gerieth, sollte sein Haupt durch Henkershand verlieren. Der Besatzung der Veste Gotha, darin er eingeschlossen war, war freier Abzug bewilligt worden, und er hätte wohl leicht entkommen können, wenn er sich zur gemeinen Mannschaft gehalten hätte, aber das konnte sein Stolz nicht leiden; „er liebte es, sich auf einem unbändigen freudigen Hengst, mit Federn aufs schönst' geziert, schawen zu lassen", also erzählt eine gleichzeitige Relation von 1567 und dann fährt sie melancholisch fort: „Alsbald der Kurfürst (von Sachsen) seiner, als eines Vornehmen, ansichtig worden, fraget er, wer doch dieser wäre? So gibt man ihm den Namen kund — da hieß er den Herren von Paumgarten wieder zurückreiten, vom Pferd absitzen und niederknien, wo er dann alsbald das Haupt verloren."

Noth und Zerfall war der Inhalt der folgenden Jahrhunderte, in den Stürmen des dreißigjährigen Krieges, in den Kämpfen um die spanische und österreichische Erbfolge, erlitt die Burg, die seitdem in bayerischen Besitz gekommen war, Unsägliches (um so mehr, da sie dicht an der Grenze lag) und nach dem Tirolerkriege von 1809 war ihr Werth so weit zurückgegangen, — daß sie auf Abbruch verkauft werden sollte. Dem Fürsten Oettingen-Wallerstein gebührt das Verdienst, dies verhindert zu haben, bis im November 1832 der Kronprinz Max von Bayern kam und das verwaiste Schloß zur eigenen Heimat machte, zur Lieblingsstätte seiner fürstlichen Muse. Die andern Burgen fast alle sind Ruinen geblieben — Hohenschwangau aber ist auferstanden und ward der Phönix der deutschen Alpen.

Gewiß war es ein richtiges Gefühl, daß auch er sein Schloß im Geiste jener vergangenen Zeiten baute, daß das Bauwerk und der Bilderschmuck aus jener Stimmung hervorgewachsen sind. Die Wucht des Eindrucks, den wir hier empfangen, beruht auf seiner Einheit, er zersplittert sich nicht nach verschiedenen Seiten.

Dichter Buchenwald begrenzt die breite Fahrstraße, die zum Schlosse emporführt, ein steinerner Wall, auf dessen Höhe

Bilder aus Hohenschwangau.

der Rasen grünt, beschirmt sie da, wo der Weg in die Tiefe abfällt. Hier und dort wird sie von schmalen Pfaden durchkreuzt, die steil in die Höhe führen und sorglich bekiest sind, überall gewahrt man die ordnende Hand, aber nirgends hat sie eingegriffen in den Willen, in die bestimmten Linien der Natur. Wo die Zweige sich öffnen, blickt man hinab in die Tiefen des Alpsee's, oder hinüber auf den langgewundenen Saumpfad, der am Schwansee dahinführt; wo die grüne Decke sich aufthut, schaut der „Säuling" hernieder, jener prächtige Berg, der die Gegend beherrscht und hoch über Zinnen und Wälder hinausragt.

So kommen wir an das äußere Thor, wo das Löwenwappen mit zwei geharnischten Rittern prangt, wo dunkler Epheu das gezackte Mauerwerk beschattet. Wir treten in den Schloßhof mit dem schönen Marienbrunnen, eine wunderbare Stimmung umfängt uns. Fast senkrecht, beinahe greifbar mit den Händen, steigen die riesigen Bergesmassen empor vor uns und neben uns, und dennoch blühen rings im Garten die Rosen, auf dem steinernen Boden hallt der Schritt, die Linde steht in der Mitte des Hofes, der Löwenbrunnen da drüben rauscht und zerstreut seinen feuchten Staub in die Lüfte. Durch das Burgthor kommen wir über die steinernen Treppen empor, die eine breite Terrasse bilden, in die Waffenhalle, wo sich die Sonne durch bunte Fenster stiehlt und wo uns die stummen Zeugen einer rauhen Vergangenheit umgeben. Rüstungen von kaltem Stahl und blitzende Morgensterne schmücken die Wände, eiserne Leiber ohne Seele stehen hier aufgerichtet, und wo wir mit der Hand vorüberstreifen, da klirrt es leise, als würden alte Erinnerungen wach. Es fehlt nichts mehr, als der blonde Knabe im Sammetwamms, dem der greise Burgwart die Heldenthaten dieser Schwerter berichtet!

Wo die Halle zu Ende geht, steht ein kleiner Altar, hier ist die Wand mit frommem Geräth verziert, und eine Ampel hängt hernieder, das Wort, das wir hier vernehmen, lautet: Friede. Dann geht es über die stattliche Wendeltreppe empor in das obere Geschoß, wo die Zimmer der Königin sind, der König selber bewohnt die Gemächer im zweiten Stockwerk. Hier oben wirkt die unvergleichliche Pracht der Landschaft am schönsten. Senkrecht sieht man hinab über die lichten Buchenwipfel auf die beiden Seen, senkrecht sieht man empor in die dunklen Wälder und Felsen; der blaue Himmel, der sich darüber wölbt, erscheint so nahe, das Sonnenlicht, das durch die offenen Fenster strömt, streift leuchtend über die Diele. Ueber der ganzen Gegend aber liegt noch der Duft der Morgenstunde, der Buchfink schmettert so hell in den Zweigen, die fast herein in's Fenster reichen, die Drossel schlägt im nahen Walde, kein Athemzug bewegt die Fluth. Wenn wir den Blick nach innen wenden und durch die reizenden Gemächer gehen, so empfängt uns wieder manch alte Mahnung. Es weht ein wundersamer Duft in diesen Räumen, nicht bloß der der Blumen, sondern der der Sage, von allen Wänden sprechen uns Gestalten an, die uns vertraut sind trotz der fernen Zeit. Das Zeichen der Burg ist der Schwan, und die Mythe von Lohengrin, dem Schwanenritter, darf hier nicht fehlen; wir sehen die blonde Gestalt, wie er den Rhein herauf zieht, wir hören sein Hüfthorn schallen, als sie die schöne Elsa vor den König führen, und es ist fast, als hörten wir sein Echo in den Bergen. Es war eine seltsame Stunde. Da standen wir auf der alten Schwanenburg, die hundertjährigen Wipfel, auf die wir herniederschauten, sie blühten noch kaum, als jenes Geschlecht verblühte, das einst hier Hof hielt und diese Schönheit genoß. An den Saal der Schwanenritter stößt der Saal der Schyren; so hieß das alte Geschlecht, aus dem die Wittelsbacher stammen, das mit den Normannen und den Ungarn focht. Im Berthazimmer aber wird die Sage von der Geburt des großen Karl verherrlicht, reizende Minnebilder schmiegen sich hier zwischen die Gestalten der gewaltigen Karolinger ein; dann kommt das Burgfrauenzimmer, und hier waltet das Weib. Es stellt Leiden und Thaten aus dem Leben wittelsbachischer Frauen dar, und während sie auf uns herniederschauen, im Sammetmieder und in der Spitzenkrause, schweift unser

Füssen und Hohenschwangau.

Minnesänger.

Blick über den Alpsee hin, der blau durch's Fenster leuchtet. Alle diese schönen Augen hat die Zeit geschlossen, nur das seine lacht noch heute. Wenn das Innere des Schlosses uns an vergangene Zeiten gemahnt, so entbehrt es deßhalb doch nicht den warmen Hauch der Gegenwart. Im Gegentheil, es gibt nur wenige Räume, die so sehr den schönen Eindruck der Bewohnung machen, als die Gemächer jener Burg. All' die hundert kleinen Dinge, die hier stehen und liegen, wie die Hand sie eben verließ, der einfache Geschmack, der mehr auf das Behagen als auf die Pracht gerichtet ist, das gibt dem Ganzen ein Gepräge der Unmittelbarkeit und Frische, die auch der Fremde mitempfindet; wir fühlen die Freude durch, die der Besitzer am Besitze hat. Mit wirklicher Sympathie wird Jedermann durch die Gemächer gehen, die von der Königin-Mutter bewohnt werden. Schon das gelbe lichtfarbe Ahornholz, welches an Decken und Wänden vorwaltet, gibt den Räumen ein freundliches Ansehen, das dunkle Getäfel oder die geschnitzten braunen Rahmen heben sich prächtig davon ab. Hier hängt das Bild des verewigten Königs im Jagdkleid und dort das Bild der beiden Prinzen — noch im Kinderkleide — in allen Vasen stehen frischgepflückte Blumen, wie sie die Jahreszeit mit sich bringt, blaue Enzianen oder Alpenrosen, Schneeglocken im Frühling und das letzte rothe Haidekraut im Herbst. Am meisten von allem aber begegnet uns der Schwan, das Wahrzeichen der Burg; die schlanke geflügelte Gestalt dieses Thieres finden wir in allen Formen wieder. Die obere Etage wird vom König selbst be-

Schwanenwappen.

wohnt, dort befindet sich der Empfangssaal, ein ziemlich schmales längliches Gelaß, das zwar viel kleiner ist, aber doch im übrigen an den Wartburgsaal erinnert. Auch das Arbeitszimmer Sr. Majestät liegt hier; eine auserlesene Bibliothek daneben. Noch stattlicher als die jetzige Burg, scheint indessen das zweite Schloß zu werden, das eben im Bau begriffen ist, und das sich in der Nähe der Marieenbrücke aus der Felsenschlucht erhebt.

Salzburg.

er Abend war schon verbleicht, und wir saßen noch auf dem hohen Mönchsberg, in dessen grünen Wipfeln der Südwind rauschte. Die vielen Gäste, die sonst auf diesen Wegen wandeln, schienen längst nach Haus gekehrt, rings um uns war es einsam geworden und die Gedanken, die in solcher Stunde den schweigenden Wanderer gefangen nehmen, hatten ihr freies Spiel. Uns zu Füßen lag Salzburg, die alte weltberühmte Stadt, deren Häuser sich terrassenförmig emporhoben; deren graues Gestein noch heute ein Baustein der Geschichte ist. Vor uns die Berge, wie ein ungeheurer Wall — der trotzige Göll, der fast in den Himmel greift, der Staufen und der Untersberg mit der alten Kaisersage, die wieder lebendig geworden ist. Lange sahen wir so hinab zur Tiefe. Dunkle Brücken wölbten sich empor und der Lauf des Stromes drängte sich rauschend unter ihnen, die Kuppeln und Thürme der weiten Stadt, in denen der letzte Klang des Abendläutens noch zu vertönen schien, wuchsen in der Dämmerung höher und breiter. Und wenn man länger horchte durch diese Stille einer mächtigen Natur, dann konnte man den hundertstimmigen Laut des bunten Lebens erlauschen, das da drunten wogte in seiner gewohnten und doch so farbenreichen Alltäglichkeit. Auf den Gassen tönte Musik; Offiziere im weißen Waffenrock und mit klirrenden Säbeln eilten vorüber und dazwischen schöne Frauen, die das heiße Auge nur halb im Schleier verbargen. Ja, es lag ein Stück von südlichem, fast von italienischem Leben über den Straßen. Das fühlt man unwillkürlich durch, wenn man das Volk betrachtet, das Abends unter der offenen Hausthür sitzt, es ist in die Lebensweise der Leute übergegangen, aber nicht in ihr Gemüth. Denn trotz alledem ist Salzburg eine der deutschesten Städte. Als ich so dachte droben auf dem Mönchsberg, ward es mir wunderbar zu Muth. Immer tiefer wurde die Dämmerung und unwillkürlich stieg aus derselben die alte tausendjährige Geschichte der Stadt empor, unwillkürlich empfand man es, wie die Finsterniß die Forschung lockte. Während unten das fröhliche Menschengewühl ertönte, dachte ich hier zurück an die Zeiten der Einsamkeit, an die Tage, deren Zeichen das Römerschwert und die einsame Zelle war. Wird der Leser wohl diese Gedanken theilen?

Salzburg. Von G. Cloß.

Salzburg. 93

Das Bild, das wir aus den ersten Zeiten von Deutschland haben, ist merkwürdig getheilt. Ueber Germanien selbst, dem Schauplatz jener großen Kämpfe, liegt ein mythischer Schleier, es ist in düsteren Farben gezeichnet, man hört den Sturmwind, der durch die ungebrochenen Wälder geht. Hier wird noch den alten finsteren Göttern geopfert, hier zieht der Wolf auf dunkler Fährte; und die mächtigen Gestalten, die hier in den Wäldern wohnen, sie sind hochgewachsen und blond, das Bärenfell deckt ihre nackte Schulter und ihre blauen Augen blicken nach Süden mit sehnsüchtigem Blick. So steht die Gestalt unserer Ahnen in den Büchern des Tacitus, ein heimliches Grauen erfaßte den glatten Römer, wenn er das Wort „Germania" auf die Lippen nahm. Und mitten in dieser Wildniß, auf diesem schattigkalten Hintergrunde finden wir hier und dort glänzende Kolonien, hier und dort ein lachendes Idyll, das sind die ersten Niederlassungen der Römer in Deutschland. Dann lichtet sich die Darstellung des Erzählers, seine harte Sprache wird milder, hier dringt ein Sonnenstrahl durch das Dunkel der Wälder. So standen am Rhein entlang die prächtigen Villen der Prätoren, mit kühlen Säulenhallen und klassischen Bildern,

PARTHIE an der SALZACH
VORSTADT STEIN

die klare Fluth bespülte ihre Marmortreppen und römischer Purpur war über das Lager der Gäste gebreitet. Es waren Gärten inmitten der Wildniß. Sie lagen an den breiten gewaltigen Heerstraßen, die die Römer am Rhein entlang errichtet hatten, von der Schweiz bis nach Köln und dann in Rhätien und Norikum. Die Straßen selbst aber waren verbunden durch mächtige Kastelle und unter dem Schutz derselben entwickelten sich bald die blühendsten Städte.

Eine dieser Städte und die schönste von allen war Salzburg. Wer möchte es heute glauben, wenn er auf das moderne leichtbeschwingte Leben blickt, daß tausendjährige Erinnerungen auf dieser Erde ruhen, daß sie bereits in jugendlichem Glanze blühte, als Deutschland noch in sagenhaftem Dunkel lag? Und dennoch war es so. Am Passe Lueg, wo die Salzach durch die Berge bricht, um sich die Freiheit zu erobern, ist die eigentliche große Scheidung vom Gebirg zur Ebene. Von hier aus beginnt ein großes wildschönes Thal, das immer mehr in's Breite geht, um langsam in die ungeheure Donauebene zu verlaufen. Die letzte gewaltige Bergeslandschaft auf diesem Wege ist Salzburg. Zur Linken steht der Hohe Göll, der Untersberg und der Staufen, zur Rechten der Gaisberg und jene Höhenzüge, die ihn mit dem Tännengebirg verbinden. Propyläenartig liegt die Mauer dieser Berge da, und wer das ungeheure steinerne Thor betrachtet, das sie gegen die Ebene bilden, der fühlt, wie gewaltig diese strategische Stellung ist.

94 Salzburg.

Hier also errichteten die Römer Kastell und Stadt; Juvavia war ihr alter Name.

Obwohl sie nur den Rang einer Kolonie besaß, so entwickelte sich doch der junge Bau in glänzender Weise. Juvavia hatte Legaten und Aedilen, Duumvirn und Decurionen und eine ganze Legion war zu ihrem Schutze dort gelagert. Das Castrum, in dem sie cantonirte, stand auf dem Schloßberg, römische Tempel deckten die Höhen, und prächtige Säulen füllten die öffentlichen Plätze. Die Häuser aber erhoben sich schon damals terrassenförmig an dem Abhang der Berge und von hier aus zogen die breiten Straßen durch das Land, mit riesigen Meilensteinen besetzt, auf denen die Kaisernamen Septimius Severus und Caracalla standen. So erzählen uns die Trümmer, die man

Salzburg: Residenzplatz mit dem Hofbrunnen.

im Laufe der Jahrhunderte aus der Erde hob; es klingt wie ein reicher Traum — bis die Stürme der Völkerwanderung hereinbrachen, und alle Pracht in ihrem Schutt begruben.

Wenn man heutzutage vom alten Salzburg spricht, so denken die Meisten nicht an die Römerstadt, sondern an die alte weltberühmte Stadt der Bischöfe. Auch ihrer möchten wir hier mit kurzen Worten gedenken, denn sie stellt ein Kulturbild dar, das fast ein Jahrtausend Bestand hatte. Hier treten uns deutsche Kaisergestalten entgegen, und alle Blüthe, deren das Mittelalter nur jemals fähig war, wuchs über dem Schutt der ersten Epoche empor, zum zweiten Male ward sie der Mittelpunkt für die geistige Macht der rhätischen Länder.

Es waren Franken, die zuerst in jene Wüste kamen, die man einst Juvavia geheißen. Noch lebten viele römische Familien zerstreut in der Nachbarschaft, aber sie lebten in halber Wildheit, von Jagd und Fischerei, die Scholle trug noch den Fluch, den Attila's Fuß ihr aufgeprägt. Jetzt aber begannen mildere Sitten eine menschliche Kultur. Rupert, der Führer jener zweiten fränkischen Kolonisten, baute sein Kloster auf, das die bayerischen Herzoge mit vielen Ländereien beschenkten, und als der Britte Virgil um das Jahr siebenhundert fünfundvierzig nach Salzburg kam, war der erste Widerstand des rauhen Landes bereits gebrochen. Ueber seinem Schaffen hielt Pipin, der Majordomus des Frankenreiches, seine starke Hand, es ward eine Schule in Chiemsee errichtet und Sendboten gingen in alle Gauen, um eine milde Lehre zu verkünden. Auf den Höhepunkt dieser mittelalterlichen Blüthe aber stieg Salzburg durch Karl den Großen. Er war der persönliche Freund des Erzbischofs Arno, er hatte jenen herrschenden Blick, der alle Geister und Länder zwang und der es verstand, wie wenige, die Siege der Kultur zu verbreiten.

Nun kam die lange Reihe der Erzbischöfe; es folgten gute und schlimme Tage in jähem Wechsel. Als die Ungarn sich über das Land ergossen, ward auch Salzburg in furchtbarer Weise verwüstet, aber in kurzer Zeit genas es wieder von seinen Wunden. Eine reiche Bibliothek wurde in den Räumen des Klosters errichtet, der emsige Mönch saß vor dem stillen Pergament, draußen im Lande aber standen die Fluren hoch, allenthalben war Wohlstand und Friede. Im Jahre neunhundert neunundfünfzig kam Kaiser Otto der Große nach Salzburg und feierte dort das Osterfest. Nun wuchs der Besitzstand des Bisthums in voller Geschwindigkeit, alle Kaiser beschenkten das Stift mit Wäldern und Seen, mit Meierhöfen und Hörigen. Das aber war der Wendepunkt der inneren Entwicklung. Denn aus der Macht erwuchs die Uebermacht, und die Bischöfe, die ehedem zum Kreuz gegriffen, griffen nun zum Schwert, die Kämpfe, die der unselige „Hildebrand" heraufbeschworen, nagten am Marke aller deutschen Länder.

So ging es durch Jahrhunderte hin, es kamen die Zeiten der Reformation mit ihrer erbitterten Härte und die Zeiten Karls V., wo die geistlichen Fürsten immer weltlicher wurden, wo die Prachtliebe bis zur wilden Verschwendung ging. Salzburg, in dessen Antlitz schon die Natur einen sinnlich schönen Zug gelegt, blieb nicht zurück hinter den andern Bischofsstädten. Sein Gebieter war ja der Primas des deutschen Reiches und stammte meist aus einer der vornehmsten Familien — so war dem Weltleben ein glänzender Boden gewährt.

Aber die Heiterkeit dieses Lebens erbleichte, als der dreißigjährige Krieg über Deutschland hereinbrach. Mit fieberhafter Hast wurde Salzburg nunmehr befestigt und der Erzbischof Paris von Lodron, der damals die Herrschaft führte, erwarb sich um den Schutz der Stadt unendliche Verdienste. Noch manche Nachfolger ragten nach seinem Tode hervor durch Menschenfreundlichkeit und Milde, denn es waren ja Zeiten, wo die Humanität noch ein Vorrecht der edelsten Charaktere war und nicht eine Pflicht für Alle. Größer als seine sämmtlichen Vorgänger erschien in diesem Sinne der Bischof Johann Ernst; er ist es, der das große prächtige Hospital zu St. Johann aus seinen eigenen Einkünften erbaute und als der erste müde Pilger kam, war er es wieder, der ihn selber geleitete und ihm die Füße wusch. Die sämmtlichen Kosten aber, die die große Stiftung in Anspruch nahm, verbarg er in sorgsamer Weise, nach seinem Tode suchte man und fand, daß sämmtliche Rechnungen verbrannt waren.

Von den furchtbaren Kriegen, welche die Wende dieses Jahrhunderts erfüllten, ward auch Salzburg in schwerer Weise betroffen. Mit der Säkularisation des geistlichen Besitzes wurde dem Erzstift die weltliche Herrschaft entrissen; und als Napoleon I. die deutsche Karte in Stücke schlug, fiel es für kurze Zeit an Bayern. Erst achtzehnhundert und vierzehn ward es endgiltig mit Oesterreich verbunden und bildet seitdem das schönste Juwel in dem kronen- und dornenreichen Besitz des Hauses Habsburg.

Das Alles ging in langer Reihe an mir vorüber, während ich droben auf dem dämmernden Mönchsberg saß — wie unermeßlich weit ist der Weg von jenen Zeiten bis auf den Tag, wo der dritte Napoleon und Kaiser Franz in Salzburg zusammentrafen und wo der neue deutsche Kaiser dort seine Rast hielt! Ich stieg bedächtig die Treppen hinab, jene endlose Staffelstraße, die zuletzt in die Vorstadt Mülln mündet und nun soll der Leser wieder ganz der Gegenwart gehören, die bunte Wirklichkeit nimmt uns mit vollen Armen auf.

Schon Wilhelm von Humboldt hat Salzburg die schönste Stadt in Deutschland genannt, wie wir in den Briefen an eine Freundin lesen und sein Bruder Alexander theilte diesen Eindruck, als er im Jahre siebenzehnhundert siebenundneunzig dort verweilte, um geographische Messungen zu machen. Wenn diese Schönheit sich in erster Reihe auf die wunderbare natürliche Lage bezieht, so hat doch auch die architektonische Physiognomie der Stadt einen

Salzburg: Kirchhof von St. Peter.

eigenthümlichen Reiz. Ohne schön im strengen Sinne des Wortes zu sein, ist sie wenigstens charakteristisch und das ist es eben, was eigentlich den Eindruck einer Stadt bestimmt. Auch die Städte repräsentiren ja eine gewisse Persönlichkeit, deren Grundzüge wir gewissermaßen mit menschlichem Maßstab messen und wie wir im Verkehr ein Bedürfniß nach möglichst fester und bestimmter Charakteristik empfinden, nach einem individuellen Gepräge, so ergeht es uns auch mit der Landschaft.

Bei Salzburg ist dies in hohem Maße der Fall, denn es sind außer der übermächtigen Natur noch zwei Momente, die in der Physiognomie der Stadt entschieden zur Geltung kommen. Zunächst erinnern wir an das, was wir einen Zug von südlichem Leben genannt haben. Jene helle realistische Freude am Dasein, die überhaupt im Charakter des österreichischen Stammes liegt, tritt in Salzburg ganz besonders drastisch hervor und äußert sich in einem bunten farbenreichen Detail. Ohne es zu wollen, tragen sie die Menschen zur Schau, und ohne gerade leichtsinnig zu sein, herrscht doch eine gewisse Leichtlebigkeit, die sich dem Fremden schnell mittheilt.

So viel über das öffentliche Leben, welches natürlich auf den Gesammtcharakter einer Stadt wesentlich einwirkt. Ebenso ausgeprägt sind die Eigenthümlichkeiten des Baues. Denn obwohl es weder an geschmackvollen graziösen Architekturen (die das oben bezeichnete Wesen widerspiegeln), noch an dem heutigen Kasernenstile fehlt, so sind doch jene Gebäude, welche schließlich die Physiognomie beherrschen, alle nach einem gleichmäßigen und strengen Prinzip errichtet. Dies ist der Stil der geistlichen Fürstenstadt, der Stil des siebenzehnten und achtzehnten Jahrhunderts. Allerdings ist er zum Theile steif und schwer, aber doch erträgt ihn die massive Landschaft leichter, ohne daß er dem Eindruck des Ganzen zu schaden vermöchte. Das beredteste Denkmal dieser Art ist der Dom, dessen Erbauung etwa um sechzehnhundert und vierzehn begonnen ward und dem die Peterskirche in Rom als Vorbild gedient hat. Seine Dimensionen sind ungeheuer, auch er sollte ja ein Palast der bischöflichen Allmacht werden und dieses wuchernde pomphafte Machtgefühl, das die geistlichen Territorialherren jener Zeit beseelte, kommt auch in dem überladenen Zopfstil des Kirchenbaues zu Tage. In ähnlicher Art sind die übrigen Kirchen der Stadt erbaut, deren Zahl sich nahezu auf zwanzig belaufen mag. Auch hierin, in dieser quantitativen Vertretung der Frömmigkeit, die über aller Lebenslust sich geltend macht, steckt ein Grundzug der geistlichen Residenzstädte. Als ein kleines, aber werthvolles Denkmal in gothischen Formen muß die Margarethenkapelle betrachtet werden, die auf dem Kirchhof von St. Peter steht und gegen Ende des fünfzehnten Jahrhunderts erbaut ward, deßgleichen die Kirche des Klosters Nonberg, dessen Geschichte bis in die Zeit der Agilolfinger zurückreicht. So sehen wir denn Alles vereinigt, was recht eigentlich das Wesen der geistlichen Stadt ausmacht — zahlreiche Kirchen mit äußerlich steifem Prunk beladen, Klöster in reicher Menge, eine wundervolle Natur, die das Gemüth geneigt macht und in diesem Kreise ein Völklein, das ebenso fleißig zur Messe geht, als es dem Lebensgenusse huldigt, das mehr durch die vornehme Gnade eines fürstlichen Bischofs, als durch eigene strenge Arbeit erzogen ward. Und wenn auch die geistlichen Fürstenthümer heutzutage ein Präteritum geworden sind, wenn auch der unerschöpfliche Fremdenverkehr, in welchem die Stadt dahinlebt, den kosmopolitischen Sinn gefördert hat, so vermochte derselbe doch die alten Züge nicht zu zerstören. Sie sind verwischt, aber sie sind vorhanden, sie schauen uns an, wie aus dem Antlitz eines weltkundigen Mannes die Spuren seiner Jugendtage hervorblicken. Zu diesen charakteristischen Merkmalen tritt noch ein anderes Moment, ich weiß nicht, soll ich es ein politisches oder dynastisches nennen. Es geht daraus hervor, daß Salzburg die Landeshauptstadt ist, in der eine Menge von Behörden sich concentrirt und daraus, daß es ebenso ein wichtiger Sitz der militärischen Autorität ist. Außerdem residiren dort zeitweilig verschiedene Mitglieder des österreichischen Kaiserhauses und all' das zusammen verleiht der Stadt etwas Amtliches oder Offizielles, das man nicht übersehen darf, wenn ihre Charakteristik vollständig werden soll.

Wer sich durch die einfachen Straßen treibt, wo man von Jedermann freundlich Auskunft erhält, der wird auf mancherlei Dinge stoßen, die höchst sehenswerth zu nennen sind. Da ist vor allem der alte große Residenzplatz mit dem ehemaligen erzbischöflichen Schlosse; in der Mitte steht der hochgebaute Brunnen, dessen kolossale Flußgötter und Tritonen vom Wasser überspült sind. Aus neuerer Zeit und doch an alte Zeit gemahnend ist das Standbild Mozarts. Es ward im Jahre achtzehnhundert einundvierzig errichtet und verherrlicht den großen Meister, der bekanntlich in Salzburg geboren ist und dort im Dienste des Erzbischofs Hieronymus lebte. Sein Geburtshaus ist mit goldenen Lettern ausgezeichnet und eine Reihe von anderen Merkmalen, die auf ihn zurückweisen, so sein Wohnhaus am Hannibalplatz und das „Mozarthäuschen" auf dem Kapuzinerberg, bekunden, wie populär sein Name noch heute in der schönen Stadt ist.

Unter den elementaren Bauten ragen die kolossalen Wasserleitungen hervor, welche Salzburg bereits seit dem siebzehnten Jahrhundert besitzt und ebenso gewinnt die ganze Anlage an malerischer Bedeutung dadurch, daß wir fast allerwärts auf steiles Gestein stoßen. Ein Kampf mit dem Felsen — das ist die Baugeschichte der Stadt, in der es leider nicht an tragischen Momenten fehlt. Wir erinnern nur an die entsetzlichen Bergstürze, die in den Jahren vierzehnhundert dreiundneunzig, sechzehnhundert vierzehn und sechzehnhundert fünfundsechzig stattfanden, allein sie alle wurden übertroffen durch das grauenhafte Unglück vom fünfzehnten Juli sechzehnhundert neunundsechzig. Um zwei Uhr nach Mitternacht löste sich von dem Felsenrücken, den wir den Mönchsberg nennen, eine ungeheure Steinmasse los und fiel zerschmetternd auf die langen Häuserreihen, die sich am Fuße angesiedelt hatten. Die Kirche St. Markus, das Kloster der barmherzigen Brüder und eine Menge kleinerer Gebäude mit sämmtlichen Bewohnern ward verschüttet. Das furchtbare Getöse und der Schmerzensschrei, der durch die Gassen drang, weckte die Nachbarn aus dem Schlafe, man eilte zu Hilfe und tausend Hände waren beschäftigt, das riesige Grab zu lichten. Da stöhnte der Berg zum zweitenmale und eine Felsenmasse, die noch größer war als die erste, mehr als zweitausend Centner, stürzten herunter. Ueber dreihundert Personen von denen, die zu Hilfe gekommen waren, fanden einen fürchterlichen Tod und nun war Flucht und Verzweiflung das Losungswort für Alle. Auch die Kühnsten wagten sich nicht mehr zu nahen, das Rufen und Aechzen der Verschütteten verhallte erbarmungslos. Erst seit jener Zeit war man darauf bedacht, die Stellen, wo sich das Gestein zerbröckelte, zu stützen oder zu behauen; die Arbeiter, die damit betraut sind, wurden an langen Seilen über die senkrechte Wand gelassen.

Mozarts Standbild und Mozarthäuschen.

Ein Felsendenkmal seltener Art ist das sogenannte Neue Thor, das unter dem Mönchsberg hindurch führt. Am Eingange, wo grünes Gesträuch in den Ritzen keimt, sehen wir das Bild des Erbauers (Erzbischof Sigismund) und darunter die kolossale Inschrift: Te saxa loquuntur. Es liegt etwas von antiker Größe und Kürze in diesem Spruch, dessen Lapidarstil vorzüglich zu dem riesigen Bauwerk paßt. In unserer tunnelgewohnten Zeit mag freilich die Bewunderung vor dieser Arbeit schwinden, aber im siebzehnten Jahrhundert war es ein Meisterstück der Technik. Bei einer Breite von zweiundzwanzig Fuß ist es über vierhundert lang; der schwere Lastwagen zieht dröhnend darunter durch und der leichte Wanderer hört weithin den Schall seiner eiligen Schritte. Für den Verkehr der Stadt ist dieser Durchbruch ein unschätzbares Unternehmen, denn es erlöst sie von dem Riegel, den der steile Mönchsberg vor ihre Straßen legt.

Baulich berühmt sind auch der Marstall und die beiden Reitschulen. In dem ersteren, der sechzehnhundert und sieben erbaut ward und Raum für hundertunddreißig Pferde bietet, herrscht jetzt ein Kavallerieregiment, dessen ungarische Reiter nachlässig und sporenklirrend durch die hohen Hallen schlendern; hier steht ein Wachtmeister mit grimmigem Bart und drohender Peitsche am Barren, dort putzt der Diener eines Offiziers den engen Waffenrock

Salzburg. Von L. Ritter.

Schloss Mirabell.

und trällert seinen Czardas. Die Barren aber waren einst aus weißem Marmor gehauen und mitten durch den Stall ist ein Arm der Berchtesgadener Ache geleitet, die Tag und Nacht ihre murmelnden Weisen singt und ungeduldig hinaus ins Freie trachtet. Die Reitschule war ehedem der Schauplatz prächtiger Ritterspiele und drei Galerien, die übereinander in den Felsen gehauen sind mit hohen Rundbogen, dienten den Gästen. Jetzt tummeln auch dort Husaren ihre Pferde, die Husaren von Radetzky und Benedek. — Auf dem rechten Ufer der Salzach lockt Schloß Mirabell mit seinem schönen, durch zopfige Skulpturen geschmückten Hofgarten zu kurzem Besuch.

Das Gesammtbild von Salzburg wäre unvollständig, wenn man die Stadt betrachten wollte ohne jene reizende Umgebung, die in ihre Charakteristik so entscheidend hereinragt. Wir nennen zuerst die Schlösser Hellbrunn und Leopoldskron. Das erstere war der Sommersitz der Erzbischöfe von Salzburg; der ungeheure Park, der sich weithin ausdehnt, trägt noch die Spuren jener steifen herrschbegierigen Zeit, für die Versailles das unerreichte Vorbild ist. Dann aber kommen dichtverwachsene Gänge mit prächtigen Baumgruppen, die die Natur in stillen Jahren schuf, während die hastige Baulust der Fürsten Stein auf Stein fügte. So ist das sogenannte „Monatsschlößchen" entstanden, das auf der Höhe des Felsens steht. Es ward von dem Erzbischofe Marcus Sitticus in dreißig Tagen errichtet, um einen Herzog von Bayern damit zu überraschen, der den fürstlichen Hof auf der Durchreise besuchte. Als der Erzbischof ihn durch den Park geleitete und vor den steilen Felsen kam, äußerte der Herzog, dies müsse wohl ein vortrefflicher Platz für ein kleines Schloß sein — und als er nach einem Monat wiederkehrte, stand das Zauberschlößchen fertig an Ort und Stelle. Näher bei Salzburg gelegen ist Leopoldskron, in italienischem Stil gebaut und von König Ludwig I. mit reichen Kunstschätzen ausgestattet. Die Schätze sind zwar weggeführt, das Schloß selbst indessen steht noch heute im Besitz der bayerischen Herrscherfamilie. Nur eine Stunde von Salzburg entfernt liegt Aigen. Es ward aus einem mittelalterlichen Badeort durch Ernst von Schwarzenberg in einen Fürstensitz verwandelt und hat den Vorzug, daß die Reize der Natur durch keine Kunst verstümmelt sind. Von Aigen führt der Weg auf den Gaisberg empor, der bei geringer Mühe eine Aussicht bietet, die von Traunstein bis zum Kaisergebirge und weithin über sieben Seen reicht.

Der schönste Punkt von allen aber, die Salzburg umgeben, ist Maria Plain, eine Wallfahrtskirche, die nicht fern von der Stadt, auf mäßiger Höhe liegt. Hier hat die Natur einen Zauber ausgegossen, den sie nur auf wenigen Höhepunkten ihres Schaffens erreicht hat, hier wird die versunkene Bewunderung unmerkbar und leise zur Andacht.

Es lag ein wunderbarer Verstand in jenen Gemüthern, die zuerst den Gedanken einer Wallfahrt gefunden haben, die es versuchten, der Wanderlust ein frommes Ziel zu geben. Die Erhebung des Gemüthes, die wir Alle erstreben, erreichen wir ja nirgends so vollendet, als in schöner harmonischer Natur und darum kam es wohl, daß fast alle Wallfahrtskirchen in einer Gegend stehen, die an sich schon Macht über die Seele hat. Die meisten sind überdies dem Marieenkult gewidmet, dem lieblichsten Dienst, den die katholische Kirche für das Herz der Ihrigen geschaffen hat. So steht Maria Plain auf dem grünen Hügel und rings umher liegt alle Herrlichkeit der Erde ausgebreitet: der Kranz der Felsenberge und die schimmernde Stadt, dunkle Wälder und gesegnete Fluren. Vor der Kirche aber ist ein freier Platz und grüne Linden, in deren Zweigen der Windhauch spielt, in deren Schatten der sinnende Pilger ruht. Ja, das ist Friede! Wer zu dieser vollendeten Schönheit die vollendete Stimmung bringen will, der muß am Abend kommen, wenn die letzte Sonne über dieser goldenen Welt liegt, wenn ihr letzter Strahl an den beiden schweren Thürmen hinabgleitet und der Hauch des Scheidens durch die Lüfte zittert, den wir am Abend wolkenloser Tage fühlen. So hab' ich Maria Plain zum erstenmal gesehen, die Glocke auf dem Thurm verklang, unter den Linden saß ein Liebespaar mit andachtsvollem heimlichem Geflüster, der Hund, der ihnen zu Füßen lag, sah regungslos ins Weite. Alles war Wirklichkeit und dennoch war es ein Gedicht,

wie es nur Heine in seinen vollendetsten Liedern erreicht hat. Wir schauen hinaus und fromme halbverlorene Jugendlaute erwachen wieder im Herzen — erst die Dämmerung trennt uns von diesem Bilde.

Aus den Bergen, welche Salzburg umgeben, ist der Untersberg am merkwürdigsten. Nicht nur die große Kaisermythe, die in unsern Tagen wieder lebendig geworden ist, sondern zahllose andere Sagen ranken sich um den uralten Felsenhort. Schon das Gestein an sich ist so wunderbar gebaut und zerklüftet, daß etwas Geheimnißvolles für den Wanderer übrig bleibt. Um den Berg am Fuße zu umgehen, muß man nahezu sechs Meilen zurücklegen und wer höher steigt, dem begegnen allenthalben treppenartiges Gestein, wildes Gehäng und ungestüme Gewässer, die sich schäumend den Weg bahnen. Berühmt sind die Marmorbrüche am Abhange des Berges, aus denen nicht nur die werthvollsten Gebäude von Salzburg selbst, sondern auch zahlreiche Kirchen und Denkmale in ganz Deutschland errichtet sind. Zur Bearbeitung des gewonnenen Steines dienen ungeheure Sägen und Mühlen, die dicht an den Brüchen errichtet wurden. In ihrer Nähe befindet sich auch ein Brunnen, der uralten Ruhm genießt und heute noch der Fürstenbrunnen genannt wird. Schon zur Zeit, da noch die Erzbischöfe in Salzburg herrschten, schrieb man dem Wasser desselben wunderbare Wirkung zu und jeden Tag mußten reitende Boten an die Quelle eilen, um den Morgentrunk des Fürsten einzuholen.

Unter den Höhlen und Grotten, die der wunderbare Berg in seinem Innern birgt, ist jene besonders merkwürdig, die über dem Mückenbrunnen nahe an der Mittagsscharte liegt. Durch ein natürliches Thor, welches mehr als doppelte Manneshöhe hat, treten wir in einen Saal, dessen Decke und Wände von glitzerndem Eis gebaut sind. Schüchtern

Maria Plain mit Blick auf Salzburg.

nur lugt das Tageslicht durch die Ritzen, kühl und silbern ist diese Dämmerung, regungslos die wunderbaren Formen, die die Jahrhunderte an diesen Wänden gebildet haben. Wir sind aus dem hellen Tage mitten in ein Märchen hineingerathen, wir halten betroffen stille, weil uns der Widerhall der eigenen Schritte schreckt. Es ist keine Wildniß hier, es ist die silberhelle kühle Wohnung einer Nixe, aber die scheue Fee, die kleinen Geister, deren feine Stimmen sonst hier klingen, sind geflüchtet, als sie die Schritte nahen hörten. Wir fühlen ihren Athem noch, wir stehen mitten in ihrem Hause . . . . . .

Die vorstehenden Zeilen, durch die uns der freundliche Leser begleitet hat, sind weit entfernt, ein vollständiges Bild von Salzburg zu geben, aber das haben sie wohl erwiesen, daß es nicht leicht eine Stadt gibt, die der Anschauung so reiche Seiten bietet. Dafür geben jene Tausende und aber Tausende Zeugniß, die alljährlich dort zusammenfluthen. Vier Monate lang gehört Salzburg fast allein den Fremden und so soll ihnen auch das Schlußwort dieser Zeilen gehören, weil sie geradezu ein entscheidendes Moment in der Physiognomie der Stadt bilden. Wer im August durch die Straßen schlendert, der kann auf einem Gang fünf bis sechs fremde Sprachen hören, als ob der Pfingstgeist über diese Zungen gekommen wäre. Vor allem sind es die Norddeutschen, die mit kritischem Accente ihrer Begeisterung Luft machen, dann aber Engländer mit rothen Reisebüchern und allen Merkzeichen, daran der Kundige dies Wandervolk erkennt. Amerika bringt seine Dollars mit und die Angehörigen des Kaiserstaates ihr Papier, die Gasthöfe sind zum Erdrücken voll und auf dem Bahnhof drängt sich ein babylonisches Gewühl. Das ist der tägliche Verlauf der Sommertage, und das gemüthliche Völklein der ständigen Anwohner ist bereits so sehr daran gewöhnt, daß sie es nur mehr fühlten, wenn es anders wäre. Aus der Fülle dieser Tage und Gäste aber müssen wir zwei hervorheben, die eine geschichtliche Bedeutung haben, es sind Kaisertage in der bunten Gleichmäßigkeit der Stadt. Wir meinen die Zusammenkunft, welche der Herrscher von Oesterreich mit Napoleon III. in Salzburg hatte, und dann jene andere unvergeßliche Stunde, wo er den Kaiser des deutschen Reichs dort begrüßte. Die erste dieser Begegnungen war achtzehnhundert siebenundsechzig am achtzehnten August. Wer heute, nachdem der Tag von Sedan in der Geschichte steht, auf jenen Nimbus zurückschaut, der damals noch das zweite Kaiserreich umgab, auf jenen Bann, in den es alle Gemüther schlug, dem erscheint das Glockengeläute und der Jubelruf der Menge wie ein irrer, wesenloser Traum. Mir selbst ist die Erinnerung an jene Tage, als läge sie Jahrzehnte weit entfernt, als müßt' ich ein Märchen erzählen, statt ein Erlebniß. Der Himmel, der über Salzburg lag, war wolkenlos und klar. In allen Gassen fluthete die unabsehbare Menschenmenge, Fremde aus allen Ländern und Landvolk aus der Nachbarschaft, Soldaten in weißer Uniform und Kavalleriepatrouillen, die die Passage trotzig erzwangen. Kopf an Kopf steht die Menge vor dem Residenzplatz, Hofwagen mit prächtigem Viergespann drängen sich vorüber, dem Bahnhofe entgegen, Alles ist im Feierkleid, der ganze Weg ist geschmückt mit Trikoloren und wehenden Fahnen. Prächtiger aber als alle andern Gebäude ist der Bahnhof selbst geschmückt, die Säle sind mit seidenen Draperien ausgeschlagen und in einen Blumengarten verwandelt, über den der französische Adler die Flügel breitet. Aus einer Gruppe von riesigen Farrenkräutern erhebt sich das lebensgroße Standbild der Kaiserin Elisabeth, darüber der Baldachin von Sammt, den die

Wappen aller Kronländer schmücken. Und überall, wohin das Auge schweift, stößt es auf leuchtende Kronen und auf das goldene N., überall auf leuchtende Mienen und goldenes Hoffen. Es war achtzehnhundert siebenundsechzig und Napoleon war der mächtigste Herrscher der Erde. Gegen fünf Uhr Nachmittags fuhren die österreichischen Majestäten zum Empfange nach der Station, der Kaiser in Marschalls-Uniform und die Kaiserin im leichten violetten Kleide mit dem ungarischen Hut. Vier schlanke arabische Braunen zogen den Wagen durch die jubelnde Menge, dann kam der schweigsame kleine Mann mit den gemessenen verschleierten Mienen und Eugenie, die Herrscherin von Frankreich. Sie fuhren zusammen in die Residenz zurück, hinter ihnen ein langes Gefolge von ruhm- und goldbeschwerten Namen. Da waren Grammont und Metternich, Taxis und Hohenlohe, Andrassy und Beust, und als das Dunkel der Nacht sich über das geheimnißvolle Dunkel der Kaiserschau gebreitet hatte, flammten von allen Bergen mehr als hundert Alpenfeuer; staunend blickten die Fremden zu ihnen auf, aber Niemand wußte zu sagen, sind sie ein Zeichen des Friedens, oder wird die Kriegsfackel sich an ihrer Pracht entzünden! Das ist dreizehn Jahre her — und heute ist all diese Herrlichkeit versunken wie im Grabe. Dann zog ein anderer Kaiser ein, und wie verschieden war dies Bild! Um wie viel mächtiger war diese Erscheinung, als die gebeugte listige Gestalt des Frankenkaisers, und doch um wie viel einfacher war sein ganzes Auftreten. Er kam in der alltäglichen vierspännigen Postkutsche des Weges, wie er einst im Felde auf der staubigen Heerstraße an den jauchzenden Soldaten vorüberfuhr; an seiner Seite sitzt ein Offizier in preußischer Uniform. Die Reise, die über Werfen und Hallein ging, erfuhr mehrfachen Aufenthalt, so daß der Kaiser fast eine Stunde später, als es bestimmt war, in Salzburg eintraf. Franz Joseph erwartete ihn vor dem Hotel zum "Erzherzog Karl" und dort stand auch die Ehrenkompagnie in Reih und Glied, die den erlauchten Gast begrüßen sollte. Sie salutirte in strammer Ehrfurcht, die beiden Kaiser aber drückten sich vor aller Welt die Hand und umarmten sich in freudigem Kusse, der eine väterlich bejahrt, der andere fast jugendlich gestaltet. Es war ein wunderbares Bild. War's doch derselbe Mann, der einst im Feuer von Sadowa mitten hinein in die Granaten ritt, derselbe, der im Winterschnee unter den Wällen von Paris stand, und im Königsschlosse Ludwig XIV. zum deutschen Kaiser ward.

  Noch einer ragt hoch aus der Menge empor. Er stand am Ende der Ehrengarde, die den Kaiser begrüßte, den Helm tief in den Nacken gerückt, und im Blick jene bannende Allgewalt, die nur den Auserwählten gegeben ist. Es war Fürst Bismarck in der Uniform seines Cürassierregiments; auch er gehorchte dem Commando, welches eben ertönte und stand wie von Erz gegossen vor den beiden Majestäten. In der langen Suite des Kaisers von Oesterreich befanden sich die leitenden Staatsmänner des Landes, die vornehmsten Würdenträger des Hofes. Mit höchster Auszeichnung ward Kaiser Wilhelm empfangen, auch diesmal gab es glänzende Diners und leuchtende Bergfeuer, aber es war nichts von jenem cäsarischen Pomp zu sehen, mit dem vor dreizehn Jahren die Anwesenheit des Frankenkaisers gefeiert wurde!

Salzburg: Das Neuthor.

Die Seen des Salzkammergutes.

I.

Vom Attersee und Mondsee nach St. Wolfgang.

Aus Salzburg, der Stadt, ziehen wir hinaus ins Salzburgerland, in jenes bergumgürtete Kammergut, das uns alle Wunder der Alpenwelt erschließt. Denn wohl nirgends gibt es wieder auf so engem Raume eine gleiche Mannigfaltigkeit; von den wildesten Formen des Hochgebirgs bis zur lieblichen Idylle gliedert sich das Land und dazu kommt allerorten das Gefühl einer uralten historischen Bedeutung. Reiche Jagd und ein sangfrohes Volk, Almenleben und Holzarbeit bringen frischen Zug und hellen Klang in das Dasein dieser Gaue, — aber die Perlen des ganzen Gebietes, das, was seinen landschaftlichen Charakter am entschiedensten bestimmt, das sind und bleiben doch seine Seen. Es mögen deren wohl mehr als zwanzig sein, fünf davon aber sind vor Allem berühmt, und der mächtigste unter diesen (nicht durch seine Schönheit, aber durch seine Größe) ist der Attersee, nach dem Schloß, das an seine Flut gebaut ist, wohl auch Kammersee genannt. Mehr als zwei Meilen lang ziehen sich seine Gewässer hin, deren Farbe einen unvergleichlichen Glanz hat, aber das Bild, das die Ufer bieten, ist grundverschieden; je nachdem wir das nördliche oder südliche Ende befahren. Es ist eines jener gewaltigen Becken, die den Uebergang vom Hochland zum Vorland und zur Ebene vermitteln; im Süden steigen Bergesmauern empor und man fühlt die herbere Alpenluft; dann aber neigen sich die Ufer mehr und mehr: aus dem Bergland werden blühende Gärten, aus denen Häuser und Thürme ragen, indessen oben in sanften Linien der Wald dahinzieht. Unter den Ortschaften, die westlich und östlich am Ufer liegen, seien Abtsdorf, Nußdorf, Weyeregg, Steinbach und Unterach genannt; die beiden letzteren Namen weisen noch vielfach auf römische und germanische Vergangenheit, wenigstens soll die Kirche zu Steinbach eine Glocke bergen, die schon klang, als König Heinrich einst am Vogelherde saß.

Weißenbach.

Unterach.

Die Tiefe des Attersees ist so gewaltig, daß sie nur von wenigen Bergseen erreicht wird. Schaubach, unser berühmter Alpenforscher, gibt dieselbe auf mehr als fünfzehnhundert Fuß an, während die meisten und selbst die wildesten Seen des Hochlands sich um die Grenze von tausend bewegen; nur der Achensee, die schärfste jener Felsspalten, in welchen die Wasser der Urzeit stehen blieben, wird nach den neueren Messungen auf zweitausend Fuß gewerthet.

Während auf jenen eng umschlossenen Gewässern der Wind nur wenigen Richtungen folgt und mit großer Regelmäßigkeit kommt oder schwindet, treten auf dem viel freieren Attersee oft plötzlich die gewaltigsten Stöße ein, und selbst erprobte Schiffer bedenken sich alsdann, der wilden Flut zu begegnen.

Auch die Namen der Berge, die wir hier finden, haben einen kühnen trotzigen Klang, Steinwand und Drachenstein heißen die einen; Höllgebirge und Eisenmauer nennt uns der Führer die andern, aber all' diese schroffen Zacken umgeben, wie erwähnt, erst den südlichen Theil des Sees, der dadurch unleugbar die interessanteste Partie des ganzen Gebietes bildet.

Es ist nach dem Gesagten begreiflich, daß die Fremden, die am Attersee ihre Sommerfrische verbringen, sich überwiegend am südlichen Ufer niederlassen und dort ist es vor allem der Ort Weißenbach, der den reizendsten Blick über den See und freundliche Unterkunft gewährt.

Hier wimmelt es allsommerlich von fröhlichen Gästen, unter denen besonders die Wiener nicht fehlen; hell klingt das Lachen der reizenden Blondinen an unser Ohr, die im Kahn vorüberfahren oder am Ufer kichern, im sommerlichen Kleid, Feldblumen auf dem Hute, daß jeder, der des Weges kommt, die Schönheit und den Frohsinn beneiden möchte, der dies liebenswürdige Amazonenvölklein ziert. Und doch ist Amazone nicht das rechte Wort für sie — wenn einer griechisch versteht.

Viel kleiner, aber landschaftlich doch viel bedeutender, sind die beiden benachbarten Seen, von denen der eine nach dem Bischof St. Wolfgang genannt ist, während der andere schon zur Zeit der Agilolfinger urkundlich auftritt und damals schon wie heute noch „Mondsee" (lacus lunae) genannt wird.

Blick über Mondsee.

Woher der merkwürdige Name stammt, ob von der sichelförmigen Form des Gewässers oder von einer Gottheit der deutschen Mythologie (dem Zwerge Mani), das sei den Gelehrten überlassen; Erwähnung aber verdient auch wegen ihrer Schönheit die Sage, daß ein Bayernherzog auf der Jagd sich hier verirrte und hart daran war, im Dunkel vom Felsen in den See zu stürzen, wenn nicht der Mond, der plötzlich aus den Wolken trat, ihn vor dem letzten verhängnißvollen Schritte gerettet hätte. Etwa im Jahre 748 gründete der Herzog Oatilo hier ein Benediktinerstift. Die ersten Mönche, die es bewohnten, waren aus Montecassino gekommen und treu den Traditionen ihres großen Stifters wirkten sie für die Kultur des Bodens und der ersten Besiedelung nicht minder segensreich, als für die Pflege von Kunst und Wissen. Zahlreiche Handschriften, zum Theil sehr alter Zeit entstammend, die meist in den österreichischen Bibliotheken verwahrt werden, geben dafür Zeugniß, bis auch hier die Zeiten des Verfalles kamen; aber erst in den Tagen Josephs II. fand dasselbe nach mehr als tausendjährigem Bestand sein Ende. Mauern und Land aber kamen späterhin in den Besitz des Fürsten Wrede, der während der napoleonischen Kriege die Heere Bayerns geführt hatte.

Die Formen der Berge, die wir vor uns erblicken, vor allem die Drachenwand, sind kühn und malerisch, und wenn auch ein Theil der Ufer ein weicheres Gepräge zeigt, wenn der moderne Comfort und Verkehr sich auch gar mannigfach mit seiner ganzen Leichtlebigkeit bemerkbar macht, so vermag er doch den abgeschlossenen Ernst und die strenge Schönheit nicht hinwegzutilgen, die den Grundzug dieser Landschaft bildet.

Um sie zu genießen, bietet der Markt Mondsee, der am Einfluß der Zeller Ache gelegen ist, ein freundliches Standquartier, in dem man gute Pflege findet. Wie fast alle Berggewässer birgt auch der Mondsee die verschiedensten Arten kostbarer Edelfische, unter denen die Lachsforellen und Saiblinge obenan stehen; aber jene Prachtexemplare, welche einst die Klostertafel zierten, kommen freilich den Kindern der Welt, die heutzutage hieher pilgern, nimmermehr vor Augen. Zum Glücke hat sich dem entsprechend, wie die Kraft der Faust, so auch die Magenkraft unserer Epigonenzeit vermindert, denn wenn man in alten Speiseordnungen liest, daß man zum fünfzehnten Gang bei großen Festlichkeiten „eine große gesulzte Lachsfirchen" auf den Tisch brachte, so könnte unsereinem dieser „Gang" wohl ebenso sauer werden — als ein Gang im eisernen Harnisch.

Weit heller als der Mondsee, und bei aller Großartigkeit doch oft von zartester Stimmung erscheint die

Gegend um den nahen Wolfgangsee (der auch als Abersee auf den Karten verzeichnet ist). Nicht bis ins achte, aber doch bis ins zehnte Jahrhundert zurück reicht die Bedeutung, die diese stille Scholle für die deutsche Kulturgeschichte gewann; denn der Mann, von dem sie den Namen trägt und der so manche Stunde einsamer Betrachtung hier verlebte, war St. Wolfgang, der Bischof von Regensburg.

An ihn gemahnt noch so mancher Bau und Name, der uns auf der Wanderung um diese reizenden Ufer begegnet; so manche Sagen und Worte des Volkes knüpfen an sein Gedächtniß an, ja selbst die Schiffer, die den Ruf des Echo's locken, gebrauchen den Spruch: Heiliger Vater Wolfgang, komm ich zurück? Sag Ja! Und sechsmal ruft es dann aus den Felsengründen zurück — ja — ja —.

Eine tragisch schöne Sage knüpft sich auch an den gewaltigen Felsen, der von der Flut bespült nunmehr vor uns emporsteigt und ein einsames Kreuz trägt, das „Hochzeitskreuz" benannt. Denn eine frohe Gesellschaft, die einst in der Winternacht von einer Hochzeit heimzog, machte hier auf dem Eise Halt, um einen letzten Tanz zu wagen; die Spielleute kletterten auf den Fels und spielten dort die Fidel — aber das Eis zerbrach und alle kamen jämmerlich um, mit Ausnahme derer, die dort oben saßen. Von ihnen ward das „Hochzeitskreuz" errichtet.

Außer dem Markte mit seiner schönen Kirche (d. a. 1429) ist St. Gilgen der bekannteste Uferpunkt; das Hauptgut aber, der berühmteste Gipfel, in den sich die beiden Seen gewissermaßen theilen, ist der zwischen ihnen gelegene Schafberg, der Rigi des Salzburger Landes. Zu seinen Höhen führt nun unsere Wanderschaft.

Partie vom Mondsee mit Drachenwand.

2.

Vom Wolfgangsee auf den Schafberg.

Wir wählen den Weg, der von St. Gilgen über den See führt und bald in steilen Windungen emporsteigt. Der erste Ruhepunkt, dem wir nach mühevoller Zeit begegnen, ist eine weiche Matte, um die sich rings der Hochwald breitet. Kühl rieselt der Brunnen dort, der neben der einsamen Sennerhütte steht, die blauen Schatten des Nachmittags liegen schon über den Fichten, nur der Himmel schaut herab in dies Eiland des Waldes.

Dann gehen wir dem schmalen Fußpfad nach, der über die Halde führt und bald umschließt uns das Tannendunkel aufs neue. Ueber modernde Stämme und verschlungene Wurzeln steigt der Weg bergan, bald weiches Moos, bald eingewachsenes Gestein und wo das Auge durch die Lichtung späht, die der Abgrund zur Linken öffnet, da breitet der Mondsee seine dunkelklaren Fluten aus und zeigt uns die steile Höhe, die wir schweigend erreicht haben.

St. Wolfgang mit dem Schafberg. Von K. Raupp.

St. Gilgen.

Zum zweitenmale lichtet sich der Wald, jetzt glänzen uns die Dächer zahlreicher Almen entgegen und nun erst dringt die Landschaft mit einemmal ins Breite; thurmhoch steigen die Massen des Dachstein empor und selbst das Erdreich, auf dem wir stehen, nimmt jene kräftiggegliederte Form an, die das Gepräge echter Bergesmatten ist. Alpenrosen und niederes Kiefergestrüpp wuchern zu unseren Füßen, bis der Felsensteig beginnt, der uns zum letzten Ziele geleitet.

Wer hat ein Wort für jene Wunder, die nun vor unseren Augen liegen, wem ist die Seele so weit, daß er all diese Schönheit in einem Athemzug erfaßte. Ja, jedes Herz pocht schneller und der Fuß versagt uns — laß es stille werden in der Brust und dann erst wollen wir den Blick ins Weite senden.

Die Gebiete, die wir hier überschauen, gehören Ländern an, so unermeßlich weit ist der Horizont. Berge, die in Böhmen stehen, in Kärnten und Bayern, umfassen wir mit raschem Auge; es fehlt kaum ein berühmter Name in der ungeheuren Rundsicht. Das „Todte Gebirg" und die Dachsteingruppe richtet seine Gigantenmauer empor, nicht weit von ihm das Höllengebirge und der Traunstein. Dort ragt die kolossale Bergeswelt über dem Königssee mit ihren wunderbaren sagenhaften Namen: das „Steinerne Meer" und die „Uebergossene Alm", der Hohe Göll und der Untersberg. Ja, sie sind steinern und leblos, aber zwischen ihnen liegt die blaue Woge gefangen, bald traurig-schön, bald heiter lachend im vollen Lichte. Sie gießt ihr flüssiges Leben durch dies Gestein und selbst die greisen Häupter tragen noch einen Wiederschein von jener Poesie, die auf dem Grunde der Wogen ruht. Sie schauen uns anders an, wenn die schmiegsamen Elfen des Bergsees zu ihren Füßen spielen, als wenn sie einsam wären, ohne Welle, nur das schroffe unerbittliche Gestein!

Von dem Gipfel, auf dem wir stehen, schweift der Blick über zahlloses Gewässer hin. Mehrere kleine Hochseen, die in den zerklüfteten Kesseln des Berges selber liegen, reichen beinahe bis in die Hälfte des Wegs empor. Drunten aber liegen die mächtigen Genossen, bald in träumerischem Schlafe, bald in lichtem bewegtem Wellenspiel. So der Mondsee und Attersee und jener, der unter dem Schutze St. Wolfgangs steht.

Weiter hinausgerückt, um Meilen, durch die der Blick in der Sekunde fliegt, liegen die breiten Seen des Vorgebirgs und der Ebene, am Morgen schimmernd wie ein duftiger blauer Schleier und am Abend glühend wie ein funkelnder Spiegel, in den der scheidende Tag hinabschaut. Von ihnen ist der Chiemsee der gewaltigste, dessen Fläche sich Stunden und Stunden weit erstreckt, von einsamen Ufern umschlossen, wo Stille und Sturm in jähem Wechsel

Anziehendes Gewitter.

herrscht. Hier aus senkrechter Höhe zeigt sich die Plastik und die reiche Gliederung der Landschaft in vollem Glanze; es ist ein Labyrinth von schönen Linien, die sich tausendfach verfolgen und durchkreuzen. Sie verlieren sich bald in den Tiefen des Sees und bald in den undurchdringlichen Massen der Felsenkette, aber dennoch geht die Einheit des Ganzen nie verloren, dennoch bleibt uns das Gefühl ihres wunderbaren Zusammenhangs.

Es war in jenen schwülen Tagen, wie sie der Juli bringt, als ich auf dem Gipfel des Berges stand. Schwere Gewitterwolken thürmten sich auf; immer höher, immer drohender stiegen sie empor, und doch war noch alles athemlos in der Runde.

Die meisten, die ein Gewitter auf hohem Gebirg erleben, sehen nur den äußeren gewaltigen Effekt, aber die eigentliche Kraft, das psychologisch Ergreifende dieser Augenblicke liegt nicht in dem Ausbruch, sondern in dem langsamen geheimnißvollen Werden, in dem, was die Seele der Natur zuerst erduldet, ehe sie in Sturm und Donner Befreiung sucht.

Da droben läßt es sich erlauschen. Es ist stille um uns, aber dennoch regt sich ein geheimes fast fieberhaftes Leben in allen Adern der Natur; ihr Puls wird stürmisch, lang ehe der Sturm beginnt und ihr Antlitz bebt in unsichtbarem Bangen, noch ehe ein Lufthauch seine Züge verwirrt.

Wer tiefer hineinblickt, dem wird das Treiben fühlbar, das plötzlich um ihn waltet, der sieht es, wie die mächtigen Felsen langsam erbleichen vor den finsteren Wolkengestalten, die ihnen drohend entgegenziehen. Wie wunderlich sind sie geformt, die eine wie ein gezücktes Schwert und die andere wie geflügelte Greifen, dann wieder wie schwarze zerklüftete Mauern. Ringsum ragen die weiten Wäldermassen, immer mehr sich verdunkelnd, wie ein undurchdringlicher Schild, den die Erde den Blitzen entgegenhält. Schwarzgrün und regungslos liegt uns der See zu Füßen; seine Geister haben sich geflüchtet in die unterste Tiefe, seine Flut harrt athemlos des Augenblicks, wo der Sturmwind sich auf ihre Schönheit stürzt und mit wilder Hand in ihrem Inneren wühlt.

Ueber der Ebene aber, die wir weithin überschauen, liegt ein schwüler grauer Ton, die Wolken stehen so tief, daß es scheint, als hätten sie mit ihren Fittigen die Erde schon ergriffen, als schleiften sie die Schollen mit sich fort, wenn sie in ferner Luft pfeilschnell dahinziehn.

Das ist das große dunkle Bild der Berge vor dem Sturm, aber auch das einzelnste, das uns umgibt, bangt vor seiner Nähe. Unsicher zittern die Halme, kaum hörbar knistert das Alpengras und der kleine Vogel flattert so unruhig vorüber und huscht ins Dickicht, das ihn birgt. Aus der hohen Luft läßt sich der Geier nieder, wir sehen von oben herab auf die breiten grauen Fittige, die ihn langsam zur Tiefe tragen.

Aber selbst in jener Welt, die man leblos nennt, selbst in der Pflanzenseele regt sich das gleiche Gefühl. Noch ist kein Windhauch in der todtenstillen Luft und dennoch wiegt sich die ungeheure Tanne, vor der wir stehen, in heimlicher Wallung. Es ist als wollte sie ihre Kräfte prüfen, wie ein Riese, der vor dem Kampf die Glieder fühlt. Mächtiger als sonst umklammert sie mit den Wurzeln das Felsgestein, auf welchem sie emporwuchs, den uralten Thron, den sie jahrhundertelang besitzt . . . . . . Dort liegen grau und vermodert ihre gefallenen Brüder. Ja, ein geheimnißvoller Schrecken prägt sich aus auf den Zügen der Natur, wenn der Sturm gezogen kommt, alles in ihr ist gewaffnet für die gewaltige Stunde, die eine Schlacht ist in dem langen Kampf ums Dasein. Horch, nun braust der erste Windstoß, das ist der Posaunenruf zum Kampfe. Wie einst die Giganten, so stürzen die Wolken sich über die Berge hin, graues Dunkel umhüllt uns, stromweis bricht der Regen hernieder. Jetzt fliegen sausend die leuchtenden Wurfgeschosse, und wie Keulenschläge dröhnt es, wenn der Donner an die Felsen schlägt. Wir hören es jubeln und ächzen, singen und heulen — Sturm, Sturm schallt es aus tausend Stimmen!

Auf der Höhe des Berges steht ein stattliches Hospiz, das dem Wirthe von St. Wolfgang unterthan ist und sich der verdienstvollen Aufgabe entledigt, alljährlich fünf- bis sechstausend Touristen zu verpflegen. Wir können in der Fülle dessen, was hier zu schauen ist, keine Inspektion des Gebäudes halten und bitten deßhalb die Laren des hohen Hauses, mit diesem kurzen Danke vorlieb zu nehmen.

Obwohl die Saison nicht lange währt und die Gegend alle Rauheit der Hochgebirge in sich schließt, so bleibt das Hospiz doch selbst über Winter nicht unbewohnt. Zwei Hüter bringen die Zeit des Schnees hier zu, abgeschnitten von aller Welt und den Launen eines unerreichbaren Schicksals anheimgegeben. Kein menschlicher Fuß vermag die Schneewehen zu überschreiten, die der Nordwind hier zusammenträgt, mit denen er klaftertief jede Senkung des Bodens ausgleicht. Kein Wort, kein Rufen reicht hinunter durch die Nebelschichten in den Kreis der Menschen, und erst vor wenigen Jahren kam man auf den Gedanken, optische Signale zu errichten. Sie werden auf einer von Stein erbauten Säule angebracht, die man von St. Wolfgang aus mit dem Fernrohr leicht gewahrt, unten im Wirthshaus aber liegt ein Buch, das die Bedeutung von zweiunddreißig Zeichen entziffert. Freilich dürfen dieselben nur den allerprimitivsten Begriffen Ausdruck geben, freilich hindert der Nebel oft genug den Weg, aber der Trost bleibt doch, daß es ein Gruß vom Leben zum Leben ist, daß doch das Auge dort hinüber reicht, wohin ihm der Fuß nicht folgen kann.

Gasthaus auf dem Schafberg.

Gmunden.

3.
Traunsee und Ischl.

Glänzender als seine Nachbarn, gefeiert von der großen Welt, liegt der Traunsee vor unsern Füßen. Der Theil, den wir zuerst erblicken, wenn wir gegen Langbath kommen, ist dunkel und regungslos, die Ufer fallen mächtig in die Tiefe und allenthalben schließt das Felsengebirg die Landschaft. Wie eine Gigantengestalt tritt der Sonnsteinspitz von Osten in den See herein, und hinter ihm erhebt sich der Traunstein, dessen kahle Wände mit blauen Schatten gefurcht sind. Die Abgeschlossenheit dieses Bildes steigert den Eindruck, den der Beschauer empfindet, sein Gemüth ist nicht getheilt zwischen wechselnder Anschauung, er ist ganz gefangen genommen von der Einheit und der Entschiedenheit des Anblicks. Langsam rudert der Kahn über die spiegelklare Flut, immer näher kommen wir an das Felsenkap, das die Sonnsteinspitze bildet, da wandelt sich mit einemmal der Blick. Denn kaum ist die Ecke gewonnen, so liegt eine weite anmuthfrische Gegend da; der leichte Wind greift spielend in die Wellen, es sind andere Farben und andere Luft, die uns umgeben.

Am linken Ufer ragt eine Landspitze in den See, auf deren felsigem Grunde Traunkirchen erbaut ist. Rechts thürmen sich noch immer die breiten Massen des Traunstein auf und zwischen beiden schimmert am nördlichen Ende des Sees das Städtchen Gmunden mit seinen weißen Häuserreihen auf lachendem grünen Grunde. Halten wir nun ein wenig inne, um einen flüchtigen Blick auf die reiche Einzelnheit zu werfen, die uns umgibt.

Traunkirchen, wo unser Nachen hält, ist halb verborgen unter dichten Bäumen. Man führt die Gründung der Kirche bis in jene Zeiten zurück, da die Ungarn mit wilder Hand über Deutschland fielen; damals errichteten die Markgrafen von Steier zur Erinnerung an ihren Sieg auf dieser Stelle ein Gotteshaus. Wiederholt taucht der

Sturm auf dem See.

heutige Name im Lauf der Geschichte auf. Zuletzt wurden die Jesuiten des Ortes Meister und besaßen die Stätte bis zur Aufhebung des Ordens, wo er der österreichischen Herrschaft zufiel. Tiefer zurück, beinahe erweislich in Römerzeit, reicht der Ursprung von Gmunden, das unter dem alten Reiche ein freier Markt war. Der Eindruck, welchen die kleine Stadt auf uns macht, ist der einer schmucken, wenn auch nicht gerade unbewußten Anmuth. Kirche und Rathhaus haben mehr etwas trauliches, als etwas erhabenes, und im bürgerlichen Leben, das wir als geräuschvoll wahrnehmen, drängt sich jene Industrie hervor, die in so vielen Orten des Salzkammergutes ein Uebergewicht besitzt und schon im Namen selber zum Ausdruck kommt. Es ist die Thätigkeit der Salinen, deren gesammter Apparat in einer Modellsammlung zu Gmunden vereinigt wurde, um ein anschauliches Bild der Betriebsamkeit zu bieten. Sehenswerth ist auch ein schön geschnitzter Altar der Pfarrkirche aus dem Jahr sechzehnhundert sechsundzwanzig, denn er ist von einem Bildner Namens Schwandaller gemeißelt, in dem die neueste Forschung einen Ahnherrn des berühmten Schwanthaler zu finden glaubt. Aber wie gesagt, diese kleinen Wunder alle werden weit übertroffen von dem was die Natur hier aufgebaut, dorthin müssen wir immer wieder das Auge wenden. Schon oben haben wir die beiden Berge genannt, die den See gewissermaßen souverän beherrschen, es ist der Traunstein und die Sonnsteinspitze. Schroffe Felsenmassen, die sich gegen den Fuß des Wanderers aufbäumen, liegen in diesem Worte und in der That gibt es wenige Berge, die bei so mäßiger Höhe so mühevoll zu besteigen sind. Schon von ferne gesehen, stürzt der Traunstein fast überhangend in die Tiefe und wer die schmalen Fußsteige begeht, die von drei Seiten aus zum Gipfel führen, wird nirgends jene gefahrvollen Stellen vermeiden können, die auf spitzen Felskanten fast senkrecht über dem See hinführen. Was dem Sonnstein ein düsteres Ansehen gibt, das sind die Spuren eines furchtbaren fünf Tage lang wüthenden Waldbrandes, der vor etwa einem Jahrzehnt hier ausbrach. Heute noch sind die Felsen davon geschwärzt und halbverkohlte Stämme ragen an den unnahbaren Wänden empor.

Ebenso trotzig als die Berge ist der See, wenn stürmische Tage seine Leidenschaft entfachen. Wenn der Nordwind am heftigsten stöhnt, dann schäumen oft die Wellen haushoch empor; gefährlicher noch ist der Südwest, weil er plötzlich aus den Schluchten hervorbricht und fast meuchlings die Schiffe überfällt. Auch die Straße, die von

Traunkirchen.

Traunfall.

Ebensee nach Traunkirchen führt, ist dieser trotzigen Natur beinahe abgerungen, denn lange Strecken sind förmlich in den Fels gehauen und durch Lawinengallerien gegen die Rache des Berges geschützt. Hier sowohl, wie an den steilen Wänden, an denen der Nachen vorüberzieht, finden sich zahlreiche Martertafeln und immer wieder ward das Leid, wovon sie berichten, durch die Wellen herbeigeführt. Auch in den Häusern der Uferorte finden wir hier und dort noch eine Tafel, welche die Fluten anklagt, daß sie einst über die Schwelle drangen und welche die Menschenleben zählt, die dabei verloren gingen. — Wenn wir dem Laufe des grünen kristallhellen Flusses folgen, der dem See den Namen gibt, so gelangen wir bald an den Traunfall. Sein Absturz ist freilich nicht sehr bedeutend, denn er wird schwerlich mehr als fünfzig Fuß betragen, aber die ganze Umgebung ist doch malerisch so reich, daß wir vor einem der reizendsten Bilder stehen. An viele Stellen hat der Mensch seine zwingende Hand gelegt, um Stromschnellen und plötzliche Seitensprünge der Flut zu überwinden, und so ist dieselbe jetzt gefahrlos und in schiffbarem Betriebe. Da sie durch mehrere Seen zieht, die als riesige Reservoirs erscheinen, so ist der Wasserstand des Flusses einer großen Veränderung fähig und wird durch ungeheure Schleusenwerke vollkommen beherrscht. Der Verkehr, der die Ufer belebt, erhält durch die schwere Holz- und Salzfracht ein sehr bestimmtes Gepräge und

Ischl. Von L. Ritter.

die Trift, die in der Traun gehalten wird, gehört zu den ungeheuerlichsten Bildern. Mit stürmischer Geschwindigkeit brausen die Flöße auf den schäumenden Wogen fort; hier und dort wird ein Theil der Fracht ans Ufer geworfen und wer besonders kühn ist, wagt wohl auch selber den Sprung. Da fast sämmtliche Stromschnellen der Schifffahrt unterworfen wurden, so erlebt man nicht leicht ein Unglück, obschon es sich grausig ansieht, wenn man dem Sturz der Wasserfälle immer näher rückt. Freilich hat die Sage auch das ihrige gethan, denn sie erzählt, daß einst ein Hochzeitszug auf diesem Wege in den Strudel gerathen und ohne daß ein einziger entrann, versunken sei. Schon die Anlage dieser Wasserbauten reicht beinahe in sagenhafte Zeit zurück; man verdankt sie einem Forstmann, der in kaiserlichen Diensten stand und länger als zwei Menschenalter mit dem Baue beschäftigt war.

* * *

Verfolgen wir das Thal der Traun nach Süden, so ist der Weg zu Anfang enge, im Rücken und an der Seite drängen sich Felsenmassen empor und werden wieder durch andere verdrängt. Mit flüchtighellen Wogen fliegt die Traun an uns vorüber, bald durch hängende Weiden rauschend, bald um riesige Felsblöcke sich windend, die mitten im Wasser ruhen. Hier ein brennender Kohlenmeiler, dort eine lange Reihe von frischgefälltem, aufgeschichtetem Holze und darüber das heitere Himmelblau: so führt uns der Weg durch das lange Thal dahin. Endlich thut sich dasselbe auf und vor uns liegt langgestreckt an beiden Ufern des kleinen Flusses Ischl.

Die Anlagen, die den Ort umgeben, ohne ihn zu verkünsteln, erhöhen den ersten lieblichen Eindruck. Mit mächtigen Zügen blickt uns der Dachstein entgegen, tiefer liegt die Ruine Wildenstein und zahllose Villen, reizend angelegt und sorgsam erhalten. Vor allen aber ist die des Kaisers hervorzuheben, deren Park und Blumengarten in besonderer Fülle blüht, anmuthig ohne anspruchsvoll zu sein. Ueberall finden wir lichte Töne; die Menge des Waldes und die saftigen Matten, die Farbe der Wellen und selbst das Kolorit der Häuser ist zusammengestimmt zu einem heiteren hellen Grundton, den die Blicke sehen und den das Gefühl empfindet.

Mit dieser Jugendfrische der Landschaft steht freilich die Gesellschaft (oder wie man die Staffage sonst betiteln mag) nicht ganz im Einklang. Ischl gilt für „das fashionabelste Bad der Monarchie" und die Schattenseiten dieser Thatsache werden selbst von der herrlichsten Sonne, die hier herunterscheint, nicht ganz beseitigt. Adel und Geldaristokratie wetteifern darin, sich an äußerem Auftreten zu überbieten, und der Drang, zur Geltung zu gelangen: die Hast zu scheinen, wird manchmal so ungestüm, daß sie fast die wunderbare Ruhe übertäubt, die unvertilgbar in dieser Landschaft athmet. Wir gönnen es Jedem gerne, daß er die Wege geht, auf denen er seine Freude findet, allein der Contrast, in dem bisweilen die Gäste zu der Scholle stehen, die ihnen Gastfreundschaft gewährt, ist doch einer der allerempfindlichsten. Heine würde sagen, er ist schnöde. Denn nirgends liegt die Unbefangenheit des Gemüthes so nahe, niemals fühlen wir uns so gelockt zu freiem und feinem Innenleben, als wenn wir mitten in den Wundern, in der Unschuld der schönen Natur stehen. Hier fühlt der Mensch, der es wirklich ist, die leise Lockung zur Vertiefung seines besten Ich — und dann erblicken wir Tausende, die mit allen Mitteln der Kunst auf seine Verflachung sinnen. Man wird uns erwidern, daß uns dies nichts angeht, und wir acceptiren solchen Einwand mit aller Gemüthsruhe, aber etwas bleibt doch übrig, was uns nachklingt, auch ohne uns „anzugehen": ein heimliches Leid ist es doch immer, wenn Vielen das Liebliche, das wir erleben, so ganz verloren ist.

Mit diesen Gedanken (wenn nicht die Ironie die Oberhand gewinnt) gehen wir an den Gestalten vorüber, die in jedem Paradiese die „Saison" bezeichnen, und solcher Gestalten gibt es auch in Ischl nur allzuviele. Sie regieren. Ihre Mittel geben den Maßstab der Ansprüche auf jedem Gebiet; für sie posaunt die Kurmusik, für sie ist der goldene Ballast der Kaufgewölbe aufgespeichert — aber das sangvolle Rauschen der Wellen und die sonnengoldenen Mauern des Dachstein sind für andere.

Auch die angesiedelten Bewohner stehen einigermaßen unter dem Einfluß dieser Elemente, wie es in allen Luxusbädern des Gebirges sich wiederholt. Sie nehmen nicht allein von der Kasse, sondern auch von der Charakteristik der Gäste ihr Theil an sich und so entsteht jenes unerfreuliche Gemisch von ländlichindustriösen Naturen, von sommerlicher Geschäftigkeit und winterlicher Trägheit. Die Erscheinung, welche wir hier besprechen, soll nicht für einen einzelnen Ort behauptet werden, sondern für alle, wo die gleichen Ursachen bestehen, nur so viel sei uns zu sagen verstattet, daß man auf der Straße von Ischl bisweilen daran erinnert wird.

Nach den Gästen, die ungeheure Summen zurücklassen, ist es der Salzberg, welchem Ischl seinen Aufschwung verdankt hat. Die Soole, die dort versotten wird, soll mehr als zweimalhunderttausend Centner Salz ertragen und die Einfahrt in die Stollen bietet dem Fremden manches Interesse, wenn sie sich auch mit Hallein nicht vergleichen läßt. Von den menschlichen Lastthieren, die am Fuße des Berges lagern, um reiche Mitbrüder in Tragsesseln bergan zu schleppen, wollen wir lieber schweigen, um dem Leser und uns selber einen Mißton zu ersparen. Denn der Blick in diesen Himmel voll Bläue und diese Berge voll Sonnenschein soll uns ja das von der Seele nehmen, was darauf lastet und mit freiem Blicke wollen wir von dem lieblichen Namen scheiden.

4.

Am Hallstädtersee.

Wohl der eigenartigste von all' den Seen des Salzkammerguts ist der von Hallstadt — tiefdunkel und ernst, zwischen starre Felswände eingeschlossen, so daß das spärliche Uferland fast terrassenförmig überbaut ward. Man hat auf die Aehnlichkeit hingewiesen, die zwischen dem Hallstädter und Königsee besteht und im Allgemeinen mag dieser Vergleich auch etwas für sich haben, da beide Gewässer unter analogen elementaren Bedingungen entstanden sind; aber dennoch ist er weit eher berechtigt auf der Karte, als in der Natur, es gleicht sich mehr der Rahmen, als das Bild.

Die eigentliche letzte Individualität der beiden Seen ist wesentlich verschieden, denn auch die Gestaltungen der Natur, nicht nur die Menschen, haben eine solche Individualität. Jene großartige Vereinsamung des Königsees, die keinen Fußbreit Land dem Menschen gönnt, ist noch unendlich tiefer, als die spärliche aber betriebsame Besiedelung, die wir hier finden. Hallstadt ist immerhin ein Markt mit mehr als zweitausend Bewohnern; St. Bartholomä ist ein einsames Jagdschloß. Der Salzbetrieb und alles was kulturgeschichtlich damit zusammenhängt, hat einen leisen industriellen Zug in den Grundcharakter der Landschaft eingefügt, es treten historische Momente hinzu, es ist ein Bild mit belebter Staffage — und überall spüren wir neben dem, was die gewaltige Hand der Natur geschaffen, die kleine emsige Menschenhand.

All' das fällt weg beim Königsee, er ist unbewohnt und unbewohnbar und wo keine Menschen sind, ist kein Geschehniß, seine ganze Geschichte ist — Naturgeschichte. Er ist das wilde ungezähmte Naturkind geblieben, das wohl Tausende von Fremden neugierig anschauen, aber nicht Tausende von Bewohnern (wie dort) sich heimisch und vertraut gemacht. Schön freilich sind sie beide in zauberhafter Weise, eigentlich zu schön als daß man sie vergleichen sollte — aber es sind verschiedene Individualitäten.

Der Ort, dem der Hallstädter See sein eigentlichstes Gepräge gibt, ist derselbe, der ihm auch den Namen gab. Es ist Hallstadt, am Fuße des Salzberges gelegen, an den die Häuser nestartig sich anschmiegen, während die Flut fast ihren Fuß bespült. Nicht nebeneinander, sondern übereinander scheinen sie erbaut, es gibt keine

Straßen, sondern nur steile Gangsteige hier, kein Wagen rollt mit lautem Hufgedröhn, sondern nur das Schiff landet aus den rauschenden Wellen. Zwei Kirchen überragen mit ihren Thürmen das dichtgedrängte Gemäuer; die ältere derselben (die den Katholiken gehört) reicht bis in's Jahr 1320 zurück und zeigt noch manche Bestandtheile alter Zeit in Schnitzwerk und Altären; aber auch die Protestanten, die sich ja im Salzkammergut unter schweren Kämpfen verbreiteten, haben ihr eigenes Gotteshaus und zwischen den beiden Gemeinden waltet der herzlichste Friede. Die Kirchfahrt auf dem Hallstädtersee an einem duftig blauen Sonntagsmorgen, wenn hunderte von kleinen Kähnen über die Flut hingleiten und das Glockengeläut zwischen den Felsenwänden verhallt — das ist ein ebenso tief poetisches, wie charakteristisches Merkmal dieser Gegend. Es ist der milde Accord in ihrer ursprünglichen Wildheit, denn wie rauh das Land ist, das mag schon der Umstand erweisen, daß auf manche Winkel des Sees, z. B. „in der Lahn" monatelang kein Sonnenstrahl fällt.

Und gleichwohl war dies Gebiet schon in vorrömischer Zeit eifrig besiedelt; den Salzbau, welcher noch jetzt den wichtigsten Betriebszweig bildet, hatten bereits in unvordenklichen Tagen die Kelten betrieben. Es ist dies nicht bloß Vermuthung — keine historische Hypothese, wie es deren so viele gibt — sondern es sind die vollsten Belege dafür gefunden: mächtiger als das Zeugniß der Lebenden ist hier das Zeugniß der Todten.

Hallstadt, das kleine anspruchslose Gebirgsdorf (man kann es trotz seiner Marktrechte ja fast so nennen), besitzt in dem Hochthale zwischen Siegkogel und Kreuzberg eines der bedeutendsten Leichenfelder, die aus keltischer Zeit bisher gefunden wurden, denn von der Mitte der vierziger bis zum Schlusse der fünfziger Jahre wurden nahezu neunhundert Gräber geöffnet.

Die reichen Funde an Waffen und Geräthen aus Bronze, Eisen, Gold und Bernstein wurden zum größeren Theil nach Wien verbracht, einzelne davon sind in dem nahegelegenen Rudolfsthurm verwahrt. Derselbe mag etwa eine Stunde entfernt liegen und sein Name verweist uns auf die frühe bedeutungsvolle Geschichte, die dieser Landstrich sein eigen nennt, denn der Sohn Rudolfs von Habsburg, Albrecht, erbaute ihn, um das Land gegen die feindlichen Ueberfälle der Salzburger Erzbischöfe zu schützen.

Dieselben suchten ja allerwärts den Salzbau soviel wie möglich zu hemmen, um ihrem eigenen Besitz desto größere Wirksamkeit zu sichern und sie verfuhren dabei mit derselben Härte, die sie später dem neuen Glauben entgegenbrachten. Um so freundlicher waren die Kaiser und vor allem das Haus Habsburg dem schönen Lande gesinnt; schon 1311 wurden an Hallstadt Marktrechte verliehen, und mannigfache Maßregeln zum Schutze seiner Industrie wurden im Laufe der Zeit getroffen; auch die Gestalt Kaiser Max', des letzten Ritters, die in ihrer kühnen Pracht über so manchem Berg und Thal steht — die eigentlich typische Kaisergestalt der Alpen — begegnet uns hier wieder. Ja die Stätte, wo er einst Rast hielt auf dem Wege zum Salzberg, ist noch heute mit einer Gedenktafel geschmückt; dieselbe verzeichnet „den 5. Tag Januarii 1504".

Die harte Mühsal, die wir in Leben und Geschichte hier gewahren, hat sich freilich auch in der Erscheinung der Bewohner vielfach ausgeprägt, denn nicht selten begegnet man unglücklichen und mißgebildeten Menschen, bei deren Anblick uns unwillkürlich die alten Räthsel bedrängen, warum die Natur hier so reich verschwendet und dort so arm macht, warum sie Schönheit und Elend oft so nahe an einander rückt?

Darauf gibt auch der goldene Glockenton, der bezaubernd über den See hin flutet, keine harmonische Antwort — wir mögen Berg und Thal ergründen auf unsern Wanderungen, aber den Geheimnissen des Schicksals führt kein Wandern näher.

Hallstadt. Von Richard Püttner.

5.

Gosau-See.

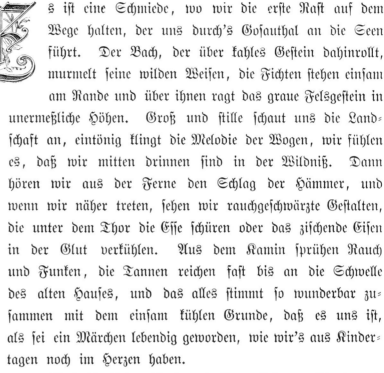

Es ist eine Schmiede, wo wir die erste Rast auf dem Wege halten, der uns durch's Gosauthal an die Seen führt. Der Bach, der über kahles Gestein dahinrollt, murmelt seine wilden Weisen, die Fichten stehen einsam am Rande und über ihnen ragt das graue Felsgestein in unermeßliche Höhen. Groß und stille schaut uns die Landschaft an, eintönig klingt die Melodie der Wogen, wir fühlen es, daß wir mitten drinnen sind in der Wildniß. Dann hören wir aus der Ferne den Schlag der Hämmer, und wenn wir näher treten, sehen wir rauchgeschwärzte Gestalten, die unter dem Thor die Esse schüren oder das zischende Eisen in der Glut verkühlen. Aus dem Kamin sprühen Rauch und Funken, die Tannen reichen fast bis an die Schwelle des alten Hauses, und das alles stimmt so wunderbar zusammen mit dem einsam kühlen Grunde, daß es uns ist, als sei ein Märchen lebendig geworden, wie wir's aus Kindertagen noch im Herzen haben.

Auch die kleine Stube mit ihrer hölzernen Wand und den braunen Gestalten, die hier am Tische kauern, ist ein altes urwüchsiges Bild der Berge. Da fallen jene kernig-rauhen Worte, die das Erbgut dieses Stammes sind; der Wald und die Jagd, der reißende Bach und die rauchenden Meiler, das ist der ganze Inhalt ihres kargen Lebens. Wir sitzen neben ihnen nieder und theilen mit ihnen den kühlen Trunk, bis der erste sich bedächtig von hinnen hebt und uns die Mahnung zum Aufbruch gibt. Er geht denselben Weg wie wir, mit der schweren Axt und dem hohen Bergstock beladen, und so folgen wir ihm gerne empor an die Gosauseen.

Der erste Augenblick, wo der vordere See mit einemmal vor uns steht, ist überwältigend. Er liegt nicht da, er steht vor unseren Augen, so thurmhoch sind die Felsenmauern aufgerichtet, es ist, als ob Leib und Seele gefangen wären in dieser Sekunde. Und jene eisgekrönten Gipfel, die hier in den Himmel ragen, sie ragen eben so weit hinab zur Tiefe, denn der See ist spiegelklar und jede Linie, die wir in der Luft verfolgt, kehrt im Abgrund der Gewässer wieder. Als Herrscher über diese Wildniß thront der Dachstein, fast die höchste Spitze unter den Kalkalpen. Wirr und finster liegt das Steingeröll um die tiefen Ufer, morsche Stämme und wucherndes Grün dazwischen, mit einsamen Waldblumen, die hier den kurzen Lenz verträumen.

Und Träume sind's ja auch, in die das eigene Gemüth versinkt, wenn wir an diesen Ufern stehen, formlose und doch gewaltige Gedanken: wir sind ergriffen und finden dennoch weder Begriff noch Wort. Darin beruht das Räthselhafte, das uns beim Anblick des Kolossalen überkömmt und das ein Grundton jener vielgestaltigen Erregung ist, die wir Bewunderung zu nennen pflegen.

Partie aus der Gosauschlucht
mit Blick auf die Donnerkogeln.

Noch mächtiger, aber weniger harmonisch ist der Eindruck des hinteren Gosausees; die Größe, die uns hier vor Augen steht, ist die des Verfalls, die Landschaft zertrümmert sich in cyklopischen Blöcken. Unheimlich enge wird es um uns; das Becken des Sees ist nur ein schmaler abgrundtiefer Felsenkessel, auf dessen Flut sich die Wände des Thorstein spiegeln, bleich im Sonnenlichte glänzend. Beinahe senkrecht stürzen die tausend Fuß hohen Wände ab, nur in einzelnen Ritzen grünt die Kiefer, aber die letzten Höhen haben selbst dieses Leben nimmer, hier wohnt allein der Schnee, der ewig ist.

Dennoch fehlen in den unteren Regionen des Dachstein nicht ganz die Spuren menschlichen Daseins. Hier finden sich Sennhütten und wenn wir nicht irrig berichtet sind, müssen es deren fast mehr als fünfzig sein; freilich einsamer und gefahrvoller als auf irgend einem andern Berge. Auch das Thierleben ist keineswegs spärlich und tritt in seinen wildesten Formen auf; Geier, die den Gemsen gewachsen sind, gehören nicht zu den Seltenheiten, und manche Heerde ist von ihnen gelichtet worden; auch ist noch kein Decennium vergangen, seit die letzten Bären dort sichtbar wurden. Aber nicht diese Wildheit ist es, die ihren grauenvollen Zauber um jene Gipfel legt, es sind die unsichtbaren Gewalten, vor denen der Mensch in stummer Scheu sich flüchtet.

Sucht man nach Aehnlichkeiten (und alles Auffällige, Unvergleichliche lockt uns ja eben zum Vergleich), so ist es eigentlich nur der Eibsee, der ein ebenbürtiges Bild bietet und dennoch muß man dem Gosausee den Vorzug geben. Sein Anblick ist fester geschlossen und harmonischer in den Formen, die Farbe seiner Flut hat manchmal etwas Mildes, das wir dort vermissen; und dazu kommt die mysteriöse Macht, die der Name des Dachstein besitzt. Seine Formation gehört unbedingt zu den interessantesten, welche die gesammten Centralalpen aufweisen, denn noch in der Höhe von

Partie vom Gosau-See. Von G. Cloß.

siebentausend Fuß finden wir felsige Ebenen, Hochplateaus mit abgespültem Gestein, das eine ganze Schöpfungsgeschichte erzählt. Der Knotenpunkt, den der Dachstein in dem Gefüge der Kalkalpen bildet, verzweigt sich in zahlreichen Armen, von welchen zwei das Gosauthal förmlich umklammern und ihm dadurch seine bestimmte Gestalt geben. Wunderbar genug und abenteuerlich wie die Formen sind auch die Namen, denen wir in dieser Region begegnen. Da ist der „Todte Knecht" und das „Fensterl", der „Hohe G'jaidstein" und der „Hohe Roms", nicht weit davon das „Däuml", das besonders von Hallstadt aus vorzüglich gesehen wird. Am merkwürdigsten von allen aber ist wohl der Große und Kleine Donnerkogel, ein Gipfel, von welchem Meister Schaubach meint, es sei „vielleicht der auffallendste Berg in der ganzen Alpenwelt." „Wie ein zum Himmel zeigender Finger steht er in der Zackenkette da, oben in der Spitze gespalten, daher er vom Radstädter Tauern her auch passend die ‚Bischofsmütze' genannt wird."

Die Besteigung des Dachstein oder des Thorsteins gehört zu den schwierigsten, die unternommen werden können, da das endlose Geröll und die häufigen Nebel auch den Gewandtesten ermatten. Allerlei Wunder begegnen auf diesem Wege dem Wanderer; wenn er zum Thorstein trachtet, führt ihn der Pfad an einem Felsengewölbe vorüber, das man die „Bärenlöcher" nennt; auf dem Wege nach dem Karls-Eisfeld aber liegt eine mächtige Wand, „Tropfwand" geheißen, und die zerklüftete Gegend ringsum führt den Namen: „Der Thiergarten". Ich sehe es im Geiste, wie der Berliner triumphirend lächelt. In den steinigen Höhlen, die man hier gewahrt, nistet nicht nur allerlei Wild, sondern auch die Sage, die „von Drachen und Lindwürmern zu erzählen weiß". Hier hatte ein Jäger (es ist allerdings schon lange her) eine Eidechse „geschossen", die fünf Fuß lang und von der Stärke eines dreijährigen Kindes war; sie kam ihm mit offenem Rachen entgegen und Einer (der natürlich schon todt ist) hat sogar die Knochen von ihr gesehen. Uns selbst ist leider kein ähnlicher Gast begegnet und der Leser, der etwa Lust hat den mühsamen Weg zu wagen, dürfte auch davor sicher bleiben. Es kann nicht jeder ein Ritter St. Georg werden — der auf den Dachstein steigt.

K. St.

Hallein und der Salzberg.

Die Giſelabahn.

1.

Von Salzburg nach Hallein.

iſelabahn — welch' farbenfriſches, wanderfrohes Wort! Und doch ein Wort von ſeltenem Doppel=
klang! Der Name iſt ja zu Ehren der jungen blühenden Kaiſertochter gewählt, aber zugleich iſt
dieſer Name alt, uralt germaniſch, Giſela hieß auch einſt König Konrad des Saliers Weib und ein
Hauch geſchichtlicher Weihe liegt unvertilgbar über dieſem Wort. — Nun aber hat ſich auch das
modernſte aller Dinge, der brauſende Schienenzug, unter die Aegide dieſes Namens geſtellt und ſo
ward ein Wort aus zwei Gedanken, die wohl ein Jahrtauſend auseinanderliegen: Giſelabahn! — Freilich iſt das
noch mehr als ein Wort, es iſt eine That. Denn von allen Schienenwegen, die durch Europa ziehen, gibt es
wohl wenige, die zugleich ein ſolches Meiſterſtück menſchlicher Energie und ein ſolches Prachtſtück ſchöner Natur ſind,
die ſo im Fluge die Bewunderung der ganzen Reiſewelt gewonnen haben.

Die Giſelabahn führt von Salzburg ins Innthal, wo ſie bei Wörgl (zwiſchen Kufſtein und Innsbruck)
mündet; ſie zieht mitten durch's wildeſte Hochgebirg, und nur im Kampfe mit den Elementen ward ihr hier und
dort der Boden abgerungen. Gewaltige Tunnels, hochgelegene Dämme und dröhnende Gitterbrücken, das folgt ſich
in buntem Wechſel und dann geht es wieder hin durch tiefe Waldeinſamkeit, über almengleiche Matten, wo man
keine Straße ſieht, wo dicht neben den Schienen wetterbraune Hütten liegen, in denen das Wildheu geborgen wird.

Die Linie als ſolche trennt ſich, ſowie wir den Salzburger Bahnhof verlaſſen haben, in einem gewaltigen
Bogen von der Eliſabeth=Bahn (die als Hauptroute nach Wien führt) und dringt ſüdwärts in die Berge. Die

ersten Meilen und Haltpunkte haben wenig Bedeutendes, doch gewähren sie einen wundervollen Rückblick auf das alte Juvavium, frei hebt sich gegen das obere Land hinaus die malerische Veste ab und der lange Rücken des Untersbergs; lachende Häuser, blinkende Schlösser stehen zur Rechten und Linken und am Wege weilt ein frohes leichtlebiges Volk.

Das gilt freilich kaum minder von denen, die drinnen im Bahnzug sitzen, denn es ist ein ganz eigenes Reisen auf dieser Strecke, die Neugier ist gespannt, der Comfort ist gesteigert, ein internationales Publikum ist vorhanden. Ohne Zweifel findet auch hier, wie bei allen Gebirgsbahnen ein starker Binnenverkehr statt — Landleute, die von einer Station zur anderen fahren und die der Fahrt wohl manche reizende Staffage bieten, ihr eigentliches charakteristisches Gepräge aber geben sie ihr nicht. Dies liegt vielmehr in den zwei offenen Salonwagen („Breaks"), die am Schlusse jedes Zuges angehängt sind und in denen sich das ganze schaulustige Publikum zusammendrängt. Der eine Wagen hat eine förmliche bedeckte Veranda, wo man im Schatten auf Stühlen sitzt und behaglich plaudert, der andere ist völlig unbedeckt, wie ein Güterwagen, der anderwärts mit Holz, hier jedoch mit wohlsituirten Menschen gefüllt ist. Auf der grünen Außenseite aber steht: I. Klasse, und die feinen rohrgeflochtenen Sitze sind zum Umklappen eingerichtet, so daß man sich nach Belieben vorwärts und rückwärts setzen kann.

Und da wimmelt es nun von blauen Schleiern und rothen Büchern, von gelben Sonnenschirmen und weißen Leinenkleidern; es wäre ein fünfsprachiges Wörterbuch vonnöthen, um all' die Ausrufe der Bewunderung zu entziffern, die uns hier in die Ohren schallen, während der gelassene Epikuräer auch hier seinem Wahlspruche treubleibt: Nil admirari — und unbekümmert sein Gabelfrühstück vertilgt.

Die erste bedeutende Station, wo wir Halt machen, ist Hallein, ein Städtlein, dessen Physiognomie ganz durch den uralten historischen Salzbergbau bestimmt wird. Aber auch rein malerisch betrachtet bietet dasselbe ein reizendes Bild, in dem noch viele alterthümliche Züge stecken; über den hohen Häusern, die stellenweise einen fast südlichen Eindruck machen, ragen die gezackten Berge empor, die Salzach rauscht vorüber und in ungeheuren Massen lagert das Holz, das den Sudwerken dient am Flusse. Rasselnd rollt über das rauhe Pflaster eine Extrapost und hält vor dem alten stattlichen Wirthshaus, vor den Häusern spielen die Kinder, und die Mädchen, die mit dem Krug zum Brunnen gehen, blicken neugierig auf die Fremden; mild und lau ist die Luft, ein wunderstiller Sommerabend webt über dem Städtlein.

Sein eigentlicher Reichthum aber liegt nicht offen vor unseren Augen, sondern tief im Bergesschacht, wo vergangene Jahrtausende, als noch die Meeresflut mit den Felsen kämpfte, einen Schatz zurückgelassen haben, der den Menschen nöthiger ist als Gold. Das sind Millionen und Millionen Centner Salz. —

Schon ehe die Germanen im Lande waren, war dieser Reichthum gekannt und benützt, denn zahlreiche Ausgrabungen, die man im Berge gemacht hat, führen in keltische Vorzeit zurück, ein wirklicher Betrieb aber begann erst im zwölften Jahrhundert, wo die Erzbischöfe von Salzburg Herren des Landes waren. Damals war der Berg Tuval geheißen, jetzt trägt er den Namen Dürnberg; die Quantitäten Salz, die er seit jener Zeit geliefert, werden wohl auf achtzehn Milliarden Centner geschätzt! Meilen- und meilenweit würde der Wald das Land bedecken, der auf den Sudwerken seit jener Zeit verbrannte, denn von den früheren Pfannen hielt eine jede tausend Eimer — und doch merkt man noch kaum eine Minderung; Jahrhunderte finden noch reichen Vorrath, so reich, daß die Ergebnisse den Bedarf übersteigen.

Es ist in der That ein wunderbares Stück Land, dieser Salzberg, der sich von Hallein bis nach Berchtesgaden hinüberzieht, und so gehört denn auch die Fahrt in die Tiefen des Dürnbergs zu den interessantesten Begebenheiten, die man auf dieser Strecke der Giselabahn erleben mag.

Der Weg, der uns zum Eingang des Bergwerks leitet, führt steil bergan, und wenn man die Augen wendet, sieht man hinab auf das reizende Städtlein und hinaus ins Thal, durch das die Salzach strömt. Hoch droben liegt das friedliche Dorf, das nach dem Berge benannt und fast ganz mit Bergleuten besiedelt ist — dann geht es hinab in den geheimnißvollen dunklen Schooß der Erde.

Es ist ein seltsames Gefühl, fürwahr — und wer könnte sich desselben völlig erwehren, wenn wir nun im warmen Sonnenscheine in die weißen rauhen Zwilchkleider schlüpfen, eine Laterne wird uns in die Hand gedrückt und in wenig Augenblicken stehen wir drinnen im tiefen Schacht.

Eine kalte finstere Luft umweht uns, wir tasten bedächtig hinter dem Führer fort, auf dem Wege, der noch eine Viertelstunde lang eben dahingeht. Der Stollen ist reichlich manneshoch und etwa einen Meter breit in den Felsen gehauen, hölzerne Pfeiler vertäfeln ihn gleichsam, aber nicht selten sind die Querholzstangen der Decke durch den furchtbaren Druck geborsten. Neben uns rauscht es geheimnißvoll; das ist Quellwasser, welches in den Schacht geleitet wird, um das Gestein erst auszulaugen, und dann, wenn es vollständig mit Salzgehalt gesättigt ist, als Soole in die Sudhäuser der Stadt hinabzufließen. Mit einmal aber ist der ebene Weg zu Ende, wir stehen vor einer „Rolle", die steil in die Tiefe führt und uns in rasendem Fluge mehr als dreihundert Fuß weit ins Innere der Erde führt, in die nächst tiefere Hauptetage des Berges. Zwei lange geglättete Baumstämme, die (wie eine Leiter) etwa einen Fuß weit auseinander liegen, bilden die Bahn, auf der man rittlings hinabschießt; statt der Sprossen finden sich mehrere Stufen, an welchen der Fuß die Schnelligkeit der Fahrt beliebig hemmen kann. Vor allem aber dient zur Sicherheit ein starkes Seil, an dem sich die rechte Hand mit einem starken Lederhandschuh festhält. — Und trotz alledem, ein leichtes Grauen beschleicht

Einfahrt in den Salzberg.

uns doch, wenn wir uns nun zum erstenmal der seltsamen Fähre anvertrauen, es ist so finster ringsum, so eisig kühl, es ist so weit zum Sonnenschein des Tages. Aber nur noch ein Ruck, dann sind wir im Rollen, da gibt's kein Denken mehr; nur „festhalten" ist unser einziges Gefühl und treulich hilft uns dabei der Bergmann, der vor uns sitzt und kräftig einhält, wenn wir wieder dem Boden nahekommen. Fünfmal wiederholt sich diese Procedur, dazwischen gehen wir wieder eben dahin, aber das Gefühl verläßt uns nicht, daß über unsern Häuptern viele Hundert Fuß dick das Gestein liegt; wir sind gefangen in einer Tiefe und in Mauern, neben denen das furchtbarste Verließ, das Menschen gebaut, ein Spielwerk ist. Wie geheimnißvoll ist der Schooß der Erde!

Den gewaltigsten Eindruck aber gewährt uns jener unterirdische „See", den eines der mit Wasser gefüllten Werke darstellt — das ist ein wahrhaftiges Märchenbild! Wir stehen unverhofft davor, es ist wie ein weiter steinerner Saal, aber mit niederer Decke, und am Rande der schwarzen regungslosen Flut, die etwa sieben bis acht Fuß tief ist, stehen ringsum kleine Lampen, deren Schein sich im Wasser spiegelt und unstät an den steinernen Wänden dahinhuscht. Alle wirklichen Verhältnisse des Raumes werden dadurch völlig verändert, hier und dort blitzt ein Kristall im Gewände und es fehlen nur die kleinen Gnomen und die Erdmännlein, die kichernd im Gesteine hämmern. Die wundersame geheimnißvolle Macht der ewigen Natur, hier pocht sie unwillkürlich auch an das kälteste Herz, wenn wir nun auf dem dunklen Floße über die Flut hingleiten.

Wir steigen drüben ans Land und wandern weiter in den steinernen Gängen; in einer Kammer, die aus dem Felsen gehauen ist, sind allerlei merkwürdige Funde und Ausgrabungen verwahrt.

Wenn wir die letzte Rolle zurückgelegt, sind wir nahe an tausend Fuß tief im Schooß der Erde; nun stehen kleine Rollwagen bereit, rittlings setzt man sich auf eine lederne „Wurst" und in vollem Galopp geht es nunmehr durch die Finsterniß dahin. Der Weg, der noch fast eine halbe Stunde lang bis zur Mündung des Stollens führt, geht mäßig bergab und dröhnend widerhallt der Schritt der Knappen, die unseren Wagen ziehen,

Golling mit Umgebung. Von Richard Püttner.

wir selbst halten die Arme eng an den Leib gepreßt und das Haupt gesenkt, aber trotzdem wähnt man jeden Augenblick zu zerschellen. Der Stollen, durch den wir jagen, trägt den Namen Wolf Dietrich's, des ehemaligen Erzbischofs von Salzburg; schon weist uns ein heller Punkt in der Ferne das nahende Tageslicht und endlich geht es hinaus in die offene Welt. Wie wunderbar schön ist der hohe blaue Himmel, wie warm und wohlig umweht uns die Luft, sie ist fast heiß neben jener stummen kühlen Finsterniß, in der wir seit drei Stunden verweilt! Und das Grün der Wiesen, welche Kraft hat dieser Farbenzauber!

Wir sind auf der anderen Seite des Berges wieder herausgetreten und in einer Viertelstunde stehen wir wieder mitten in der Stadt.

Nun erst besuchen wir das gewaltige Sudhaus, wo das, was Menschenhand der Erde abgerungen, verwerthet wird zum täglichen Gebrauch. Plaudernd sitzen die Arbeiter, die Feierstunde haben, auf der Bank vor der Thüre, wir treten unter das riesige Portal und folgen dem Manne, der uns führt, über die steinernen Treppen, bis wir in jenen ungeheuren Hallen stehen, wo es heiß ist von den glühenden Pfannen, wo ganze Berge von weißem Salze liegen, noch naß von der Verdunstung, daß man es mit den Händen ballen kann wie Schnee. Circa dreißigtausend Zentner hievon sind um den Erzeugungspreis an das Königreich Bayern zu liefern und ebenso muß eine bestimmte Anzahl bayrischer Arbeiter im Bergbau beschäftigt werden, denn die Grenzen beider Länder stoßen ja tief im Salzberge zusammen, der auch von Berchtesgaden her bebaut wird. Die beiderseitigen Beziehungen sind durch eine Convention vom Jahre 1829 geregelt, aber schon sechshundert Jahre früher stritten der Erzbischof von Salzburg und der Probst von Berchtesgaden um diesen Besitz. Die salzige Meerflut, die einst hier wogte, war herrenlos.

2.

Golling, Lichtensteinklamm, Gastein.

Nach der finsteren Fahrt, die wir gewagt, geht es um so fröhlicher dahin in dem offenen Break der Bahn. Ueberall auf dem Wege begegnen uns die Spuren uralter Geschichte, die uns zeigen, wie frühe dies Land schon von den Trägern der Kultur besiedelt war; denn hier erinnert der Name eines schlichten Dorfes an ein römisches Castell, dort wird eine andere Stätte schon in der Zeit genannt, als der hl. Rupert das Land dem Christenglauben gewann. Ob es wohl die Bewohner selber wissen, die plaudernd in den schmucken Gassen stehen, auf welche der Göll majestätisch herniederschaut? . . . . Schwerlich, denn wer soviel herrliche Welt vor seinen Augen sieht, hat kaum Neigung, an den Staub vergangener Zeiten zu denken!

Bei Golling machen wir wieder Halt und verlassen den Zug, um den berühmten Schwarzbachfall zu sehen. Das ist echte Bergflut, die da mit brausendem Ungestüm, kristallhell und eisigkalt aus dem Gestein hervorbricht, glitzernd fällt in den Morgenstunden der Sonnenschein auf das schillernde Gewässer und überstrahlt es mit funkelndem Licht, aber keiner von all' den tausend Strahlen wirft ein Licht auf seine dunkle geheimnißvolle Herkunft. Die Wissenschaft bestreitet es zwar, aber der Volksmund hält es nichtsdestoweniger fest, daß der Gollinger Wasserfall ein Abfluß des Königssees sei; eine Felsenhöhle, die das „Kuchler Loch" heißt, wird drüben als die Stelle bezeichnet, wo das Wasser seinen Weg durch die unterirdischen Tiefen nimmt. Seine Temperatur ist allezeit unverändert, die höhere Lage des Königssees berechnet sich auf ca. achtzig bis hundert Fuß und in zwei Sommern, wo der Spiegel des letzteren so tief gefallen war, daß er das Kuchler Loch nicht mehr erreichte, war auch der Gollinger Fall (gleich den übrigen Bächen) verschwunden. Aber es gibt noch eine andere Stelle, unfern von unserem Wege, wo uns die unwiderstehliche Gewalt der Flut greifbar vor Augen tritt — das sind die Oefen der Salzach. Man darf das Wort nicht in seiner nächsten Bedeutung nehmen, die uns eher an vulkanische Mächte gemahnen könnte, sondern man versteht darunter jene kolossalen ausgespülten Felsenpfade, durch die sich die Salzach einst den Weg erzwungen, indem sie das Gestein zersägte, zertrümmerte, zerfraß, mit jenem zermalmenden Zahn der Urweltzeit, der Berge und Länder vernichtete. Fast eine halbe Stunde lang zieht sich das Bett des Stromes in tiefer Schlucht unter schaurig gewölbten Felsmassen hin, grau und finster schießt die zornige Flut hindurch, Abgründe klaffen — wir aber klettern getrost umher auf den sicheren Steigen, welche die Menschenhand hier gezimmert hat und fühlen es kaum, daß wir Pygmäen sind.

Noch zweimal auf unserem Wege begegnen uns ähnliche neptunische Katastrophen, es ist die Lichtenstein- und die Kitzlochklamm. Der ersteren, die in kurzer Zeit so berühmt geworden, möchten wir noch einige eingehendere Worte widmen; zuerst aber wollen wir den Weg betrachten, der uns von Golling dorthin führt.

Von allen Seiten eröffnet die Bahn reizende Blicke, hier ins Lammerthal, dort in die Blüntau; die grauen Felsen, die uns um-

Markt Werfen und Schloß Hohen-Werfen.

geben, gehören dem Hagengebirge und durch einen seiner Ausläufer bricht der fast tausend Meter lange Offenauer Tunnel. Nicht weit davon liegt Paß Lueg und das wilde Tännengebirge; des letzteren schauerlich schöne Massen sehen wir am besten von dem kleinen Markte Werfen, der bald erreicht ist. Auch hier gesellt sich dem Reichthum der Natur manch reiche Erinnerung; denn in dem trotzigen Schlosse, das vom Gestein herniederschaut, hat so mancher von der Freiheit ewigen Abschied genommen. Vor allem aber waren seine Kerker in der finsteren Zeit gefürchtet, die den Protestanten des Salzburger Landes so schwere Bedrängniß brachte und sie zuletzt nach Tausenden aus der Heimath vertrieb. Nach verschiedenen Seiten hin bietet Werfen reizende Ausflüge, der prächtigste derselben aber führt in die riesige Felsenwelt des „Hochkönig", zwischen dessen Steingewänden jenes Eisfeld ruht, das die übergossene Alm genannt wird. Und wen es noch weiter drängt, dem steht von zahlreichen Haltepunkten dieser Fahrt auch der Weg in die Tauern offen, auf welche wir später zurückkommen werden und aus deren stolzer Namenreihe wohl die Radstädter Tauern am bekanntesten sind.

Da hallt schon der fröhliche Pfiff der Lokomotive aufs Neue; helles Sonnenlicht dringt von allen Seiten auf uns ein, und wir fühlen es mit jedem Athemzuge — es ist eine lichtere Zeit, in der wir leben. In

Bischofshofen.

Bischofshofen, das als Kopfstation das Vorrecht eines verlängerten Aufenthalts genießt, würden wir vollends bis in die römische Vergangenheit zurückgedrängt, wenn nicht die historischen Betrachtungen ganz plötzlich eine willkommene Störung erführen. Denn ehe wir uns dessen versehen, schiebt der Schaffner uns einen wohlverzinnten culinarischen Mikrokosmos ins Coupé, der auf dem denkbar kleinsten Raume eine ganze Table d'hôte enthält; wir verzehren sie behaglich Gang um Gang, während der Zug lustig von hinnen rollt und steigen gesättigt zum Perron herab, wenn der Ruf erschallt: St. Johann im Pongau.

Dort zweigt der Weg ab zur berühmten Lichtensteinklamm; auf dem leichten Bernerwägelein jagen wir zuerst durch den Markt; dann kommt ein schmales Bergsträßlein, wo kaum zwei Gefährte sich ausweichen können und endlich halten wir völlig stille — es geht nicht mehr weiter. Auf engen Steigen, wucherndes Gesträuch zur Seite, klettern wir hinunter zur Schlucht, bis uns der erste Steg über die Felsenblöcke geleitet. Wie ist es dämmerig-dunkel hier; nur der weiße Gischt, der sich donnernd durch's Gestein zwängt, saugt das spärliche Licht auf, das von oben hereinfällt, himmelhoch sind diese feuchten abgespülten Wände und doch ist's nur ein himmelhoher Kerker. Unter uns wirbelt die Flut, ihr feiner Staub netzt uns Wangen und Haare; wir möchten sprechen von dem Staunen und Grauen, das uns da überfällt, aber jeder Laut wird von wildem Tosen verschlungen und stumm wandeln wir auf feuchten Pfaden empor zur Höhe, wo sich der brausende Fall der Großarler-Ache hundertundfünfzig Fuß tief herunterstürzt. Fast einen Kilometer lang zieht sich der Weg hin, der auf solche Weise den Felsen und der Tiefe abgerungen ward, und wer ihn erbaute, hat auch eine That gethan, die offenen Dank verdient.

Der nächste Haltpunkt der Schienenstraße ist Schwarzach, wo dereinst der „Salzbund" geschlossen ward. Denn als die Lage der Protestanten durch die Verfolgungen des Erzbischofs Leopold eine unerträgliche geworden war, versammelten sich hier die lutherischen Bauern, um die letzte Wahl zu treffen zwischen Glaube und Vaterland; und diejenigen, welche lieber die Heimat verließen, als sich dem unerbittlichen Fürsten unterwarfen, kosteten zum

Wahrzeichen dessen aus einer gemeinsamen Schale Salz. Noch zur Stunde ist der Tisch, um den sie damals versammelt standen, erhalten und eine Inschrift im Lapidarstil gemahnt uns der herben Begebenheit; im Ganzen waren es mehr als 30,000 Personen, die auf solche Weise von dannen zogen! — —

Doch was ist das für ein Gewühl von Wagen und Karossen vor dem kleinen Bahnhofe, an welchem wir nunmehr halten! — „Station Lend" hat der Schaffner gerufen; allein das Gewühl gilt nicht diesem Worte, sondern dem weltberühmten Heilbad, das wir von dieser Station erreichen. — „Dorf-Gastein", — „Hof-Gastein" —, „Wildbad" schreien die Kutscher, die sich von allen Seiten auf die aussteigenden Fremden stürzen; es ist eine wahre Fuhrwerksbörse und die Mäkler verstehen es, ihre Effekten „bestens" zu begeben.

Das Thal, das wir nun betreten und das im Volksmund noch heute, wie in den Pergamenten der alten Klöster „die Gastein" heißt, ist so bekannt, daß es fast Einspruch erheben möchte gegen eine abermalige Schilderung; nur in raschen Conturen wollen wir deßhalb die Stätte beschreiben, zu der alljährlich Millionen Herzen unseren Kaiser begleiten, wo soviel Männer der That neue Kräfte suchen in stiller Beschaulichkeit, wo sich die Weltgeschichte und die Großartigkeit einer schönen Natur oft wundersam begegneten.

Der Eintritt in das langgestreckte grüne Thal muß gleichsam erzwungen werden, wie sich die Ache stürmend einst den Ausweg erzwang. Ueber den Klamm-

In der Lichtensteinklamm.

steinpaß, wo dereinst nur das zagende Saumthier ging, über die kühne Brücke, die von den Trümmern einer uralten Burg überragt ist, ziehen wir dahin; dann wird der Weg mit einem Male offen und wir schauen tief hinein ins Thal, dessen Hintergrund von majestätischen Bergen geschlossen ist. In Dorf Gastein, der ersten Ortschaft, die wir begegnen, herrscht noch die ländliche Idylle, „Hof-Gastein" aber, das nach etwa zwei Stunden erreicht wird, steht schon ganz unter dem Einfluß des Badelebens: ja es ist auch formell zum Bade geworden, seit eine kolossale Röhrenleitung das Wasser der Thermen hieherbringt, und was es etwa an Vornehmheit gegenüber dem Wildbade entbehrt, wird aufgewogen durch die hellere befreite Lage, die es vor der düsteren Heimat der Quellen voraus hat.

In vergangenen Zeiten war Hof-Gastein der dominirende Ort des Thales, der Mittelpunkt jener mächtigen Gewerke, die in Deutschland und Wälschland gleichmäßigen Ruhm besaßen und alljährlich über 2000 Mark Goldes und fast ebensoviel Silber gewannen; auch die Bevölkerung war doppelt so stark wie heute.

Der eigentliche Hort der Quellen aber liegt noch tiefer drinnen in den Bergen und wenn wir ihn nun erreicht, dann haben wir ein Bild vor uns, bei dem sich in der That die wildeste Naturkraft und das modernste Leben berühren. Ein Bad mit den vornehmsten Gästen aus aller Welt und ein Flecken, zwischen dessen Gebäuden sich der brausende Bergbach mitten hindurchdrängt, unbekümmert, welch' erlauchtes Wort seine tosenden Wasserfälle verschlingen.

Der eine der letzteren mißt nahe an zweihundert, der andere nahezu dreihundert Fuß und der steile Weg, den sie zur Tiefe nehmen, prägt sich auch selbst in der Bauart der Häuser aus, die fast etagenförmig übereinander stehen und von denen noch viele die Spuren ihrer frühen Entstehung zeigen. Denn schon im fünfzehnten Jahr-

Wildbad Gastein. Von Richard Püttner.

hundert war das Bad von hohen Gästen besucht, Fürsten und Prälaten kamen herbei mit langem Gefolge, von dem die Chroniken erzählen und das im Geiste an uns vorüberzieht, während wir sinnend im Mondlicht auf der Brücke stehen. Wie viele Wogen rauschten seitdem aus stiller Bergeinsamkeit ins Meer?!

Zell am See.

3.
Zell am See und seine Umgebung.

Bald hinter Taxenbach geht das „Pongau" zu Ende und jenes Bergland, das wir nunmehr betreten, ist das uralte Pinzgau. Die frühesten Spuren seiner Geschichte reichen in die Zeit zurück, da der hl. Rupert in Salzburg wirkte; ja man nannte die Bewohner sogar die „treuen Rupertskinder" und unwandelbar waren sie stets ihrem geistlichen Landesherrn, dem Erzbischofe ergeben. Aber auch die weltliche Macht baute sich frühe so manche Burg in diesen Gauen und der Vogtthurm in Zell stammt sogar aus den Tagen, da der große Karl nach Rom zog, um dort das deutsche Kaiserreich zu begründen.

Aber auch landschaftlich betrachtet, ist das Pinzgau wohl eines der herrlichsten Gebiete in den deutschen Alpen. Denn im Süden ziehen die gewaltigsten Gipfel der Centralalpen hin und im Norden die gewaltigsten Gipfel der Kalkalpen — hier die großen Namen der Tauern und dort die großen Namen des Berchtesgadenerlandes, vor allem das „Steinerne Meer".

Und in dem weiten Thalboden, der dazwischen liegt unter grünen Geländen und Vorgebirg, ruht leuchtend der Zeller See; der alte Marktflecken selber steht auf einer Landzunge, die weit in die Flut vorspringt, und sein

Mitterfill.

Name allein thut kund, daß der Ort sich einstmals um ein Kloster angesiedelt hat, das aber schon zur Zeit der Staufen aufgehoben ward, nachdem sein letzter Probst Bischof von Chiemsee geworden war.

Lange Zeit hatte auch dies Juwel deutscher Alpenlandschaft seine stillen Tage, man hatte den Werth des Edelsteins noch nicht erkannt und ließ ihn fast unberührt zur Seite liegen; jetzt freilich fliegt der brausende Bahnzug an seinen Ufern vorüber; Tausende kommen und gehen; Zell am See ist die modernste Sommerfrische geworden. Sie ward es so schnelle, daß die Vorkehrungen für die Fremden mit dem Andrang derselben kaum gleichen Schritt halten konnten und wenn sich acht bis zehn blaue Tage im Hochsommer folgen, dann zieht wohl mancher ohne Liegerstatt betrübt von hinnen. Auf der Terrasse des ersten Hotels aber, welches zunächst am See liegt, wimmelt es von schönen Wienerinnen und aus den blauen Wogen vor dem stattlichen Bade kichert und grüßt es; lachende Najaden tauchen empor. Aber — die Najaden tragen ein rothes Schwimmgewand und das goldene Haar, das sonst den Wasserfeien um die Schulter fällt, hier ist es in zierlichen Zöpfchen unter dem Strohhut verborgen; kaum daß ein weißer Arm aus den blauen Fluten emporragt, und plätschernd wieder untertaucht.

Die Bäder in Zell am See haben einen erprobten Ruf, denn das Wasser ist weich und wohlig und erreicht einen Wärmegrad, den kein anderer Bergsee hat. Zugleich aber ist der Ort wohl auch die hohe Schule für die Schwimmkunst der Damen und so scheint denn eine neue Art von Edelfischlein gekommen zu sein, nachdem die früheren Species, an welchen der See so reich war, fast völlig abgestorben.

Um den landschaftlichen Reiz der Gegend völlig zu würdigen, müssen wir aber auf die blauen Wogen selber hinauseilen, das Ufer gibt uns nur ein halbes Bild. Nun erst wenn wir uns schaukeln im leichten Kahn, der uns hinüberträgt ans östliche Ufer, wo die gastfreie Villa Riemann steht, oder nordwärts zum Schlosse Prielau, nun erst empfinden wir jene wundersame Vereinigung von Liebreiz und Großartigkeit. Der See selber ist ja eher

Zell am See. Von Richard Püttner.

Zell am See und seine Umgebung.

klein, als umfangreich zu nennen, die Ufer haben etwas lauschig Trautes, aber da erhebt sich mit einemmale über dieser idyllischen Scenerie der majestätische Ausblick auf die Kette der Tauern!

Das prächtige Schloß, das wir gewahren, wenn unsere Blicke nach dem Südrand des Sees schweifen, heißt Fischhorn; es war dereinst im Besitz der Chiemseeer Bischöfe, doch in den Tagen des Bauernkriegs, dessen Sturmflut selbst in diese stillen Thäler drang, zerbrachen auch seine Mauern. Noch manche Alterthümer gemahnen an jene Zeit, die Burg selbst hat Fürst Lichtenstein durch Künstlerhand in historischem Stile erneuen lassen.

Unweit davon führt der Weg in die „Fusch", in eines der reizendsten Thäler zu Seiten der Salzach; man betritt dasselbe am besten von der Station Bruck=Fusch, die wir unmittelbar vor Zell passirt und die wir nun auf unserem Rundgang um den See wieder berühren. Das kleine Bad genießt einen alten und verdienten Ruf; noch tiefer hinein geht es in die „Ferleiten".

Der „Hauptplatz" des oberen Pinzgau's aber ist der Markt Mittersill, den man von Bruck, wie von Zell am See in etwa fünf Stunden erreicht; eine Gemse im weiß und rothen Felde ist sein Wappen. Die Blüthe, die der Ort vor Zeiten besaß, spiegelt sich noch heute in den Sprüchen und Erinnerungen des Volkes, welche Mittersill gleichsam als ein „Königreich" bezeichnen, oder gar als das „Pinzgauer Venedig"; in den Urkunden begegnet uns dasselbe schon 1347 als Bannmarkt mit eigener Gerichtsbarkeit. Doch wenden wir die Blicke nun wieder zurück zu jener Zeit und Schönheit, die uns näher liegt.

* * *

Hoch über den braunen Häusern des Marktes Zell und über der blauen Flut zieht sich ein langgedehnter Bergrücken hin. Weit hinauf ist er dicht bewaldet, dann aber kommt grüne Almenweide und auf dem Gipfel schimmert hell ein gastliches Obdach.

Noch vor wenigen Jahrzehnten war der Name dieses unscheinbaren Gipfels fast unbekannt in der großen Welt, nur der Hirt weidete da droben in den grünen Gehängen und trillerte sein Almenlied, schweigend stieg der Bauer den einsamen Gangsteig empor. Es war eine Welt, die noch ganz denjenigen zu eigen war, die darin geboren waren, ungebunden und ungeahnt lag all' diese wunderbare Schönheit da, vom Morgenthau bis zum Sternenschimmer.

Anders aber sieht sich der Wanderer umgeben, der heutzutage nach der Schmittenhöhe pilgert, das klettert und keucht, das schwätzt und schwitzt; wahre Juhschrei=Orgien fremdländischer Kehlen klingen von da droben herunter und preisen den Zauber dieser wundersamen Schönheit, die ehedem so still und einsam war.

Der Weg zur Schmittenhöhe ist weiter, als es auch für geübte Augen den Anschein hat, man mag vom Ufer des Sees aus wohl reichlich drei Stunden gehen. Bald ist das Thal durchschritten, das uns nur wenige Häuser zeigt, mit weißem Gemäuer und braunem Dach, davor ein blühendes Gärtlein und lockige Kinder — dann geht es hinein in tiefen hochgewachsenen Wald. Es ist ein Tannenforst, durch den der breite gewundene Weg bergan zieht, droben in den Zweigen rauscht der Wind und mitten im Dunkel der Fichten stehen lichtgrüne Birken, die säuselnd die Blätter regen. Wo ein Ausblick sich öffnet, sieht man hinab auf die Wogen des Sees und auf die wilden Zinken des „Steinernen Meeres", in dessen Felsenwänden schon die blauen Schatten liegen. Eine riesige Bergeswelt geht auf vor unseren Blicken und scheint emporzusteigen mit uns selber, sie wächst mit jeder Stunde des Weges und mit einer unbezwinglichen Majestät liegt sie vor uns, wenn wir nunmehr hinaustreten auf die Lichtung. Am Grat entlang geht es von dort zur Spitze, die wir erreichen, geraume Zeit bevor die Sonne sinkt.

Die Rundschau, die wir hier genießen, verdient es wohl, daß wir bei ihren einzelnen Gipfeln und Wundern länger verweilen und die Sonne selber zeigt uns mit scheidenden Strahlen den Weg vom einen zum andern. Vom wilden Kaiser bis zum Venediger reicht unser Auge, es gibt fast keinen großen Namen in der Gletscherwelt, der uns hier nicht gegenüberstünde; es ist eine stumme Versammlung von Bergeskönigen, in der wir weilen. Gigantisch erscheint auch unter den weißen Fernern noch jenes kolossale Felsenreich, in dessen Tiefen der Königssee liegt; wie ein

Schmittenhöhe.

silberner Streifen schaut die übergossene Alm herüber, von der die Sage meldet, daß der wilde Uebermuth der Bewohner, die einst hier auf satten Weiden gingen, die Rache des Himmels herausgefordert. Nur wenig tiefer liegt lang dahingestreckt das „Steinerne Meer", ein ungeheures Hochplateau ohne Baum und Pflanze und die nackten Felsenblöcke sehen aus wie erstarrte Wellen; sie sind glatt gespült von den Fluten, die vor Aeonen hier gerauscht und nur der Pfiff des Murmelthieres zieht kurz und schrill durch ihre lautlose Einsamkeit, durch diesen Felsenfriedhof, über dem das Himmelsblau sich stumm und endlos wölbt. Der Watzmann selbst ist verdeckt, aber „Schwalbenwand" und „Buchauer Scharte", „Seehorn" und „Hundstod" liegen machtgebietend vor uns.

Und in weiter Ferne der „Dachstein", der liedumklungene Gipfel! Wir schauen weiter in dem endlosen Kreise; das Thal, das dort in die Berge schneidet, ist die uralte Rauris mit ihren „Goldzechen"; denn manch kostbaren Schatz hat die Natur in ihren wilden Tagen hier verschleudert, als noch die Gletscher, die jetzt die Gipfel decken, tief ins Thal herabreichten. Schon in alter deutscher Kaiserzeit ward hier der Bergbau betrieben und die einzelnen Thäler widerhallten vom Hammer der Knappen und Schmiede, und selbst heutzutage, wo der Ertrag bedeutend abgenommen, gewahrt man noch allerwärts die Spuren jener alten Betriebsamkeit.

Aber auch die Spuren des großartigen gewaltigen Verkehrs, der in der Blüthezeit der Gewerke, im fünfzehnten und sechzehnten Jahrhundert bestand, begegnen uns hier; denn überall, von Kriml bis Gastein, führen ja die alten Saumwege über die Tauern, deren ungeheurer Gebirgsstock den Mittelpunkt unserer Landschaft bildet. Es sind die (zum Theil sogar fahrbaren) Jochübergänge, die an den niedersten Einsattlungen der Berge hindurchführen; die Obsorge für die Reisenden und solche, welche sich etwa auf den damals noch gefährlichen Pfaden verirren würden, war durch eigene Stiftungen gesichert, die wir mannigfach in den Urbarien der Salzburger Erzbischöfe und des Bischofs von Chiemsee verbrieft finden. Dort heißt es, daß die Wirthe, die in den „Tauernhäusern" eingestiftet sind, „den armen Leuten, die nicht Zehrung haben", über den Berg hin helfen und diesen selber mit Zeigern bewahren sollen. „Es haben auch vor Jahren ihre Vorfahren an dem Abend auf den Angern unter den Tauern geschrieen, oder auch ein Horn geblasen, ob jemand an den Tauern wäre, und sich verspätet oder vergangen hätte, daß sie dem herabhelfen, damit das arme Volk an den Tauern nit abgeh' und verderb'."

Einer der Glanzpunkte aber in der gewaltigen Kette ist das Kapruner Thal, das hier unmittelbar vor unseren Augen liegt; es mißt wohl sechs Stunden Länge, bis die Gletscher emporsteigen, die den Abschluß des Thales bilden, aber dieser ganze Weg erscheint angesichts der ungeheuren Eis- und Felsenmassen so kurz, als ging' es nur über ein paar Bergwiesen dahin, bevor man ansteigt. Die ersten Etappen des Weges, der uns später freilich in die wildeste Almenwelt hineinführt, sind selbst für bescheidene Kräfte erreichbar, wenigstens gilt dies vom „Moserboden", der etwa eine Stunde ober der „Rainerhütte" liegt, und ein Hochplateau darstellt, das von gigantischen Gletschern umgeben ist. Wiesbach- und Kitzsteinhorn, die Bärenköpfe und die hohe Riffel stehen hier und durch die eisige „Wintergasse" führt der Weg nach dem Kaprunerthörl und hindurch ins Stubachthal!

Wir aber schauen hinüber in diese einsame Welt; unsere Augen wandern und rasten wieder auf all' der Schöne, bis die letzten Sonnenstrahlen verglommen sind..... Ein feines Dämmergrau begann in den Lüften zu weben; aus der Ferne klang Almgeläut und der Wind strich über die kurzen duftigen Gräser; noch wenige Augenblicke — dann war es Nacht.

Nun drängte sich alles nach dem kleinen gastlichen Obdach, das bald zu enge ward für die zahlreichen Gäste — in wenigen Augenblicken war das Landschaftsbild zum Genrebild verwandelt. Aber auch hier gab es noch Motive genug für den Maler. Das niedliche Gasthaus, welches ein unternehmender Wirth vor wenigen Jahren auf der Schmittenhöhe erbaute, gibt nahezu fünfzig bis sechzig Genossen Unterkunft; es ist kein „Hotel" im Schweizerstile, sondern eine anspruchslose deutsche Heimstätte, wo man zwischen vier Wänden von tannenduftigem Holz sich behaglich niederläßt, wie der Zufall just die Nachbarn zusammenführt. Nur der untere Theil ist gemauert aus rauhem Berggestein, das obere Stockwerk, wo die Schlafstuben liegen, ist mit dichten Lärchenschindeln geschützt gegen Sturm und Wetter.

Und doch wie unsäglich fröhlich sind die Menschen in diesem prunklosen Speisesaal, wo an fünf bis sechs Tischen etwa vierzig Personen tafeln, welch glückseliges lachendes Geplauder schallt hier durcheinander, wie viel wird hier dem menschlichen Leichnam geboten, nachdem die Seele sich erquickt in Bergluft und Sonnenschein.

Wir hatten es fast vergessen, daß Mitternacht längst vorbei war — horchend trat ich hinaus vor die kleine Hütte, da lag blauflimmernd das Vollmondlicht über Gletschern und Felsen, lautlos und stumm war's rings umher; kein Rauschen von Wind und Bach, nur jenes leise Klingen und Weben, das durch den sternhellen Aether zieht — nur die Athemzüge des Ewigen.

Aber auch in diesen hohen Regionen gilt noch das weise Wort, daß vom Erhabenen bis zum Lächerlichen nur ein Schritt ist. Und dies war der Schritt zu Bette. Schon den ganzen Abend über hatte im Stillen dieser Kampf um's Dasein gespielt, alle zehn Minuten hatte ein besorgter Fremdling den Wirth beim Fittich erfaßt, wenn dieser geschäftig vorbeiflog, und hatte ihm flüsternd in's Ohr geraunt: „Nicht wahr — um Gotteswillen — reserviren Sie mir mein Bett! Der Dicke da drüben braucht keins." Eine separate Schlafstube war natürlich nicht zu verlangen — aber sechstausend Fuß über der Meereshöhe ist eine Matraze auch dann noch begehrenswerth, wenn sie auf ebenem Boden liegt und wenn auch schon ein Dutzend Schläfer daneben schnarchen.

Polternd ging es die schmale Treppe empor und knurrend regt sich drinnen der eine und andere, der im Halbschlaf die nahenden Störenfriede ahnt; man strauchelt wohl hier über ein vorgestrecktes Bein, dort fällt eine Gruppe von Stöcken über den Haufen, oder es geräth ein Unbedachter in die lange Colonne von Bergstiefeln, die vor der Schwelle in Reih' und Glied stehen. Ein traumschwerer Fluch von unbekannten Lippen klingt dem Unbekannten entgegen, neugierig richtet eine schattenhafte Gestalt sich vom Lager auf und sinkt wieder zurück in die Kissen — wir aber blasen sorgsam das kleine Lämpchen aus und eine Minute später hat auch uns der Schlummer umfangen.

Ein behagliches Röcheln erfüllt den dunklen dichtbewohnten Raum, durch dessen Fensterluken die stumme Alpennacht hereinlugt, ab und zu murmelt wohl einer im Traum und plaudert in räthselhaften Fragmenten die Geheimnisse seines Lebens aus, aber Niemand hat Zeit und Lust sie zu belauschen. „Herrgott, ich glaube gar, es regnet!" — murrt schlaftrunken ein Dritter.

Und wie nun der Tag zu dämmern beginnt, der graue nüchterne Tag, da wird der Traum zur Wirklichkeit — es regnet in der That, es gießt, als ob alle Schleußen des Himmels geöffnet wären und dem sonnengoldigen Abend folgt als mißrathener Bruder der Morgen. Auch diese Ueberraschung gehört zu den Wundern der Schmittenhöhe!

Kleinlaut schlichen wir hinab aus der Matrazenkammer in den hölzernen Speisesaal und wo wir noch gestern in hellem Uebermuthe gezecht, da sah man jetzt verblüffte lange Gesichter, die sich so vorwurfsvoll betrachteten, als hätt' es einer von uns gethan.

Aber der Mensch fügt sich zuletzt ins Unvermeidliche; mit dem „Sonnenaufgang" war's definitiv vorbei und so waren die meisten froh, daß sie statt der wärmenden Strahlen, wenigstens eine Schale warmen Kaffee's erhielten. Und als auch er vertilgt war, kam wieder der Schoppen „Kalterer"; friedfertige Tabakswölklein stiegen in die Höhe, man blättert die dicken Fremdenbücher durch und als man nach einigen Stunden zur Uhr griff, im Glauben, es möchte nun wohl Zeit zum Mittagsmahle sein, da war es — sechs Uhr Morgens. Draußen aber galt noch immer die Losung:

„Herrgott, es regnet!"

Saalfelden mit steinernem Meer.

4.

Ueber Saalfelden ins Innthal.

Der Zellersee bildet eigentlich schon einen Wendepunkt unseres Weges; Gedanken und Ziele gravitiren von da ab bereits nach dem Innthal. Malerisch genommen ist es freilich noch ganz dieselbe Landschaft, wie sie uns bisher umgab, wir finden noch eine Weile dieselben charakteristischen Merkmale, trotzige Schlösser, stolze Kirchen, Bergbau im Thale und Felsenzacken, die gegen den Himmel ragen. Zwischendrein aber tummelt sich froh und fromm das Pinzgauer Völklein.

Der hervorragendste Ort, dem wir nunmehr begegnen, ist Saalfelden, breit und behäbig in's Thal gebaut und landschaftlich beherrscht von den meilenlangen grauen Schroffen des „Steinernen Meeres". Eine Reihe von Uebergängen führt ins Königssee-Gebiet hinüber — die meisten über den Funtensee und majestätische Bilder thun sich auf vor dem Wanderer, der diese mühevollen Pfade nicht scheut.

Man könnte die einzelnen Gebiete, die unsere Bergbahn durchschneidet, fast nach den einzelnen Gebirgsstöcken bezeichnen, die ihre Physiognomie gleichsam bestimmen, — wir erinnern nur an den Göll, an das Tännengebirge, an die Tauern und das „Steinerne Meer". Die nächste Strecke, das Leogangthal, ist von dem gewaltigen Birnhorn überragt, unter dessen grauen Steinwänden wir brausend dahinfliegen, dann kommt St. Johann mit dem „Wilden Kaiser", Kitzbüchel mit dem gleichnamigen Horn und die Endstationen mit der „Hohen Salve".

Bald hinter Leogang, das von zahlreichen Schmelzwerken umgeben ist, erreicht die Giselabahn ihren höchsten Punkt, derselbe liegt, wenn wir recht berichtet sind, circa 960 Meter über der Meeresfläche, so daß er immerhin noch an 1400 Fuß hinter der Brennerbahn zurückbleibt.

„Fieberbrunn!" ruft uns der Schaffner auf der nächsten Haltstelle entgegen; der Name klingt zwar nicht sonderlich einladend, aber gleichwohl schlummert eine Fülle von versteckten Vorzügen und Merkwürdigkeiten in demselben. Daß Margaretha Maultasch in den dortigen Quellen Genesung fand, ist freilich schon lange her und ebenso ist Schloß und Hüttenwerk schon älteren Ursprungs, aber das Eisen, das in letzterem geschmiedet wird, hat noch heute vorzüglichen Ruf und die prächtigen Wanderpfade, denen Fieberbrunn zum Ausgangspunkte dient, werden erst allmälig nach Gebühr gewürdigt werden. Besonders gehören zwei kleine Seen hieher, von welchen der eine mit Namen Pillersee einen wunderbaren Blick auf die Loferer Steinberge gibt, während der andere fast 7000 Fuß hoch in den Felsen liegt und wahrscheinlich einen tiefen vulkanischen Krater füllt, wie sie in diesen Bergregionen nicht selten sind. Wenigstens spricht für den abnormen Charakter des kleinen „Wildalpensees" eine fast unerklärlich finstere Farbe, welche auch die Fische theilen, die denselben bewohnen, sie riechen und schmecken auch so seltsam, daß es unmöglich ist, sie zu genießen. Nicht minder geheimnißvoll spricht der Volksmund von dem Abfluß des Sees, denn als solcher gelten mehrere Quellen, die fast zwei Stunden tiefer aus dem Boden kommen und die im Sommer eisig kalt, im Winter dagegen so warm sind, daß sie die Ache, in die sie sich ergießen, vor dem Gefrieren schützen. Am merkwürdigsten indessen bleibt wohl ihr Name — sie heißen die „schreienden Brunnen".

Und nun, da wir zu Ende neigen, kommt uns eines der reizendsten Dörfer entgegen, die nur je in Bergeslanden zu finden sind, — das ist St. Johann in Tirol. Es liegt im Leukenthal und die Klosterherren von Chiemsee hatten hier reichen Besitz, in langen Zügen kamen ihre Säumer mit Roß und Reisigen des Weges und hielten wohl gern eine „Nachtselde" in dem stattlichen reichen Dorfe. Schon der gewaltige Verkehr, den es damals besaß, gab ihm dieses Gepräge, noch mehr aber der Bergbau, der in den nahen Silber- und Kupferwerken anderthalbtausend Knappen beschäftigte, und von der Mitte des sechzehnten bis zum Beginne des siebzehnten Jahrhunderts allein an Kupfer drei Millionen Centner ertrug. Jetzt ist der Bergsegen dahingegangen, selbst der große Wagenverkehr hat aufgehört, seit das Dampfroß hier vorüberbraust, aber eines ist geblieben wie es war — die unversiegliche und unsagbare Schönheit. Kaisergeschlechter gingen und kamen — der „Wilde Kaiser" herrscht und leuchtet wie vor tausend Jahren.

Flüchtig senden wir noch einen Gruß hinüber nach Kitzbüchel, dem reizenden Städtlein, das die Bahn in großem Bogen umkreist; der Berg, der von ihm den Namen trägt, ist zwar in neuester Zeit ein ebenbürtiger Rivale der „Hohen Salve" geworden; doch da der Ausblick von beiden ziemlich derselbe ist, so mag eine Wiederholung hier füglich vermieden werden. Und schon lugt sie selber hervor, grünen geschorenen Hauptes und wir grüßen sie gerne mit ihrem eigenen Namen — Salve! — Wir grüßen das lachende Innthal, das wir nach ein paar tollen Tunnelfahrten glücklich erreichen. Hier sei der Wanderstab zur Ruhe gestellt und mit ihm die Feder, auf daß ein Besserer sie zu neuen Fahrten ergreife. Valete!

St. Johann mit dem Wilden Kaiser.

Bergschlösser.

Ein geschichtlicher Rückblick.

Auf den bisherigen Blättern wurde versucht, ein einheitliches Bild des Berglandes, so wie es heute dem Beschauer sich zeigt, zu geben, aber dasselbe wäre weder ganz, noch verständlich, wenn wir nicht neben der Entstehung des jetzigen landschaftlichen und volksthümlichen Charakters auch das ins Auge faßten, und wenn auch nur mit einigen leichten aber markigen Umrissen andeuteten, was in den Bergen früher war und geschah, und welche Zustände den jetzigen vorangingen, die entweder noch in ihnen wurzeln oder in ihrem Schutte neu aufgesprossen sind. Es gilt dabei selbstverständlich nicht, eine Menge geschichtlicher Einzelheiten zusammenzufassen, welche eben durch ihre Vielheit weit mehr zerstreuend als wie anregend wirken; noch viel weniger aber kann es beabsichtigt sein, sie zu einer förmlichen Geschichte zu verarbeiten. Aber wie die Felswände der Berge und ihre wunderbaren Gestaltungen, wie die Erhabenheit des Hochwaldes und die an seinem Fuß sich lagernde Idylle eines Thales mit See und Waide noch einen neuen und erhöhten Reiz durch die Beobachtung und Kenntniß erhält, wie und warum sie so entstanden und sich gerade so gestalten mußten, so beleben sich auch Einöde und menschlicher Wohnplatz in anziehender Weise, wenn hinter den klaren Gebilden der Gegenwart, wie Phantasmagorieen, nicht störend und doch wesenhaft die Menschen vorüberziehen, welche einst auf diesen Bergen gehaust und in diesen Thälern sich des Lebens gefreut — vielfach in anderer Weise und doch anziehend und verständlich auch für die Gegenwart; denn wie die ewigschöne Natur sind auch Herz und Sinn des Menschen in den Grundzügen dieselben geblieben.

Der Wanderer in den Bergen braucht nicht lange nach Spuren der vergangenen Tage zu fragen — sie haben Denkmäler genug hinterlassen, die nur des offenen Sinnes harren, der bereit und gesammelt ist, ihre stummen Berichte zu vernehmen. Nur wenige Stunden kann er, zumal in den äußeren Bergen, dahinziehen, ohne sich von der Höhe eines Berges herab von einem stattlichen Schlosse bewacht, von den Thürmen und Giebeln eines mächtigen

Klosters oder Stifts eingeladen, oder von der Ruine des einen oder andern ermahnt zu sehen, wie vergänglich hienieden Alles ist, und wie selbst die anscheinend am festesten gegründete Herrschaft auf einer Art von unermüdlich rieselndem Sandlager ruht, das ihr allmälig und unmerklich unter den Füßen entflieht. Schlösser und Klöster waren die frühere ausschließende und auszeichnende Physiognomie der Berge und ihrer Vorlande, und in gewissem Sinn waren ja auch die Klöster nichts anderes als geistliche Schlösser, nichts als Burgen von heiligen Mauern, hinter denen der Mönch seine festen Stützpunkte suchte und besaß, wie der Ritter hinter den weltlichen Wällen und Thürmen seiner Veste. Weltliche und geistliche Burgen oder Schlösser hatten sich sozusagen in den Scepter des Gebiets getheilt; bestunden ja doch nach einer gerade vor hundert Jahren gemachten Zählung in Oberbayern (von welchem die Berglande doch nur einen kleinen Theil ausmachen) nicht weniger als dreiundfünfzig Klöster und achthundert neunundneunzig Schlösser, ohne bei jenen die Chorstifte, Probsteien und so weiter, bei diesen die kleineren adeligen „Ansitze" mitzuzählen. Jetzt ist es wesentlich anders geworden: die Mönche sind aus den Klöstern geschieden (denn die neuerdings aufgetauchten kleinen derartigen Anstalten in dortigen Gegenden kommen gegen früher gar nicht in Betracht), der Nachsturm der französischen Revolution hat sie achtzehnhundertunddrei säkularisirt; ihre Prachtgebäude stehen theils unbenützt und öde, theils sind sie zu industriellen Betriebstätten, meist Bierbrauereien, geworden; die vielen Kriege, die Zerstörungen der Schweden, der Oesterreicher im spanischen Erbfolgekriege, der Franzosen in den späteren Feldzügen haben manches Schloß zur Ruine gemacht, manche sind ganz von der Erde verschwunden, um irgend einem benachbarten Baubedürfniß zu dienen, viele sind mit dem Verfall ihrer ursprünglichen Geschlechter verkümmert, die meisten kommen, seit ihnen das Jahr achtzehnhundert achtundvierzig den letzten Rest früherer Herrschaft genommen, nur als Lustorte oder als die schönen Wohnsitze von großen, nicht immer adeligen Landwirthen in Betracht.

Doch ehe hier näher eingegangen wird, ist es wohl geeignet, einen fragenden Blick in die Urzeit zu werfen, zu welcher die letzten Fasern unserer nationalen Geschichtswurzeln zurücklaufen.

Die oberflächlichste Ueberschau zeigt, daß die Berge Oberbayerns, ihre Thäler und das Land vor ihnen zu den ältesten Kulturgebieten gehören; finden sich doch beinahe überall Spuren in Menge und wären es nur die noch erhaltenen, wenn auch veränderten Ortsnamen, daß auf diesem Gebiete die Römer sich sehr heimisch und fest niedergelassen hatten in ihrem Norikum und den beiden Rhätien. Durch die Berge und Vorlande kreuzen sich die Spuren und Reste der unverwüstlichen Straßen, welche die Herrn der Siebenhügelstadt ihren Legionen bauten, von einer großen Niederlassung zur andern, links und rechts von zahlreichen festen Lagern behütet, von aufeinander blickenden Wartthürmen bewacht. So läßt sich noch jetzt der Zug der von Verona nach Augsburg führenden Heerstraße bei den alten Stationen zu Scharnitz, Mittenwald und Partenkirchen, durch den Ammergau bis über Dießen und Andechs hinaus verfolgen: so streicht durch die Fichten der Münchener Hochebene die andere Straße, welche von Salzburg her nach Augsburg über den Inn zog und wer die seit dem Bau der Eisenbahn etwas verödete Hauptstraße nach Rosenheim dahin wandert, denkt wohl kaum daran, daß eine ziemliche Strecke derselben bei Aibling auf der alten Römerstraße dahinläuft. Auch an befestigten Castells und umwallten Lagern fehlt es nicht und wer an letzterwähnter Stelle innehaltend um sich schaut, der mag wohl gewahren, daß von der sogenannten Birgschanze, an der schon erwähnten gewaltsam abbeugenden Mangfall-Ecke, es kinderleicht war, die ganze Mangfall-Ebene bis zu dem Hügelzuge von Aibling zu überschauen und mit dem Thurm des dort gestandenen Castells zu correspondiren, der vor nicht langer Zeit zum Zweck der Erbauung eines neuen Landgerichtsgebäudes demolirt und wegen seiner polizeiwidrigen Festigkeit mit Pulver gesprengt wurde. Hatte der Wächter an der Mangfall ein Zeichen gegeben, so zeigte wohl im nämlichen Augenblick das auf dem Castell von Cipilinga auflodernde Feuer, daß sein Signal bemerkt worden war: nur wenige Sekunden später mußte auch der Wart des riesigen Thurmes von Neubeuern die Losung gewahr worden sein und die Feuerzeichen brannten dann den Inn aufwärts auf den Thürmen des Falkensteins und der Auerburg, stromabwärts an der Innbrücke bei Pfunzen (pons Oeni) und weiter. Auch tiefer hinein in den Bergen finden sich Spuren römischer Befestigungen, wie am Schliersee in den halbverschwundenen Ruinen der Burg Waldeck noch an einem Theile des Gemäuers an den Quadern jene wulstigen Ausbuchtungen erkennbar sind, welche als ein Kennzeichen römischer Bauart gelten. Wie schon erwähnt, lebt auch noch in manchen Ortsnamen ein Anklang von der Tiber fort und man irrt wohl nicht, wenn man in Valepp das lateinische valles, in Willing eine villa, in Wiechs das alte vicus wieder zu finden glaubt. Nicht minder richtig deutet das Wort Wal oder Walch, das in so vielen Namenszusammensetzungen vorkommt und der alten Landesbevölkerung die Bezeichnung abgab für Alles, was walischen, walchischen, wälschen, das heißt römischen Ursprungs ist (Walchensee, Walgau und Andere), auf solche Entstehung zurück, wenn auch dahingestellt bleiben muß, ob nach der Behauptung von Sachkundigen die Bewohner einzelner Thäler, wie zum Beispiel derer von Partenkirchen oder von der Ramsau, wirklich von versprengten Römern abstammen, die sich vor dem Völkersturm in abgelegenere Gegenden flüchteten und deren jetzigen Bewohnern in körperlicher Erscheinung und Lebensweise eine Art Merkzeichen hinterlassen haben sollen. In der Erinnerung des Volks ist davon so viel wie nichts übrig geblieben und wo ein sagenhafter Schimmer sich erhalten hat, wird er allgemein für einen Ueberrest aus der „Heidenzeit" gehalten, oder wie in anderen Ländern gar dem Teufel zugeschrieben.

Reicher der Zahl nach sind die geschichtlichen Denkmäler aus den Tagen erhalten, als der Strom der Völkerwanderung verbraust war und wie eine Ueberschwemmung in den Niederungen einen Theil ihrer Flut zu ruhigem Beharren abgelagert hatte. So waren um die Mitte des sechsten Jahrhunderts in den Berglanden die Bojer oder Bajuvarier seßhaft geworden, unter der Verwaltung von Grafen stehend, die den einzelnen Gauen vorgesetzt waren, und regiert oder im Kriege angeführt von Königen oder Herzogen aus dem Geschlechte der Agilolfinger, denen fünf andere Dynastenstämme an Rang und Bedeutung beinahe gleichstanden. Einer davon, die Fagani, hatte seinen Sitz an der Mangfall im so benannten Sundergau, wo der Name des Schlosses Vagen noch an sie erinnert; ein anderer, die Huosier, in dem westlich anstoßenden nach ihm genannten Gau, der das Land am Anger und Loisach umfaßte. Der Walchengau erstreckte sich auf die Gegend von Partenkirchen bis über Scharnitz hinein in das jetzige Tirol; wo Ettal liegen und Ammergau, da war der „Ambergoi" — es gab deren noch mehrere größere und kleinere; hier sind nur die von Betracht, welche in unsern Bergbezirk fallen. Jenseits des Inns streckte sich der Chiemgau, neben ihm ein weiterer, der nach der Salzach benannt war. Wie überall in der Geschichte und zumal in der deutschen, ging es auch mit den Gaugrafen; sie thaten, was später die Reichsfürsten dem Kaiser gegenüber in größerem Maßstabe gethan, in kleinerem Umfange: sie machten sich immer selbstständiger und wurden zuletzt aus ursprünglichen Beamten zu aus eigener Macht oder lehensweise gebietenden Herrn — die herzoglichen Gaue wurden Grafschaften. Eine solche bestand zunächst aus den welfischen Landen im Ammergau; die Grafen von Werdenfels und Eschenloh walteten an der Loisach, die von Wolfrathshausen an der Isar, während am Mangfall und Inn die gewaltigen Herren von Falkenstein geboten. An diese grenzte die Herrschaft derer von Waldeck und südlich sich anreihend bis an den Chiemsee jene der Dynasten von Marquartstein.

Zahlreich sind die noch vorhandenen Denkmäler aus dieser fernen Zeit, zahlreich besonders aus den Tagen des letzten Thassilo, mit welchem das selbstständige Bayern endete und zu einer Provinz des Frankenreiches wurde. Ihm verdankten ihren Ursprung das einst bedeutsame Stift Polling, das nicht minder angesehene Wessobrunn, wo die berühmte Abschreiberin Diemud lebte, sowie die Klöster auf den beiden Eilanden des Chiemsees, das Herren- und das Frauen-Wörth. Agilolfingische Verwandte haben Benediktbeuern und Tegernsee gegründet. Noch darüber zurück reicht die Entstehung von Schliersee, durch fünf Waldeckische Brüder gestiftet, und von Schlehdorf am Kochelsee, dessen Abt schon im Anfang des neunten Jahrhunderts einem in Reisdorf abgehaltenen Concilium beiwohnte. Kirche und Stift zu Sankt Zeno in Reichenhall kommen auch schon unter Karl dem Großen vor, während im zehnten Jahrhundert Andechs, im elften Beuerberg, Weyarn und Berchtesgaden erwuchsen und als eine der jüngsten aber auch merkwürdigsten Schöpfungen dieser Art Kaiser Ludwigs des Bayern wunderbares Stift zu Ettal den Reigen in diesen Gegenden bedeutsam abschließen mag. Es war ein schöpferischer Gedanke, die meist öden und unbewohnten

Gegenden mit ſolchen Anſiedlungen zu beleben, denn überall um ſie her, durch den Fleiß der Mönche in Acker und Zelle befruchtet, erblühte das Land. Dörfer und Flecken ſchmiegten ſich an ſie an und wenn ſie über ſelbe herrſchten, war es ein ganz natürliches Verhältniß, denn es iſt nur gerecht, wenn der Schöpfer ſeinen Werken gebietet. Die Einfälle der Hunnen hatten ſie zwar faſt alle verwüſtet, aber wie gute in der Erde unverſehrt gebliebene Wurzeln trieben ſie mit neuer Keimkraft nach und wurden anſehnliche Bäume, die allerdings das Land zuletzt mehr als gut war beſchatteten und wohl auch verdunkelten. Die achtzehnhundertunddrei vollzogene und in unkluger Uebereilung durchgeführte Aufhebung ſetzte die Axt ans Leben, indem ſie mit der Einziehung der Güter die Wurzeln ſaftlos machte und ſo iſt von den vielen und reichen Klöſtern — ob deren Menge und Pracht das Land an der Iſar und Loiſach (der Iſarwinkel) weiland der Pfaffenwinkel genannt worden war, nichts geblieben, als die entlaubten und entzweigten Stämme, nämlich die Gebäude, denen meiſtens nur die darin betriebene Brauerei

Schloß Hohenaſchau.

das Daſein friſtete, wie in Polling oder Ettal, andere ſtehen geſpenſtiſch leer, wie Schlehdorf, oder ſie dienen ganz fremdartigen Zwecken, wie Benediktbeuern, das, nachdem Frauenhofer daſelbſt ſeine großen Verſuche und Erfindungen gemacht, als Fohlenhof und Kaſerne dienen muß. Nur einige ſind wieder zu klöſterlichen Zwecken eingerichtet, wie Beuerberg, Frauenwörth und Dietramszell, wo ſich Nonnen als weibliche Erzieherinnen niedergelaſſen haben — einzelne ſind zu ſchönen Edelhöfen geworden, wie Bernried, oder zum Sitz fürſtlicher Muße umgeſtaltet, wie das anmuthige Tegernſee, wo Werinher, der berühmte Pergamentmaler, lebte, Walter von der Vogelweide als Gaſt weilte und dann Max Joſeph, der erſte König des Landes, ſeine prächtige und doch einfach leutſelige Hofhaltung führte.

Sie hatten ihre Zeit und haben für dieſelbe und in ihr gewirkt; jetzt iſt ſie über die geiſtlichen Burgen hinweggeſchritten, wie über die weltlichen der Ritter, denen auch ein kurzer Blick gebührt. Sie waren minder zahlreich in den Bergthälern als gegen das offene Land zu und an den Strömen, wie denn an manchen, wie zum Beiſpiel am Inn und Mangfall ſie einander buchſtäblich die Hände reichten und kaum ein Dorf zu finden iſt, in welchem nicht einſt eine Burg ſtand oder ein adelicher Anſitz, der längſt zu einem Bauernhauſe geworden und nur hie und da noch in den Ueberresten eines Grabens erkennbar ist. Im Isargebiet bei Wolfrathshausen ragt das in altem Stile wiederhergestellte Schloß Eurasburg, einst der Sitz der Irinsburger, gebieterisch in die Lande; im einsamen Länggrieserthale schaut die Hohenburg auf den Strom und seine Bergwälder herab, ebenfalls prachtvoll erhalten und recht geeignet, dort über das nachzudenken, was bleibt und was vergänglich ist — sie ist in neuester Zeit Eigenthum des gewesenen Herzogs von Nassau geworden. Im Partenkirchnerthale ragen die Burgtrümmer von Werdenfels empor, ein unsäglich bedeutsamer Schmuck der Gegend, denn sie erzählen dem Kundigen von den vielen Hunderten, die in den Kerkern derselben, als die Herrschaft an den Bischof von Freising gelangt war, als Hexen gefangen lagen und gerichtet wurden, oder sie erinnern an den bayerischen Herzog Ferdinand, der Maria Petenbeck, die schöne Pflegerstochter von Haag, freite, deren Abkömmlinge als Grafen von Werdenfels lange blühten, und vielleicht bei dem Absterben der Ludwig'schen Linie zur Thronfolge in Bayern gelangt wären, hätte nicht der

Burg Falkenstein im Innthal.

letzte derselben das Unglück gehabt, im nahen Ettal, wo er sich auf der Ritterschule befand, an einem Pfirsichkern zu ersticken. — Im Chiemgau ragen an der Prien die mächtigen Mauern von Hohenaschau, an der Achen die von Marquartstein empor, beide uralt und mit dem Verfalle kämpfend, jenes seit langer Zeit und bis zuletzt den Preysingern gehörend, dieses weiland ein Sitz der Grafen von Ortenburg: zur Zeit sind beide nicht viel mehr als eine malerische Zierde und eine sagenhafte Erinnerung der Lande, über die sie einst Gewalt gehabt. Die Schlösser und Ruinen an Schlierach, Mangfall und Inn lassen sich am besten miteinander behandeln, denn sie hängen auch geschichtlich untereinander zusammen — es ist wohl geeignet, in einer kurzen Erzählung ein Bild des Lebens zu entrollen, das in ihnen gewaltet, am Schlusse aber zum wirksamen Gegenstücke das eines der bedeutendsten Stifte anzureihen.

Beim Eintritt in die Berge, aus denen der Inn hervorbricht, ragt dem Wanderer schon von ferne die Ruine der Burg Falkenstein entgegen und bietet ein ebenso schönes als anziehendes Bild. Wie aus den Häusern und Baumgärten der davor liegenden Orte steigen die Trümmer in mächtigen Umrissen empor, überragt von dem Madronberge, von welchem zur Seite das alte Wunderkirchlein des Petersberges in die Lande schaut. Wer den Burgweg hinansteigt, findet sich reichlich belohnt durch den romantischen Anblick der Ruine selbst, unter welcher ein

Bergbach abstürzt, der hinter ihr über eine riesige Felswand als ein Wasserfall herniederstäubt, der manchem berühmtern den Vorrang streitig machen könnte. Herrlich ist der träumerisch einsame Aufenthalt in den Burgtrümmern — ergreifend der Anblick, der sich rechts hinein in die Bergwelt auf den Wilden Kaiser, nach links ins unabsehbare Flachland aufthut — noch ergreifender ist es, hier in die Vergangenheit zurückzuschauen und die Geschicke, die sich hier oben abgespielt, an sich vorüberziehen zu lassen. Hier saßen einst die mächtigen Grafen von Falkenstein und Neuburg, zugleich Herrn von Herrantstein und Schirmvögte von Aibling, denen in allen angrenzenden Landstrichen eine Menge von Vasallen lebte — ein Stamm, der mit seiner ausgedehnten Macht eine gleich große Gabe von wilder Kraft des Geistes wie des Körpers verbunden zu haben scheint. Ihr eigentliches, Neuburg geheißenes Stammschloß lag an der Mangfall oberhalb Vagen, ist aber bis auf schwache Spuren völlig von der Erde verschwunden; die ihnen ebenfalls gehörige Altenburg aber blickt wohl erhalten und wiederhergestellt auf die Eisenstraße hernieder. Ein Sigbot von Falkenstein (elfhundert und dreißig) beging in seiner Unbändigkeit einen zweifachen Mord und mußte öffentliche Kirchenbuße thun, an der ihm dann fünf Jahresfristen erlassen wurden. Er scheint erst mürbe geworden zu sein, als ihm sein einziger Sohn kinderlos starb, denn jetzt schuf er seinen großen Weinkeller an der Mangfall in ein Kloster um, das darnach Weyarn hieß. Welch ein Recke er gewesen sein mag, erhellt daraus, daß bei einer nach mehr als sechshundert Jahren vorgenommenen Ausgrabung sein Schädel noch völlig wohl erhalten gefunden ward. Die Linie seines Bruders währte etwas länger, doch auch in ihr waltete der alte unbändige Dynastentrotz. Sigbot III. befehdete und bedrängte die ihm als Vogt untergebenen Klöster und lehnte sich mit dem Grafen Konrad von Wasserburg gegen Herzog Otto von Bayern auf, ward aber besiegt und starb zu Burghausen im Gefängniß und im Bann, denn er blieb unbegraben, bis die Bitten eines Verwandten den Zorn des Freisinger Bischofs besänftigten. Sein Sohn Sigbot IV. wurde von einem Vasallen, Otto von Brannenburg, im Bade sitzend, wahrscheinlich aus Rache erschlagen (zwölfhundert zweiundsiebenzig); mit ihm erlosch das Geschlecht und nur die Sage will von einem letzten Sigbot wissen, der sich von Antwort nannte und als Mönch verschollen sei. Die Besitzungen fielen an die bayerischen Herzoge, zunächst an Ludwig den Strengen, die Burg wurde nach und nach verschiedenen Geschlechtern verliehen, bis sie (siebenzehnhundert vierundachtzig) durch Feuer zur Ruine wurde. — Ein Theil ihrer Herrlichkeit ging auf die Waldecker auf Maxelrain über, wie die Vogtei über Aibling: es ist daher am Platze, auch diesen einen Augenblick zu schenken, denn das uralte Machsminreine (ungefähr so viel bedeutend als ein Rain, an welchem alles gut wächst), das schon achthundert fünfunddreißig urkundlich vorkommt, ragt, zwar in sehr veränderter Gestalt, aber noch wohl erhalten mit seinen vier Eckthürmen wie in bewußtem Stolze aus der Ferne herüber gegen den verödeten Falkenstein. Das alte Geschlecht erlosch im fünfzehnten Jahrhundert und ward von den verwandten Waldeckern beerbt, die am Schliersee und auf der Wallenburg bei Miesbach seßhaft, schon siebenhundertsechzig als Gründer von Schliersee und neunhundert zweiundvierzig unter den turnierfähigen Kämpen auf einem Lanzenbrechen zu Rothenberg erscheinen. Der merkwürdigste von allen Waldeckern auf Maxelrain, die von Kaiser Karl V. die Reichsfreiheit und das Recht, mit rothem Wachs zu siegeln (!), erhalten hatten, war wohl Wolf von Maxelrain, der mitten in dem erzkatholischen Bayern in Verbindung mit den damals auf Hohenaschau hausenden Freibergen, den Ortenburgern und andern der neuen Lehre einen Wohnsitz bereitete, der sich von Schliersee und Miesbach bis nach Rosenheim und die Aiblingergegend erstreckte und den strenggläubigen Herzogen Wilhelm und Albrecht nicht geringe Sorge machte, denn die lutherischen Prädikanten waren überall an- und aufgenommen, und die Bevölkerung ging nicht mehr zur Beichte und verlangte das Abendmahl in beiden Gestalten. Aber man machte damals bei solchen Zuständen nicht viel Federlesens: man sperrte die Gegend wie eine verpestete ab, machte mürb, wer sich beugen wollte, und zwang den, der zu brechen vorzog, den Wanderstab zu ergreifen, und so konnte schon nach etwa dreißig Jahren zu Hofe berichtet werden, daß Alles wieder gehörig zu Beichte und Prozession ging — die adeligen Herren waren gelinder weggekommen. Man hatte sie zu Hofe gerufen, zum Theil gefangen gesetzt, zum Theil in anderer Art gedemüthigt: der Maxelrainer war mit einem Verweise zurückgekehrt gegen das Gelöbniß, die Bekenner der neuen Lehre nicht mehr zu schützen — er hielt das unfreiwillige Gelöbniß, aber Gram, Grimm und Groll führten ihn bald in die Grube. Desto gefügiger war sein Sohn, der wohl in belohnender Anerkennung dafür zum Reichsgrafen erhoben ward, als welcher er zum Reichscontingent zwei Mann zu Fuß und Einen zu Roß zu stellen hatte. Der Stamm erlosch siebenzehnhundert vierunddreißig mit Joseph von Maxelrain, der ein Alchymist war und im Josephsthal am Schliersee vergebliche Versuche gemacht hatte, auf Erz zu graben. — Das Schloß steht noch, ein adeliger Landsitz und ein stattliches Oekonomiegut, an Rang und Macht den übrigen Bauerngütern gleich, verschieden nur durch den Umfang und das steinerne Haus.

Als kirchliches Gegenstück zu diesem Bilde aus dem Leben und Walten der Adelsgeschlechter ist keines besser geeignet, als das schon mehr erwähnte Ettal, das in seiner Eigenthümlichkeit wohl nirgends seines Gleichen hat.

Den Namen Ettal leiten einige von dem öden einsamen Charakter des Thales ab, in welchem es liegt; andere von Ethiko, dem alten trutzigen Welfen, der am Lechrain geherrscht und im Groll darüber, daß sein Sohn sich herabgelassen hatte, ein Lehensmann des Kaisers zu werden, der Welt entfloh und sich in die Einsamkeit zurückzog. Er soll hier seine Klausnerzelle gehabt haben. Die bestimmte, durch den noch vorhandenen Stiftungsbrief urkundlich nachweisbare Entstehung aber verdankt das Stift Kaiser Ludwig dem Bayer, der auf seinem Römerzuge in großer Geldklemme ein frommes Gelübde gemacht und hiebei von einem ihm bei verschlossener Thüre erschienenen unbekannten Mönch ein kleines steinernes Marienbild erhalten hatte. Als er heimkehrend auf der von Partenkirchen nach Ammergau führenden Straße den Kienstieg hinanritt und in diese Gegend kam, stolperte sein Pferd dreimal, und das Bild ward ihm so schwer, daß er es nicht weiter zu tragen vermochte: er beschloß daher, hier sein Gelübde zu lösen. Die Art, wie er es that, ist ein Beweis mehr für den edlen Sinn und die gemüthvoll ideale Lebensauffassung, die er mehrmals — namentlich seinem Gegenkaiser, dem schönen Friedrich gegenüber — gezeigt hatte. Ludwig war der Dichtkunst hold, ein besonderer Freund von Wolfram von Eschenbachs Werken und mochte es lebhaft beklagen, daß er seinen „Titurel", das Lied vom heiligen Gral, unvollendet zurückgelassen hatte; er gab daher dem Sänger Albrecht von Scharfenberg den Auftrag zur Vollendung des Gedichts, die er aber nicht mehr erlebte, und faßte zugleich den Entschluß, in seinem Bau zu Ettal das im Titurel aufgestellte Ideal des auf Montsalvatsch stehenden Graltempels, wenigstens in kleineren Maßen, zu verwirklichen. Die Kirche ist wie der Graltempel eine Säulenrotunde mit sie rings umkränzenden Kapellen, einer inwendig umlaufenden Mauerbank und der Hauptsäule in der Mitte, welche Stütze, Kern und Krone des Ganzen ist und wo das Kleinod, dort der Gral, hier das Marienbild, aufbewahrt wird. Auch das heilige Gitter fehlt nicht, von dem Bilde aber geht, wie von dem Gral, die Sage, daß es nur dem Reinen sichtbar sei, daß nur er es zu tragen vermöge, dem Unreinen aber völlig verschwinde oder ihn mit Zentnerlast drücke, ja sogar, daß niemand den wunderbaren Stein kenne, aus dem es gefertigt sei. Noch mehr tritt die Aehnlichkeit mit dem Graltempel hervor, wenn man erwägt, daß, wie dort neben einer Anzahl von Mönchen oder Graldienern eine Schaar von Rittern um den Gralkönig (hier den Meister) geschaart ist, hier zwölf Ritter hausen und das Wunderbild verehren sollten. Es war ihnen gestattet, verheiratet zu sein, ihre Frauen mußten aber dann sich ebenfalls der Ordensregel fügen und konnten auch als Wittwen im Hause bleiben. Jedes Paar hatte seine bestimmte eigene Dienerschaft, sie durften ausreiten, jagen und so weiter, ritterliche Uebungen pflegen, aber Trunk, Tanz und Spiel war ihnen verwehrt und sie überhaupt zu einem strengsittigen Lebenswandel verpflichtet, zu gemeinsamen Andachten und gemeinsamem Mahle, wo je zwei Paare zusammen saßen und vorgelesen wurde. Die Ritter waren verpflichtet, „kein ander Barb zu tragen, dann pla und gra, und die Frauen nur pla." Sie standen unter dem Meister und der Meisterin (die aber keineswegs gerade die Frau des Meisters sein mußte), konnten aber hinwieder alle miteinander auf deren Absetzung antragen. Die Kinder, die den Ritterpaaren geboren wurden, blieben drei Jahre „auf der Hofstat", dann mußten sie anderwärts untergebracht werden. Die Stiftung ist, da Ludwig die Vollendung des Baues nicht erlebte, wohl kaum jemals ganz so ins Leben getreten, Kirche und Wohngebäude aber wurden ausgeführt und an der erstern ist die ursprüngliche Bauform noch wohl zu erkennen, wenn sie auch durch die Soldaten Moritzens von Sachsen verstümmelt und in der Mitte des vorigen Jahrhunderts durch einen Brand, noch mehr aber durch den nachgefolgten Umbau im Zopfstil gründlich entstellt ist.

Nachmals war mit dem Benediktinerkloster, vielleicht in Erinnerung an den ursprünglichen Willen des Stifters, eine Ritterakademie als adelige Erziehungsanstalt verbunden worden. — Die Wallfahrt zu dem Marienbilde besteht auch in dem zum Bräuhause degradirten Kloster fort, aber das Geheimniß des erstern ist längst gelöst: es besteht aus feinem weißem Alabaster und gilt für ein tüchtiges Kunstwerk aus der Schule Nikolo Pisano's. Seine Wunderkraft, durch sein Gewicht den Reinheitszustand des Tragenden zu verrathen, kann es nicht mehr üben, da man für gut befunden, es zu befestigen.

Gegenüber dem Mönch und dem Ritter mag es passen, auch auf den Bürger einen flüchtigen Blick zu werfen und ein Beispiel zu geben an den Anwohnern der alten römischen Veroneserstraße, die im Mittelalter der einzige und ausschließende Verkehrs- und Handelsweg mit Italien geworden war, so daß die an ihr liegenden Orte, wie Mittenwald, Partenkirchen, Ammergau und andere das Recht erwarben, alles Gut, das auf ihr transportirt wurde, zu verführen. Es bestanden Lagerhäuser, in denen alle Waare niedergelegt werden mußte und nur durch die Innungen der „Rottfuhrmänner" verfahren werden durfte. Das brachte die Orte rasch auf einen hohen Grad der Wohlhabenheit, die aber nachließ, wie mit der Veränderung des Handelszuges die abgeleitete Quelle zu fließen aufhörte. Es kamen Zeiten der Verarmung, von welcher die Orte sich erst spät in etwas dadurch befreiten, daß sie sich einem andern Erwerbszweige zuwandten: so wurden die Mittenwalder Geigenmacher, die Ammergauer aber Bildschnitzer. Die Gegenwart hat an vielen Orten Vieles umgestaltet und wird es immer mehr, je weiter mit Dampf und Schienen die Möglichkeit eines leichten, schnellen, billigen Verkehrs die Schätze in den Bergen aufschließt. Schon wird am Peißenberg, am Penzberg bei Kochel und selbst am einsamen Schliersee emsig der Kohlenschatz der Berge ausgebeutet; große Sägewerke, wie zu Hohenburg im Länggries, machen die Waldvorräthe verwerthbar, der Reichthum an Holz und Torf hat schon manches industrielle Unternehmen mit Erfolg hervorgerufen, eine Fülle der herrlichsten Wasserkräfte wird zu neuen anlocken, und wer nach fünfzig Jahren wieder die Physiognomie der Berglande zu beschreiben hat, wird einem vielfach veränderten Antlitz gegenüberstehen — ob es ein schöneres geworden, muß bezweifeln, wer seine stille Unentweihtheit in tiefster Seele empfunden hat. Doch all das auf einem andern Blatte — hier galt es bloß, dem Freunde der Berge in Erinnerung zu bringen, was „sich das Bergschloß erzählt!"

H. Sch.

Das Bergdorf.

Kulturgeschichtliche Skizzen.

———

I.

Haus und Brauch.

Man kennt einen Landstrich nicht recht, denn man kennt ihn nicht vollständig, wenn man nicht auch seine Bewohner kennt. Darum ist wohl hier ein Wort über die Bewohner der Berge an gehöriger Stelle; wie ihre Heimat selbst, bieten auch ihre Wohnstätten, sowie ihre Art zu leben und zu sein, ebenso viel des Anziehenden wie des Eigenthümlichen.

Dem altbekannten Satze: „Sage mir, mit wem du umgehst und ich will dir sagen, wer du bist," darf man wohl mit gleicher Berechtigung die Behauptung gegenüberstellen: „Sage mir, wie du wohnst und ich will dir sagen, wer du bist." — Der Mensch drückt der Gegend, in welcher er haust, das eigenthümliche Gepräge seiner Sinnesart wie seiner Thätigkeit ein, aber ebenso gewiß ist er auch hinwieder von dem Charakter der Gegend beeinflußt, und beide in ihrer steten Wechselwirkung gestalten erst das wahre lebensgetreue Bild.

Der eigenthümliche Zug, welcher die Bewohner von Gebirgen von solchen des Flachlandes unterscheidet, prägt sich bei jenen der bayerischen Alpen schon durch die Art ihrer Siedelung und die Bauart ihrer Häuser aus. Während in der Ebene die meist steingebauten und meist niedrigen Häuser der Landleute sich gern in Dorfschaften zusammendrängen, um welche die gemeinsamen Ackerfluren sich ausbreiten, liebt es der Bergbauer, sich einzeln anzusiedeln und, von größeren Ortschaften in den Vorebenen oder auf den Mittelgebirgen abgesehen, welche durch die bedeutenderen Straßenzüge und den Verkehr auf ihnen hervorgerufen wurden, bestehen die meisten Berggemeinden aus einzelnen Häusergruppen, Weilern und Einödhöfen, wo die Familie, mit sich und ihrer Arbeit beschäftigt, von ihrem Besitzthum umschlossen, auch das ganze Jahr über auf ihre Arbeit beschränkt, in stiller Einfachheit dahinlebt. Sie hängt mit der Außenwelt fast nur dadurch zusammen, daß die

Kinder zur Schule wandern und hie und da neue Kunde heimbringen, sowie daß an Sonn- und Feiertagen zur Kirche gezogen wird. Der Besuch eines Jahrmarktes in einem der größeren Orte, oder die Theilnahme an einer befreundeten Hochzeit, sowie die Kirchweihe sind die rauschenden Unterbrechungen dieser Idyllen.

Das Haus des Bergbewohners zeichnet sich vor Allem dadurch aus, daß es aus Holz, nämlich aus behauenen Balken mit innerer Vertäfelung erbaut ist, sowie durch das fast nie fehlende obere Stockwerk und das schräge gestellte, abgeflachte Giebeldach und den hölzernen Umgang, der sich um das obere Stockwerk zieht, die sogenannte „Laube". Allerdings sind auch solche Häuser häufig, deren Erdgeschoß gemauert ist, aber dann ist der Oberbau desto gewisser von Holz, und nur in Folge von Unglücksfällen geschieht es, daß manche städtisch-nüchterne Steinkästen errichtet werden — solche Unglücksfälle sind, wenn ein Ort abbrennt, wie das einst so reizende Oberaudorf am Inn, oder wenn ein Bauer gar zu wohlhabend geworden, daß ihn der Haber sticht und er mit seinem städtischen Geschmack prunken zu müssen glaubt. Die Wände des Hauses sind häufig — in manchen Gegenden, wie im Ammergau, immer — mit Figuren, meist Heiligenbildern, mit bunten Fensterumrahmungen im Zopfstile bemalt, oder mit manchmal sehr treffenden Sprüchen verziert. Die Hauptseite ist meistens nach Osten oder Mittag gerichtet und von Obstbäumen umgeben, mag auch die Aussicht von den Fenstern noch so herrlich sein. Der Bauer achtet nicht darauf, er hat nicht Zeit, die Aussicht zu betrachten, und wenn er es will, läßt er sich nicht verdrießen, ein „bissel voni (weiter vorwärts) z' gehn." Auch der Giebel ist verziert, wie nicht weniger das Laubengeländer; der erstere läuft häufig in zwei gegeneinander aufstrebende Thierköpfe aus, zwischen denen ein Kreuz steht; dahinter ragt nicht selten ein kleines hölzernes Glockenthürmchen, bestimmt, die Hausgenossen von der Arbeit zur Mahlzeit heimzurufen, oder allenfalls ein Nothzeichen zu geben. Die Thierköpfe wissen wohl Wenige noch zu deuten, sie sind ein unbewußter Ueberrest aus der alten germanischen Heidenzeit, als noch Pferde geopfert wurden, deren Köpfe dann als Zier auf den Giebel gesteckt wurden — das Kreuz zwischen ihnen hat sie bekehrt. Eine Hauptzierde ist die Laube, die überall mit Blumen bestellt wird, meist Nelken in unförmlichen Holzkästen und Hauswurz, die man als Heilkraut in hohen Ehren hält. In einigen Gegenden, namentlich im Salzburgerlande und dem früheren Salzburgischen Berchtesgaden, ist über der einen Laube im eigentlichen Hochgiebel noch eine zweite, kleinere angebracht und vollkommen geeignet, den Reiz des ganzen Gebäudes zu erhöhen. Wenn der Bauer baut, ist er meist auch sein eigener Bauführer; Zimmerer und Maurer arbeiten bei ihm um Taglohn und Verpflegung, während das ganze Haus thätig mit Hand anlegt; in der Inngegend ist es üblich, daß das Gebälke des ganzen Hauses vorher und allein aufgestellt und mit dem Dache versehen wird; ist es in dieser Weise „aufgerichtet", dann werden erst die Zwischenräume mit Mauer und Fachwerk ausgefüllt.

Um das Erdgeschoß führt meistens ein etwas erhöhter Umgang, die „Gräd", auf welchem man trocken und gedeckt herumgehen kann; durch die Thüre gelangt man in den Vorplatz, „Fletz" geheißen, an dessen Ende meist die Küche und der Eingang in den Stall sich befindet, während zu beiden Seiten Wohnstube und Kammer angebracht sind und eine einfache, mitunter sehr steile Treppe in den oberen Stock führt. Die Stube, meist mit Holzdecke und Holztäfelung an den Wänden, zeigt gleich neben der Thüre den großen, aus Thonkacheln erbauten Ofen mit umlaufender Bank und dem zwischen Ofen und Bank angebrachten Winkel mit hölzerner Liegerstatt: das ist die „Ofenbruck", die Zuflucht der alten Austragsleute, der Kranken, oder der bei einer Winterarbeit tüchtig „Ausgefrorenen". Eine Holzbank läuft auch um die ganze Wand der Stube, in deren Hauptecke dann der blank gescheuerte Holztisch, an welchem die gemeinsamen Mahlzeiten eingenommen werden, seine plumpen vier Beine streckt. Daneben in der tiefen Fensternische liegt auf einem Wandbrettchen der einzige Bücherbedarf des Hauses, Kalender und Gebetbuch und allenfalls die Schreibhefte der Kinder, darüber ist ein Kreuzbild mit ein paar künstlichen Blumenbüscheln — der Hausaltar — angebracht; ein in die Wand eingelassenes Kästchen, eine Schwarzwälderuhr und ein paar Holzbänke vollenden den Hausrath. Im oberen Stockwerk befindet sich nebst den Schlafstätten der Mägde (Menscherkammer, — die Knechte schlafen meist im Stadel oder Stall) das Prunkgemach des Hauses, ausgezeichnet durch das buntbemalte „Himmelbett", in welchem Bauer und Bäuerin schlafen, und die nicht minder grell bemalten Kästen, in denen der Stolz der Hausfrau, die Leinwand in stattlichen Stücken mit Bändchen, Blumen und allerlei Zierrath geschmückt, aufbewahrt wird. Auch was man sonst sein eigen nennt an schönen Geschirren, Krügen, Gläsern, Tassen, schönem Obst und frommem Schauwerk, wie z. B. ein Christuskind von Wachs unter einem Glassturz, ist hier aufgespeichert.

Wie schon am Giebel durch das Kreuz und die frommen Malereien an der Außenseite wird man stets erinnert, wie die Religion in ihren Gebräuchen ihre Fäden durch das ganze Leben des Bergbauers zieht: es sind wenige Anlässe in dem engen Umkreise seiner Arbeiten und Ereignisse, welche nicht eine fromme Signatur haben, wenn sie auch nicht selten, wie die Giebelköpfe, in die vorchristliche Zeit zurückreichen. Schon an der Hausthüre sieht man die Anfangsbuchstaben der Namen der heiligen drei Könige, durch Kreuze getrennt, angeschrieben; das wiederholt sich an jeder Thüre, denn Jahr für Jahr am Dreikönigstage wird das Haus ausgeräuchert und mit geweihter Kreide die Inschrift erneut, welcher die Kraft zugeschrieben wird, gegen alles Unheil zu bewahren. Unter derselben ist ein gedrucktes Blatt mit farbigen Bildern angeklebt, „der Haussegen", ein Gebet, das ähnliche Kraft besitzt; neben der Stubenthüre hängt ein kleines Kesselchen voll Weihwasser, um sich beim Ein- und Ausgehen damit zu besprengen; hinter dem Crucifix des Hausaltars steckt ein Büschel von Blütenkätzchen der Palmweide, Zweigen der uralt heiligen Mistel, die auf den Bäumen wächst und des Saylings (einer Wachholderart) an einen Haselstiel gebunden, der aber geschält sein muß, weil die Hexen sonst zwischen Holz und Rinde nisten — der Büschel schützt gegen Feuergefahr und Blitzschlag. In ihrem Kasten verwahrt die Bäuerin sorgfältig ein Stück Nußbaumholz, das am Charsamstag an einem vor der Kirche angezündeten Feuer angebrannt ist, eine weiße Kerze und einen rothen Wachsstock, welche beide zu Lichtmessen geweiht werden. Kommt ein Gewitter bei Tage, so macht man Feuer an auf dem Herd und wirft ein Stück Nußkohle hinein, kommt es bei Nacht, so muß die Kerze angezündet werden. Dasselbe geschieht auch, wenn jemand im Sterben liegt, und der rothe Wachsstock wird der Wöchnerin um die Hand gewunden — Alles von wegen der bösen Geister, die nun einmal die Marotte haben, daß sie Wachs, zumal geweihtes, nicht riechen können und dabei so feinspurig sind, im Geruche sogar die Farbe zu unterscheiden. Ganz oben unterm Dach, im sogenannten „Oberhaus", da stecken endlich die „Sangen", welche vollends für Alles helfen: ein Büschel von Pflanzen, welche im „Frauendreißigst", nämlich in den dreißig Tagen nach „Mariä Himmelfahrt" gepflückt sind, denn in dieser Zeit ist die Natur dem Menschen am meisten hold, giftige Thiere verlieren während derselben ihre giftige Eigenschaft, die wohlthätigen Gewächse und Kräuter aber haben ihre vollste Kraft. Das alles sind Kleinigkeiten, über die man lächeln muß wie über Kinderspiele, aber die unscheinbaren Fäden breiten sich wie ein Netz von Nerven über den ganzen Körper aus und laufen in ein commune sensorium zusammen, wo man sie wohl zu nützen weiß und Erscheinungen hervorruft, die sonst unerklärlich blieben.

Eigenthümlich wie das Haus des „Berglers" ist auch seine Tracht; nur daß hier noch mehr als bei den schwerer zu ändernden Gebäuden sich die Beobachtung aufdrängt, daß jede allgemeine Behauptung, die man aufstellt, sofort eine Menge von Ausnahmen und Abweichungen zugestehen muß und daß die Grenzen der einzelnen Erscheinungen bunt und oft kaum unterscheidbar in einander übergehen. So weit sich darüber aus einzelnen erhaltenen Stücken oder aus Abbildungen, z. B. auf Votivtafeln, etwas bestimmtes ermitteln läßt, bestand bis um die Mitte des vorigen Jahrhunderts (Eintausend siebenhundertfünfzig) die Tracht der Männer in einem schlichten Leinenkittel, langer Weste und halbweiten Kniehosen, die der Frauen hauptsächlich in dem „Miederleibe" mit „Brustfleck"; jene war ein Leinwandleibchen mit meist dunkelblauen Aermeln, dieser ein Stück Pappe mit buntem Zeug überzogen und mit Borten besetzt — dazu wurde ein Goller von weißer Leinwand und um den Hals ein schwarzes Flortuch mit einer Silberzier daran getragen. Um jene Zeit begann die französische Tracht Ludwigs XIV., freilich in etwas verbauerter Form, in Uebung zu kommen; ein langer Rock mit stehendem Kragen, die rothe Weste (Leibstück), lederne Kniehosen mit schwarzen „Halsen" (Hosenträgern), geringelte Strümpfe, Schnallenschuhe und der niedere breiträndige

Hut erscheinen immer allgemeiner. Der Rock, eine Art Umgestaltung des juste au corps, war überall gleich, nur in der Farbe verschieden; im Chiemgau war dieselbe braun, in Berchtesgaden blau, in der Ramsau schwarz, im Isarwinkel (Länggries, Jachenau) grasgrün, beinahe durchgängig mit echten oder falschen Münzen als Knöpfen besetzt. Jetzt ist von alledem nicht mehr viel übrig geblieben als die Abbildungen aus dem Anfang dieses Jahrhunderts und hie und da einige übrig gebliebene Pracht- und Erbstücke, welche höchstens noch bei ganz feierlichen Anlässen hervorgesucht werden, wie z. B. bei Festzügen am Münchener Oktoberfest oder gar bei Maskeraden. Nach diesem — etwa Eintausend achthundert — kam die unter dem Namen „Isartracht" bekannte Kleidung auf, eben nicht wegen besonderer Schönheit zu rühmen, aber doch rasch sich verbreitend; sie gab dem Rock lange, lange Flügel und eine kurze, kurze Taille, deren Knöpfe nahezu an den Schulterblättern sitzen, ein czakoförmiger Hut mit Goldquaste, Lederhosen und Kniestiefel und als Pracht- und Ehrenstück darüber ein schwerer und schwerfälliger Tuchmantel. Noch ist diese Untracht vielfach in den Vorlanden verbreitet, glücklicherweise hat sich das Volk selbst ein Gegenmittel gegen den Ungeschmack geschaffen, denn es fand Gefallen an der Tegernseer oder Miesbacher Tracht, deren Hauptstück in der grauen Joppe besteht und zwar so sehr, daß man in letzterer mit Vergnügen die gemeinschaftliche Grundlage einer neuen Volkstracht erkennen kann. Die Joppe selbst ist eigentlich tirolischen Ursprungs und im Duxerthal einheimisch, wo noch das alte kragenlose Lodenhemd ohne Knopf und Knopfloch, ohne Aermelaufschlag und mit einer Rückenfalte vorkommt. Tiroler Holzarbeiter mögen sie herausgebracht haben, wo sie dann erstlich von Holzknechten und Jägern, bald aber allgemein getragen und civilisirt wurde, so daß sie jetzt grünen Besatz, Aermelklappen, Knöpfe und Kragen hat, obwohl es viel Streit und mitunter Prügel kostete, bis die Streitfrage entschieden war, ob nur der Jäger einen grünen Kragen tragen dürfe, oder ob der Farbe der Hoffnung gestattet sei, auch um Bauernhälse zu blühen. Auch der weibliche Anzug stimmt mit Vorliebe damit überein, so daß zu Mieder und Geschnür mit buntseidnem Halstuch überall das hohe schmalkrämpige Miesbacherhütl erscheint und nur an Festtagen oder in bestimmten Gegenden dem niedrigen breiten Hute mit hangenden Bändern weichen muß, der aber nicht minder kleidsam ist. Der Einfluß der städtischen Mode ist hier noch minder zu verkennen als bei den Männern und äußert sich nicht selten in sehr entstellender Weise, wie in den riesigen ausgestopften Bauschärmeln, dann in den Crinolinen, die sich sogar bis in die Almhütten verstiegen haben sollen: glücklicherweise ist die unvermeidliche Arbeit ein trefflicher Regulator, indem sie Schnitt und Stoff so modifizirt, daß sie bei derselben und zwar möglichst lang verwendbar sind. Im Ganzen ist wohl nicht zu widersprechen, daß mit der Steigerung des Verkehrs durch die Eisenbahnen sich auch eine Art menschlichen Nivellements vollzieht, so daß die nationalen und lokalen Unterschiede und Kennzeichen wie Ecken oder Kanten abgeschliffen und vernichtet werden. Es ist auch kaum zu beklagen, wenn nur noch hie und da eine alte Frau die runde häßliche schwarze Wollhaube auf den Kopf stülpt oder die Pelz-Bauge (ringförmige Pelzmütze) von hübschen jungen Stirnen verschwindet.

Außer in den inneren, vom großen Wege mehr entlegenen Orten oder auf Einöden wird der jetzige Besucher der Berge nur noch Ruinen und Reliquien alter Trachten gewahr werden, wie etwa im Saalachgebiet einen der früher dort üblichen Scharlachröcke mit Silberknöpfen oder einen sonst im Chiemgau heimischen „Wagnerkittel", eine Art höchst malerischen Hirtenmantels, aus einer weiß wollnen Decke bestehend, durch deren Einschnitt der Kopf gesteckt wird, während das Uebrige frei herunter hängt oder durch einen Lederriemen um die Mitte gegürtet wird. Besondere bei bestimmten Anlässen übliche Kleidungsstücke sind der Brautgürtel und noch mehr die Brautkrone bei Hochzeiten (das Kranl), die in sehr verschiedener, mitunter sehr abenteuerlicher Gestalt erscheint, meistens jedoch in einem Wulst aus Silberfolie besteht, die mit Drahtblumen, Perlen und Gestein besetzt ist, sowie bei Begräbnissen hie und da der „Schloar" oder „Stauchen", ein Stück weißer Leinwand, das um den Kopf geschlagen wird und zugleich den Grad der Verwandtschaft erkennen läßt, je nachdem es nur den Hals oder das Kinn oder vollends den Mund bedeckt. Das Haar tragen die Männer meist kurz geschoren, zu Schnurr- und Kinnbart und stecken gern eine rothe Blume übers Ohr; die Mädchen scheiteln und flechten es mit bunten Bändern zu Zöpfen, die sie um den Kopf legen — eine uralte Sitte der Bajuvaren im Gegensatz zu den Schwaben oder Alemannen, die schon zu Tacitus Zeiten es vorzogen, das Haar ringsum glatt zurückzukämmen.

Die Nahrung der Oberländer ist hauptsächlich dadurch gekennzeichnet, daß sie fast nur aus Mehl, Milch und Schmalz mit etwas Gemüse und Früchten besteht und daß das Fleisch in der Regel nicht vorkommt, sondern auf die fünf heiligen Zeiten, Fastnacht, Ostern, Pfingsten, Kirchweih und Weihnachten beschränkt ist. Der Grund davon liegt nebst der seit Jahrhunderten eingewurzelten Gewohnheit wohl darin, daß die erwähnten Nahrungsmittel die nächsten Ergebnisse des eigenen Landwirthschaftsbetriebes sind und daß die Art der Arbeit und der dazu erforderliche Kraftaufwand eine vorwiegend fette, schmalzige Kost bedingen, wie denn die Holzknechte ihren schweren Anstrengungen nur dadurch gewachsen sind, daß sie ihren Schmarren so fett kochen, daß er buchstäblich im Schmalz schwimmt. Das Frühstück besteht überall in Brodsuppe mit Milch oder geschmälzter Wassersuppe, wohl auch in Mus oder „Koch"; darauf folgt um neun Uhr ein zweiter Imbiß, je nach der Art der inzwischen verrichteten Arbeit, namentlich zur Ernte und beim Dreschen, aus Milch und Brod oder auch gekochtem Dörrobst bestehend: hie und da spielt auch die allmälig, aber langsam begriffene Kartoffel ihre Rolle, und wo es etwas reichlicher hergeht, versteigt man sich sogar bis zu leichtem Nachbier, „Schöps" oder „Heinzel" genannt. Um drei Uhr wird das Vesperbrod („Unter") gegeben, manchmal täglich, manchmal nur während der Ernte. Beim Mittagessen, das in der Regel um elf Uhr eingenommen wird, unterscheidet man die in den ebeneren Gegenden übliche „Mittelkost" von der in den Vorbergen heimischen „Bergkost", die aus Mus von Türkenmehl (Mais), Mittags aus Rüben und Sauerkraut mit Knödeln, süßer oder gestockter Milch, Abends aber aus den unerläßlichen Nudeln von Roggenmehl besteht, welche „Schuckfen" heißen und für so wichtig gelten, daß genau bestimmt ist, wie viel Stück derselben jeder Knecht und jede Dirne bekommen muß. An den meisten Orten bilden sie das Samstagsgebäck, das auch für das Sonntagsfrühstück ausreichen muß; in den Höhenstrichen dagegen, wo die „fette Bergkost" gilt, müssen sie täglich einen Bestandtheil des Mittagessens bilden. Fleisch kommt, wie schon erwähnt, nur selten, bei festlichen Anlässen; zu Weihnachten wird ein Schwein geschlachtet, mitunter auch ein Rind, das dann noch zu Dreikönig und Fastnacht die Festspeise liefern und als „Geselchtes" das ganze Jahr hindurch nachhalten muß. Hie und da kommen auch Absonderlichkeiten des Geschmacks vor, wie bei Miesbach, wo man zur Kirchweih einen Bock schlachtet und mit Vorliebe verspeist. Die Kirchweih ist — nebst den Hochzeitessen — die vorzüglichste Gelegenheit des Schmausens; da gibt es im ärmsten Hause Küchel und Fleisch und ein Schnaderhüpfel sagt:

> Ein richtiger Kirta (Kirchtag)
> Dauert bis zum Irdta (Erdtag = Dienstag)
> Und fehlt's nit am Kocha,
> So dauert er die ganz Wocha.

Da kommen alle Herrlichkeiten des bäuerlichen Küchezettels zum Vorschein; vier „Richten" aber sind unerläßlich, nämlich Suppe mit Fleischknödeln und Würsten, ein saures „Voressen" (Ragout von Lunge, Leber 2c.), Rindfleisch mit Kraut, Braten und „Kirchweihnudeln" als Endkost. Zu Weihnachten darf fast nirgends das Kletzenbrod, zu Ostern der Fladen von Eierbrod nicht fehlen.

Daß es auch an allerlei eigenthümlichen Bräuchen nicht fehlt, darf nicht eigens hervorgehoben werden. Es würde zu weit führen, sie auch nur annähernd aufzuzählen, einmüthig geht so ziemlich durch alle der Zug, daß es dabei mehr oder minder auf Essen und Trinken abgesehen ist — die städtischen Festlichkeiten haben darin nichts vor den bäuerischen voraus. So wird bei der Taufe eines Kindes das „Kindlmahl" gehalten, das der Pathe (Got oder Götl) auszuhalten hat, der seinem Pathen allerlei Geschenke macht, wie zu Allerseelen den Seelzopf, ihm einmal einen vollständigen Anzug (das Got'lgewand) und wenn er stirbt, das Todtenhemd und die Sargkrone schicken muß. Wie der Eintritt ins Leben, wird auch der Austritt aus demselben angeschmaust; nach der Beerdigung versammelt man sich in sehr vielen Orten im Wirthshause oder Sterbehause, um „das G'sturi (Gestorbene) zu vertrinka" — vorher kommt die Nachbarschaft ins Haus, um bei der Leiche zu wachen und zu beten; der Sarg wird vielfach von Standes- und Altersgenossen zu Grabe getragen, Männer von Männern, Jungfrauen von Jungfrauen; im Berchtesgadnerland wird ein Junggeselle von Greisen getragen, in lichtblauen Kutten und Kränze von Rosen auf dem Kopf. Dort hatten die Gemeinden früher auch nur Einen gemeinschaftlichen Sarg, in welchen die Leiche gelegt, am Grabe aber in ein Leintuch eingenäht in dasselbe gelegt wurde; in der Jachenau war es Sitte, die Leichen in weißem Todtenhemde mit rothen Schleifen, Kränzen und Blumen offen zu Grabe zu tragen und in diesem nur über das Gesicht ein Brettchen zu legen. Von einzeln und hoch gelegenen Orten führen eigene Todtenwege herunter, welche mit keinem andern Fuhrwerk befahren werden und an denen bei alten Bäumen, Kapellchen oder Feldkreuzen „Todtenrast" gehalten wird, je ein Vaterunser lang. Die Bretter, auf denen die Leiche fortgebracht worden, werden mit Namen und Sterbetag bezeichnet und so zum Andenken auf die Wege gelegt oder nebenher an Bäumen oder Zäunen aufgestellt. Ueberhaupt hat das Volk viel Sinn und Geschmack zur Auffindung von Plätzen, an welchen ein kleines Heiligthum, etwa ein Marienbild oder ein Kreuz oder gar ein kleines Kirchlein gut steht. Namentlich von letztern finden sich erhebende Beispiele, meist wo die Oertlichkeit wie unwillkürlich an Gedanken von Vergänglichkeit und Ewigkeit einladet, wie z. B. bei der beigegebenen Felsenkapelle.

Felsenkapelle.

Die reichste Verzierung von mitunter sehr anmuthigen Zügen windet sich um den zwischen Anfang und Ende wichtigsten Abschnitt, die Gründung eines neuen Hausstandes, die Hochzeit. Allerdings schwindet wohl schon der schönste Lichtglanz dieser Zeit, wenn man zugestehen muß, daß, wie in den Städten, meistens nicht das Herz, sondern das Geld die Paare zusammenführt und die Heirat nur zu oft ein vom „Heiratsmacher" eingeleitetes Geschäft ist. Bei einem solchen wird zuerst „auf die Beschau gegangen", das heißt Haus und Hof und besonders der Stall werden eingehend untersucht; scheinen sie geeignet, so kommen Verwandte als „Beiständer oder Vermittler" und wenn man sich nach langem Streiten über jedes Stück Vieh und jedes Stück Leinwand geeinigt hat, kommt der Freier selbst ins Haus „zum Richtigmachen". Er gibt der Braut eine Ehrung, früher meist in einigen bayerischen Thalern bestehend, wie ein Darangeld, wogegen ihm diese einen schon bereit gehaltenen Schmarren vorsetzt, der zum Vorzeichen künftiger Lebensgemeinschaft miteinander verzehrt wird. Ist die Sache so weit gediehen, so macht sich der Hochzeitlader mit bebändertem Hut und einem Strauß vor der Brust auf den Weg, manchmal sogar zu Pferd, um die Bekannten und Verwandten der ganzen Umgegend zu Gaste zu laden, was mit allerlei hochtrabenden Reden und Reimen geschieht und so wichtig ist, als die feinste Etikette eines Hofes, denn ein Verstoß hat schon manche lebenswierige Feindschaft veranlaßt. Wenn er von seiner Rundreise heimkehrt, wird „zum Schreiben

Kammerwagen.

gegangen"; es werden alle bei Gericht nöthigen Gänge gemacht und dann folgt das „Stuhlfest", die förmliche kirchliche Verlobung vor zwei Zeugen und dem Pfarrer, der vorher das Brautexamen hält. Nun folgt ein kleiner Schmaus, der manchmal mit einer symbolischen Lustbarkeit eingeleitet wird, wie mit dem „Krautessen" in der Gegend von Tölz, wo der Hochzeiter mit der Kellnerin um eine Schüssel voll Kraut, welche die Braut bedeutet, handeln und dieselbe nach scheinbarem Verschmähen ziemlich theuer ersteigern muß. Am Vorabend der Hochzeit wird die Aussteuer der Braut auf einen Wagen geladen (Kuchel- oder Kammerwagen) und schön geschmückt in das Haus des Hochzeiters geführt. Auf demselben befindet sich alles, was zum Haushalt nöthig ist, besonders das große, vollständig eingerichtete, zweischläfrige Ehebett, dahinter die Wiege, davor das mit rothen Bändern umflochtene Spinnrad sammt Rocken. Manchmal sitzt die Braut auf dem Wagen, manchmal schreitet sie nebenher mit einem schönen Milchfaß und muß sich, wenn die Kinder in einem Dorfe oder reisende Handwerksbursche ihr „den Wagen sperren", mit Nudeln oder kleinen Münzen auslösen. Schlag zwölf Uhr muß der Wagen vor dem Brauthause sein, auf dessen Schwelle sie der Hochzeiter mit dem Bierkruge in der Hand begrüßt, wogegen sie ihm ein Paar Schuhe, ein selbstgesponnenes Hemd und den Schlüssel zu den mitgebrachten Schätzen überreicht. Nun wird abgeladen, ins Haus gebracht und eingerichtet nach Herzenslust — nur den Strohsack muß der Hochzeiter selbst ins Haus tragen — und dann alles vom Pfarrer gesegnet und geweiht. Abends fährt die Braut den leeren Wagen allein nach Hause, vom Hochzeiter nur eine ganz kurze Strecke begleitet — heiratet er ins Haus, so ist es an ihm, den Kammerwagen zu schicken. Der Hochzeitstag selbst beginnt mit der „Morgensuppe", die in beiden Häusern eingenommen wird und früher sehr übermäßig war; dann wird die Braut „ausgedankt", der Hochzeitlader gibt nämlich ihrem Abschied aus dem elterlichen Haus beredte Worte, worauf sie von ihren „Kranzlherrn" sammt ihrer Begleitung, nicht selten unter Musik und Böllerschüssen, zu Wagen ins Hochzeitdorf geleitet wird. Endlich ist es so weit, daß sich der Zug zur Kirche in Bewegung setzen kann, unter Einzelheiten, deren Verschiedenheit sich aller

Beschreibung entzieht, wohl immer aber unter dem Voraustritt schmetternder Musik, die Männer voran mit Kranzl=
herr, Ehrenvater, Hochzeitlader, alle mit weiß und rothen Bandschleifen und dem Rosmarinzweige, den der Hochzeiter
an violettenem Bande am Hut trägt; häufig auch eine Art lustige Person, der Hennenrupfer genannt, deren Auf=
gabe es ist, einige ziemlich matte Scherze loszulassen. An die Männer reihen sich die Frauen, voran die Braut
mit ihren Kranzljungfern, Ehrenmüttern und Verwandten, alle in einer etikettmäßig höchst strengen Reihenfolge, von
der eine Abweichung nicht stattfinden darf. Die Braut trägt (wo es Sitte) den Gürtel und das Kranl, die Jung=
fern ihre Kränzl, sowie gleich allen Gästen die gelbe Citrone mit Rosmarinzweig. Auf dem Rückwege von der
Trauung zum Wirthshause finden häufig Wettläufe (der altgermanische Brautlauf) von jungen Burschen, Köhlern,
Jägern und andern, mitunter auch von Mädchen, zum Beispiel von Sennerinnen, statt, wenn die Braut eine solche

Suppensalzen.

war. Bei goldenen oder silbernen Hochzeiten laufen alte Männer; der erste Preis des Laufes, der offenbar sym=
bolisch einen Wettstreit um den Schlüssel zur Brautkammer darstellt, ist ein großer vergoldeter hölzerner Schlüssel,
den der Gewinnende am Hut trägt, der Letzte wird spöttischer Weise an Rücken und Hut mit Schweineschweifchen
behängt. Betritt die Braut das Haus, so naht ihr die Köchin und ladet sie ein zum „Suppensalzen"; sie muß
als junge Frau ein Gericht verkosten und je nach Befinden nachsalzen und hat damit den Einstand in das neue
Amt, Vorsteherin eines eigenen Haushaltes zu sein, mit Ehren gethan. Nun geht es endlich zum Mahle selbst,
wobei man gute, mittlere und schlechte Hochzeiten unterscheidet, bei denen die Zahl der geladenen Gäste bei der
letztern Art, nach dem Wohlstande der Gegend und der Betheiligten, zwischen vierzig bis hundert, bei der zweiten
zwischen siebenzig und hundert, bei der ersten von hundert bis zweihundert Personen schwankt. Dazu kommen noch
viele, die wohl auf die Hochzeit gehen, aber nicht am Mahle theilnehmen und „Draufgeher" heißen; das geschieht
oft aus Ersparniß, denn der Gast muß sein Mahl zahlen und auch noch ein ansehnliches Geschenk (Weisat) geben,
das beim „Abdanken" durch den Hochzeitlader in eine Schüssel gelegt wird. Die Speisen sind sehr verschieden,
immer aber außerordentlich reich, und die Gäste legen das Meiste auf ein Tüchel und Teller bei Seite, um es als

Hochzeitszug. Von A. Gabl.

Bescheid-Essen den Ihrigen mit nach Hause zu bringen. Der „Kuchelbrief" enthält immer drei „Richten", die aber wieder bedenklich viel Unterabtheilungen haben, wie zum Beispiel die erste Richt in der Inngegend Nudelsuppe, Würste, saures Voressen, zwei bis drei Stücke Rindfleisch, Brodknödel und Braten in sich vereinigt. Hie und da ist gekochter Hirsebrei das eigentliche Festessen, als welches er sogar auf der Hochzeitstafel bayerischer Herzoge glänzte. Nachmittags erhält jeder Gast noch ein Stück (meist ungekochtes) Rindfleisch, das genau ein und ein halb Pfund haben muß, und zum unvermeidlichen Schlusse eine dickgekochte Gerstensuppe. Niemals erscheinen Wildpret und Fisch — denn „die sind für des Edelmanns Tisch".

Zwischen jeder Richt wird getanzt, mitunter in sehr zierlichen und heiteren Weisen, deren anderweit Erwähnung geschieht; gegen das Ende ist häufig das „Stehlen" der Braut ein beliebter Scherz, wie denn auch überhaupt die Lustigkeit der Gäste, je nach ihrem Witz, sich in allerlei spaßhaften Geschenken und Anspielungen kundgibt.

Was die körperliche Beschaffenheit und die Zahl der Bergbewohner betrifft, so sinkt letztere, während im übrigen Bayern etwas über zweitausend vierhundert Einwohner auf die Quadratmeile kommen, im Gebirge beträchtlich herab, um Tegernsee auf achthundert vierundsiebenzig, in der Partenkirchenergegend bis auf sechshundertfünfzig für denselben Umfang. Wenn es, woran nicht zu zweifeln, nach den Behauptungen der Statistiker und Aerzte ein sicheres Zeichen vom Gedeihen eines Landstriches ist, wenn die Bevölkerung groß gewachsen ist, so müssen die Oberländer sich sehr gedeihlich befinden, denn die Konskription zum Wehrdienst weist durch die damit verbundene Messung nach, daß das Oberland lauter große Rekruten stellt und zwar Traunstein, Tegernsee, Berchtesgaden zu achtzehn, Tölz sogar zu vierundzwanzig Prozent. Es ist auch ein gesunder, kräftiger und schöner Menschenschlag, dem man mit Vergnügen zusieht bei der Arbeit, die ihm nie hart vorzukommen scheint, so sehr anstrengend sie auch sein mag, und beim Feiern; denn Alles regt und zuckt in ihm vor heiterer Lebenslust, und es thut keinen Eintrag, wenn man den statistischen Zahlen gegenüber zugeben muß, daß gerade in den Gegenden, wo die schönsten und größten Menschen leben, auch die meisten Blödsinnigen (Trotteln, Fexen) vorkommen und die meisten Kropfigen; es mögen wohl noch unaufgeklärte lokale Uebelstände sein, denen eine solche Erscheinung zuzuschreiben ist: immerhin ist es betrüblich, zu hören, daß in sechs der besten Bezirke je der fünfundzwanzigste Hals entstellt, je der sechshundertste Kopf verwirrt ist. Am schlimmsten ist es im Berchtesgadener Lande, denn dort kommt schon auf einhundert zweiundfünfzig Menschen ein Blödsinniger, auf fünfundzwanzig ein — Kropf. Die Gesundheit ist im Ganzen tadellos zu nennen, es gibt keine bestimmten und eigenthümlich vorkommenden Krankheiten, und wo nicht ein Unglücksfall dazwischen tritt, wird, zumal in den Bergthälern, durchschnittlich ein sehr hohes Lebensalter erreicht. Erkrankt der Bauer, so muß es sehr bedenklich aussehen, wenn er um den Arzt schickt, deren es überall gibt, meistens weiß er selber irgend ein „Hausmittel", oder er schenkt sein Zutrauen jenen nicht auszurottenden Heilkünstlern, die das kalte Fieber zu besprechen, das Blut zu stillen oder Warzen und Geschwulst zu bannen verstehen. Bestimmte regelmäßige Aderlässe genießen noch viel Vertrauen, leider ist dagegen das Baden abhanden gekommen, während sonst in jedem größeren Orte eine öffentliche Badestube nicht fehlen durfte und man sich deren Besitz durch besondere bestimmte Reichnisse und Gefälle gewiß und dauernd als „Ehehaft" zu sichern suchte. Es wird noch eine Weile währen, bis all diese halb religiösen, halb medizinischen Anklänge aus der germanischen Heidenzeit verschwunden sein werden, in welcher noch Priester und Arzt in Einer Person vereinigt waren.

Von Gemüth sind die Bergbewohner gutartige Leute, die Kopf und Herz auf dem rechten Fleck haben, nicht sehr gelehrt, aber von hellem Verstand und meist klarem Sinn, den sie auch behalten, wenn sie hie und da — um des lieben Friedens willen — gegen ihre Ueberzeugung dem Pfarrer den Willen thun. Sie sind, mindestens in den nicht vom größern Verkehr berührten Orten, uneigennützig, immer aber gefällig und freundlich; sie sind fleißig und mäßig und können es nur nicht überwinden, manchmal der in ihnen pochenden Vollkraft durch ein kleines Faustturnier mit obligaten Schlagringen Luft zu machen. Der Verkehr zwischen Burschen und Mädchen ist ein ziemlich freier und zum Beispiel der Gebrauch, daß der Liebhaber oder Bewerber Nachts zu seinem Schatz ans Kammer-

Almerinnen vor der Sennhütte.

fenster geht und sich mit ihr durch dasselbe unterhält, ziemlich allgemein. Doch muß der Bursche das Glück theuer genug erkaufen, denn abgesehen davon, daß er oft viele Stunden beschwerlichen Wegs hin und zurück wandern und dann so frisch bei der Arbeit sein muß, als wenn er keinen Fuß aus dem Bette gesetzt hätte, läuft er auch Gefahr, von Nebenbuhlern oder aufsässigen Dorfburschen mit Rasen oder Scheitern geworfen oder durchgewalkt zu werden. Es ist schon manches Leben beim „Gasselgehn" zum Opfer gefallen; seine volle unbeschränkte Herrschaft hat es auf den Almen und Sennhütten. — „Auf der Alm gibt's keine Sünd...." sagt das Sprichwort.

Feste, Spiele und Tänze finden weiter unten ihre Stelle; hier also nur noch ein Wort über die Sprache in den Bergen. Sie ist ein Hauptzug des ganzen Bildes und bringt dasselbe eigentlich erst zum Abschluß. Der bayerische Dialekt, eine südöstliche Abzweigung der Mitteldeutschen Mundart, hat einen weichen, nicht unschönen Klang und zeichnet sich vorzüglich durch drei Eigenthümlichkeiten aus. Die erste ist das entschiedene Vorwalten des Vokals a, der häufig die andern umgestaltet oder gar verschlingt; in Bier, Stier 2c. genügt das i nicht und statt des stummen e wird ein a hinzugefügt, daß es Biä, Stiä lautet; in „der Pfarrer" klingt dem Bayern das er viel zu scharf, er macht ein gemüthliches „da Pfarra" daraus. Die sogenannten weichen Konsonanten oder Halbvokale (l, n, r) werden zweitens sehr nachlässig ausgesprochen oder ebenfalls umgemodelt, so daß aus Geld Geï wird, in schauen oder stehen aber das n zu einer Art Nasenton wird und nun steh̃, schau̅ lautet. Endlich werden, wie zum Theil schon erwähnt, die Endsilben oder Buchstaben regelmäßig verschluckt, so daß man z. B. statt gleich, genug, Sonntag zu hören bekommt glei', gnua', Sunta', und so weiter. Noch viele anziehende Einzelheiten ließen sich anführen, zum Beispiel die Ausfüllungslaute zur Verhütung des Zusammentreffens von Vokalen, wie „was dua=r=i" anstatt „was thu ich", oder „I ha's a=r=a'gschaugt" anstatt „Ich hab's auch angeschaut". Jedenfalls hört sich die Sprache gut an im Gesang: als Beleg dient die Vorliebe, mit welcher oberbayerische Volkslieder durch ganz Deutschland aufgenommen worden sind und noch werden, so daß sie sich beinahe eine Stelle als feststehende Kunstform erworben haben.

Es müßte wohl ein arger Griesgram sein, der nicht mit heiterem Lächeln zuhörte, wenn ein paar Almerinnen vor ihrer Sennhütte mit frischen glockenhellen Stimmen zu singen anfangen:

> Auf d' Alm bin i ganga
> Und hob mi verspat't:
> Wie=r=i aba bin kemma,
> Hab'n d' Mahder scho' g'maht:
>
> Da zieg' i mein Janker aus,
> Henk' 'n für's G'sicht,
> I denk' mir, am Buckel hint
> Kennen's mi nicht.

H. Sch.

2.
Der Schuhplattltanz.

Von jeher waren die Gebirgsvölker im Tanze ausgezeichnet; aus ihrer eigenartigen Lebenssphäre, aus charakteristischen Naturerscheinungen sind die Vorbilder für denselben genommen. Dies gilt auch von dem berühmten Tanze des bayerischen Hochlandes, dem Schuhplattltanz.

„Es liegt eine starke Sinnlichkeit darin," sagt ein norddeutscher Schriftsteller in seiner Schilderung; aber diese Sinnlichkeit ist eine „schöne". Und wo sie nicht in's Gebiet des Schönen reicht, da ist sie wenigstens gesund, denn ihr Boden ist die Kraft und ihr Ziel die Grazie.

Das Vorbild des Schuhplattltanzes ist dem Jägerleben entnommen. Es stammt vom Spielhahn und von der Auerhahnfalz.

Wenn sich das Frühjahr regt, wo das Eis noch tief in den Bergen liegt, wenn die erste Dämmerung graut, dann schleicht der Jägerbursch hinauf — lautlos zwischen den kahlen Bäumen. Dort kreist auf dem flachen Schnee der schwarze riesige Auerhahn um die flatternde Henne. Er springt heran und flieht, er schnalzt und zischt und überschlägt sich in tollen Sprüngen. Ich finde kein anderes Wort — er tanzt.

Daß dies Gleichniß auch im Bewußtsein des Volkes lebt, das zeigen am besten seine Lieder:

> „Wenn der Spielhahn d' Henna kleinweis zu ihm bringt,
> Wenn er grugelt, wenn er tanzt und springt,
> Und dann lern' i's von dem Spielhahn droben halt,
> Was im Thal herunt' die Dirndln g'fallt.
>
> Denn die Dirndln die san
> Ja grad nett wie die oan,
> Wer nit tanzt und nit springt,
> Der bringt's ninderscht zu koan."

Und der Jägerbursch nimmt sich das gute Beispiel zu Herzen, wenn er „im Thal herunt'" auf den Tanzplatz geht.

Beim Schuhplattltanz sind die Rollen der beiden Geschlechter streng getheilt und zwar in der Weise, wie sie die Natur getheilt hat. Das eigentlich aktive Prinzip ist der Mann, ihm steht die Leitung, ihm steht das Ergreifen zu. Das Mädchen hat die Rolle des Erwartens. Der Beginn ist sachte; denn wenn die jubelnden Triller des Ländlers in die Höhe steigen, tanzen sämmtliche Paare einigemale mit großer Gelassenheit herum. Plötzlich aber verlassen die Bursche ihr Mädchen. Sie dürfen sie nicht stehen lassen, denn das wäre selbst nach Bauerngalanterie eine Grobheit; sie müssen ihnen entschlüpfen — unbehindert, unversehens. Die Leichtigkeit, mit der die Mädchen sich unter dem erhobenen Arm des Tänzers durchwinden, mit der die Paare sich plötzlich lösen, macht diesen Moment ganz reizend. Dann kommen wilde, rasende Augenblicke. Während die Mädchen sich sittsam um die eigene Achse drehen, springen die Bursche jählings in die Mitte und bilden dort einen inneren Kreis. Die Musik wird stärker. Sie beginnen zu stampfen und mit den braunen Händen auf Sohlen und Schenkel zu schlagen. Ein schrilles Pfeifen tönt dazwischen; man muß diese baumlangen Kerle, man muß diese zolldicken Nagelschuhe gesehen haben, um zu ahnen, was das für ein Getöse wird. Der Boden dröhnt und die Decke zittert; die Musik wird stürmisch wie die Posaunen von Jericho — aber man hört sie kaum mehr. Hören und Sehen vergeht einem ganz. Mitten im Gewühl schlägt einer ein Rad, als müßt' er den Kreuzstock in Splitter schlagen; ein anderer springt zu Boden, als sollte Alles in der nächsten Sekunde parterre liegen.

Allmälig wird die Musik wieder mäßiger; die frechen Trompeten holen Athem — Piano — Pianissimo, und die Bursche kehren zurück zu ihren Mädchen. Jetzt kommt der Auerhahn. Schnalzend, pfeifend springt Jeder der Seinen nach, während das Dirndl in ununterbrochenen Kreisen ihm entflieht. Wie der Hahn die Flügel, hat er die Arme ausgespannt; bald duckt er sich vor ihr zur Erde, bald springt er sie in wildem Bogen an. Endlich hat er doch das Dirndl „g'fangt".

Abenteuerliche Verwicklungen und Formen kommen dabei zu Tage, und im Schnaderhüpfl heißt es:

> Die richtigen Dirndln
> Dös san halt die kloan,
> Die wickeln sich gar a so
> Umi um oan.

Wenn der Tanz zu Ende ist, dann führt der Bursch sein Mädchen zum steinernen Kruge und läßt sie trinken. Dieser Trunk ist eben so obligat als das stumme Kompliment, womit der befrackte Tänzer seiner Dame dankt. Er wird niemals abgewiesen und keine entsetzte Mama stürzt herbei und ruft: „Kind, um Gotteswillen, du bist echauffirt!"

Drinnen beim steinernen Krug im Nebenzimmer sitzen auch die Alten und disputiren, dieweil die Jugend außen tobt. Hier wird geplant für die Zukunft und geschimpft auf die Gegenwart — köstliche Genrebilder für den, der sie malen könnte! Auch das Orchester zeigt drollige Figuren, wenn's einmal tiefer in die Nacht geht. Da fallen dem müden Spielmann die Augen zu, und wenn er Nerven hätte „wie die Groschenstricke". Immer tiefer, immer zärtlicher sinkt sein Haupt auf die Baßgeige herunter, in deren Saiten er verzweifelt wühlt. Den Hornisten muß man zu jedem Tanz erst wecken, und selbst dann greift er gewöhnlich in der Eile zuerst nach dem Maßkrug statt nach dem Instrument. Nur die Bursche und Dirndln „lassen nicht leicht aus", bis der Morgen graut. „Das ist ein guter Nachtvogel," heißt es beinahe von Jedem, „wenn er sechs Nächt' nit schlaft, treibt er's die siebente noch ärger."

Die herrschende Tanzweise im Gebirge ist der Ländler, nur wenn an Kirchweihtagen die Handwerksgesellen des Ortes auf den Tanzplatz kommen, bestellen sie sich einen Walzer. Sind vollends ein paar Stalljungen aus irgend einem herrschaftlichen Gefolge da, so kommt es wohl gar, im Einverständniß mit den entsprechenden Köchinnen und Kammerkatzen, zur Polka. Dieses Proletariat, das seine frechen Manieren mit halbeleganten Kleidern deckt, verunglimpft auch die Tanzböden, seit der Fremdenzug so viele vornehme Herren ins Gebirge führt, und ist der Echtheit bäuerlichen Wesens mannigfach gefährlich.

Trotzdem bleibt der Tanzplatz noch immer ein sehr exclusiver Ort, wo die Lynchjustiz mehr Ansehen hat als die Polizei. Auch das Tanzen ist nicht freigegeben, sondern von den Anwesenden thun sich je acht bis zehn zusammen und bilden eine sogenannte „Schaar". Solcher Schaaren, in welchen lauter gute Freunde oder Gemeindegenossen beisammen sind, gibt es etwa sechs bis sieben und für diese wird der Reihe nach aufgespielt. Jeder Tanz kostet nahezu zwei Mark, welche durch Umlagen im Innern der Genossenschaft gedeckt werden. In dieser Weise bethätigt sich selbst beim Vergnügen der Genossenschaftstrieb, der so tief in allen Verhältnissen deutschen Rechtes und deutscher Kultur begründet ist.

Es ist auffallend, wie ablehnend sich auch die Mädchen gegen Fremde verhalten. Sie tanzen nicht gern mit „Herrischen", denn größer als die Ehre ist, wäre für sie die Schande, wenn dieser mit den ungewohnten Formen nicht zurechtkäme. Auch kommt ein Mädchen bei Burschen ihres Gleichen leicht in Mißkredit, falls es sich einem Städter hold erzeigen wollte, weil man nach landesüblichen Begriffen gleich einen sogenannten Schluß vom Mindern auf Mehr ziehen würde. In Galanteriesachen aber gilt noch heut der Grundsatz des Alterthums, daß der Fremde rechtlos ist.

Heimgang.

Koketterie und Eifersucht, Eitelkeit und Rivalität gibt es auch auf dem Tanzplatz in den Bergen. Sie sind allenthalben, wo Menschen sind, sie bilden die Kehrseite der Oeffentlichkeit, der Geselligkeit. Dennoch hat hier die Geselligkeit ein von der städtischen verschiedenes Gepräge, sowohl was die Mischung der Elemente anlangt, als den Zweck. Besonders ist es bemerkenswerth, daß die Mädchen nicht von ihren Müttern begleitet werden. Diese erscheinen (außer bei Hochzeiten) niemals auf dem Tanzplatz und vergeblich wird der Fremde jene würdigen Frauen suchen, denen er bisweilen im Salon begegnet. Ich meine jene Frauen, die stets durch die Lorgnette in die Zukunft ihrer Töchter blicken und mit eigenen Händen Propaganda für die Hand derselben machen. Es fehlt auf dem Lande die Absichtlichkeit, die das gesellige Zusammensein der großen Welt vergiftet. Im Charakter des Gebirgsvolkes überwiegt der Hang zu freier, ungebundener Bewegung bei weitem den Spekulationstrieb; auch die Erziehung folgt diesem Zuge. Sobald es geht, wandeln Söhne und Töchter ihren eigenen Weg, der Bub hat sein Mädel und das Mädel hat seinen Buben, und erst wenn die Thatsachen allzu lebendig sprechen, gibt es Konflikte. Inzwischen sagen sich Vater und Mutter, daß sie's auch nicht anders gemacht haben. Da ist es kein Wunder, wenn die Mädchen ganz allein auf den Tanzplatz kommen und wenn dort ein frischer, verwegener Ton regiert, aber nur selten gebricht es diesem Ton an Witz.

Im Gebirge führt der Bursch sein Mädel heim; es ist dies Pflicht und Recht für ihn, und die Gretel spricht niemals wie das Gretchen sprach: „kann ungeleitet nach Hause gehn." Zwischen Feldern und Wäldern zieht der Weg ins Thal hinein, wo die einsamen Häuser am Fuße der Berge lehnen. Ueber den Bergen aber ist der Mond emporgestiegen und glitzert auf den Wellen. Es ist so stille. Nur die Bäume regen sich leise. Nur der halblaute Schritt hallt durch die Nacht. Langsam gehen die beiden dahin; wer könnte schnelle gehen in solcher Stunde? Schulter ist an Schulter gelehnt und der Feldweg so schmal, daß man das feuchte Gras mit den Händen streifen muß.

Mitten im grünen Laub liegt ein Haus verborgen, wo der „Schatz" daheim ist. Das Silberlicht glitzert in den Scheiben, der Brunnen vor der Thüre rauscht, rothe Nelken hängen über das braune Geländer. Leise huscht das Mädchen hinauf und dann öffnet sich das Fenster und ein Bild mit blonden Zöpfen lugt herab. Lange noch bleibt ihr Liebster stehen, lange noch plaudern die beiden. Es hört sie niemand — nur der Brunnen rauscht. — —

Die höchste Ungebundenheit aber, auch in dieser Beziehung, herrscht auf den Almen, denn diese liegen fünftausend Fuß über dem — Polizeistrafgesetzbuch. Auch hier wird getanzt, ohne Handschuhe, ja bisweilen selbst ohne Schuhe und dennoch ist's unsäglich lustig.

Auf dem Herd sitzt der Hüterbub und schlägt die Beine übereinander, daß die braunen Kniee am Feuer glänzen. Den Hut mit der Hahnenfeder hat er tief in die Stirn gerückt und bläst die Schwegelpfeife, das kleine Instrument, auf dem die Ländler so schneidig klingen.

Und wie er so ruhig sitzt und wie die Funken so knisternd hüpfen, da kommt es den Sennerinnen, die zum Haingart beisammen sind, mit einmal in die Füße! Wie gut ist's jetzt, daß gerade heute die beiden Jägerburschen hier oben sind, die des Nachts den Hirsch anpürschen wollen! Auch ein Holzknecht hat gestern zugesprochen, und ehe man weiß, wie es kam, drehen sich drei Paare im circulus vitiosus!

Der Raum ist freilich klein, allein was thut's zur Sache, um so heller klingt das Stampfen, um so öfter geht's herum!

Da droben in dieser friedlichen, primitiven Einsamkeit ist man auch duldsamer gegen die „Herrischen"; denn wenn Fremde auf den Hütten übernachten, so werden sie freundlich zur Theilnahme an solchen Bällen aufgefordert. Und welches Mädchen sagt in diesem Falle Nein?

Kaum daß die ersten Jodler hinunterklingen zur unteren Hütte, wo die Herrschaften campiren, klettern die Fräulein im Plaid empor und lugen neugierig durch die halbgeöffnete Thür. „Geht's eini!" ruft der Jägerbursch mit den Fingern schnalzend, und jetzt huschen sie behend herein — die Gräfin Helene und die sanfte Mathilde und das schöne Mariechen. Schmeichelnd faßt sie der Jäger bei der Hand, wo das Demantringlein funkelt, und im nächsten Reigen tanzen die drei vornehmen Fräulein. Ei, wie lustig ist doch Alles, was gegen den Brauch ist! Anfangs geht's wohl ein wenig daneben; besonders die blonde Kleine ist widerspenstig. „Wart," raunt ihr der Jäger ins Ohr, „du wirst schon noch folgen lernen, wenn einmal der Eh'tanz losgeht, wenn der Rechte kommt!"

Draußen um die Hütte flattert der Wind, das Almengeläute klingt aus der Ferne. Hin und wieder trat eines der Mädchen hinaus und horchte. Dort steht auch die blonde Kleine und strich mit den trotzigen Händchen das Haar aus dem heißen Kindergesicht. „Ja, wenn der Rechte kommt!" dachte sie leise und sah einer Sternschnuppe nach, die vom glitzernden Himmel ins tiefe Thal hinabfiel.

K. St.

3.

Vom Haberfeldtreiben.

In dem löblichen Ländchen, das zwischen Isar und Inn liegt, ist auch die alte Sitte daheim, die das Haberfeldtreiben benannt wird. Auch hier geht es mir ähnlich, wie in einem vorigen Kapitel, das heißt, der gesammte Brauch ist schon so massenweise, so zahllos beschrieben worden, „daß mir zu thun fast nichts mehr übrig bleibt". Um den verehrten Leser aber doch einigermaßen zu entschädigen, will ich einen anderen Streich hier wagen. Nach einem der größten Treiben, die jemals stattfanden (wo? sagt die Redaktion), erhielt ich einen langen Brief von einem Bauernburschen, der Augenzeuge gewesen war und den ganzen Hergang berichtet. Dieser Brief folgt hier in wörtlicher Wiedergabe. Was den Stil betrifft, so muß ich allerdings meinen jungen Freund vor dem Leser entschuldigen, da er noch nie etwas hat drucken lassen und diese Entschuldigung dürfte sich auch auf die Orthographie erstrecken. Für meine eigene Person aber hoffe ich nur, daß er nichts davon erfährt und mich nicht etwa dafür durchprügelt, weil ich seinem Ruhm die Wege bahne.

Lieber Karl und Freind!

Du weißt schon von selber, daß es bei einen Bauernmensch, wie mich, nicht vüll heist mit der Schreiberei; wenn ich Ahles mit dem Maul verzählen könnt, wär mir wohl leicht lieber. Gestern hat'ts geschnackelt bei uns beim Haberfelldreiben. Denn die Haberersach ist ja ein alter Brauch aus der Revallazion (Revolution) oder Karl dem Grosen, wodurch man die Obrigkeit und anderen Leute, die man sonst nicht ankahnn, ordentlich abstrafft wegen der Lumperei. Weil es aber jetzt mehr Spitzbuben giebt, wie frihersteit, so giebt es auch mehr Haberfelldreiben und war gestern ein wunderschener Dag dazu. Alle Laken und Dreck war bei der Nacht verfroren und so stockfinster, das man sein Nebensmann nicht einmal sehen konnte, wann man nichts davon weiß. Um elf Uhr die Schandaren haten ihren Paterol (Patrouille) gemacht, da herte Man aufeinsmal hinter dem grofen Hügel hint einen graussamen Spidagl (Spektakel) Sonsten war ahles ruhig und Stiehl, wie es sich auf eine so finstere Nacht gehört. Nun aber bald entstand sich auch am Wald ein Licht mit grofem Geschrei. Die Schandaren liffen vor aber ein Wachsbosten, den sie gar nicht gesehen haten rieff — „Halt oder es schnalt". Da die muthigen Schandaren nicht hint bleiben wollten, so schoß der Wachsbosten loß und zwei Kügel pfipfen ihnen zwischen den Köpfen durch. Wo sich aber das Licht entstanden hatte, kamen nun viele hundert Menschen zum Fürschein, lauter Haberfelldreiber mit ihrer ganzen Rüstung und Maschkra (Maskerade). Auf den grofen Hügel sie nahmen Stand, liesen Rageden (Raketen) auffahren, leideten mit alle Glocken und fingen an ihre Vorwürf zu ruffen. Zum ersten backten sie den dicken Wirth, weill daß Birr so schlecht ist und mit der essenden Sach ist's auch nichts Gutes. Auch der Unterbögner ist verschandtelt worn „denn der hatt Geld und wird einesmalst ein warmer. Aber dum ist er hinfür, wie ein Roßkopf, kann er freilich nichts daffür, daß ihm sein Hirnkasten so kurz zugeschnitten ist. — Und erst das schöne Lisel haben sie spöttisch gemacht! Daß der ganze Fensterstock schon zerkratzt ist von den Liebhaber und daß sie gleich zwei Kindt auf ein Jahrgang zügelt hatt, auf Lichtmeß ein Buben und auf Weihnächten das Diendl. — Wahr iß aber schon auch, daß ein Schand iß mit der Lisel ihre böse Tugenden. Wie des Ahles mit der Verkündigung vorbeigewest ist, gieng der Spidagl von Neun (Neuem) an, alte Häfen und anderes Geraffel wurte zusammengeschlagen, auch die grofe Trommel aus dem ruffischen Krieg oder sonst einem Alterthum war dabei. Zuletz schofen sie ahle Biren ab, spülten einen Tanz auf und backten dann schnel zusammen, und lieffen in den Wald hinein. Wie sie davont waren, kammen die muthigen Schandaren sehr zahlreich herbei, allein es war Ahle schon lengst entwitscht. Grofer Schaden wurde keiner angestifft, nur im Hintermaier sein Saustahl haben sie die Wand hineindruckt und sind ihm auch zwei Stück Geißvieh verloffen. Aber am andern Früh war das Geißvieh von unsichtbare Hände schon wieder angehankt und die eingedruckte Summe lag in Stahl daneben. Das Feuerwerchk und die Musik war sehr schön, das ist Ahles, die Neuigkeit von der Burgel schreib ich Dir das nächstemal.

Gestern haben wir ein scheckiges Kalb bekommen und der Schusterhansel ist auch gestorben.

Ich beschließe mein schreiben mit dem Wunsch auf langes glückseliges Leben und Wohlauf und bin Dein bereitwüliger Freind Egidius Steinberger.

* * *

So weit die „Original=Correspondenz" unseres Berichterstatters. Schon sein Brief verräth es mit großer Naivetät, daß es weit mehr auf den „Spektakel" als auf ein moralisches Rügegericht hinausläuft, wenn jetzt ein Haberfeldtreiben gehalten wird und wer jemals Gelegenheit fand, einem solchen persönlich beizuwohnen, der wird diesen Eindruck in verstärktem Maße gewinnen. Vor Zeiten hatte wohl diese Volksjustiz ihre innere Berechtigung, in jenen feudalen Zeiten nämlich, da die Welt in Herren und in Hörige getheilt war und nur Jener Recht erhielt, der schon die Macht besaß. Wie die meisten Sitten oder doch fast alle Unsitten, die zur Stunde im Hochland bestehen, ihre letzte Wurzel in den früheren bäuerlichen Grundverhältnissen haben, so ist es auch mit dem Haber=feldtreiben der Fall; es war das empörte Rechtsgefühl, das sich unter dieser Maske Geltung verschaffte und Jenen die Strafe gab, die man mit legitimen Mitteln schwer erreichen konnte. Daher die tiefe Vermummung, die nächt=liche Stunde und das verschworene Geheimniß, das über dem ganzen Bunde waltet. Faßt man die Sache unter diesem Gesichtspunkt auf, so weiß man auch, was man von der Zukunft des Haberfeldtreibens zu halten hat. Seine innere Bedeutung ist weggefallen und damit kam auch die äußere Uebung in Zerfall, die letztere mag noch eine Zeit=lang fortdauern, aber sie besteht dann wie eine Form, der der Inhalt genommen ist, sie vegetirt noch eine kurze Zeit, wie der Baum, dessen Wurzeln durchschnitten sind. Es ist wohl länger als zehn Jahre her, seit das letzte Haberfeldtreiben im bayerischen Gebirge gehalten wurde und die Behörde ließ es damals nicht an „Maßregeln" fehlen, um auch ihrerseits dem Unfug Halt zu gebieten. Zwar gelang es ihr nicht, das Geheimniß des Bundes zu ent=schleiern, aber seine Wirksamkeit ward dadurch bedeutend gelähmt, daß sofort alle militärpflichtigen Bursche des Be=zirkes eingerufen und eine fremde Garnison in die betreffende Gemeinde gelegt wurde. Doch das Alles waren nur momentane, mehr zur Strafe als zur Hilfe verhängte Mittel, die letzte und gründliche Abwehr gegen dies schwarze Treiben kommt von innen heraus; es muß in den Ueberzeugungen absterben und durch die bestehende Ordnung der Dinge gegenstandslos gemacht werden. Daß dem schon jetzt so ist, das fühlen die „Alten" selbst am besten, wenn sie wehmüthig den Kopf schütteln und vom Haberfeldtreiben gerade so sagen, wie von der Wilderei: „'s geht nix mehr z'samm'".

K. St.

Unerwartete Begegnung.

4.

Die Wildschützen im bayerischen Gebirg.

Es ist wohl der Frage werth, worauf denn der unvertilgbare Hang zum Wildern, der unserem Gebirgsvolk von Alters innewohnt, beruht. Er hat zwei Wurzeln, eine edlere und eine gemeine. Die erstere liegt in dem Gefühl, das schon Schiller mit seinem Schützenlied dem Knaben Tell's in den Mund legt: in der Sehnsucht nach Freizügigkeit. Es steckt ein aristokratischer Zug im Charakter der Bergbewohner, ein souveränes Bedürfniß freier Bewegung, das den dortigen Bauer am stärksten von dem unbeholfenen, an der Scholle klebenden Bauer des Flachlandes unterscheidet.

In den Bergen ist die Freiheit schon von der Natur begünstigt; das Athmen einer schärferen Luft, die Gewohnheit einer stärkeren Bewegung ist es, die den Gebirgsländer kühn, ritterlich, für Andere interessant gemacht hat. Derselbe Zug ist es, der ihn auch zum Wildschützen gemacht hat. Denn für diesen Hang zu freiem Schweifen ist die Jagd wie geschaffen. Sie gibt den ziellosen Wegen ein Ziel; sie gibt den Reiz der Schwierigkeit und der Gefahr. Man fühlt sich noch einmal so stolz, wenn man die Waffe über der Schulter trägt, man ist kein Bauer mehr, man ist ein — Freier.

Der andere Zug, der zum Wildern lockt, ist ein communistischer. Fast in allen Staaten hat der Kampf um das Jagdrecht eine politische Rolle gespielt, die von der besitzlosen Klasse im gleichen Sinne ausgebeutet ward.

Während sich die Juristen die Köpfe heiß stritten, wurden Andere mit der Controverse schneller fertig und sagten einfach: das Wild ist herrenlos, das Wild ist frei. Diese Idee besteht auch heutzutage noch, trotz aller Jagd- und Strafgesetze; sie drückt sich noch schärfer in dem Satze aus, den man dutzendmal hören kann — das Wild ist für die armen Leute! Nicht Freiheit der Person, Freiheit des Eigenthums begehren diese.

So haben viele solcher armen Leute zur Büchse gegriffen und von dieser Sorte des Wildschützen ist nur ein Schritt zum Verbrecher. Sie treiben die Jagd nicht zur Lust, sondern zum Erwerb, sie sind keine Jäger, sondern Diebe. Das Unwesen an sich hat zu allen Zeiten bestanden; aber warum blüht es heutzutage ärger als je? Der nächste Grund ist natürlich wie überall der Widerstreit der Interessen, aber ich glaube, man darf das polemische Element nicht unterschätzen, das in unserer Zeit bis in die unteren Klassen durchdrang und alle Parteien und Gegensätze einander schroffer gegenüberstellte. Die junge Generation ist in einer so oppositionellen Luft herangewachsen, daß es den schlimmeren Elementen derselben leicht wird, auch die Behörde und die Vorgesetzten unter den Begriff der Partei zu stellen, das heißt als ihre natürlichen Gegner zu betrachten.

In dieser Weise steht ein Theil der Forst- und Jagdfrevler den Forstbehörden gegenüber mit einer Eigenmacht, die duldsamere Zeiten nicht gekannt haben. Die rauhe Lebensweise schärft den rauhen Sinn der Vagabunden; die Verleugnung ihres Ansehens zwingt die Forstbeamten, dasselbe um so entschiedener zur Geltung zu bringen. Und wer könnte sich noch wundern, wenn unter diesen Eindrücken Beziehungen entstehen, die man nur in diplomatischer Sprache als „herzliches Einverständniß" bezeichnet. Nach allen Seiten hin hat sich eine Rivalität gebildet — an Kraft, an Glück, an Schlauheit, man sucht sich zu überlisten, zu überholen, zu übertreffen und im schlimmsten Falle zu — treffen. Manche dieser Reibungen haben keinen anderen Zweck, als sich gegenseitig zu foppen, dann wirken sie komisch, weil die Bravour, die dabei entwickelt wird, geradezu ins Kolossale geht. Exempla sunt odiosa — aber das thut nichts.

Vor mehreren Jahren kletterte ein wilder, schmächtiger Bursche in den Felsen eines Berges herum, den vielleicht manche der Leser selber bestiegen haben. Er war müde geworden und meinte, eine kleine Siesta, ein beruhigendes Mittagsschläfchen wäre ihm wohl zu gönnen. Langsam und vorsichtig schob er sich durch das Latschengestrüpp an einen Felsvorsprung, wo die Wand sieben Klafter tief abfiel. Dort legte er sich nieder; der Rucksack, in dem sich der auseinandergeschraubte Stutzen befand, kam unter das Haupt und auch ohne gutes Gewissen ruhte er doch bald sanft. Minder sanft war das Erwachen. Der Förster — der ihn nicht kannte — stand mit gespanntem Hahn vor ihm und weckte ihn durch einen Fußtritt.

Mit wilden Sätzen sprang der Bursche in die Höhe; was war zu thun? Die Büchse lag ja im Rucksack: der Weg war ihm vom Förster vertreten und auf der andern Seite — die Felswand. Er sollte als Gefangener mit dem Förster hinuntersteigen, so lautete dessen bestimmter Befehl — aber das war unmöglich. „Die Schand vor seinem Dirndl, — wenn er so zum Gericht müßte" — die hält er nie und nimmer aus. Verzweifelt nestelte der Wildfang an dem losen Halstuch, es war nicht lange Zeit zum Besinnen. An ein Entrinnen war nicht zu denken, denn die Wand war sieben Klafter tief und sieben mal sechs thut zweiundvierzig. Unten lag hohes Steingeröll; wer zweiundvierzig Fuß darauf hinunterspringt, zerschmettert sich alle Knochen. Aber das Dirndl! „Die Schand vor dem Dirndl!" — Der Bursche stand dicht am Abgrund, seine scheuen Seitenblicke maßen die Tiefe. „Jesus, Maria und Joseph!" schrie er laut — ein Sprung — man sah noch die Hand, die nach dem Latschenaste griff und daran hinunterfuhr; der Ast schnellte zurück in die Höhe — ein dumpfer Krach — horch! — und weg war er.

Der alte Förster stand da, wie begossen. „Sakrament," sprach er halblaut; „diesmal kriegt der Teufel einen warmen Braten; der ist maustodt, wie er hinunterkommt." Leise regten sich die Gewissensbisse in der zottigen Brust des Alten: „Hätt' ihn doch nicht so in die Verzweiflung treiben sollen; Wildern ist eine Todsünd', den hab ich pfeilg'rad in die Hölle hineingesprengt." Es gruselte ihn fast, hinabzusehen; rathlos schweiften seine Blicke über die Halde hin, die unter dem Steingerölle lag; da klang auf einmal ein Juhschrei zu ihm empor. Er sah Jemand im Fluge über die Halde laufen und dieser Jemand war — sein Gefangener.

Als er außer Schußweite war, blieb er stehen und schwenkte den Hut: „Guten Abend, Herr Förster," rief er herauf „ich bedank mich halt schön, daß Sie mich so gutwillig ausgelassen haben. Und noch was möcht ich halt bitten — nit wahr, laufen's mir fein nicht nach und springen's ja nit über die Wand da runter. 'S ist nit wegen mir, 's ist mir bloß wegen Ihnen, denn dös prellt verdammt in die Füß." Dann jauchzte er noch einmal und verschwand im Walde. Der Förster, fuchswild, sprach jetzt gar nicht mehr vom Zuchthaus, sondern gleich von der Hölle. „Wart' nur, Dich bring ich doch noch 'nunter in die Höllen," sagte er laut vor sich hin; einstweilen aber beneidete er ihn um — solche Knochen.

Der Vater dieses Knochenhelden heißt Hans-Anderl. Das ist des Jungen graues Vorbild, noch jetzt ganz derselbe fidele Schelm, denn wenn der Bub weit weg ist, dann stiehlt der Alte seinem eigenen Buben Pulver und Blei und geht selber zum Wildern. Wie sonderbar gucken die grauen schlauen Augen aus dem rußgefärbten „Gefriß"; seine weißen Stoppeln hat er mit schwarzem Wollenbart maskirt und troddelt lustig durch die Morgendämmerung. Er ist der Ueberzeugung, daß Gott die gute Sache begleitet. Für einen Siebenziger geht's mit dem Steigen noch ganz passabel; erst in der tiefen Mulde, die vom Gipfel des Berges nach Osten neigt, macht er eine kleine Rast. Jetzt heißt es „Oehrl spitzen". Horch — jetzt rasselt es! „Da kommt schon einer," denkt der alte Hans-Anderl und sinkt andächtig auf die Kniee. Ein prächtiger dunkelfarbiger Bock klettert dicht vor ihm durchs Gestein. — „Haha, der kennt mich nimmer," denkt sich der Alte lächelnd, „weil er gar so nahe vorbeilauft; der meint, der Hans-Anderl steigt ja doch nimmer 'rauf und ein Anderer trifft z'erst nix." Im nächsten Augenblicke knallt's und der Gemsbock stürzte mit einem riesigen Satz zu Boden. Anderl aber versteckte den rühmlich Gefallenen sorgfältig unter den Tannenzweigen, denn zum Hinuntertragen ist er doch zu schwer; „den muß heut' Nacht der Bub abholen."

Unterdessen hatten den Schuß, der in einsamer Morgenfrühe weit durch die Berge hallte, zwei Jäger vernommen.

„Das war ein Wilderer," meinten sie und folgten dem Knall. Bald waren sie auf der Höhe des Grates angelangt, wo man in die Mulde hinuntersieht — „bst" — winkte der eine, „da schau 'nunter; siehst Du was? das Tröpfl dort hat geschossen." Der andere zog das Fernrohr hervor, und nun konnte man's ganz deutlich sehen, wie der alte maskirte Sünder zwischen dem Steingeröll herumlungerte, ohne das Damoklesschwert zu ahnen, das über seinem Haupte hing. Es ward beschlossen, ihn zu umgehen, und als sie auf hundert Schritte herangekommen, da hieß es: „Halt, wer da?"

Der jugendliche Alte schnellte empor, wie vom Blitze gerührt, aber statt eine Antwort zurechtzulegen, legte er die Büchse an die Wange. Zu spät — drüben hat's schon geknallt, das Gewehr fiel ihm aus den Händen und von rücklings stürzte er ins Geröll.

Hin ist hin, dachten die Jäger und zogen ihrer Wege, ohne das Opfer lang anzuschauen; in einigen Tagen wird man ihn schon finden. „Wenn wir nur sicher wüßten, wer es war," flüsterten die beiden zu einander. „Am Ende war's gar der alte Hans=Anderl; das wär verdammtes Mißgeschick, denn vor dem seinem Buben ist Niemand sicher. Die Hauptsache ist jetzt nur, daß kein Mensch erfährt, wer ihn erschossen hat;" dem Förster wollen sie's gestehen, aber sonst darf es niemand wissen. Spornstreichs auf heimlichen Fußsteigen liefen sie hinab und klopften an die Thüre des Försters.

Der Bericht klang sehr lakonisch. „Herr Förschtner," sagten sie, „dösmal hat's ein' z'sammengerissen: grad haben wir ihn niederg'schossen." — „Herrgottsakrament," polterte der Förster, „schon der zweite dies Jahr. Was war's denn für einer, war er geschwärzt, kennt ihr ihn? Hoffentlich ist's nicht der alte Hans=Anderl, weil's immer heißt, daß der da droben wildert, das gäb viel böses Blut unter den Leuten!"

„Ja, wahrscheinlich wird's der sein," erwiderte der Eine bekümmert, „g'wiß wissen wir's nit, aber ein alter Kerl ist's gewesen, soviel haben wir schon gemerkt."

„Herrgottsakrament," brummte der Förster abermals — „wenn der morgen abgeht und seine Leute suchen ihn, das wird eine schöne Suppen geben." Mit gesenkten Häuptern standen die beiden Missethäter da und drückten sich lautlos zur Thür hinaus. Es war ein fataler, verdrießlicher Tag im Forsthaus. Der Herr hatte keinen Appetit (obschon es Knödel gab, welche sonst seine Lieblingsspeise waren), der Daxel bekam ganz unmotivirte Prügel und die Kinder verkrochen sich auf den Heuboden, um nicht dessen Schicksal zu theilen.

Unterdessen schlug der Hans=Anderl, der oben in der Mulde lag, die grauen Aeuglein auf und acceptirte die Situation. Es war nur ein Schrotschuß gewesen. Sorgsam untersuchte er die Wunde, fünf oder sechs der fatalen Körner sind im Schenkel stecken geblieben. In Ermanglung eines chirurgischen Bestecks zog der alte Praktikus sein Eßbesteck aus der Tasche und begann mit dem Messer die Operation. Ein Schrot nach dem andern bohrte er aus der Wunde, und als er sie alle sechse hatte, steckte er sie ein, stand auf und ging von dannen. „Wenn sie nur meinen Gamsbock nicht gestohlen haben," dachte er sich, aber Gott sei Dank, der Gemsbock war noch am alten Fleck.

Jetzt kam erst die zweite Frage, ob ihn die Jäger am Ende trotz der Verlarvung erkannt hätten! Dann muß er vors Gericht, und die Bauern fürchten das Gericht noch heutzutage mehr, als die Alten ihrerzeit den Tartarus. Da galt es einen Meisterstreich auszuführen. Das Forsthaus war etwa zwei Stunden von der Stelle entfernt, wo sie ihn „todtgeschossen" hatten; wie wär's denn, wenn er jetzt schnurgerad hinunterstiege und sich beim Förster sehen ließe, um nach irgend einem gleichgültigen Ding zu fragen? Dann kann doch kein Mensch mehr glauben, daß er derjenige gewesen sei, den die Jäger für todt und lebendig auf dem Platze gelassen. — Gedacht, gethan. An einer befreundeten Quelle, die er zugleich als Spiegel und Waschbecken benützte, wusch er sich das schwarze „Gefriß", sein Stutzen ward unter einem Stein am Kreuzweg versteckt und das Uebrige wird sich wohl finden.

Mit der rosigen Laune, die wir immer haben, wenn wir Streiche machen, stieg er herunter und klopfte an das Försterhaus. Dem Förster war das Gespenst des Hans=Anderl den ganzen Tag vor den Augen herumgegeistert, nun konnte er kaum sein freudiges Erstaunen verbergen, als der leibhaftige — Hans=Anderl vor ihm stand.

„Sie haben neulich ein paar Holzfuhren bestellt, Herr Förster," sprach dieser in devotem Tone; „ich möchte nur fragen, bis wenn Sie's haben wollen, weil ich ohnedies grad' in der Nähe bin."

„Das ist jetzt g'spaßig," erwiderte der Förster; „heut haben wir von Dir gesprochen. Es heißt manchmal, Du gingst stark wildern, und heut früh hab' ich munkeln hören, daß wieder Einer wär' erschossen worden. Und Jemand hat gleich gar gemeint, Du wärst derselbige."

„Geh, laßt mich aus, Herr Förster, mit solchem G'spaß," sprach Hans=Anderl halb scherzhaft, halb moralisch entrüstet. „Da schauen's einmal dös Fußg'stell an, wie mühsam ich dahergeh', da ist's mit dem Wildern wohl vorbei. So — erschossen haben's wieder Einen — g'schieht ihm recht, dem Spitzbuben."

Damit verband er ein ehrfurchtsvolles Kompliment und ging seiner Wege. „Das Holz bring' ich schon morgen," rief er durch's Fenster nach. „Wenn auch Einer hin ist," sprach der Förster, „ich bin nur froh, daß es der nicht ist. Aber sehen kann man's wieder, wie leicht man einem Menschen Unrecht thut. Der alte Krüppel da und wildern!"

Solche Fälle machen es begreiflich, daß sich das oberbayerische Volkslied mit seiner stark humoristischen Tendenz ganz besonders in diesen Stoffen entwickelt hat. Es liegt das Rührende und das Muthwillige nirgends so nahe beisammen, als in dem, was einem Wildschützen passiren kann, und darum haben wir Lieder von fein elegischer Tonart bis zur tollsten Satyre:

> Und bal i amal stirb,
> Brauch i Weihbrunn koan (kein Weihwasser),
> Denn mein Grab dös wird naß
> Von mein Dirndl sein Woan' (Weinen).

In den andern sprudelt ein Uebermuth, der manchmal beinahe genial, eine Schelmerei, die manchmal unsäglich komisch ist. So handelt eines dieser Trutzlieder von einer Haussuchung, die bei einem Verdächtigen nach dessen Gewehr gehalten wird. Auf drastische Weise ist es beschrieben, wie die Jäger kommen, wie sie schnüffeln und Alles durchstöbern, den Strohsack aufschneiden und die Bettlade umkehren. Nach beendigter erfolgloser Suche servirt ihnen der Verfolgte einen Teller mit Sauerkraut, davon er ein frisches Faß im Hause hat und das ihnen vortrefflich mundet. Am Boden des Fasses aber war der sorgsam zerlegte Stutzen verborgen.

> Und nur in's Sauerkraut
> Da haben's nit einig'schaut,
> Das Kraut haben's abig'fressen
> Und d' Bix ham's ganz vergessen.

So lustig geht's freilich nicht immer aus. In der Gegend des Isarthals hauste vor einiger Zeit ein Forstwart, welcher weit und breit gefürchtet war. Sieben Schuh war er hoch, funkelnde Augen, offene Brust und ein grauer, grimmiger Schnurrbart! Wenn er so dahinschritt im Walde, sah er aus, wie der leibhaftige Nimrod. Neun Menschen hatte er schon erschossen und fast jährlich kam ein neuer dazu; man hatte ihm Rache geschworen und Briefe gelegt, daß sie ihn lebendig in seinem Hause verbrennen wollten, aber der Alte kannte keine Furcht. Bei Nacht und Nebel stieg er in den Bergen herum, mit der Kugel im Laufe und seinen Buben zur Seite, der ihm nachlief wie ein gieriger Jagdhund. Auch auf den Buben hatten sie geschossen, aber jeder Schuß ging fehl; — am Ende sind sie kugelfest.

Eines Tages, da er allein umherschweifte, trat ihm eine Rotte von sieben oder acht vermummten Gestalten in den Weg und diese fingen den alten Nimrod lebendig. Dann werfen sie ihn zu Boden und knebeln ihn, und nachdem sie ihn greulich gelästert hatten, ward er an einen Baum gebunden, um dort zu verhungern. Drei Tage und Nächte stand er also da mit weitgespannten Armen; er sah wie der Mond heraufstieg, wie der Hirsch durchs Dickicht brach und erschreckt an ihm vorübersauste, wie der Morgen und wie der Abend graute. Am dritten Abend kamen sie wieder, und weil er noch lebte, so sollte ihm das Leben geschenkt sein. Sie banden ihn los und bildeten Spalier, durch das er Spießruthen laufen mußte. Hoffentlich gaben ihm die Kolbenstöße einen Denkzettel, aber wenn's noch nicht genug ist, dann fliegt beim Nächsten, den er todtschießt, der rothe Hahn auf's Dach.

Vierzehn Tage später erschießt er den Nächsten — doch eh' noch der Hahn kam, kam die Ordre, die ihn versetzte. Er ward hinausgesetzt weit weg in's flache Land, und als er fortzog aus den Bergen, weinte er wie ein Kind. Das ist die echte, wilde Gebirgsnatur — so grausam und zugleich so weich.

Im Laufe des vergangenen Sommers ward ich zu mehreren Sektionen beigezogen, die an erschossenen Wilderern gemacht wurden. Der Eine war gar ein frischer lustiger Gesell gewesen, hellbraun, hoch gewachsen, kaum neunzehn Jahre. Er arbeitete über Tag in einer Sägemühle, bei Nacht aber, wenn die Räder stille standen, trieb es ihn hinaus in's Weite. Allenthalben war er beliebt, weil er so wunderschön Zither schlug und sang, wenn er Abends vor der Mühle saß, wenn die Bursche und Mädchen dort zum Haingart zusammenkamen.

Zwei Tage vorher hatte ich ihn noch jodeln hören; es war ein peinliches Gefühl, als ich nun hineintrat in die Todtenkammer, wo er in seinen gewohnten Kleidern auf dem Schragen lag. Schon die kräftigen Schuhe, die kurzen Hosen und die flotte Joppe hatten etwas Befremdendes; man kann sich diese bewegliche malerische Tracht gar nicht an einem Todten denken. Die Kugel war ihm vom Rücken in's Herz gedrungen, und wie er so da lag — die prächtige Gestalt — da fiel mir unwillkürlich Siegfried im Wald und auf der Bahre ein.

Man begann ihn auszukleiden, die Taschen wurden untersucht — und ein Zufall, den ich nie vergessen werde, ist mir da begegnet. Als wir nämlich in die Brusttasche griffen, fand sich ein Stück Papier, auf dem mit Bleistift einige frische Zeilen standen. Es waren die ersten Verse eines Wildschützenliedes, das der arme Schelm beim frühen Morgenlicht sich aufgeschrieben:

> Und sollt ich heut noch müssen
> Im Wald mein Leben büßen,
> Ich bleib halt doch getreu
> Bei meiner Wilderei.
> Einmal trifft's uns ja Alle . . . .

Hier brachen die Verse ab, ehe er den letzten dazugesetzt, war der erste in Erfüllung gegangen. Ich habe das Blatt zu mir genommen und bewahre es stets als ein charakteristisches Andenken.

Mehr gräßlich als schön sah ein Anderer aus, den die Grenzjäger zwischen Kreuth und Achenthal getödtet hatten, denn der lag noch in der ganzen Vermummung auf dem Todtenbett, mit falschem Bart und rußigem Gesicht, die Faust auf der Brust geballt. Niemand kannte ihn, aber einzelne Spuren, die man bei ihm fand, wiesen darauf hin, daß er von Länggries daheim war. Sofort wurden ein paar Bauern, die aus der dortigen Gegend gerade anwesend waren, als Identitätszeugen berufen. Neugierig, mit einem rohen Schauder traten die Sachverständigen heran an den Todten. Man nahm ihm den schwarzen Bart weg, man wusch ihm das Gesicht — und nun lag er da, als ob er lebte.

„Das ist der lange Sepp," sprach der Eine, „der war vierzehn Jahr lang mein Nachbar."

„Ja, der ist's," sprach der andere halblaut, und dann eilten beide zur Thüre hinaus, als ob sie fürchteten, zum Verräther des Todten geworden zu sein.

Mitten im Herzen fand sich ein Stück gehacktes Blei; der Tod mußte ihn wie ein Blitz getroffen haben. In später Nachmittagsstunde kam ein unheimlicher Zug von zehn oder zwölf Gesellen über die Berge herüber und meldete sich beim Amte. Ihre Worte hatten so etwas bang Verlegenes, ihre Haltung so etwas Drohendes und Forderndes; es waren die Freunde des Gefallenen, die sich dessen Leiche ausbaten, um sie daheim zu begraben. Man gewährte es ihnen und in finsterer Nacht fuhren sie den zerstückelten Körper in einem wohlverpichten Sarge von dannen. Zu den beiden Seiten des Leiterwagens saßen und gingen sie als Ehrenwache; man hörte nicht, was sie zu einander flüsterten beim Rasseln der Räder, doch es klang wie Rachegedanken. — Länggries ist jetzt das eigentliche Centrum des Wildschützenwesens, der Menschenschlag ist dort rauher, die geographische Lage günstiger als irgendwo. Außerdem ist die Isar, die aus dem Karwendelgebirge hier vorüberströmt, jederzeit bereit, die diebischen Gemsbraten und Rehschlegel nach München zu spediren.

So haben's die Alten nicht getrieben, und deßhalb beklagen sie auch hier (wie beim Haberfeldtreiben), „daß die Wilderei in Verfall gekommen sei". Die jungen Spitzbuben sind zu sehr vom Geist der Neuzeit angesteckt, von dem Annexionsgenie der Gegenwart. Früher hat Einer jahrelang gespart, um sich endlich einen Stutzen zu verdienen; jetzt stehlen sie schon das Gewehr und dann den Gemsbock, und dann den Schubkarren, auf dem sie ihn weiter führen. Sie sind auch grausamer geworden gegen Wald und Wild. Früher wußte man manchen rührenden Zug zu berichten, daß die verwundete Hirschkuh und das verwaiste Rehkitz beim Wildschützen Zuflucht vor dem Jäger fand; jetzt schießen sie das Kalb und die Mutter über den Haufen. So sagen die Alten, und sie haben nicht ganz Unrecht. Der Wilderer, welcher aus Leidenschaft jagt, schont die Jagd, weil er sie liebt und für sein Recht hält; der Wilddieb, welcher sein Unrecht übt, verwüstet, was er nicht stehlen kann.

Wohin diese Unsitte führt, wenn sie sich eines Menschen ganz bemächtigt hat, mag die folgende Geschichte zeigen, die ich vor Jahren selbst erlebt habe, und vor der ich noch heute ein Grauen nicht unterdrücken kann.

Ein Räuberleben in den Bergen.

Es mochte Ende Oktober sein, wo der Reif schon auf dem Felde liegt und der Schritt härter hallt, als sonst. Ich war tief in den Bergen gewesen; in einer jener Winterstuben, die die Holzknechte bewohnen. Erst gegen Mitternacht kehrte ich heim. Der Weg, der etwa zwei Stunden betrug, führte anfangs durch den Wald, dann stieg man ans Ufer des Sees hinunter, auf dessen anderer Seite unser Haus stand. Leichtsinnig trollte ich dahin, denn die Nacht schien wenigstens sternenhell, und der Mond zeigte das erste Viertel. Zu beiden Seiten standen finstere Tannen; scharf zog mir die Luft ums Gesicht und in den Zweigen knisterte es leis, wenn Blatt um Blatt zu Boden fiel. Ringsum war lautlose Stille. Mit einemmal hörte ich Tritte hinter mir — zu sehen war noch niemand. Ich hatte einen guten Schritt, aber mein Nachfolger einen noch besseren und so dauerte es nicht lange, bis er mich erreichte. Mit rauher Stimme rief er mir „Gute Nacht!" entgegen. Es war eine Gestalt im gewöhnlichen Bauernkostüm, nur etwas mehr gedrungen und finsterer, als die meisten sind; über den Schultern trug er den Rucksack, in der Hand eine breite Hacke, die ganze Figur hatte etwas kriminelles, selbst ohne die Finsterniß. Wie eine Ironie klang die „Gute Nacht" von diesen Lippen, denn mir wenigstens war sehr übel dabei zu Muthe.

Es verstand sich von selber, daß wir nun mit einander gingen. So ungemüthlich es ist, wenn man bei Nacht allein durch die Berge geht, so schien es mir doch, daß ich eine Gesellschaft gefunden, die noch weit ungemüthlicher war; denn unwillkürlich stellte sich eine gewisse Ideenverbindung zwischen der Hacke und meiner Hirnschale ein. Gut, dachte ich, wir wollen sehen!

Was mir an dem Burschen vor allem auffiel, das war ein gewisser rabbiater Ton, der sonst nicht im Charakter des Bauern liegt. Denn dieser ist gegen Unbekannte viel eher reservirt als gesprächig und mehr zur Bescheidenheit als zum Pathos geneigt. Im Uebrigen sprach der Bursche ganz vernünftig; stellenweise hatte er sogar etwas flottes, chevalereskes in seinen Ansichten. Nur ein einzigesmal fiel ein Wort, das ein düsteres Licht auf seinen Charakter warf. Als die bleichen Felsen der Halserspitze herüberragten, deutete er mit der Hand nach denselben und sprach: „Da drinnen liegt auch einer, den ich eingethan hab." Und dabei machte er eine Bewegung wie der Schütze, wenn er zielt. „So," sprach ich mit tonlosem Accent und dachte mir: Nun, das wird immer besser.

Schweigend gingen wir neben einander; wenn er etwas behauptete, gab ich ihm Recht; kurz, ich war äußerlich so „liebenswürdig" als möglich. Nur als der See kam, dessen Ufer steil in die Tiefe fallen, trat ich heimlich auf die andere Seite. Endlich nahte sich unser Haus. Es war mir bedenklich genug erschienen, mit dem Burschen zusammenzutreffen, aber noch bedenklicher erschien es mir, mich nun von ihm zu verabschieden. Mir widerstrebte es, ihm zu verrathen, wo ich daheim sei, und die Hausthüre in seiner Gegenwart aufzuschließen. Denn wenn der Hallunke etwas im Schilde führte, dann war jetzt der Augenblick gekommen.

Mein Herz pochte, als ich vor dem niederen Gartenthore stand. „So, da bist Du daheim," sprach Jener, „dann bist Du wohl gar einer von den Stielerbuben?" „Ja wohl, der bin ich," war die Antwort. „Und wo bist denn dann Du daheim, damit wir uns doch kennen, wenn wir wieder zusammenkommen?" Der Angeredete brach in ein räthselhaftes Lachen aus und sagte: „Franzl heiß ich — gute Nacht."

Damit trottete er von dannen, ich aber warf die Thüre zu und immer war mir's, als ob der Franzl sich durch die Spalte hereindrängte und hinter mir die Treppe emporsteige. Es war halb zwei Uhr Nachts.

Am andern Morgen lief in der Tegernseer Gegend das Gerücht um, der Wiesbauer-Franzl sei wieder da, er sei aus der Frohnveste ausgebrochen und über Länggries zurück ins Gebirg gekommen.

Ein unbehagliches Grauen befiel mich; es war kein Zweifel, daß ich gestern die Ehre gehabt, in seiner Gesellschaft nach Hause zu kehren. Die Beschreibung der Persönlichkeit, sein Lachen beim Abschied, all das deutete darauf hin. Also in der Frohnveste war mein neuer Freund von Rechtswegen zu Hause!

Franzl war der Sohn eines armen, abgehausten Bauern aus dem Bezirke Miesbach und hatte schon frühe seine rühmlichen Anlagen verrathen. Oftmals wegen Wilderns bestraft, war er von diesem poetischen zum gemeinen Diebstahl übergegangen und von da zum Raube. Eine Art von unheimlicher Furcht, welche sonst die Leute dieser Gegend nicht kennen, verbreitete sich um seinen Namen. Nirgends hielt er sich auf, aber überall war er da; Niemand wußte seine Wege, aber Jeder fürchtete sie. Dieß Gefühl erzeugte einen wahren Terrorismus. Mitten in der Nacht erschien der Franzl, klopfte an's Haus und weckte die Leute. Dann mußte die Bäuerin aufstehen und Feuer anzünden, um eine Mahlzeit zu kochen, er aber saß plaudernd am Herde und sah ihr zu. Er stahl nicht, um zu stehlen, nur wenn er es brauchte und nur so viel er brauchte, begehrte er. In den meisten Fällen ward es ihm gutwillig gegeben, denn seine Kühnheit schüchterte die Leute ein. Dann benahm er sich wie ein Gast, ward leutselig und gemüthlich und that, als ob er zu Hause wäre. Niemals nahm er von Solchen, denen das Geben sauer ward, allein wenn die Reichen sich weigerten, so drohte er mit den fürchterlichsten Flüchen, daß er den rothen Hahn auf's Dach setzen und das ganze Dorf zusammenbrennen werde. Er war eine echte Räubernatur: großmüthig und grausam, wie es gelegen kam.

Erst nach langer Mühe war man seiner habhaft geworden und hatte ihn in die Frohnveste der Hauptstadt abgeliefert. Doch seiner verzweifelten Entschlossenheit gelang es, zu entfliehen, indem er sich durch sämmtliche Stockwerke herunterließ. Unten angelangt, gewann er das Freie und entkam in die Berge. Darum hieß es zum allgemeinen Entsetzen: Der Wiesbauer-Franzl ist wieder da! Es war mir fatal, daß er nun auch mich zu seinen Freunden zählte; denn ich fürchtete, er würde die neue Bekanntschaft ausnützen und sich eines schönen Abends zum Souper einladen.

Und wirklich machte er mir bald einen neuen Verdruß. Ich war allein im Hause und saß noch Abends bei der Lampe; da kam mit einmal die alte Dienerin gerannt und flüsterte entsetzt: „Denken Sie nur, draußen auf den steinernen Staffeln der Hausthür sitzt schon seit einer Viertelstunde ein Kerl; ich hab' durch's Küchenfenster hinausspekulirt und fürchte, es ist der Wiesbauer-Franzl. Jesus, Maria und Joseph!" setzte sie hinzu, „jetzt wird er sicher bald anklopfen und herein wollen!"

Unmuth und Neugier waren gleich mächtig und so stieg ich denn die Treppe empor, lautlos und ohne Licht. Oben wollte ich das Fenster öffnen und hinabspähen, denn vielleicht war es doch nur ein harmloser Handwerksbursche, der diesen unentgeltlichen Parterresitz benützte.

Trotz der äußersten Sorgfalt hörte der Fremde, daß sich die Scheiben bewegten und indem er den Kopf zurücklehnte, sah er regungslos und wortlos zu mir empor. Es war dieselbe Gestalt wie neulich; es war der Wiesbauer-Franzl. Um das Risiko zu vermindern, ergriff ich die Initiative. „Möchst was, Franzl, soll ich Dir was

Verfolgung. Von W. Diez.

hinaustragen, wann d' Hunger hast?" rief ich mit künstlicher Zärtlichkeit dem Gauner zu. Er aber erwiderte mit stoischem Kopfnicken: „Dös braucht's nit, Karl, ich hab' schon g'futtert heut und muß noch weiter, bloß raften möcht' ich a wenig." Kurz darauf erhob er sich und ging von dannen. Unterdessen kam der erste Schnee, ich schloß meine Sommersaison und zog zurück in die Stadt; draußen aber geisterte mein Freund herum und fuhr fort zu requiriren. Wie es ihm dabei ergangen, erfuhr ich erst, als ich im nächsten Jahre wiederkehrte.

Eines Tages, nachdem er Siesta gehalten, fiel er doch den Häschern in die Hände. Im Triumph ward er an das Gefängniß des Landgerichts abgeliefert und Jedermann athmete leichter, wenn man sich auch nicht ganz vor ihm geborgen glaubte. Denn etwas Unverwüstliches lag in seinem Wesen.

Bald machte er neuen Alarm. Der nächste Tag war kaum angebrochen, so kam der Eisenmeister gelaufen und klingelte wie toll am Hause des Arztes. „Kommen Sie nur geschwind herüber, Herr Doktor, der Franzl hat sich heut Nacht erhenkt. Gerade, wie ich jetzt die Runde machen wollte, seh' ich ihn am Kreuzstock hängen. Doch weil er schon eiskalt war, hab' ich ihn gar nicht mehr abgeschnitten." Spornstreichs eilte der Arzt in das Gefängniß und fand, daß sich Alles nach Bericht verhielt. In jener wilden Verzweiflung, die bei energischen Naturen entsteht, wenn sie keinen Ausweg mehr sehen, hatte der kühne Räuber beschlossen, sich selbst zu morden. Sofort schnitt der Arzt die Leinwandschlingen durch; kaltes Wasser wurde ihm ins Gesicht gegossen, aber alle Belebungsversuche blieben erfolglos. Wie ein Lauffeuer verbreitete sich die Kunde im Ort und Viele, die sie vernahmen, meinten, das sei die erste nützliche Handlung des Franzl. Ja, wenn er nur wirklich hin ist, setzten die Pessimisten dazu, dem Teufel darf man nicht trauen, bis er im Grab liegt.

Die Sektion war unterdessen vorbereitet; man ging daran, die Leiche zu entkleiden. Doch, siehe da, die Wimper regt sich, ein Muskel zuckt; der Todte ist wieder lebendig geworden.

Es war auch die höchste Zeit gewesen, denn das Sektionsmesser lag bereits auf dem Tische. So hatte die Lebenskraft des jungen Verbrechers über seine Willenskraft gesiegt; gegen alle Absicht befand er sich noch diesseits.

Mit vollster Sorgfalt ward er nun zum Bewußtsein und dann wieder in die Keuche gebracht, um am nächsten Tag nach München spedirt zu werden. Niemand mochte ihn gern „verwalten"; selbst das Gefängniß schien unsicher, so lang er darinnen war. Gleichwohl war er von stoischer Ergebung. Ja, es sah fast aus, als ob er kleinlaut geworden wäre, als ob er auf neue Todesarten sinne, statt sich des neuen Lebens zu erfreuen.

Am nächsten Tage wurde ein Bauernwagen angespannt und Franzl, an Händen und Füßen gefesselt, nahm Platz auf demselben. Neugierig blickten die Leute auf das gefangene Wunderthier, langsam zog das Gefährt des Weges, der dicht am Ufer vorüberführte. Plötzlich knackt es leise, die Fesseln waren zerrissen — ein Ruck und der Verbrecher schnellte aus dem Wagen. Kopfüber warf er sich in den See, daß die Wogen über ihm zusammenschlugen und schwimmend suchte er das Weite. Da Niemand von seiner Bedeckung ihm folgen konnte, oder Jeder einen Ringkampf in den Wellen vermeiden wollte, so wurde ein Schiff geholt, das dem Entwichenen nachfuhr.

Trotz des Vorsprungs hatten ihn die flinken Ruderer bald erreicht; allein, was nun? Anfangs tauchte er unter, um sich den Blicken der Verfolger zu entziehen, jedoch sein Athem war von der Anstrengung gar bald erschöpft. Ein wahres Gefecht begann. Da ihm anders nicht beizukommen war, so ergriffen Jene die Ruder und schlugen ihn, so oft er emportauchte, mit aller Macht auf den Kopf, um ihn zu betäuben. Seine Eisenstirne aber war nicht zu brechen, noch weniger war es möglich, ihn zu packen und hereinzuziehen; denn wie wüthend warf er sich auf das Schiff und suchte dasselbe umzuschlagen. Jetzt war die Gefahr auf der anderen Seite und man fand es gerathen, die Verfolgung zur See einstweilen einzustellen. Stürmisch brandeten die Wellen, als nach hartem Kampfe das kleine Schifflein ans Land zurückfuhr; jener dagegen erreichte das hohe Schilf, das ihm ein sicheres Versteck gewährte. Erst als es dunkel wurde, kroch er aus demselben hervor und fand es angemessen, für einige Zeit zu verschwinden. Wochenlang hörte man nichts mehr von ihm und Viele glaubten, daß er im Sturm ertrunken sei. Plötzlich aber stand er wieder da, wie aus dem Boden gestiegen. Sein Wesen hatte sich nicht gebessert, ja die Feindschaft, die er gegen Alles hegte, was Gesetz und Friede hieß, war durch die letzten Niederlagen nur geschärft worden. Jetzt nahm er die Fehde mit erneutem Ingrimm auf; er hatte sogar einen Compagnon (mit vier Beinen) gefunden, denn ein riesiger gelber Wolfshund folgte ihm auf Schritt und Tritt. Forschend sah er seinem Herrn in die Augen und leckte die räuberische Hand; auch er knurrte der ganzen Welt so misanthropisch entgegen wie sein Gebieter. Dieser schien ihm nicht minder zugethan, denn wenn er seine Mahlzeit forderte, so reichte er ihm den ersten Bissen und wer sich weigerte, dem zeigte der „Wolf" die Zähne, noch eh sein Herr mit den Augen winkte. Er besaß die einzige Liebe, die dem wilden Burschen geblieben war und wenn man den beiden begegnete, so sah man's ihnen an, daß sie auf Leben und Sterben verbunden waren.

Unterdessen trieb es der „Franzl" ärger als je zuvor. Von Tag zu Tage ward er ungestümer und die Panik unter den Leuten größer. Eines Nachts hatte er wieder eine Bauersfrau geweckt, daß sie ihm kochen sollte. Zagend erschien sie am Fenster und weigerte sich der seltsamen Zumuthung, während er unten vor der Altane stand. Da ergriff er das breite Messer und stieß es ins Haus, daß es durch die Balken fuhr. „Hast Du's g'sehen? 's nächstemal trifft's bei Dir!" rief er drohend hinauf und ging mit dem schäumenden Hund von dannen. Alle Nachforschung der Behörden blieb erfolglos, denn einen Schelm in den Bergen aufzuspüren, ist verlorene Mühe. Längst hatte die öffentliche Meinung ihn vogelfrei erklärt; und so geschah es denn, daß auch von Amtswegen ein Preis auf seine Einbringung gesetzt ward. Es war das äußerste Mittel.

An der Straße, wo die Wege sich kreuzen, steht ein einsames, mächtiges Wirthshaus. Es ist noch ganz im alten Stil errichtet; eichene Tische und steinerne Krüge. In der Bauernstube hängt das Fuhrmannszeichen, unter dem Ofen schnarcht der Kettenhund und der Wirth ist noch der mächtige souveräne Gebieter.

Hier saßen in später Stunde einige Genossen, den Hut auf dem Kopfe und die trotzige Feder weit vorgerückt. Plötzlich ging die Thüre auf; ein gedrungener Bursche trat herein und setzte sich bei ihnen am Tische nieder. Jeder kannte ihn, so gut wie wir ihn kennen.

Es war am selben Tage, wo der Steckbrief gegen ihn erlassen worden war. „Weißt Du's schon, Franzl, daß sie Dich verschrieben haben?" rief der Eine. „Fünfzig Gulden kriegt Der, der Dich fangt," versetzte ein Anderer. „Dös muß Dich doch freuen, weil die Leute allweil sagen, Du bist nix werth!" Lautes Gelächter scholl durch die Stube; der Franzl aber verzog keine Miene, sondern stemmte die Hände in die Seite und rief: „Nun ja, da habt ihr mich, so fang' mich halt Einer, wenn ihr a Schneid habts und kein Geld!" Niemand rührte sich, nur unter dem Tische knurrte der gelbe Wolf, als ob er die Worte verstanden hätte. Schweigend setzte sich der Räuber nieder und trank dann gemüthlich mit den Andern weiter, wie er es so oft gethan. Etwas stiller als sonst aber war er doch geworden, denn nach einer halben Stunde legte er seine Kupferkreuzer auf den Tisch und ging in die Nacht hinaus, ohne sich mehr umzusehen. Nur der Hund wandte den Kopf unter der Thür und zog zornig die Lippen empor, daß die riesigen Fangzähne herausstachen. „Heut hat er keine Freud nit mit den Karten," sagte der Eine, der ihm ein verbotenes Hazardspiel angetragen hatte. „Glaub's gern," erwiderte der Nachbar, „daß einen 's Spielen nimmer freut, wenn man's selber verspielt hat." Und dann rückten sie enger zusammen und munkelten: diesmal kommt er nimmer durch. „Todt oder lebendig, heißt's in dem Schreiben," fügte Einer halbleise bei.

Zwei Tage waren seitdem verstrichen, da pochte der Franzl wieder an die Thür eines Bauernhauses. Es war in der Nähe von Gmund, auf jenem Höhenzug, der wie ein Riegel vor dem Gebirge liegt und von Tegernsee bis gegen Miesbach hinüberreicht. Als die Bäuerin unter die Thüre trat, erkannte sie wohl in verhaltenem Schreck den Missethäter, allein sie stellte sich, als ob sie einen Armen aufnähme und hieß i'hn in die Stube treten. Unterdessen rief ihr Mann die Nachbarn zu Hilfe. Lautlos schlichen die Gerufenen durch die Hinterthüre in den Stall und beriethen dort, wie man ihn überwältigen könne; aber keiner hatte den Muth dazu. „Todt oder lebendig, heißt es im Schreiben, wie wär's, wenn wir ihn niederschießen?" Unter den Herbeigeeilten war ein junger Soldat,

Das Ende des Wiesbauer-Franzl.

der als ein guter Schütze berühmt und erst vor wenigen Tagen vom Regiment zurückgekehrt war. Dieser beurtheilte den Fall nach Standrecht und meinte, daß nicht für die Einbringung des Todten, sondern für die Tödtung der Preis bestimmt sei. Der bringt doch noch Einen um, wenn er weiter lebt, dachte er sich, und da ist's besser, ich bring' ihn selber um. „Hinten beim Ofen hängt mein Zwillingsstutzen," flüsterte der Bauer und dann trat athemlose Stille ein.

Unterdessen hatte der „Franzl" sein Mittagsbrod verzehrt und rüstete sich zum Aufbruch. „B'hüt di Gott, Bäuerin," rief er, „und wenn Dich wer fragt, wem Du aufgewart' hast, dann sag nur, dem Wiesbauerlumpen." Mit diesen Worten trat er unter die Thür; von der andern Seite aber trat eine schlanke Gestalt in die Stube, die noch die blaue Soldatenmütze trug. Schweigend nahm dieser die Büchse von der Wand und verbarg sie unter dem Fenstersims, dann öffnete er leise die kleinen Scheiben. „Nicht so g'schwind, Franzl," rief er dem Dahingehenden nach, „diesmal bleibst stehen oder es schnallt!" Jener wandte sich um und lachte mit lautem Hohne. „Wer mir was will, soll nur zu mir kommen; ich geh Niemanden zu G'fallen." Noch ein Schritt und ein sausender Knall erdröhnte. Wie ein Baum zu Boden schlägt, sank der Getroffene darnieder; stromweis quoll das Blut aus seinem Munde. „Faß!" rief er halblaut dem Hund entgegen; es war sein letztes Wort. Mit den Fingern riß er die Erde auf, noch ein paarmal zuckte sein Körper und dann lag eine Leiche auf dem Boden. Der Hund aber stürzte wie rasend auf das geöffnete Fenster, als wollte er mit einem Sprunge den Kreuzstock niederreißen. Da krachte der zweite Lauf des Stutzens und auf halbem Wege brach das treue Ungethüm zusammen. Röchelnd kroch er noch bis zur Stätte, wo die Leiche seines Herrn lag und nach wenigen Athemzügen verschied er.

Es war ein seltsamer Zufall, daß ich gerade an diesem Tag aus der Stadt in die Berge kam und gerade auf jenem Weg, wo das Ereigniß stattgefunden hatte. Da die Gerichtskommission erwartet wurde, so durfte an der Stellung der Leiche nichts geändert werden und das ganze Drama, wie es vor wenig Stunden sich zugetragen hatte, lag noch vor meinen Augen.

Sonderbar ward es mir zu Muthe, als ich den Gefährten hier wiederfand, mit dem ich einst in tiefer Nacht gewandert war. Weil alle Nachstellungen so lange vergeblich blieben, so hatte sich vielfach das Gerücht verbreitet, daß der Franzl verhext sei und ein Zaubermittel besitze, um sich unsichtbar zu machen. Merkwürdiger Weise fand sich in seiner Tasche, als man die Leiche untersuchte, eine Wurzel von räthselhafter Gestalt. Was er damit bezweckte, hat niemand erfahren, daß aber jener Aberglaube dadurch nur befestigt ward, kann man sich denken. Heute noch geistert der Wiesbauer-Franzl im Mund der Leute herum, wie ein Gespenst; die Wurzel aber, die niemand zu nehmen wagte, liegt noch heute in meinem Schrank.

43 [1]

Man meint bisweilen, so einfache und primitive Verhältnisse, wie die der Bauern, hätten keine Mysterien, und doch zeigt sich allerwärts das mysteriöse, das geheim verwegene, das vehmartig vermummte Treiben, das unter der einfältigen Oberfläche im ländlichen Leben regiert. Allenthalben erscheint der Rächer wie aus dem Boden gestiegen, der Verbrecher verschwindet wie in den Boden versunken; Jeder weiß im Geheimen Alles und öffentlich wissen Alle nichts — es besteht ein tyrannisches Zusammenhalten. Noch ein anderer Fall mag diese Bemerkung bestätigen.

Ich erinnere mich noch heute an eine Scene im Wirthshaus von Kreuth. Es war ein Herbstabend, der Mond war voll, Grenzjäger und Forstleute saßen am Tische, der dicht beim Fenster stand. Auf einmal — ein Blitz, ein Knall, die Scheibe splittert, eine Kugel fliegt zwischen den Köpfen Zweier, die keine Hand breit auseinander waren, in die Decke. Der Eine fuhr sich gemüthlich mit der Hand über's Ohr, wie's etwa der Tiras mit den Pfoten thut, um eine Mücke abzuwehren, die Andern stürzten hinaus in's Freie. Es waren nicht sechs Schritte bis dorthin und doch war weit und breit keine Spur zu sehen. Lautlos und mondhell war die Nacht, Alles wurde durchsucht und Alles war umsonst!

Was die gerichtliche Verfolgung solcher Fälle angeht, so liefert auch diese nur selten ein volles Ergebniß. Häufig bleibt der Thäter zweifelhaft; häufig weiß er sich in jenen Fällen, die tödtlich ausgehen, mit Nothwehr zu rechtfertigen.

Nur eine veränderte Anschauung kann diese Verhältnisse berichtigen; die Meinungen, nicht die Gesetze (wie Manche glauben) müssen gebessert werden.
K. St.

5.
Beim Sonnenwendfeuer.

Den Inbegriff der Natur legt der Volksmund in die Elemente. Aus der schöpferischen Kraft, die in der Flamme und in der Welle waltet, fand er den Schöpfer wieder, und so wurden die Elemente ein Mittelpunkt des Kultus und der Sage. An ihnen hat sich der Drang zu gestalten, der in den Menschen und in den Völkern wohnt, am frühesten bewährt. Bei den Griechen wurde die schaffende Kraft zum Gotte selber gemacht, zum Neptun oder Vulkan; in der deutschen Sage, wo neben dem epischen auch der romantische Zug so mächtig ist, sind die Erd- und Feuergeister entstanden.

Es ist klar, daß mit dem Christenthum ein Wendepunkt für diese Gestaltung kam, die der Kindheit der Völker angehört. Aber der Wendepunkt betraf doch nur die Bedeutung, nicht den Bestand der meisten Bräuche. Mit einem weltgeschichtlichen Taktgefühl haben die ersten Sendboten der Kultur die alte Sitte geachtet. Nicht mit dem Schwerte wurden die langgesponnenen Fäden der Gewohnheit durchschnitten, sondern unvermerkt ward die Basis verrückt und der alten Form ein neuer Sinn gegeben. Dieselben Stätten, dieselbe Art der Verehrung wurden belassen, wo es irgend ging, nur die Adresse veränderte sich, an die Stelle der Heidengötter traten die Heiligen. Diesem Vorgang verdanken wir es, daß in unserem jetzigen Kulturleben noch so mancherlei Anklänge an die Urzeit erhalten sind und zu diesen gehören auch die Sonnenwendfeuer. Tiefer als jedes andere Element greift das Feuer in das Dasein der Menschen ein und keines ward vom Leben tausendfältiger gestaltet. Welche Kette von Beziehungen liegt zwischen dem heiligen Funken, der am Herde der Alten glimmte, bis zu den unzähligen Flammen eines Kronleuchters; welche Unwiderstehlichkeit liegt darin, wenn der Ruf „Feuer!" durch die Städte schallt, wenn im Treffen das Kommando tönt: „Feuer!" So hat sich schon in den frühesten Zeiten ein Kultus der Flamme gebildet und wenn auch der christliche Ritus sich desselben allmälig bemächtigt hat, so müssen wir doch in jener Urzeit die Quelle der noch bestehenden Gebräuche suchen. Im Harz und am Rhein, sowie in Westfalen werden die Judasfeuer angezündet, in Süddeutschland und ganz besonders in Oberbayern finden wir die Oster- und Johannisfeuer. Die ersteren brennen in der Nacht am Charsamstag, wenn die Auferstehung vorüber ist und sind besonders im westlichen Winkel des Gebirges, aber auch auf dem platten Lande und in Schwaben zu Hause. Am dreiundzwanzigsten Juni, vor dem Johannistage, zündet man die Sonnenwendfeuer auf den Bergen an. Von Gipfel zu Gipfel glänzen sie hinüber, von Alpe zu Alpe schallen die Jodler.

Der ganze Aberglaube und die meisten Gebräuche, die mit dem Sonnenwendfeuer zusammenhingen, sind jetzt erloschen; nur der wichtigste Brauch, das sogenannte Scheibenschlagen, ist zum Theil noch in Uebung. Der Durchschnitt einer Brunnenröhre oder auch ein altes Wagenrad wird nämlich mit Pech bestrichen und auf einer hohen Stange aufgesteckt. Manchmal nahm man auch einen pechgetränkten Pfeil, und wenn dann die Johannisfeuer angezündet werden, wird die brennende Scheibe im Kreise herumgedreht und von der Höhe herab in einem leuchtenden Bogen durch die Luft geschleudert. Während sie also saust, spricht der „Scheibentreiber" einen Vers, welcher gleichsam die Widmung enthält, wem die Scheibe gelten soll. Eine große Menge solcher Verse ist noch erhalten und wir finden in denselben ein buntes Gemisch der beehrten Personen. Zur Zeit, wo der religiöse Charakter noch vorwog, wo sogar der Priester das Feuer segnete, ist die heilige Dreifaltigkeit genannt. Aber auch dem Teufel ward einst zu Nauders in Tirol eine Scheibe getrieben, und der Bogen, den dieselbe schlug, soll „unabsehbar" gewesen sein. Nach und nach gewann das menschliche Interesse die Oberhand und die Burschen riefen nun gewöhnlich die Namen ihrer Geliebten in die Luft:

O du mei liebe Scheib'n, In die Mittenwalder G'moa (Gemeinde),
Wohin soll ich dich treib'n? Der Lisei ganz alloa (allein).

Man sieht, wie exclusiv die Schlingel wurden, um einen modernen Ausdruck anzuwenden. Manche sprachen auch diplomatisch, das heißt zurückhaltend und gaben ihrer Scheibe nur folgende Direktive mit:

In d' Bayrisch Zeller G'moa,
Du weißt schon, wen ich moa (meine).

Wie gar manche Sitte, so bot auch diese bisweilen ein Mittel öffentlicher Rüge dar. Man trieb die Scheiben gefallenen Mädchen zum Spotte (ähnlich wie das Haberfeld) oder machte damit Jene lächerlich, welche eine Ungeschicklichkeit begangen hatten. So ist uns ein Vers erhalten, worin die Scheibe Demjenigen gewidmet wird, welcher jüngst einen Gänserich am Strick zur Tränke geführt hatte.

In früheren Zeiten wurden auch feierliche Vorbereitungen zum Sonnenwendfeuer gemacht. Vier Knaben gingen von Haus zu Haus und „sangen", um das Holz dafür zu sammeln. Niemand durfte diesen Beitrag verweigern, an alle Heiligen ward appellirt.

„Heiliger Sankt Veit — Schick uns ein Scheit; Heiliger Sixt — Ein recht ein dick's;
Heiliger Hans — Ein recht ein lang's; Heiliger Florian — Zünd unser Haus nit an."

In einem anderen Vers, der mit einem frommen Wunsche schließt, heißt es:

„Wir kommen vom Sankt Veit — Gebt's uns auch a Scheit,
Gebt's uns auch a Steuer — Zu unserem Sunnwendfeuer;
Wer uns keine Steuer will geben — Soll das nächste Jahr nimmer erleben."

Diese Art des Sammelns, die in Oberbayern landläufig war, und bis nach Schwaben und Franken reichte, ist jetzt ebenso in Vergessenheit gekommen, wie die mannigfachen Zwecke und Beziehungen, welche früher dem Johannisfeuer zu Grunde lagen. In manchen der erhaltenen Verse werden sogar die Hexen erwähnt, und in einzelnen Gegenden wurde überdies eine Strohpuppe im Oster- und Sonnenwendfeuer verbrannt. Das Beifußkraut, ein Zaubermittel, welches gegen alle Krankheiten helfen sollte, ward ebenfalls ins Johannisfeuer geworfen und „es trieben diesen Aberglauben nit allein die alten weiber, sondern auch vil hoher leut, die doch sich vor sehr weis und verständig halten". So sagt ein altes Kräuterbuch aus dem Jahre sechzehnhundert siebenundachtzig und eine Menge von Geheimmitteln hängt in dieser Weise mit dem Johannisfeuer zusammen.

Sehr gebräuchlich war es, daß jeder der Anwesenden ein angebranntes Scheit mit forttrug, das auf dem Herd des Hauses aufbewahrt oder noch in derselben Nacht auf den Flachsacker gesteckt wurde. Auch dem Sprung über das Feuer war eine besondere Bedeutung gegeben. So hoch einer springt, so hoch wächst sein Flachs in diesem Jahre. Aus dem Flug der Scheibe aber wollte man wahrsagen. Wie allenthalben, so hat sich insbesondere im bayerischen Hochgebirge diese Bedeutung des Johannisfeuers abgestreift; die alte Uebung selber ging indessen nicht verloren. Obschon ihre eigentliche Heimat in dem Theile ist, den das Karwendelgebirg beherrscht, in Krün und Mittenwald, so glänzen doch auch im Osten vom Watzmann bis zur Benediktenwand am 23. Juni die Sonnenwendfeuer. Unten im Thale ist es ein herrlicher Anblick und bis in weite Ferne sieht man die lange Reihe der lichten Punkte. Nicht Jedermann faßt dieselben so auf, wie eine nordische Dame am Starnbergersee, die allen Ernstes zu mir sprach: „I, sehen Sie 'mal, da muß wohl im Gebirge ein Fackelzug für die gestorbenen Studenten sein."

Die Eingebornen, welche die Feuer anzünden, sehen es in der Regel mit Mißvergnügen, wenn Städter sich bei denselben einfinden. Sie wollen bei solchen volksthümlichen Gelegenheiten „unter sich" sein; es sind da alle

Johannisfeuer. Von J. Watter.

möglichen Rendezvous ausgemacht, wobei man unliebsam stören könnte, und die Wirthsleute warnen nicht selten geradezu die Fremden vor einer Bergpartie an diesem Tage.

Ich selber habe die Sonnenwendfeuer vor Jahren auf dem Wendelstein gesehen, der wenige Stunden vom Schliersee liegt und als „Hort des bayerischen Almensangs" berühmt ist. Eine vornehme Gesellschaft von geistreichen Herren und fremden Damen kletterte gleichfalls empor und vielleicht ist auch der gütige Leser geneigt, uns zur „Sunnwend" zu begleiten. Das ist ein kühler, wonniger Augenblick, wenn man nach Sonnenuntergang aus dem dichten Walde auf die Alpenmatte heraustritt, die schon thaufeucht vom Abend ist, wo das Vieh mit Glockengeläute zur Hütte heimkommt.

Nicht weit von der Alm, auf einem Felsvorsprung, war der Holzstoß aufgerichtet; so ein rechtes Luginsland muß er haben. Ringsum herrscht rühriges Leben, denn es ist keine kleine Arbeit, solch einen Thurm zusammenzutragen. Das Holz, das in der Nähe der Hütten liegt, ward im Laufe der Jahre längst verbraucht, und nun muß man tief in den Wald hinein, um die morschen, trockenen Aeste herauszuholen. Sieh nur, wie die Bursche schleppen; der Eine zieht einen halben Tannenbaum hinter sich; der Andere hat einen halben Zentnerblock an den Bergstock gespießt; der Dritte hängt mit dem Beile über dem Abgrund und fällt noch Aeste von den Latschen- und Krummholzkiefern, deren Harz so trefflich brennt und duftet. Die Zeit der Dämmerung ist kurz auf den Bergen; durch das niedrige Alpengras strich der Nachtwind und kaum hörbar tönte das Gebetläuten vom Kirchlein am Birkenstein empor. Da begannen die Flammen zu knistern und zu leuchten, anfangs sacht, verstohlen, dann in wilder, jubelnder Lohe! Weithin sprühten die Funken durch die klare Sternennacht und auf allen Gipfeln tauchten die Feuer, die Sonnenwendfeuer empor! Wie breit, wie schwarz die Massen der Berge waren! Jetzt erhob sich einer der Männer, eine kühne Gestalt mit offener Brust und hoher Stirne, der schwang den Federhut und trat bis an den Rand des Felsens. Und als sein erstes Jauchzen ertönte, da war's als hätte er der Welt da drunten ein Manifest verkündigt, ein Manifest der Freiheit für ewige Zeiten. Hüben und drüben klangen die Grüße herüber, als sollten's die flimmernden Sterne am Himmel hören. Um das Feuer bildeten sich bald ganz reizende Gruppen, und ich müßte den Pinsel anstatt der Feder führen, wenn ich sie wiedergeben wollte. Aus den zerstreuten Hütten waren die Sennerinnen heraufgestiegen und schäkerten mit den Burschen vor dem Feuer. Sie mochten wohl wissen, daß dasselbe nicht allein dem Heiligen da droben gelte und daß gar manchen von Jenen noch ein anderes Feuer, als das des St. Johannes, heraufgeführt. Mit spitzem Hut und goldenen Haaren standen sie da und wenn sie nicht die Hand in die Hüfte stemmten, dann lag dieselbe muthwillig auf den Schultern ihres Verehrers. Der aber zog bisweilen ein Scheit aus dem brennenden Holzstoß und wollte sie damit kosen, daß sie lachend das Weite suchten.

In kleiner Entfernung war die Gesellschaft von Herren und Damen gelagert, die auch das Sonnenwendfeuer besehen wollten. Bunte Gestalten in bunter Tracht! Einige der Herren (welche einen Rheumatismus nicht scheuten) gaukelten im Grase, andere lehnten an den langen Gebirgsstöcken oder saßen neben den Mädchen auf den niedrigen Felsblöcken, die in der Halde zerstreut und von Alpenrosen überwuchert waren. „Hier möchte ich Hütten bauen," seufzte eine der älteren Damen, der man den Blaustrumpf selbst im Dunkeln ansah und die vor Entzücken ganz schlotterte, „mir eine und dem Moses eine — und die dritte müßte ich natürlich aufbewahren, wenn ich mich später etwa verheirate." Eines der jungen Mädchen, das dort allein auf einem Felsstück lehnte, schien in tiefe Beschaulichkeit versunken. Um den Saum des Kleides rankte sich die grüne Kiefer empor; sie hatte die Hände im Schooß und vielleicht bekümmerte Gedanken im Herzen. Ueber die aschblonden Haare fiel ein breiter Strohhut herunter mit einer dunkelrothen Blume. — Das war ein Bild, ein vollendetes Bild, wie Riedel in Rom es malte, wo Sonne und Nacht, wo Licht und Dunkelheit in einem Antlitz wohnen. Die Hälfte ihres Madonnengesichts war tief beschattet, nur die weichen Linien des Ovals glänzten im rothen Lichte. Manchmal bog sie das Haupt zurück, wie von geheimer Sehnsucht gezogen, dann leuchteten die Züge im vollen Widerschein, und alle Pracht des Feuers strahlte zurück aus diesem Zauberspiegel eines Angesichts. Wenn sie sich nur nicht regt, dachte ich in stiller Bewunderung — da kreischt ihr richtig schon die englische Gouvernante einen guten Rath entgegen. „Jenny, Miss Jenny, take care!"

rief sie entsetzt, denn es waren Funken auf das feine graue Kleid gestoben. Jenny fuhr zusammen — und fort war das schöne Bild. Ein alter Doktor der Philosophie trieb zum Aufbruch und auch die ländliche Gruppe zerstreute sich allmälig, um von der Felsspitze die Alpenhütten zu erreichen. Auf dem kurzen Weg dorthin mischten sich auch die munteren Burschen unter die Gesellschaft, die sie durch ihre derben Witze und gegenseitigen Mißverständnisse erheiterten. Die blaue Brillenschlange hütete ängstlich ihren schönen Pflegling und nannte jeden Bauern einen Gentleman, weil sie dachte: Noblesse oblige. Nichtsdestoweniger ergriff einer der dreisten Gesellen plötzlich das schöne „Bild" um die Taille und suchte ihr damit seine Verehrung begreiflich zu machen. Jenny lächelte liebenswürdig, als er sie mit einer Alpenrose auf die Hand schlug, und Jener sprach, nachdem er sichtlich mit dem Ausdruck gerungen: „Du bist das schönste Weibsbild auf Erden." Dann aber wandte er sich zu seinem Dirndl, das hinter den Beiden trollte, und sprach: „Gelt, Dirndl, da schaugst, so ein sauberes G'frißei bringst halt Du doch nit z'wegen. Neben der da kommst Du schon 'raus wie a Gais neben an Gamserl." — „Für an Bock is a Gais gut g'nug!" erwiderte lachend das Dirndl. Die Gouvernante aber, die unter den Nachzüglern geblieben war, rief drohend vor: „Jenny, take care!" Die bunte Gesellschaft ward auf dem Heu in den Alpenhütten untergebracht, und bald waren Alle im Segen des Herrn entschlafen.

Es mochte zwei Uhr sein, da schlich ich mich heimlich weg und ging hinaus ans Sonnenwendfeuer. Wie unermeßlich lag jetzt diese Welt von Bergen da! Die Sterne waren noch leuchtender, der Bogen des Himmels noch weiter gespannt, als zuerst. Jetzt war es die tiefe, volle Nacht, die alle Einzelheit verschlingt und nur die Riesenmassen, die meilenlangen Linien übrig läßt. Darum ist die Nacht so unheimlich großartig, darum ist der Tag so lieblich, weil er uns näher steht, indem er uns am Sonnenlicht das Kleine zeigt.

Klar und groß lag die Welt und der Zusammenhang des Ganzen vor meiner Seele. In ihm allein ruht die Rettung des Einzellebens, in ihm allein wird das Räthsel des Ich gelöst. Darum sind es Stunden der Weihe, Feierstunden in einem Menschenleben, wo uns die Ahnung des Zusammenhangs, wo uns der Glaube an das Ganze erfaßt.

K. St.

Steinalm auf der Kampenwand.

6.

Almenleben.

Eine Alm gehört zu den glücklichen Dingen, welche bei Jedermann beliebt sind: Jene etwa ausgenommen, die das Podagra haben. Von den meisten, die darüber geschrieben, wurden Einzelnheiten geschildert: der Eine nahm die Landschaft, der Andere die Touristen; das jedoch, was das wichtigste ist, haben die meisten übergangen. Dies ist der tiefe Zusammenhang, den das ganze Kulturleben des Hochlandes mit dem Almenleben hat. Jedermann kennt den freien, aristokratischen Sinn, der die Männer des Gebirges auszeichnet; aber gerade dieser hat seine Wurzel auf den Bergen. Der Bauer des Flachlandes, auch wenn er noch so „groß" ist, behält immer etwas Beschränktes, etwas Schleppendes; man möchte sagen, etwas Flaches. Er klebt an der Scholle und die Schranken seines Besitzes werden die unsichtbaren Schranken seines Charakters. Natürlich tritt der Verkehr leichter an ihn heran, als an den Hochländer; an den letzteren aber tritt er lieber heran, und trotz der Abgeschlossenheit des Gebietes ist sein Gesichts=kreis minder abgeschlossen. Denn in der Landschaft liegt bereits ein Element der Freiheit. Der Bauer des Ge=birges trägt den Begriff des Eigenthums auf die stolzesten Gipfel, und sein eigener Stolz wächst daran empor. In seinem Grundbruch stehen vielleicht fünfundzwanzig Tagwerk „Felsen"; und wenn dies auch für das Vermögen ein Schaden ist, so ist es doch ein Gewinn für seinen Charakter, denn etwas Felsenfestes ist damit in denselben hineingekommen! Nur mitten unter Bergestannen wachsen jene Gestalten auf, die selber wie die Tannen sind; nur auf der Alm kann man singen aus freier, voller Brust. Wie das Souveräne, so wurzelt auch das Rhythmische, das im Wesen des Hochländers liegt, das aus seinem Tanz und seinen Liedern hervorbricht, auf der Alm. Sie bildet das lebendige Bindeglied zwischen dem Gebirge und seinen Bewohnern; denn erst durch die „Alm" gehört der Hochländer den Bergen. Wie tief dieser Gedanke im Herzen der Leute steckt, das zeigt schon der Sprachgebrauch, in dem sich der Gegensatz zwischen dem Daheimbleiben und dem „alpinen" Beruf vielfältig verkörpert. Man spricht von der „Heimkuh", die nicht frisch und derb genug ist, um auf die Alm zu fahren; man nennt ein Mädchen,

das nur zur Hausarbeit taugt, ein „Heimdirndl". Welchen Sinn man damit verbindet, sagt uns ein Schnader=
hüpfel:

> Für 'n langweili'n Knecht
> Is a Heimdirndl recht;
> Doch a lustiger Bua
> Geht an Almdirndl zua.

Für uns ist es natürlich der landschaftliche Reiz, der uns die Almen in erster Reihe lieb macht. Denn in dem großen Städteleben tritt alles Leben der Natur zurück; der Mensch parirt gewissermaßen jeden Stoß der elementaren Gewalten. Die Natur ist von der Kultur gebändigt. Draußen aber entfaltet sie noch ihre alten heiligen Kräfte in fesselloser Schönheit und Grausamkeit. Mit stärkerem Schritt geht sie hier durch den Wechsel der Jahres= zeiten, selbst die Tageszeiten sind intensiver ausgeprägt. Unangetastet von Menschenhand vollzieht sich das Werden und das Vergehen.

Nur auf den Bergen weiß man, was der Lenz bedeutet! Wenn es tiefer hineingeht in den Mai, dann hat die Sonne den blendenden Schnee hinweggesogen, und die Primel drängt sich hervor aus allen Ritzen. Unter den Tannen keimt das Moos, und auf dem höchsten Zweig, der ins Blaue ragt, zwitschert die Drossel. Noch tönt keine Menschenstimme, noch schreitet kein Menschentritt über die Halde: nur der Schmetterling sonnt sich auf ihrem Grün, nur die Natur spricht in ihren ewigen Lauten. Leise rieselt der volle Quell, leise knospen die Alpenrosen — überall ist die Seligkeit des Wiedererwachens! Ach, es liegt so viel Jugend in diesem Lenz, so viel Wunder in diesem Werden! Dann kommen die Tage voll tiefer, blauer Sommerglut: Hochgewachsen ist das Gras, wolkenlos ruht der Himmel über den weiten Landen — tief unten der See, ringsum die Wälder in schwülem, blauen Dufte. Alles ist erschlossen, die Tiefe der Schluchten und die Kelche der Blumen; es ist eine Fülle in der Natur, eine Wonne, eine schwelgerische Pracht! Denn die schüchterne Jungfrau wuchs zum Weibe heran und jubelt in ihrem Mutterglück; alles Leben ist entfesselt, in allen Pulsen hämmert die heiße Lust des Daseins. Und wer Nachts durch die Wälder zieht, dem ist, als ob ihn ein Elfenreigen geleite, als ob ihn ein Zaubergesang tönend verfolge! Jede Nacht ist ein Märchen!

Doch wie ein Traum vergehen diese Tage, es sind die Minuten der Verzückung, die die Natur im Strome der Jahrtausende empfindet. Bald wird die Luft immer schärfer und das Blau immer feiner; von der Buche fällt das Laub mit Beben, nur die treuen Tannen sind noch grün. Unsichtbar löst sich das heilige Band des Seins. Noch schwebt der Vogel von Ast zu Ast, aber er ist stille geworden; noch blüht die blaue Blume auf dem kargen Boden, aber die Halde ist vergilbt. Hirt und Heerde zogen von dannen, tiefes Schweigen liegt wieder über den Bergen. Es ist mehr als die Einsamkeit, es ist die Verlassenheit.

Wer der Natur in diesen Tagen ins stillgewordene Antlitz schaut, der sieht sie so schön, wie er sie nie gesehen. Denn das hat die Natur vor dem Menschen voraus, daß sie nicht alt wird und nicht krank. Sie stirbt nicht, wie eine Matrone, sie stirbt wie ein Weib, das kaum gesegnet wurde, dem noch das Lächeln des Lebens und der Liebe um die Lippen schwebt. Sie ist noch zauberhaft bis zur letzten Stunde! Es ist ein Sterben, aber kein Altern, nur das Leben, nicht die Schönheit schwindet.

Immer kürzer schlägt sie die Augen auf, immer kürzer werden die Tage, und wenn der letzte schöne Herbsttag gewesen ist, dann ist sie todt. Tiefe Nebel sinken herab, es fehlt nichts mehr, als das Leichentuch.

Auch der Winter in den Bergen ist groß. Denn der ganze prächtige Felsenbau ist dann wie ein einziger Sarkophag; eine Grabesruhe lastet über demselben. Thurmhoch liegt der Schnee, in wilder Klage braust der Wind vorüber. Er bricht die hundertjährigen Stämme, er reißt das Dach von der Hütte, aber er reißt das versunkene Leben nicht aus dem Grabe auf. — Das ist die Landschaft in den Bergen, das sind die Jahreszeiten der Alpen. —

Doch nun das Menschenleben. — Fast immer liegen die Hütten an einem malerischen Punkte, auf der

Mißgeschick auf der Alm. Von F. Voltz.

traulichsten Stätte des ganzen Berges. Wenn man oben dahin geht über den steilen Grat und herunterschaut in den grünen Kessel, dann sieht man sie unten glänzen; meistentheils mehrere beisammen, d'rüber das verwitterte Kreuz; und auf dem Dach die riesigen Steine, ringsum die Matten mit zerstreutem Geröll.

Vor Johannis oder St. Veit werden sie nicht bezogen. Dann aber hat der Aufzug etwas wahrhaft Festliches, denn das Gefühl, daß es der Freiheit entgegengeht, macht jedes Wesen lebendiger. Kühlein und Oechslein triumphiren, weil sie aus der Carenz entfliehen und sich nun selber ihr Frühstück holen, statt daß der Wärter die Portionen mit der Heugabel servirt. Die Sennerin aber jubelt, weil sie da oben souverän ist; auch dem Kühbub ist es lieber, im Gras zu sitzen, statt auf der Schulbank, und das Universum zu studiren statt des Einmaleins. Für den Bauern ist es ein Feiertag, wenn sein Vieh auf die Alpe zieht. Denn es gehört ja eigentlich zur Familie, wenn auch nicht nach römisch-rechtlichen, so doch nach oberbayerischen Begriffen. Haus und Stall sind unter einem Dach, jede Kuh hat ihren eigenen „Taufnamen". Selbst die Frömmigkeit kommt den Vierfüßlern zu gute; sie haben ihren eigenen Patron, ihr Stall wird geweiht und mit einem frommen Spruche werden sie entlassen.

Oben gestaltet sich die Scenerie natürlich etwas werktäglicher; der Boden ist noch vom geschmolzenen Schnee erweicht, so daß der ganze Festzug bis an die Knice einsinkt. Die Sennerin aber wirft sich nun in ein Negligé, das aller Mode spottet und sie von der Taille ab als Masculinum erscheinen läßt. Wenn man dazu den Melkhut als Coiffüre nimmt, so ist die Idylle vollendet; wer einen Namen sucht für diese Pflanze, der könnte sagen: Noli me tangere. Die Sennerinnen sind bekanntlich eine partie honteuse im Touristenleben, das heißt sie sind nicht selten — häßlich. Allerdings gibt es auch solche, die blühen, wie ein lebendiges Alpenröslein, aber zum Besten der Sachverständigen liegen sie meist weit ab vom Wege, und bei den Alpenhütten macht Bädecker keine Sterne.

Da indessen die Schönheit vergänglich ist, so wollen wir bei derselben nicht zu lange verweilen, denn andere Dinge sind einer Sennerin nöthiger. Das ist vor allem ein heiterer Sinn und tüchtige Courage. Melancholische oder zaghafte Naturen kann man in dieser Einsamkeit nicht brauchen, wo alles auf die eigene Thatkraft gestellt ist. Wer soll helfen, wenn ein Mißgeschick droht? Das fühlen die Mädchen auch, und die Pflichttreue, mit der sie für ihre Thiere sorgen, mit der sie sich selber den Bestien subordiniren, hat manchmal etwas ganz Rührendes. Da gibt es keinen Unterschied zwischen Tag und Nacht, zwischen Regen und Sonnenschein; aus der tiefsten Schlucht holen sie das verirrte Kalb und pflegen es mit den zärtlichsten Worten. Deßhalb war es auch ein richtiger Instinkt, daß man in Bayern die Almwirthschaft den Frauen anvertraute, denn sie haben mehr Zuneigung und größere Opferwilligkeit für ihre Schutzbefohlenen, ohne den Männern an Kraft und Entschlossenheit zu weichen.

In Tirol, wo die Almen in Händen männlichen Geschlechtes sind, ist das Ergebniß der Viehzucht nicht besser. Diese Buschmänner, welche man „Stotzen" heißt, stellen die Spitze aller Unkultur dar. Es sind zottige, alte Bursche, deren Kleider zur Rinde geworden und deren Kauderwelsch über alle Linguistik oder Interpretation hinausgeht. An den Grenzgebieten kommen sie bisweilen in Collision mit den Sennerinnen, rollen diesen die Milchkübel über den Berg hinab oder prügeln das Vieh in Ermangelung seiner Besitzer.

Beim Lichte betrachtet, ist das Leben einer Sennerin ziemlich eintönig, wenn sie nicht selber den Humor mitbrächte, um es pikant zu machen. Schon um zwei Uhr Nachts wird aufgestanden, sobald die Kühe anfangen zu rumoren. Durch die Ritzen des Daches fällt das erste Tagesgrau; dann wird gemolken, und um vier Uhr knattert das lustige Feuer auf dem Herd. Weithin verläuft sich sodann die Heerde und kehrt nicht wieder, bis es Abend ist. Nur an ganz heißen Tagen geht es umgekehrt, da ist das Vieh bei Nacht im Freien und über Tag im Stalle.

Unterdessen gibt es vollauf zu thun. Der große Kessel über dem Herde will gescheuert sein; Pfännlein und Milchgeschirr lauern auf eine sorgsame Hand. Auch ein paar Patienten sind fast immer im Stall; hier ein Ziegenbock, der sich bei einem galanten Abenteuer den Fuß verstaucht hat, dort eine Kuh, die an Magenkatarrh erkrankte und nicht an der grünen Table d'hôte erscheinen kann. Dieser wird ihr Frühstück aufs Zimmer verbracht; jener will kalte Umschläge über die Wunde haben. Da das Wasser oft weit von der Hütte entfernt ist, so muß jeder

Eimer auf dem Kopfe herbeigetragen werden, was bei dem steilen Terrain auch nicht vergnüglich ist. Nur in günstigen Fällen ist der Brunnen nahe bei der Hütte und zeichnet sich dann häufig dadurch aus, daß er kein Wasser gibt.

Wenn wir die äußere Umgebung der Alm ins Auge fassen, so sehen wir in nächster Nähe ein kleines, eingezäuntes Feld, das man Hag oder Almgarten nennt. An den Zaunpfählen gewahrt man Toilettegegenstände (untersten Ranges); denn hier trocknet die Sennerin ihre Wäsche. Weiße und rothe Lappen flattern im Winde; kein Hausherr und kein Aesthetiker erhebt Protest dagegen; kein Räuber annektirt dieses „schätzbare Material".

Jäger in der Sennhütte.

Hier allein ist die Freiheit beschränkt; das Gras, das hier wächst, ist die verbotene Frucht der Vierfüßler; es wird geschnitten und eingeheut, damit man doch einiges Futter hat, wenn plötzlich der Schnee kommt. Allein statt daß die dummen Kühe diese Weisheit begreifen, spioniren sie fortwährend um den Zaun herum. Sie sind wie die Menschen. Während sie bis an die Kniee im Futter stehen, bleiben sie hier an der Schranke und blicken sentimental hinüber auf die versperrte Weide. Oft, wenn die Sennerin fort ist und wenn sie sich vor dem „Stecken", der ihnen als höchstes Gesetz erscheint, geborgen glauben, machen sie ein frivoles Attentat und brechen durch. Aber wehe bei der Wiederkehr! Wie eine Megäre fährt die Gebieterin heran und mit einem Salto mortale suchen die ungeschlachten Gäste das Weite. Manche bleiben hängen und büßen dann für die übrigen, weil bei Deliktsobligationen solidarische Haftung gilt.

Vor der Hütte ist ein wackeliges Geländer; das Holz, das mühsam zusammengetragen wurde, liegt außen malerisch aufgestapelt. Deßhalb heißt es auch im Schnaderhüpfel (mit einigem Nebensinn):

"Schön hoch is in Bergen,
Schön eben im Land,
Und an almerisch Dirndl
Hat Holz bei Wand."

Nicht immer ist die nächste Umgebung einer Alm gerade gemüthlich, denn gar oft geistert dort ein Kerl herum, der breite Knochen und spitze Hörner hat. Er ist der Maître de plaisir auf der Alm, er bestimmt die Richtung, wenn die Heerde ihre Promenade macht, und confiscirt die Studien des Malers, wenn er seinen Feldstuhl am unrechten Ort aufstellt. Eifersüchtig wie ein Türke und grob wie ein Polizeisoldat, beherrscht er das Terrain und ersetzt die Ueberschrift: "Verbotener Eingang". Dieser Kerl ist "der Stier". Glücklicherweise ist er heute auf einer Dienstreise begriffen und so können wir ungehindert eintreten und das Innere der Alm betrachten. Es ist ein Bild berußter Einfachheit, der Rauch zieht durch das geschwärzte Dach, an der Wand lehnt der Bergstock und die kleine Holzaxt. Eng und traut sitzt das Fenster im Gebälk; nur die blaue Landschaft lugt herein durch den dunkelbraunen Rahmen. Unten im Souterrain liegt die Milchkammer, und wer die Fallthüre übersieht, die nicht selten offen steht, der kann sich, ohne affektirt zu sein, den Hals brechen. Auch der Schatz wird nicht selten dort versteckt (der lebendige nämlich), wenn zur Unzeit eine Störung kommt.

Neben dem Mittelraum ist das Boudoir der Sennerin, ein enges, aber trauliches Gemach. In der Ecke thront der kleine Altar; ein Gebetbuch mit großen Lettern und ein paar geweihte Palmzweige sind hier niedergelegt; dann und wann noch ein Heiligenbild mit gewissen Reminiscenzen. Hinter der Thüre hängt der Sonntagsstaat, und wenn die Sennerin vorübergeht, taucht sie die Hand in den kleinen Weihbrunnkessel. Dort steht auch ihr Bett, das bis an die Decke reicht und von ungeübter Seite nur mit dem Bergstock erstiegen werden kann. Der Name desselben ist "Kreister"; daß dieser zum Mittelpunkt der erotischen Lyrik ward, liegt auf der Hand.

Um die Wand aber läuft eine hölzerne Bank, und vor derselben steht ein krummbeiniger Tisch, der zugleich als Album oder Fremdenbuch benutzt wird. Unzählige Namen und Jahreszahlen sind in die Platte eingeschnitten von denen, die hier gejohlt und getanzt, geliebt und gesungen haben. Da die meisten Hütten über hundert Jahre alt sind, so finden sich viele berühmte Daten. Ich habe selber siebenzehnhundertneunzig gelesen, achtzehnhundertzwei und den zwölften Juli achtzehnhundertsechs. Hier oben hat also einer gejodelt, während unten das deutsche Reich in Trümmer fiel! Der "Almbesuch" ist selbst für die Bauern eine wahre Passion; denn die Gastlichkeit dieser Regionen, so arm sie ist, hat einen besonderen Zauber. In der Woche kommen freilich nur jene hin, die ihr "Metier" auf den Bergen haben; am Samstag Abend aber kommt der "Bua" und klopft an die kleinen Scheiben. Mit einem Ruck weicht der hölzerne Riegel und die kräftige Gestalt tritt lachend herein. Nachlässig wirft er den Rucksack in einen Winkel, sorgsam lehnt er den Stutzen an die Wand; dann erst läßt er sich nieder vor dem kleinen Herde. In dem Pfännlein broddelt der "Schmarrn"; aber das Feuer will nicht recht brennen. Schelmisch bemerkt das die Sennerin:

Und die Lieb is a Feuer,
Da seit se' si' nit,
Aber bengerscht (dennoch) kei Brennsuppen
Wärmt man damit!

Und wenn er zu groß thut mit seiner "Jägerei", dann ist sie schleunig bei der Hand:

Und a Jager der siecht gut,
Aber b' Lieb macht ihn blind
Und da fangt oft den größten
A klein's Dirndl g'schwind.

So spricht das Mädchen; des Jägers Dachshund aber schlappert mit den Ohren, als wollte er sagen: Bravo! Am Sonntag ist auf der Alm „Gesellschaft". Von allen Nachbarhütten kommen die Mädchen zusammen im schmucken Mieder, im spitzen Hut. Wo der Wiesenhang am meisten hinausragt, dort setzen sie sich nieder, den kleinen Strickkorb an der Seite, plaudernd und singend. Nur selten sind sie allein; fast immer sind einige Bursche dabei, die Witze und Neuigkeiten aller Art mit sich führen. Weithin schallt ihr Gelächter, es schlägt eine unbezähmte Lebenslust aus diesen Gestalten!

Diese spiegelt sich auch im Volkslied wieder, das mit Vorliebe die Almen behandelt. Alle Poesie, aller Uebermuth ist darin aufgefangen und die öffentliche Meinung hat förmlich ein Privilegium für dieselben geschaffen.

Sonntag auf der Alm.

Auch die vielen komischen Situationen, die sich da droben ereignen, haben im Schnaderhüpfel poetische Gestaltung gewonnen, und niemals ist der Klang der Lieder frischer, als wenn sie von den Almen sprechen.

Der Bursche, dem man seine Liebesstreiche vorrückt, erwidert lachend:

> Im Thal ist der Nebel,
> Auf der Alm is schön klar,
> Und was d'Leut von mir sagen,
> Des is auch nit All's wahr.

Und wenn man den Jäger fragt, wie er's treibt, so wird er singen:

> A Gambsel im G'wänd
> Und a Punkt in der Scheiben
> Und a Dirndl auf der Alm
> Is mei Thun und mei Treiben.

Abzug von der Alm. Von F. Voltz.

Almenleben.

So ist das kleine Dasein da oben mit reichem Inhalt ausgestattet. Meistentheils gehört er einem heiteren Gebiete an, denn die Komödie ist bei den Bauern heimischer als die Tragik. Die komischsten Figuren aber sind nicht selten die Fremden.

Auf den hohen Almen bleibt das Vieh bis Mitte September, dann bezieht es die tiefer gelegenen, die man „Niederleger" heißt; dort weilt es in der Regel bis zum dritten Sonntag im Oktober, wenn es nicht durch den Schneefall früher vertrieben wird. Immer beschwerlicher wird nun das Amt der Sennerin, denn die Kühe müssen jetzt eine Gardedame haben. Da das Futter sparsam ist, so laufen sie weiter hinaus und hospitiren in den Staatswaldungen, bis ihnen die Forstgehilfen den Standpunkt klar machen. Endlich geht es zu Thal. Die Heerde ist mit grünen Reisern geschmückt; die Sennerin trägt ihren Sonntagsstaat, denn auch die Heimkehr ist ein Feiertag. Kein Kalb hat sich „erfallen", selbst der Gaisbock ist wieder hergestellt und geht gravitätisch hinterdrein — „im Bewußtsein seines Werthes". Wenn sie unten ankommen, wartet der Bauer vor dem Hause und hält Generalversammlung. Die Kinder aber jubiliren, und dann kommt der alte Stall, die alte Krippe und dann die Wintertage. Après nous le déluge: jetzt kann es oben losgehen auf der Alm, bis das Dach davonfliegt!

Unten in der breiten Wohnstube aber sitzt die Sennerin beim Rocken. Der Ofen knistert, die Nachbarinnen kommen „zur Kunkel" und während gesponnen wird, tönt manches helle Almenlied dazwischen. Und nicht nur im Winter, selbst im Alter noch behalten diese Erinnerungen ihre Kraft; das Mütterlein, das schweigend bei der Arbeit weilt, es hatte keine schönere Zeit im Leben, als da sie Sennerin gewesen — auf der Alm.   K. St.

Städtisches Landleben.

1.

Sonnige Tage.

Droben vor der einsamen Alm sitzt ein Bursche mit groben Nagelschuhen und grauer Joppe in einem Costüm von schauerlicher Echtheit.

Die kleinen Ziegen klettern auf dem Holz herum, das vor der Hütte aufgeschichtet liegt, das schwarze Käzlein hockt in der Sonne, der Rauch zieht durchs Dach in bläulichen Wolken. Drinnen aber knistert das Feuer, und mitten drein knattert das helle Lachen der Sennerin, die mit dem Gast durch die Thüre spricht. Niemand verläßt auf dem Lande seine Stellung einem Gespräch zu Liebe, sondern jeder beharrt auf dem körperlichen Standpunkt, den er eben einnimmt; nur in Städten verbindet man Manieren und den ganzen Apparat des äußern Anstands mit der Konversation. Darum schürt die Sennerin lustig an ihrem Feuer weiter, und der andere regt kein Bein aus seiner süßen Siesta, obwohl sie von wichtigen Dingen reden.

Wer möchte nicht wissen, was diese sind? Natürlich sind Heiraths= geschichten darunter, und nicht wenig von der chronique scandaleuse. Dann aber kommt es gleich philosophischer: über die Tugend und die Wetterpropheten und andere schöne Siebensachen.

Immer näher drängen sich die Kizlein heran und machen so ernst= hafte Augen, als ob sie auch etwas davon verstünden. Kommt ein recht toller Satz, dann antwortet ein helles Kichern aus der Hütte, und zum Schluß spricht die Sennerin: „Wenn ich noch einmal so viel weinen muß, als ich schon gelacht hab' im Leben, dann thät' ich wohl lieber gleich ganz sterben." Ist das nicht Philosophie, wenn man seine Mittagsstunden so verthut? — Da droben ist man wirklich auf dem Lande.

In der unteren Etage, das heißt im Thal (fünftausend Fuß tiefer), geht es ein wenig anders zu. Da kommt um diese Stunde jenes Vehikel an, das alle Muskeln erschüttert und das man Stellwagen heißt. Der Stell= wagen ist das Fegfeuer für jene, die in das Paradies der Berge gelangen wollen, das letzte Folterwerkzeug, das unserer Kulturepoche verblieben ist.

Städter auf dem Lande. An sonnigen Tagen! Von J. Watter.

Eben wird ausgestiegen. „Herrgott, schon wieder ein ganzer Heuwagen voll Fremde!" brummt der dicke Wirth, der unter seiner Hausthür steht. Regungslos sieht er dem bangen Getümmel zu und bildet dadurch einen vortheilhaften Kontrast zu den schwarzen Kellnern, die den Ankömmling in Städten mit Behendigkeit überfallen.

Wenn die Post und der Stellwagen ankommen, das ist immer ein wichtiger Moment für alle angesessenen Sommerfrischler. Sie haben einen wahren Heißhunger nach Neuigkeiten und thun, als käme zum mindesten ein Dampfer aus Brasilien. Wie es scheint, wächst auf dem Lande auch die Neugierde ähnlich wie der Appetit.

Die Mitglieder der Menschheit sind doch sonderbare Geschöpfe. Man möchte meinen, sie wären froh, wenn sie auf ein paar Tage den ganzen Trödel los wären; der Professor seine Weisheit und der Geldmann seine Course. Aber nein, da stehen sie und sperren Augen und Ohren auf, um zu sehen, wie ihres gleichen aus einem grausamen Schlenderkasten herauszappelt; sie sind da, um sich zu ärgern, daß andere auch da sind.

Doch das darf man natürlich nicht merken lassen, sondern man muß die größte Freude haben, so oft man wieder einen lieben Bekannten entdeckt. Man muß auch die ganze Scala der Komplimente bei sich haben, denn Fremde jeden Ranges und jeder Gattung, co= und subordinirte, kommen an. Alle Grüße kommen zum Zug, vom tiefen Bückling herab bis zu jenem legären Willkomm, der nur mehr aus dem Handgelenke gespendet wird.

Wenn der Poststellwagen ausgeladen ist, sieht man allerhand schöne Bilder, die das Herz erbauen. Zum Beispiel die Konsternation derjenigen, die kein Quartier mehr finden, die Genugthuung derer, die eines haben, und die Umarmungen der Familienväter, die über Sonntag zu den Ihrigen gekommen sind. Das brillante Schluß= tableau aber bildet der Sturm auf das Postlokal, wo unterdessen die Briefe sortirt wurden. Das ist eine Ungeduld ein Scharren und Schelten vor dem grün verschleierten Fenster, bis endlich der Expeditor mit echauffirtem Kopfe den Schalter öffnet. „Die Modenzeitung für die Frau Baronin," „den Einlauf für den Herrn Landrichter," „den Volks= boten für den Herrn Pfarrvikar," so hört man rufen und fordern ohne Ende. Schüchternen Ganges tritt Sie heran und holt den Brief von Ihm; alles Mögliche wird herausspedirt, ein Pack Zeitungen für den Politikus, ein Pack Amtsgeheimnisse für die Excellenz und andere Dinge mehr, die der Menschheit zu Nutz und Frommen sind.

Wenn man vor Tisch sich so verdient gemacht, dann ist eine treffliche Mahlzeit wohl erworben. An der Table d'hôte des neugegründeten Hotels finden wir die Sommergäste in erneutem Glanze; denn wer Morgens gelb gekleidet war, ist jetzt in Blau und umgekehrt... Von Menschen, die essen, läßt sich natürlich nicht viel erzählen, wollte man nicht etwa vorbringen, was sie sich selber erzählen. Dazu geben aber die Abenteuer des Vormittags ein reich= liches Material. — Sie bestehen jedoch von Seite der Herren meist nur aus solchen Ereignissen, davon man mit zerrissenen Stiefeln und Pantalons scheidet; Verirrungen aller Art werden berichtet; doch ist das natürlich nur im geographi= schen, nicht im moralischen Sinne zu verstehen. Die Damen ihrerseits erzählen von den Gemüthseindrücken, die sie beim Trinken des Kräutersaftes oder beim Anblick des großen Wasserfalles empfunden haben, und produziren das Skizzenbuch, in dem man wenigstens aus der Unterschrift entnehmen kann, daß dies und jenes geschwärzte Blatt den großen Wasserfall bedeutet. Auch die Damen haben ihre Abenteuer. Denn während des Zeichnens stellte sich plötzlich eine Kuh, wenn es nicht gar ein Ochs war, vor den Feldstuhl und hätte die junge Muse rettungslos — gefressen, wäre nicht ein ritterlicher Kohlenbrenner auf ihr Geschrei herbeigeeilt, der sie mit obligater „eigener Lebensgefahr" dem Tod entriß. Der alte Professor, der nebenan sitzt, drückt sein Bedauern aus und erhascht die Gelegenheit, um eine Unbill zu berichten, die ihm die Büffel der Prairie einst angethan und für die er sich dadurch revanchirt, daß keiner seiner Bekannten ihrer Mittheilung entgeht.

„Sehen Sie nur," flüsterte die Mama der Geretteten, „jetzt trägt die Fräulein Marie da drüben schon wieder die Nelke am Busen, die ihr der Doktor jeden Morgen mitbringt. Wissen Sie, was eine Nelke bedeutet? Ich bin überzeugt, der Doktor ist verliebt." Das Verlieben ist eine Hauptbeschäftigung während des Landaufenthalts; die Jahreszeit ist so milde, die Gelegenheit so günstig, um seinem Schicksal zu verfallen. Darum spielen auch die Mädchen immer die Hauptrolle der Saison.

Wenn die Table d'hôte zu Ende ist, strömt die Mehrzahl der Herren hinunter auf die Kegelbahn. Dort ist man vor den Damen sicher und erfreut sich einer hemdärmeligen Behaglichkeit. Die andern aber bleiben oben und berathen über die Nachmittagspartie. Diese Partienhetze hat etwas unsäglich Komisches. Statt das Dolce far niente zu pflegen, gibt es Menschen, die ihre Sommerfrische stets im Galopp oder Trab genießen wollen. Für sie beginnt erst mit einer gewissen Geschwindigkeit, auf einer gewissen Höhe, bei einem Echauffement von sechsunddreißig Graden der Genuß, sie finden ihr Vergnügen erst, wenn sie vor lauter Marschiren den Athem verloren haben.

Also, wohin heut Nachmittag? Das zu ermitteln ist keine kleine Mühe. In Hochfeld — da ist es zu schmutzig, und auf das Jägerhaus — da muß man den Hund anbinden. Nach Seeau ist es zu weit für die Kinder, und wenn man nach Waldheim geht, muß man es dem alten Professor sagen, er hat es sich ausdrücklich versprechen lassen.

Wenn man es aber dem Professor sagt, dann muß man auch den Doktor (mit der Nelke) einladen, und wenn man den Doktor einlädt, dann sind es gerade Dreizehn.

Also, wohin heut Nachmittag?

Es gibt eine Anzahl von Pilgern, die am liebsten der Landstraße folgen. Die Sonne scheint dort so bequem, am Weg sind Sitzbänke angebracht, vornehme Equipagen rollen vorüber und schütten den Plebejern ihren Staub in die neugierigen Augen. Die Landstraße führt an die hergebrachten Vergnügungsorte. Kommt man an, so gibt es dann keinen Platz mehr; man sieht die vornehmen Damen, die in schweren Seidenkleidern über die Holzbänke rauschen und mit den Lorgnetten in die Milchkammer gucken, ob alles so schön ist, wie sie selber. Schottische Kinder haben ihr Reifspiel mitgebracht und verunehren durch die Staffage, die sie bilden, den grünen Plan; Cavaliere jeden Schlages streifen durch die Thür des Bauernhauses und spioniren nach einer ländlichen Unschuld, während man glaubt, daß sie Stühle besorgen. So ist das Treiben der Herrschaften an den aristokratischen Punkten des Gebirges — die anderen Leute werden von ihnen als Sommerpöbel betrachtet.

Der reichste und stimmungsvollste von allen Natureindrücken ist der, den uns die Wellen bieten. Es liegt so etwas Tiefsinniges, fast möchte man sagen, etwas Psychologisches in den Fluten; sie machen uns subjektiv im besten Sinne des Wortes. Nie könnte man Berge so lange und entzückt betrachten, als die schönen Seen zu ihren Füßen, und wenn das bayerische Hochland einen unbeschreiblichen Zauber übt, so liegt er gerade in dieser glücklichen Vereinigung. Wer zum ersten Male an den ernsten Königssee oder in das helle Tegernseeerthal kommt, der weiß nicht zu sagen, was ihn so unerklärlich fesselt, aber es ist nichts anderes, als eben diese Harmonie von Land und Gewässer, die so vollendet ist, daß man sie auch im Eindruck nicht auszuscheiden vermag.

Es gewährt eine wahre Freude, zu sehen, wie mächtig dieser Eindruck die Menschen erfaßt, die von weither kommen, und es ist wohl begreiflich, warum sie den ersten Schritt stets in ein Schifflein setzen. Solch eine Morgenfahrt, die geht zu Herzen — unvergeßlich.

Auf manchen Seen hat sich auch die malerische Form der Schiffe noch erhalten, die aus einem Eichbaum gezimmert und für Generationen haltbar sind. Freilich werden sie mehr von den Fischern als von den Fremden benutzt und finden sich häufiger auf Bildern, als in der Wirklichkeit.

An anderen Punkten indeß ist es noch schlimmer, wo die Landschaft vollständig durch die Industrie bevormundet wird. Dort sind auch die Wellen corrumpirt und die Kähne coquett geworden. Sie haben sich weiß und roth geschmückt und tragen als Coiffure die Flagge von Großbritannien oder von irgend einer anderen Weltmarine. Darinnen aber sitzen niedliche Fräuleins und patschen mit den Rudern ins Wasser, daß es klatscht, und schreien, wenn das Schifflein die kleinste Bewegung macht. Diese Seefräuleins (besonders wenn sie noch obendrein falsch singen) sind eine wahre Landplage.

Diejenigen, die das Landleben en gros betreiben, schwärmen für Bergpartien. Kein Gipfel ist ihnen zu hoch, kein Fels zu trotzig, sie wissen alle Wege, auch wenn sie sie noch nie gegangen sind. Selbst die Damen

Kahnfahrt. Von A. v. Ramberg.

theilen diese Ideen, und dann ist natürlich kein Einhalt mehr. Wer sich jedoch zu einer Bergpartie mit Damen resolvirt, der resolvirt sich zu viel Ungemach. Schon die Vorbereitungen sind so massenhaft, wie zum Auszug aus Egypten — Plaids, Kaffeemühlen, Sonnenschirme, alles Mögliche wandert mit zu Berge. Wenn ihnen dann ein störriges Alpenbächlein in den Weg läuft, oder wenn ein Abhang kommt von zehn bis zwölf Fuß, wo die Natur die Stiege vergessen hat — so wickeln sich unbarmherzige Scenen ab. Zuerst wird die ganze Bagage hinabgeworfen, und dann springt der Muthigste darauf hinunter, der die übrigen ballenartig auffängt. Mit Entsetzen wenden sich die Mütter von den Gestaltungen ab, die die Costüme ihrer Töchter dabei erfahren, aber — Noth kennt kein Gebot.

Auch die Sennerinnen sind den zierlichen Herren und Frauen nicht immer hold, wenn sie zur Unzeit an ihre Thüre klopfen. Sie hören lieber den Cyklopenschritt ihres Liebhabers, der von der Holzarbeit kommt und einen

Städter in der Almhütte.

derben Juhschrei ausstößt, als die sanften, hungrigen Flötenstimmen in Es-moll. Man genirt da droben ungeheuer leicht; bald die Hütte, die frisch aufgescheuert ist und durch die kothigen Stiefel der Fremden entstellt wird, bald eine Kuh, die eben im Wochenbett liegt, dann die Sennerin selbst, weil sie auf ihren Buben wartet. In solchen Fällen muß man froh sein, wenn man ein Küblein Milch zum Troste und zur Gesellschaft erhält, und darf nicht viel „service" prätendiren. Zuweilen aber kommt man noch schlimmer weg; denn es kann nicht bestritten werden, daß ein malitiöser Zug durch den Charakter des Bauern geht, welchen frühere harte Zeiten ihm eingepflanzt haben. Darum spielt der Bauer den überlegenen Städtern auf dem Boden, wo er Herr ist, gern einen Possen, und darum kann man in den Bergen gar manches unverdiente und überflüssige Leid erfahren. Es ist an der Tagesordnung, daß der biedere Hausherr die Herrschaftsbübchen höchst summarisch bei den Ohren nimmt, wenn sie in seinem Wurzgarten die Johannisbeeren plündern, daß die Führer von Gemseneiern erzählen und der Wirth seinen Gästen einen Hammelsbraten als Wildpret à la Scholastica vorsetzt. Nun, das wäre gar nicht so übel, denn sie wollen es ja so haben. Dann und wann aber erschaffen die Bauern noch ganz andere Verlegenheiten, wie zum Beispiel vor Jahren am

Spitzingsee. Da war ein Festtag, zu dessen Feier die Bursche ihre Köpfe illuminirt hatten. Eine große Anzahl eleganter Damen befand sich in der Hütte, und mit einmal huben die Bauern an, Schnaderhüpfeln zu singen, welche nicht gerade ängstlich gewählt waren. Mit Bestürzung eilten die Mütter an die Thüre und wollten ihre Töchter von solchem Gifte entfernen — aber siehe da, die Thüre war versperrt und trotz alles Bittens ward sie nicht eher geöffnet, als bis das ganze Concert vorüber war.

So kann es dem sorgsamen Zartgefühl des Städters bisweilen ergehen; allein die Malice der Bauern ist nicht sein einziger Feind auf den Bergen. Selbst das Rindvieh da droben macht Opposition. Jedes Kühlein, dessen Familienleben jählings aufgestört wurde, protestirt racheschnaubend gegen die Eindringlinge und wenn gar ihr gehörnter Cavalier in der Nähe weilt, dann gnade Gott dem Störenfried: den rothen Büchern und Tüchern. Das Rindvieh da droben hat einen Begriff von persönlicher Freiheit, der sich mit dem Rechtsstaat ein= für allemal nicht verträgt. Und dennoch steigen die Herrschaften so gern auf die Berge und lassen das schwere Werk sich nicht reuen. Sieh, da drüben kommt schon ein Zug — durch den Wald mühsam emporkletternd. Ein alter, schwerbeladener Herr ist dabei, der außer sich selber noch den Ueberwurf dreier Damen zu tragen hat. Sie steuern auf die Alm los und schmachten nach Erlösung. Droben aber vor der Alm sitzt ein Bursche mit groben Nagelschuhen und grauer Joppe, in einem Costüm von schauerlicher Echtheit. Die Sennerin ist fortgegangen, die Hütte verschlossen, drum müssen die Herrschaften bis zur nächsten weitergehen.

„Ach, hätten wir doch nur einen Führer genommen!" seufzte der alte Herr. — „'s ist nur gut, daß da drüben ein Bauer sitzt, der muß uns unsere Sachen tragen. — Heda, lieber Bauersmann, wollt Ihr so gut sein und uns bis auf die nächste Hütte hinüberbegleiten?" — „Warum nit, wenn's mich gut zahlt's," war die Antwort.

Die Päcke wurden umgeladen, der alte Herr athmete erleichtert und weiter kletterte der Zug bis auf die nächste Alm. Da der Weg durch kühlen Wald ging, ließen sich die Herrschaften die Mühe nicht verdrießen. Sie plauderten mit ihrem Führer von allem Möglichen, von Mähen und Dreschen, von Wildschützen und Sennerinnen. Auf Alles gab er Bescheid, und der dicke Herr sprach zu den Damen auf französisch: „Es ist merkwürdig, die Bauern hier sind doch nicht so dumm, wie man sich's denkt."

Als die zweite Hütte in Sicht kam, rückte der Bursche den Hut und sagte: „Aber jetzt muß ich heim, jetzt könnt Ihr den Weg nicht mehr verfehlen." — „So, und was kostet das?" fragte der alte Herr. — „Nix," sprach der Bursche nachlässig. — „Ei," erwiderte jener, „Ihr solltet doch noch bei uns bleiben und die Sachen wieder hinuntertragen, dann bekommt Ihr auch einen Gulden Trinkgeld." — „Ihr habt doch nichts zu versäumen," setzte die Frau desselben bei, „also bleibt da. Was habt Ihr denn heute noch zu thun?" — „Einen Leitartikel zu schreiben für die Augsburger Allgemeine Zeitung, welcher morgen im Druck sein muß," sprach der Angeredete auf Hochdeutsch. „Deßhalb bedaure ich, daß mir das Vergnügen Ihrer Gesellschaft nur so kurz vergönnt war, und wünsche den Herrschaften herzlichen guten Abend." Sprach's und wandte sich. Ein Entsetzen flog über alle Gesichter. „Um Gottes Willen, Sie sind kein Bauer? — Verzeihen Sie! — Kein Bauer — und Ihr werther Name?"

Dr. jur. Carl Stieler.

2.
Regentage im Gebirg.

„Nein, dieses greuliche Wetter, es ist wahrhaftig nimmer zum Aushalten." So murrt der Kommerzienrath, der unter dem Regenschirm seinen Spaziergang macht und dabei dem Regierungsrath begegnet.

„Juten Abend, Amalie," hallt es von der zweiten Etage herab, „wie, Du gehst aus bei diesem Wetter? Ach, es ist wahrhaftig nicht mehr zum Aushalten, unsere Kinder haben alle den Schnupfen."

Es gibt Tage im Gebirg, wo man auf den Straßen nichts mehr hört, als diese Jammermelodien. Auch die doppelsohligsten Stiefel, auch der beste Humor reichen nimmer aus, denn eine wahrhaft diluvianische Gemüthsverfassung ist über die Menschen gekommen. Das dauert bisweilen vierzehn Tage. Sie haben Katarrh, Migräne, Kosten und Langeweile, was Wunder, wenn sie sich Alle zusammen in einer elegisch-rabbiaten Stimmung befinden? Was thut man an solchen Tagen? Das zu erzählen ist jetzt unsere Aufgabe, und die Muse, die neben uns sitzt, hat den Regenschirm aufgespannt statt der Flügel. Wie gerne hätten wir einen wasserdichten Stoff gewählt, allein es ist heute weit und breit kein anderer zu haben.

Vor Allem sind solche Tage sehr zweckwidrig, weil so viele gute Absichten dadurch zu Wasser werden; denn wer kann wissen, mit welchen Ideen alle diese Menschenkinder hieher gefahren sind? Der Hämorrhoidarius will sich Bewegung machen und der Kapitän will fischen; die Kinder wollen Schmetterlinge fangen und die Mütter ihre Töchter verheiraten. All das wird durch die Regentage suspendirt, denn die Fische (und die Männer) beißen nicht an, wenn keine Sonne scheint. Natürlich wohnen die meisten Familien in Bauernhäusern, wo der Genius des Comforts noch wenig heimisch ist. Surrogate aller Art ersetzen die fehlenden Hausgeräthe: der Koffer ist zum Stuhl avancirt und die Kerze befindet sich ganz wohl in dem eingetrockneten Dintenfaß des Hausherrn. Helfe, was helfen mag.

Solche Vormittage, wie der heutige, lassen sich nur überleben, wenn man sie in weihevollem Fleiße hinbringt. Deßhalb schreibt die Mutter endlich ihren langverschobenen Brief (denn wer schriebe jemals andere), der Alte aber liest im Nebenzimmer die „Allgemeine" und stellt mit barbarischem Fußgetöse die Ruhe her, wenn man draußen zu laut wird. Emsig nadelt die ältere Tochter, die man schon Fräulein heißt, und die Kinder sitzen über den Tisch gebeugt und kauen an einem Rechenexempel, das ihnen der Hauslehrer oktroyirt hat. Sie haben den

Fuß um das Stuhlbein geschlungen und befinden sich in jener vertieften Stellung, in der man stets verwickelten Problemen gegenüber Platz nimmt. All das in einer Stube, all das in lautloser Stille. Nur der Regen klatscht von außen an die Fenster, nur der schwere Tritt des Postboten unterbricht diese Morgenruhe. Triumph, er hat einen Brief — aber siehe da, es ist nur eine Rechnung aus dem Modemagazin zu Hause.

Um elf Uhr gehen die Herren zum Frühschoppen. Wenn es so fürchterlich gießt, läßt sich ja sonst ohnedem nichts machen; man ist gewissermaßen moralisch genöthigt und das Gewissen ist von vornherein absolvirt. Zu solchen Frühschoppen nun hat man zwar allerwärts in Bayern gute Gelegenheit, die beste aber ohne Zweifel am Ufer des Tegernsee. Wer in jenem Paradies zwischen elf und ein Uhr einen Bekannten sucht, der wird ihn kaum wo anders finden, als im — „Bräustübl". Dieses ehrwürdige Gelaß, das sich im Schloß befindet, ist ursprünglich für die Dienerschaft desselben erschaffen worden. Allein durch eine Reformation, die von unten nach oben ging, erweiterte sich bald der Leserkreis für die „braunen Bücher mit dem gläsernen Einband". In einem rauchigen Eckstübchen ist der eigentliche Ehrenplatz. Ein ausgedienter Gebirgshut hängt an drei Epheuranken als Lüstre von der Decke; das Bild des alten seligen Königs und ein paar eingerahmte Heilige zieren die Wände. Nebenan ist eine steinerne Halle, die zur Filiale dient. Auf Bauernbänken und allerlei Sitzgerümpel sucht man hier Platz zu finden, die Kellnerin im schmucken Mieder läuft hin und her, dicht zur Seite prasseln die Dampfkessel und johlen die Bräuknechte, die mit dem Sieden beschäftigt sind.

In dieser Halle und in jenem Stübchen vereinigt sich die durstige, die geistreiche — ja manchmal sogar die schöne Welt. Vor mehreren Jahren waren Bühnengrößen aller Art hier versammelt. Manche Tenöre ersten Ranges netzten hier die unbezahlbaren Kehlen und sangen auf dem Heimwege „den Abendstern".

Ein anderes Jahr herrschen die Professoren vor, so daß die Halle zur leibhaftigen Aula wird. Größen aus allen Fakultäten, aus Berlin und Heidelberg, aus München und Göttingen treffen hier zusammen, und der strenge Kirchenrath sitzt geduldig zwischen den Beinen des Ballettänzers. "Aurions nous, par hasard, une fois la même idée?" Nun aber ist zu diesen Gelassen auch noch ein weiteres, erlesenes Gemach gekommen, mit dunkelbraunem Holze vertäfelt und zierlich ausgeschmückt; hier halten die Honoratioren ihren Abendtrunk, und selbst wer um ein Uhr Nachts vorübergeht, wird alle Fenster noch erleuchtet finden.

Gegen ein Uhr Mittags aber klingelt es jetzt fast in jedem altbayerischen Wirthshaus zur „Table d'hôte". Vielseitig strömen die Gäste herbei, in dem Wohlgefühle, daß sie nunmehr eine süße Pflicht haben. Stammgäste mit sicherem Schritt, eingenetzte Touristen, die schüchtern die belegten Couverte und die umgelegten Stühle umkreisen, treten herein, „liebenswürdige" Mädchen folgen nach unter den Fittichen der Gouvernante. Dazu endloses Kindergewimmel, endlose Grüße und Complimente. Wenn mühsam alles „beplatzt" ist, dann beginnt jenes vielsagende Geklapper, das alle Rhetorik zum Schweigen bringt. Man ißt. Aber die Suppe ist heiß, einzelne Wehrufe ertönen. Andere sind klüger und betrachten die Nachbarschaft, bis sie verkühlt ist. „Sehen Sie nur den massiven Menschen da unten an," frägt der Superintendent die Frau Direktorin. „Wissen Sie nicht, wer es sein könnte?" — „Glücklicherweise nicht," piepst diese entgegen. „Allein wenn seine Gedanken so kurz sind, wie seine Joppe, dann möchte ich nicht der Gegenstand dieser Gedanken sein."

„Aber gnädige Frau," sagte der Doktor zur Linken mit einer sanften Neigung, „seien Sie doch nicht gar zu maliziös. Jedermann hat seine schwache Seite. Sie interessiren sich für Musik, wie ich höre?" — „Gewiß, wenn sie nicht der taube Baron hier oben macht. Man fürchtet im Hause, er habe sich ein Piano kommen lassen, denn er liebt vierhändig..." Ehe der Satz vollendet war, fuhr der Direktor dazwischen. „Nun, irgend etwas muß der Mensch doch lieben, und jedenfalls scheint er ein Biedermann zu sein."

„Biedermann," rief der Professor von der andern Seite — „Gott schütze Deutschland! Biedermänner haben uns politisch zu Grunde gerichtet; Deutschlands Größe wäre todt gebiedert worden — wenn nicht Fürst Bismarck —". Erst ein halb gesottenes Rindfleisch, das alle Kraft der Kiefer in Anspruch nimmt, beendet solche Debatten; im Stillen aber knistert die Glut der Gegensätze fort, und unter Hammelsbraten und kühlem Salat lodert sie unversöhnlich weiter.

Nach der Table d'hôte treten die individuellen Bedürfnisse in den Vordergrund. Der Zeitungstiger stürzt

Städter auf dem Lande. Eingeregnet! Von J. Watter.

auf die neuen Blätter los und verschlingt schon am Mittag die Augsburger Abendzeitung. Der Banquier geht heim und legt sich in seinen Amerikaner, um über die Papiere gleichen Namens nachzudenken; die Mädchen aber ziehen die Stickerei aus der Tasche und lassen sich über ihren Fleiß den Hof machen.

Wenn ein Regentag auf dem Lande korrekt verlaufen soll, so muß am Nachmittage tarockt werden. Da man hier nicht an die Etikette gebunden ist, die uns in Städten peinigt, so ist die Partie oft bunt zusammengesetzt und zeigt ein pikantes Gemisch von Hochgebornen, Wohlgebornen und Eingebornen. Selbst das schwache Geschlecht wird zur Betheiligung gezogen, wenn im wörtlichen Sinne Noth an den Mann geht. Es gibt ja auch Tarockamazonen.

Solch eine oberländische Spielpartie ist beinahe ein oberländisches Genrebild. An dem Tisch das schweigsame Drei- oder Viergespann; unter dem Tisch der langbeinige, schnarchende Hundeköter, dazu das Fallen der Karten, das Rasseln der Pfennige, die Seufzer der Verlierenden. Grauer Himmel liegt vor den Scheiben, blaue Tabakwölkchen füllen die Stube. Auf den Gesichtern aber waltet jene seltsame Mischung von Eifer und Langeweile, wie sie eben nur schwermüthige Regentage zuwege bringen.

Wer bei der Tarockpartie betheiligt ist, der bietet wenigstens den Vorzug, daß er für einen Nachmittag unschädlich gemacht wird. „Der ist besorgt und aufgehoben." Um so gefährlicher sind jene, die sich der Langeweile „auf Flügeln des Gesanges" entwinden wollen. In jedem Wirthshaus des bayerischen Gebirges befindet sich heutzutage eine Klavierruine, und die schlechten Tage sind es natürlich vor Allem, die zum schlechten Musiziren aufreizen. O dieses vierhändige, dreistimmige, zweibeinige, eintönige Mißgeschick — wahrhaftig, solch ein Piano ist eine Geißel Gottes für die Nachbarschaft! Schon in aller Frühe kam der Lieutenant darüber und spielte einen Parademarsch; er ritt auf dem Sessel, und auch die Noten mußten in Paradeschritt vorbeimarschiren. In der oberen Etage glaubten sie, es gäbe Mittag Coteletten.

Und kaum ist das Essen vorüber, kommt ein Piepmatz aus dem Pensionat und — singt. Da nie ein Unglück allein geschieht, ist auch gleich eine Freundin zur Hand, und jetzt wird der Nachmittag mit Duetten oder à quatre mains todt geprügelt. Eins zwei drei — vier fünf sechs, eins zwei drei — vier fünf sechs, geht es nun an, um nicht mehr zu enden. Die Herren aber (nicht die vom Tarock) sind entzückt und gießen durch ihre Applause Oel ins Feuer. Man flüstert sogar zu seinem Nachbar: „Darf ich Sie bitten, wenn dieses Lied vorüber ist, mich Fräulein Krähe vorzustellen." Was die Lieder anlangt, so sind sie mit gutem Verständniß der Situation gewählt: „O Sonnenschein, o Sonnenschein" ist gleich das erste. „Hören Sie nur, wie es gießt," quiekt die Tante. „Ich wollt', meine Lieb' ergöße," quiekt die Cousine.

So geht der Nachmittag vorbei mit dieser ästhetischen Zimmergymnastik; allein man muß sich doch auch für seine Nebenmenschen interessiren. Deßhalb wird er von anderer Seite benützt, um zu erkunden, was man beim Präsidenten heute gegessen hat, und ob der mondsüchtige Referendarius in die älteste oder die jüngste Tochter verliebt ist. Auch in der Weise kann man die Welt genießen, daß man vom trockenen Altan aus zusieht, wie nasse Mitmenschen ankommen. Die einen in der duftenden Lederkutsche, die andern auf eigenen Füßen — alle als die geschlagenen Truppen des Vergnügens. Solch eine Prozession sieht aus, als ob sie für die sieben Werke der Barmherzigkeit hergerichtet wäre, aber die heutige Welt hat ja kein Erbarmen mehr.

Gewöhnlich wird es gegen Abend ein wenig heller, und dann benützt man die lichten Zwischenräume dieses wahnsinnigen Regens zur Schlußpromenade. Männlein und Weiblein spazieren hintereinander, als ob sie eben aus der Arche Noah kämen, Fräuleins schwingen sich mit Zartgefühl über die Pfützen, die Buben aber üben das horazische ire in medias res und springen mitten in den Dr—. Ganze Karawanen begegnen sich also in der Dämmerstunde, und ihr gemeinsames Thema ist, daß es morgen hoffentlich besser wird. Auch der Wirth ist dieser Meinung und hat sich deßhalb einen zerbrochenen Barometer gekauft, der ein- für allemal auf Schön Wetter zeigt. Daher sein Name: Trostbarometer.

Nun muß noch der Abend überstanden werden. Für diejenigen, welche zu Hause bleiben, beginnen um halb acht Uhr die Mysterien des Schlafrocks und der Pantoffeln, sie organisiren in der gemietheten Bauernwohnung ein rudimentäres Souper mit Familienleben. Die zinnernen Teller des Hausherrn fühlen sich nicht wenig geschmeichelt, daß sie zur Aushilfe gezogen werden, desgleichen die Trinkgefäße, welche auf Rosen und Vergißmeinnicht wandeln. Denn dieser fromme Spruch, in Blumensprache geschrieben, fehlt selten auf den Tassen einer ländlichen Hauseinrichtung. Schlag acht Uhr wird der jüngste Sprößling in einer Kommodeschublade oder in dem großen Koffer zu Bett gebracht, dann kommt die Friedenspfeife des Papa und das mütterliche Strickzeug.

Ganz anders ist es bei denen, welche Abends „ausgehen". Da sind in dem langen Wirthshaussaal die Tische dicht besetzt, Kopf an Kopf und Köpfchen an Köpfchen.

U. A. W. G. — und Abends wird „getanzt!" Man kennt sich, man braucht sich, man liebt sich sogar stellenweise, also ist die Idee einer Tanzunterhaltung formell zulässig und materiell begründet. Schnell werden die Tische bei Seite gerückt, und da Niemand anfangen will, weil die einen zu alt und die andern zu jung sind, so fängt alles auf einmal an. Mit Schrecken gewahren die Schlummernden der unteren Etage diese sociale Revolution. Sie hören schreien: Parisienne, Polka-Mazur, Vis-à-vis, Cotillon, und das letzte Wort ist ihr Todesstoß. Die Honoratioren aber, welche an ihrem unantastbaren conservativen Ecktisch sitzen, schauen mit Staunen auf den gottlosen Jubel der Stadtkinder.

Schon um elf Uhr entwickelt sich indessen jenes bekannte Mienenspiel der Mutter, welches weltkundige Töchter stets auf das Nachhausegehen zu deuten haben. Da jedoch die Langmuth guter Eltern auf dem Lande noch elastischer ist, so werden diese Blicke erst um zwölf Uhr bemerkt, denn nun wird der Vater kategorisch, die Mutter schläfrig und die Tochter vernünftig. Eine allgemeine Verschleierung, ein Suchen nach rothen und blauen Kapuzen beginnt, Verkältungsrufe tönen dazwischen — Regenmantel, Ueberschuhe, Parapluie! Nur mit Widerstreben eilt man von dannen, da man schon unter der Thüre zurückprallt vor dem wüsten Lärm der Regennacht. Auf den engen Dorfwegen, zwischen den perfiden Spitzzäunen wird nach Hause geklettert; die kleine Handlaterne erlischt auf halbem Wege, und der Verehrer, der die Damen begleitet, benützt mit Vergnügen den Nothstand, um den Arm der Dulcinea zu erhaschen. Endlich knarrt die Hausthüre, und die feuchten Schatten sind hinter derselben verschwunden. „Gute Nacht; gute Nacht!" Alles ist zur Ruhe gegangen.

„Horch nur, wie es gießt," sagt die Mutter zum Vater, und dieser schüttelt den Kopf und spricht: „'S ist doch infam hier auf dem Lande." — „Horch nur, wie es gießt," sagt die ältere Schwester zur kleinen; aber diese schüttelt den Kopf und spricht: „'S ist doch famos hier auf dem Lande."

— — Parisienne. Cotillon. Vis-à-vis — — — K. St.

Behüt' dich Gott!

Wenn Zwei zusammen wandern
Und kommt die Scheidestund',
Reicht Einer wohl dem Andern
Zum Abschied Hand und Mund:
„Nun ist's mit der Gesellschaft aus,
Nun grüß mir Weib und Kind zu Haus
   — Behüt' dich Gott!"

Der du dies Buch gelesen
Mit Freundessinn und Art —
Bin dir Genoß gewesen
Auf weiter Wanderfahrt:
Nun liegt vor dir die letzte Seit',
Nun steh' zum Scheiden ich bereit
   — Behüt' dich Gott!

„Zu Berg sind wir gegangen,

Zum stillen Dorf am See;

Sah'n Wies' und Matte prangen

Und Wald und ew'gen Schnee

Und schön war Alles rings umher —

Drum wahrlich wird das Scheiden schwer

— Behüt' dich Gott!

„Doch mit dir wirst du tragen,

Was freudig du geseh'n,

Und wenn in fernen Tagen

Die Bilder dir ersteh'n,

Dann denke, wie es Wanderbrauch,

Des treubefliss'nen Führers auch

— Behüt' dich Gott!"

H. Sch.

Anhang.

1. Aus der Thier- und Pflanzenwelt von Herman v. Schmid.
2. Der geognostische Bau der deutschen Alpen von Dr. Karl Haushofer.

Aus der
Thier= und Pflanzenwelt.

So wunderbar und ergreifend der Anblick der Berge dem ferne Stehenden erscheint, so ist der Zauber, den sie auf den Näherkommenden üben, doch noch größer, noch fesselnder — denn der Reichthum an eigenthümlichen Einzelheiten, den sie entrollen, ist ebenso mannigfach, als das Gesammtbild bedeutend wirkt. Es wird wohl Keinen geben, der, wenn er zum erstenmal einen Berg in den Alpen bestiegen, dem Gewaltigen sich nicht mit einer Art Schauer genaht hätte, wie man ihn wohl empfindet, wenn man einem Heiligthum oder der Lösung eines großen Geheimnisses entgegengeht. Die Frühe eines Sommermorgens ist dazu wohl die geeignetste Stunde. — Noch liegt die ganze Flur im letzten Traum der Nacht befangen, durch die Dämmerung sieht das Gebirge dunkel und beinahe finster dem Kommenden entgegen: in den Häusern des Dorfes regt sich noch nichts, denn noch ist's sogar für die Mähder zu früh — im Felde ist es ebenfalls noch still, denn der Hase duckt noch im Krautacker, Rebhuhn und Wildtaube haben noch den Kopf unterm Flügel, und höchstens, wenn man den Sträuchern am Wege, den Weiden, Schlehen, Hasel= oder Weinschörlbüschen zu nahe streift, erinnert das Flattern oder Zwitschern im Laub, daß der Reichthum an Singvögeln aller Art von der Braunelle und Grasmücke bis zur Drossel und Amsel in mancherlei Arten vertreten ist, wenn auch die Königin der Sänger, die Nachtigall, nur als Strichvogel erscheint und wenn auch im nahen Tirol noch immer der barbarische Brauch im Gange ist, daß im Spätherbst Alles was Vogel heißt, massenweise gefangen und ohne Unterschied der Gattung einfach — gefressen wird. Es ist noch wenig heller geworden, und fängt höchstens im Osten zu ergrauen an, wenn die feuchten Strecken erreicht sind, die fast überall vor dem Beginn des eigentlichen Anstiegs durch die ablaufenden Wasser entstanden sind und erhalten werden, die nassen oder sumpfigen Striche, Moos oder Moor genannt, in welchen die wilde Ente und die Schnepfe einfällt, auch Reiher und Storch nach ihrer Beute spähen. Da heißt es, wohl auf den Weg zu achten, der auf Steinen oder Balken dahin geht; denn ein Tritt nebenan ist nicht ohne Gefahr, weil solche, besonders für den Jäger bedenkliche Stellen oft ganz anmuthig grün und scheinbar fest aussehen, während sie dem Fuße des darauf Tretenden doch keinen Halt bieten, und dem Untersinkenden, wenn er nicht schnell einen Strauch erfassen oder sich an dem querüber gelegten Stock erhalten kann, einen grausigen Tod des Ertrinkens oder Erstickens im Moorschlamme bereiten. Unten in der Tiefe wächst und kohlt sich das Moos allmälig in aufsteigenden Schichten zu Torf zusammen, bis ein so fester Grund gebildet ist, daß darauf trockenes Heideland entsteht — es gibt bestimmte Pflanzengattungen, wie die Renthierflechte, welche nur da wachsen und also durch ihr Vorhandensein das Dasein dieses Stillstandes verkünden. Da wächst dann zwischen niederen Legföhren die genügsame Bergbirke und hier ist es, wo der Weidmann den falzenden Auerhahn und den Spielhahn beschleicht, um mitten in ihrem Liebesrausche auch ihr Leben enden zu lassen. Am Wege sind hie und da bemalte Bretter mit schwarzen Kreuzen und Buchstaben aufgestellt: es sind Todtenbretter, auf welchen Leichen gelegen, die hier vorbei zu Grabe gebracht wurden und deren der Vorübergehende im Gebete gedenken soll. Jetzt ist der Waldrand erreicht, meist von einem hohen Zaun aus übereinander gelegten Stangen umfangen, um das Wild von den Fluren und das weidende Vieh vom Walde abzuhalten — ein sogenanntes „Stiegel", ein aus Brettern oder Steinen gebildeter Uebergang, muß überklettert werden, ehe man in das Heiligthum des Waldes tritt. Da ist auch zugleich eine Ruhestelle und ein Knotenpunkt für den Verkehr gegeben, denn die abtragende Sennerin rastet hier, und wenn Holzknecht und Jäger sich begegnen, wird hier Eins geplaudert, bis man sich wieder auf den Weg macht und einer dem andern zuruft „wohlauf zu leben" und „sich der Weil' zu lassen". Am Rande eines unscheinbaren Waldbächleins geht es nun eine lichte Blöße hinan, wo unter ein paar schönen breiten Linden ein armselig Kapellchen steht, damit der in den einsamen Bergwald Tretende gemahnt werde, vorher noch einen guten Ge-

Schmiede im Walde.

danken zu fassen. — Aufwärts am Wasser zwischen den Bäumen durch sieht man ein dunkelfarbiges Haus, eine Schmiede, in deren rußigem Raum schon ein lustiges Feuer brennt und mit der stärker eintretenden Morgenhelle kämpft. Vernehmlich klingt Hammer und Ambos herüber und auf einem unsichtbaren Kirchthurm läutet ein feingestimmtes Glöckchen den Tag an.

Der Wald nimmt uns auf!

Er ist reich in den bayerischen Gebirgen, viel reicher als in Tirol, wo das Abholzen in thörichtester Weise geschah, viel reicher als im Algäu, denn dort bestand (vor etwa vierzig Jahren) etwa ein Fünftel aus Wald, während er hier mehr als die Hälfte der ganzen Grundfläche ausmachte — im Berchtesgaden'schen sind vierundachtzig Procent Wald. Die neuere gewinnsüchtige und

schonungslose Zeit hat das wohl vielfach gemindert, immer aber ist die waldbedeckte Grundfläche des Gebirgs eine imposante zu nennen. Gibt es doch sogar im Forstamte Tegernsee Gegenden, welche noch mit Urwald bestanden sind, den Menschenhand noch nicht berührte, wo aus den Moderresten vergangener Baumgenerationen immer neue riesige Stämme in ungestörter Kraft wachsen, wo eine aus Alter gefallene Riesentanne, sogenannte „Rane", als Baumleiche liegen bleibt, bis sie unter Gras, Moos und Farrenkräutern vollends vermürbt und zerfällt. Die Wälder der Berge sind, wo sie nicht von der Kultur umgestaltet und zu Baumfeldern geworden sind, fast überall gemischt, Laubholz wechselt mit Nadelbäumen und bringt eine Abstufung in Form und Farbe hervor, die zu allen Jahreszeiten zu den Hauptreizen der Landschaft gehört. Von beiden Gattungen kommen fast alle Arten vor: die Mooslinde und die Steinlinde, sowie Eschen, Ebereschen, Ulmen, Rüstern und die Stiel- oder Sommer-Eiche, von besonderer Auszeichnung aber sind die Buche und der Ahorn — erstere, weil sie, auf dem steinigen Boden der Kalkalpen reichlich genährt, gewissermaßen den vorherrschenden Ausdruck gibt, der letztere, weil er, wenn auch nirgends als eigentlicher Wald, doch auch kaum irgendwo in mehreren und schöneren Einzel-Exemplaren vertreten ist, als

Pferde unter der Schirmtanne. Von F. Voltz.

in unsern Bergen. Wir erinnern nur an die Umgegend von Tegernsee, Miesbach und vor Allem an die Ramsau bei Berchtesgaden. Auch die Birke fehlt nicht, wie nicht minder die Schwarz-Erle, welche nicht selten an lockerem Gestein durch ihre treffliche Eigenschaft, den Boden zu binden, die trefflichsten Dienste leistet. Von Nadelhölzern ist die Tanne, die Fichte und die Föhre überall vorhanden, sogar in großen Waldbeständen; doch fehlt auch die Lärche nicht und die Zirbe, welche noch in den höchsten Regionen zu existiren vermag.

Eine eigenthümliche und schöne Erscheinung sind die sogenannten Schirmtannen, besonders große und voll ausgebildete Bäume, welche sorgfältig geschont und erhalten werden, weil ihre gewaltigen, fast bis an die Erde herabreichenden Zweige ein so undurchdringliches Dach bilden, daß darunter im Umkreis von mehreren Fußen ein trockener Raum entsteht, zu welchem weder Regen noch Schnee bringt und wo also der Sennbub mit dem Weidevieh ebenso gut Schirm und Unterstand findet, als der Jäger und das Wild.

Im Ganzen kommen zweiunddreißig Baumarten vor, einundvierzig Sträucher, deren jede Waldgattung ihre eigenen, durch den Wald bedingten Arten hat und einhundert neunzig krautartige Gewächse, welche nur im Walde auftreten, hie und da mit sehr bestimmt ausgeprägten Eigenthümlichkeiten. So wächst bei Rothenbuch (an der Ammer unweit Ammergau) eine Art Riedgras (Carex Ohmülleriana), die bisher nirgends auf der ganzen Erde angetroffen wurde und an den Gebirgsseen ist von selbst der orientalische Calmus einheimisch geworden, merkwürdiger Weise aber ohne Frucht zu tragen.

Urwald.

Bis achtzehnhundert oder zweitausend Fuß wird das Thalniveau angenommen, dann beginnt die Bergregion, welche in eine obere und untere zerfällt. Bis zweitausend fünfhundert Fuß bleibt die Eiche zurück, in der oberen, die mit viertausend dreihundert beginnt, verläßt uns die Buche; dagegen treten vierzehn neue Gewächsarten auf. Tausend Fuß höher fängt die Alpenregion an, in deren unterer Abtheilung der Frühling mit Ende Juni, der Winter Ende September beginnt, und wo die Alpenrose und der Enzian heimisch sind, dafür aber auch die Fichte verschwindet und der Legföhre (Latsche) den Platz räumt, einer Kieferart mit knorrigem niederliegenden Stamm, die nur eine sehr geringe Höhe erreicht, unter der aber, wie zum Ersatz, die schönsten Moosarten mit herrlichen Blüten, sowie manch andere rühmenswerthe Kräutlein gedeihen, so die Alpenanemone, der Sturmhut, der gelbe Enzian, der Alpenrose und der schönen Heidekräuter oder Eriken gar nicht zu gedenken. Die obere Abtheilung der Alpenregion, sechstausend einhundert Fuß beginnend, reicht bis siebentausend einhundert, nur aus Felsen und Matten bestehend, auf welchen die Sennerei, die Alpenwirthschaft mit Hütte (Käser), Vieh und Almerin ihr eigentlichstes Bereich hat, das allerdings schon etwas weiter unten beginnend (um viertausend fünfhundert), doch nirgends über sechstausend zweihundert hinausgeht. Hier ist die Heimat der eigentlichen Alpwiesenkräuter, des Nutz, des Mardauns und der duftigen Bränteln — hier muß der räthselhafte Speik gesucht werden, hier wächst das Jägerblümlein, die erst im Welken duftende Edelraute und die Herrscherin von allen Bergblumen, das Edelweiß. Bis sechstausend achthundert findet man noch verschiedene blühende Steinbrecharten, und erreicht, darüber hinausschreitend, die Schneeregion, die ebenfalls in eine obere und untere zerfällt. In letzterer begegnen wir wieder kleinen Steinbrecharten, die sich aber nicht selten durch überaus große schönfarbige Blüten auszeichnen, sowie kleinen, ungemein niedlichen Weidensträuchern; doch kommt auch noch manche versprengte Thalpflanze vor und es macht einen eigenen Eindruck, wie einen Bekannten in einem fremden Lande hier den Wunderklee zu erblicken, oder den

Alpenmohn, die Benediktenwurz oder sogar die Wiesenesparsette. In der oberen, um achttausend beginnenden Schneeregion verschwindet die Vegetation nahezu ganz; außer Gamskresse und Steinbrech kommen nur noch Kryptogamen vor, Flechten, die wie ein Schorf am Gestein kleben oder Moose, welche dasselbe polsterartig überziehen. Hier beginnen die in diesen Bergen nicht beträchtlichen Stellen, wo der Schnee auch im Hochsommer nicht schmilzt und hie und da das Eis kleine Gletscher bildet — dafür aber ist die Stirne des Wanderers dem Himmel nahe und sein Auge streift unaufgehalten in das ebene Land, das unten liegt wie niedliches Kinderspielwerk, oder in die innern Alpen, die noch riesiger dastehn — da fühlt man, wie klein der Mensch dieser ungeheuren Schöpfung gegenüber ist, und doch wieder, wie geistig erhaben er über ihr dasteht.

Der Wald, den wir durchschritten, birgt aber auch außerdem des Lebenden noch mancherlei: im eigentlichen Hochwald sind der Edelhirsch und das Reh, wenn auch seltener gewordene, aber doch immer noch zahlreiche Bewohner; in den Klüften sind Dachs und Fuchs gerne heimisch, und manchmal ist ein Weidmann sogar so glücklich, einen Luchs heimzubringen. Die Berge um Ammergau und Berchtesgaden, sowie die Riß sind noch besonders reich an Edelwild, weil König Maximilian dessen Hegung und Schonung anbefohlen hatte. Da mag es wohl glücken, ein so stattlich Thier, wie der Berghirsch ist, in seiner vollen Freiheit und Natürlichkeit zu schauen, wenn auch der friedliche Alpenbesucher von den mitunter haarsträubenden Fährlichkeiten, denen man sich unterziehen muß, um ihn zu erlegen, lieber erzählen hört, als daß er sich entschlösse, sie selber mitzumachen. Die Luchse sind jetzt selten, und kommen meist nur wechselnd aus Tirol herüber: wie häufig sie früher waren, geht daraus hervor, daß es Forsthäuser gab, an welchen als weidmännischer Schmuck fünfzehn bis zwanzig Luchsköpfe angenagelt waren, beim Bade Kreuth stund ein solches mit sechzig verziert.

Wolf und Bär, früher ebenfalls seßhaft, kommen höchstens noch als versprengte Gäste vor; das war wohl ziemlich der letzte Wolf, der achtzehnhundert siebenunddreißig bei Tegernsee erlegt wurde: der letzte Bär wurde achtzehnhundert acht=undzwanzig am Planberg bei Kreuth gespürt, zog es aber vor, sich aus dem Staube zu machen. Wie zahlreich sie früher waren, ergibt sich, daß früher über das auf den Almen befindliche Vieh ein eigener Wolfsegen gesprochen ward, daß in einem Jahre (sechzehnhundert siebenundsechzig) sechsundachtzig erlegte Wölfe nach München geliefert wurden, und daß in dem Revier des Klosters Tegernsee während etwa achtzig Jahren die Zahl der erlegten Bären sich auf dreißig belief. Wer Sankt Bartlmä im Königssee besucht, wird aus dem dort aufgehangenen Bilde entnehmen, wie bedenklich es war, mit den Bären anzubinden: der Kampf der Fischer mit dem im See schwimmenden Bären ist jedenfalls von höchster Eigenthümlichkeit. In dem Bärenloche bei Unterammergau wurde unlängst das Gerippe eines Bären gefunden, in dessen Schädel ein Bolz steckte — Kaiser Ludwig der Bayer pflegte in dieser Gegend diesem wilden Waidwerk obzuliegen: vielleicht war er es, der das Geschoß auf ihn abgeschnellt. Das merkwürdigste und nur in ihnen noch heimische Wild der Berge ist, nachdem der Steinbock, der früher im Wetterstein vorgekommen, zu den verschollenen Thiergattungen gehört, die Gemse, die nur auf ihren höchsten und steilsten Felsenpartien haust und dadurch die Jagd auf sich zur gefährlichsten, aber eben darum auch zur begehrenswerthesten macht — für den echten Weidmann, dem es nicht wohl wird, außer wo Anstrengung und Gefahr zu überwinden sind. Im angrenzenden Tirol wurden sie in früheren Jahrhunderten gleich den Steinböcken förmlich gehegt, während sie in den baye=rischen Bergen seltener und auch minder geschätzt waren, denn alte Jagdordnungen (von vierzehnhundert einunddreißig) in Garnisch oder Werdenfels zählen die Gemse zugleich mit dem Eichhörnchen unter den Thieren auf, deren Jagd männiglich frei gegeben ist.

Unter den bayerischen Kurfürsten fanden wohl Gemsjagden statt, aber selten und meist in den (zunächst nicht hieher gehörigen) Algäuer Bergen, doch kommen solche auch am Heimgarten und besonders um Tegernsee und Berchtesgaden vor. König Maximilian, der die Bergjagd sehr liebte, ließ auch den Gemsen Schutz und Hegung angedeihen, die denn auch jetzt, wo das anders geworden, noch in ansehnlicher Zahl um Tegernsee und Schliersee, am Königssee und in den Bergen um Ammergau hausen. Sie vermehren sich leicht, weil sie auf den Felsen, wenn die Lawinen von ihnen abgehen, und unter den Schirmtannen, wohin der Schnee nicht dringt, immer noch ihre Aesung finden, während Hirsch und Reh vom Hunger ins Thal getrieben werden und künstlicher Fütterung bedürfen, wenn sie nicht erliegen sollen. Eine Uebersicht des Wildstandes von Tegernsee ergab im Jahre achtzehnhundert nur zwanzig Gemsen, achtzehnhundert siebenundvierzig dagegen schon sechshundert fünfzig: noch jetzt mag ihre Anzahl in den verschiedenen Revieren wohl gegen viertausend betragen; immerhin genug, die Jäger und Wildschützen zu locken, wäre es auch nur um des Gewinnes willen, den der, besonders bei einem Jährling, sehr wohl=schmeckende Braten und die Wilddecke abwirft — ganz abgesehen davon, daß jeder Bursche gar zu gern auf seinem Hute einen „Gemsbart" trägt, nämlich einen aus den schönen Rückenhaaren zusammengebundenen runden Büschel. Nicht minder beliebt sind die „Krickeln", das schwarze gebogene Gehörne, das zu allerlei Nutz und Zier verwendet wird. Die aus Haaren und Pflanzenfasern geballten Kugeln, die man hie und da im Magen der Gemsen findet, sind ebenfalls gesucht, denn sie gelten nicht nur für ein Mittel, das schwindelfrei macht, sondern der Aberglaube hält ihren Träger auch gefeit von allem Spuk und Einfluß der Berggeister. — Ein anderes, zwar viel kleineres, aber den Bergen eigenthümliches Thier ist das Murmelthier, vom Volk Murmentel oder Mankei genannt, ein gutmüthiges, kaninchenartiges Thierchen, das aber in den bayerischen Bergen nur im Berchtesgaden'schen vorkommt, etwa am Funtensee, oder in der Nähe des aus lauter Felstrümmern bestehenden stei=nernen Meers, denn sie graben sich ihren Bau unter Felstrümmern, verschlafen darin den Winter und spielen im Sommer vor denselben in den würzhaften Alpkräutern, die sie lieben, oder sitzen leise pfeifend aufrecht, wie ein Männchen machender Hase. Ihre Zähne zu besitzen und am Uhrgehäng zu tragen, ist ein Stolz der Jäger, doch wird auch ihr Pelz verwerthet und ihr Fleisch gegessen, während ihr Fett oder Schmalz zu den Arzneimitteln gehört, die in den Bergen „für Alles gut sind".

Von den Vögeln in denselben ist schon oben geredet worden, von den Sängern sowohl, als einem Theil des Feder=
wilds; es kommen also nur noch einige Besonderheiten anzuführen, wie der karminrothe Specht oder die Steindohle mit rothen
Füßen und außerordentlich hellem Gekreisch, welche in Gegenden vorkommen, die selten von Menschen betreten werden, so daß
sie bei seinem Erscheinen ihn keineswegs scheuen, sondern vielmehr wie neugierig verfolgen. Auerhahn und Spielhahn, so häufig
sie in den unteren Moosgegenden vorkommen, sind auch in den Hochwäldern keine Seltenheit; dagegen kommen ihre Genossen,
das Haselhuhn, das Schnee=
huhn und das Steinhuhn,
niemals in die Ebene oder
tiefere Gegenden herab. Es
sind drei Vögel, ebenso schön
von Gefieder, als zart und
wohlschmeckend von Fleisch;
das Steinhuhn ist noch durch
seinen rothen Schnabel und
Ständer ausgezeichnet, wie
das Schneehuhn dadurch, daß
es im Winter schneeweiß wird
und über den Augen einen
Purpurstreifen trägt.

Von Raubvögeln sind
den Bergen, außer einigen
mitunter zum Vogelfang
benützten Eulengattungen,
der Seeadler eigenthümlich,
an Flüssen und Seen hei=
misch, der Steinadler, ein
gewaltiges Thier, das mit
ausgespannten Flügeln acht
Fuß und noch mehr mißt,
und an steilen Felswänden in
Ritzen oder Spalten horstet,

Berghirsch.

so daß das nicht selten ver=
suchte Ausnehmen eines Hor=
stes nur vermittelst Herab=
lassen an Seilen und mit
außerordentlicher Gefahr
vollführt werden kann. Sie
sind besonders im Berchtes=
gadner Lande heimisch und
müssen früher sehr häufig
gewesen sein, da ein Förster
von St. Bartlmä sich rüh=
men konnte, allein deren
einhundert siebenundzwanzig
erlegt zu haben. Der noch
größere Lämmergeier (auch
Jochgeier oder Bartgeier ge=
nannt), der wohl im Stande
ist, ein halberwachsenes
Gemskitz fortzutragen oder
sich aus der Heerde ein Schaf
heraus zu holen, war früher
nicht selten anzutreffen, jetzt
horsten sie nicht mehr und
beschränken sich auf sehr ver=
einzelte Gastreisen.

Von dem unheimlichen
und unbeliebten Geschlechte der Reptilien beherbergen die Alpen nur bekannte unschädliche Natterarten, doch kommt bis zu
fünftausend Fuß Höhe auch die Kupfernatter vor; von Lurchen ist der schwarze Salamander mit seinen schönen orange=
farbenen Flecken eine häufige
Erscheinung, vom Volke als
„Wegwurm" abergläubisch
gemieden, weil er die Eigen=
schaft besitzen soll, im Feuer
auszuhalten.

Um auch der Fische zu
gedenken, bedarf es wohl nur
der Nennung des Namens
der Forelle, um daran zu
erinnern, daß diese allge=
mein beliebte und zierliche
Lachsart sich ausschließlich
die Wasser und Bäche zum
Wohnort erkoren hat, welche

Rehe.

hell, durchsichtig, klar und
raschen Laufes in den Ber=
gen dahin rauschen oder aus
ihnen hernieder kommen.
Beinahe jeder von den ober=
bayerischen Seen hat außer
den allen gemeinsamen Arten,
wie Aesche, Huchen u. s. w.,
irgend eine besondere edle
Fischgattung, die ihm mehr
oder minder allein eigen ist;
so wird der Starnbergersee
gerühmt wegen seiner Ren=
ken, der Ammersee wegen
der Gänglinge, der Chiemsee

wegen der Maiforelle, während der Königssee vorzüglich mit seinen Salblingen prahlt (die geräuchert als Schwarzreuterl
bekannt und beliebt sind).

An die Thierwelt der Berge haben die menschlichen Bewohner derselben, wie schon erwähnt, mannigfache sagenhafte
und abergläubische Vorstellungen geknüpft. Es ist an anderem Ort der Sennerinnen und der Alpenweidewirthschaften gedacht,
wie nicht minder der Jäger und Holzknechte, die ihr Beruf zu stätigen Gästen in Wald und Fels macht, aber auch sonst ist
mancher Bergbach von einer einsamen Sägmühle belebt, und mitten im Walde begegnet man wohl einer Blöße, wo ein Kohlen=
brenner seinen dampfenden Meiler aufgerichtet hat, und daneben in einer mehr als einfachen Hütte das unsichtbare langsame
Verglimmen abwartet. Das ist so recht eine Beschäftigung, die zum Träumen und Sinniren herausfordert in der gewaltigen
Bergeinsamkeit, daß es wohl begreiflich ist, wenn um die schwarzen Kohlstätten herum die Sage ihre Ranken breitet und wenn

man hie und da von einem alten Bewohner derselben von allerlei geheimen Dingen hört, wie, daß es gegen Schlangen keine bessere Bewahrung gebe, als einen Stab von der Esche, denn dieses Holz scheuen diese Thiere alle, und daß Bibernell zu brocken und dem Vieh einzugeben, dasselbe vor dem „Viehschelm" bewahre, einem Gespenst, das in Gestalt eines schwarzen, halb abgemagerten Stieres brüllend in den Bergen erscheint und Seuchen mitbringt. Auch das Märlein vom „Tatzel=
wurm" ist hier wohl zu vernehmen, von jenem fabelhaften Thiere, das nach der Sage eine Art Lindwurm war, nach Andern nichts ist, als eine große Eidechse, und dessen Krallen (Tatzen) eine Zauberkraft innewohnen soll, wie Fortunat's Wünsch=
hütlein. Trotz ausgesetzter Preise ist aber der Tatzelwurm (Denzelwurm), auch Birgstutz genannt, niemals ausgekundschaftet worden: im Schlosse zu Marquartstein soll ein Skelett an der Decke aufgehangen gewesen sein, und in Unken zeigte eine Votiv=
tafel oder ein Marterl den Tod eines Bauern, der aus Entsetzen über das Begegnen zweier solcher Thiere starb, und die Ge=
stalt derselben, wie die Phantasie eines Dorfmalers sie sich vorstellte; aber hätte nicht Franz von Kobell in seinem trefflichen Jagdbuche der „Wildanger" das Bildchen abgedruckt, so wäre auch diese Spur verloren, denn in neuester Zeit ist das Bild aus dem alten Steinsäulchen verschwunden — ein Raritäten suchender Sohn Albions soll es sich annektirt haben.

H. Sch.

Tatzelwurm.

Adler eine Schafheerde überfallend. Von F. Voltz.

Der geognostische Bau der deutschen Alpen.

I.

Vermöchte es ein Menschenkind, sich so weit von seiner Erde in den dunklen Weltraum hinauszuschwingen, daß die Farbenunterschiede und die geringeren Formeinzelnheiten ihrer Oberfläche verschwänden und nur die großen Züge in Licht und Schatten sich erhielten wie in dem Relief des Mondes im Teleskop, so würde ihm das Gebiet der Alpen als ein System von Runzeln erscheinen, die der Hauptsache nach von Ost nach West verlaufen und im Westen — am Neuenburger und Genfer See — in kurzem Bogen nach Süd und Ost umbiegen. Im Norden und Süden senken sie sich allmählig zu weithingedehnten Ebenen herab, im Osten verknüpfen sie unbedeutende Hügelländer mit den binarischen Bergen und mit dem Balkan; mächtige eisbedeckte Grate erheben sich in ihrem Centralgebiete. Wenn auch die Regelmäßigkeit im Verlaufe der Bergesketten sich gestört zeigt durch viele Thalspalten, die sie quer durchbrechen wie Rhein, Isar, Eisak, Etsch und Inn, durch zahllose Felsrippen, die von den Hauptkämmen nordsüdlich auslaufen und durch verworrene Bildungen, die unabhängig von den Hauptmassen sich erheben, so entspricht doch der Bau im großen Ganzen dem Bilde eines langhingestreckten Meeresarmes, dessen Fluten durch Südwind zu Riesenwogen emporgethürmt sind und, wie diese, ihren steileren Abfall nach Süden hin besitzen.

Wenig Fragen gaben den Geologen so viel zu schaffen, als die nach dem Wesen und der Entstehung des Alpengebirges. Der rasche Wechsel der Gesteinsbeschaffenheit in kleinem Raume, die wunderbaren Verschiebungen, Faltungen und Krümmungen der Gesteinslagen, die fremdartige Beschaffenheit der Gesteine selbst und ihrer eingeschlossenen Thierreste im Vergleich mit anderen bekannten Gebieten, legten dem Forscherfleiße Räthsel vor, von welchen manche noch nicht gelöst sind. Aber gerade durch die Schwierigkeiten, welche die Alpen ihrer geologischen Erforschung entgegensetzten, sind sie zu einer wahren Schule derselben geworden und mancher wichtige Satz der modernen Geologie wurzelt in den hier gewonnenen Erfahrungen.

Der Gesteinsbeschaffenheit nach scheidet sich das Gesammtgebiet der Alpen in drei Parallelzonen: in die mittlere oder die der Centralkette, welche aus sogenannten Urgebirgsgesteinen, aus Gneiß, Granit und alten Schiefergesteinen aufgebaut ist, und in die sich beiderseits an die erste legen den Zonen der nördlichen und südlichen Voralpen oder Kalkalpen. Der Unterschied in der Gesteinsbeschaffenheit ist ein so tiefgreifender und bedingt so erhebliche Verschiedenheiten im Bau und in dem äußeren Ansehen der Berge, daß es wenig geologischer Kenntnisse bedarf, um sie wahrzunehmen. In den unteren Regionen verhüllt sie wohl das allerwärts reiche Vegetationskleid, nach oben zu, in den kahlen Höhen an der Grenze des ewigen Schnee's machen sie sich auch dem ungeübten Auge erkenntlich — wohl kaum an einem anderen Orte so auffallend, als in Zell am See, dessen nördlichen Hintergrund die kahlen röthlichweißen Felsmauern des Steinernen Meeres bilden, während im Süden die sanfter geneigten pyramidalen Formen des Urgebirges in dunkleren Farben bis zu firngekrönten Höhen emporsteigen.

Das herrschende Gestein der Centralkette ist der Gneiß, ein Gestein, dessen Herkunft noch keine zweifellose Erklärung gefunden hat. Wohl legt der Umstand, daß er stets sehr deutliche Schichtung besitzt, die Vermuthung nahe, er sei eine Sedimentbildung wie andere aus Wasser abgelagerte, geschichtete Gesteine, z. B. Kalkstein, Sandstein; allein die Natur seiner Bestandtheile, seine Zusammensetzung aus weißem, grauem oder röthlichem Feldspath, grauem Quarz und glänzenden Glimmerblättchen, seine kristallinische Beschaffenheit, das vollständige Fehlen aller Reste von organischen Wesen zwingen uns, seine Bildung in eine Zeit hinaufzurücken, in welcher die Erde jedenfalls ganz andere Temperatur- und Bewässerungsverhältnisse besaß, in welcher ganz andere chemische Prozesse sich abwickelten, als gegenwärtig. Und so sind denn viele Geologen der

Meinung, der Gneiß repräsentire die ersten Absatzgebilde aus den heißen, dampfenden Urmeeren, welche die eben erstarrte Erde ringsum bedeckten. Eine dicke, dampferfüllte Atmosphäre lag schwer über dem Planet, das Licht der Gestirne ausschließend; kein lebendes Wesen athmete auf dem Schauplatz wild elementarer Kämpfe. Und doch zeigen sich schon die ersten Spuren einer organischen Schöpfung. Jene geringen Mengen bituminöser Stoffe, die sich fein vertheilt in manchem Gneiß finden, jene Schuppen und Nester von Graphit, die in demselben hie und da auftreten, kann man mit großer Wahrscheinlichkeit als die dürftigen Ueberreste einstiger Pflanzengebilde aus den Gneißmeeren ansehen.

Alles Alpenland war damals Meeresboden. Neben und über dem Gneiße lagerten sich in der Folge ähnliche Gesteine ab; so der glimmerreichere, feldspatharme Glimmerschiefer — bald lichtgelb oder röthlichgrau, wie der, über dessen glitzernde Platten der Fuß des Wanderers im Velberthale schreitet, bald braungrün metallisch schillernd wie jener, in dem die prächtigen Smaragde des Habachthales eingebettet liegen; die dunkelgrünen Hornblendeschiefer, oft durchspickt mit Granatkörnern; die grünlichgrauen Chloritschiefer, welche jetzt als Felszinnen des Großglockners ihr Eisgewand durchbrechen; die weichen blättrigen Talkschiefer, in welchen bisweilen der Schwefelkies trügerisch gleißt oder der seidenschimmernde Asbest und endlich alle jene dunkelgrauen oder bräunlichen versteinerungsleeren Schiefer, die der Geologe als Urthonschiefer (Phyllit) bezeichnet; weithin begleiten sie in wechselnder Mächtigkeit die Flanken des Gneißkernes als äußere Hülle, oft durch allmälige Uebergänge mit einander und mit dem Gneiß verbunden.

Viele Gesteine der Centralzone sind reich an prächtigen, oft schätzbaren Mineralien, besonders in den Grenzgebieten, wo zwei verschiedene Gesteinsarten aneinander liegen oder wo ein Gestein gangartig ein anderes durchbricht. Da finden sich Granaten, von der feurigsten Hyacinthfarbe bis zum dunklen Blutroth, nicht selten bis zu Wallnußgröße; da ziehen sich dichtgeschaart die Säulen des schwarzen Turmalines durch den feinschuppigen Chloritschiefer; da glitzern die Kristalle des edlen violblauen Amethyst, des wasserklaren Bergkristalles, des nelkenbraunen „Rauchtopases", des pistaziengrünen Epidot und anderer farbenprächtiger Steine aus schmalen Klüften; nicht selten lagern Bruchstücke im Schutt der Moränen, im Geröll der Eisbäche; lauchgrünen Strahlsteinen, schwarzen Kristallen von Magneteisen und Asbestarten von verschiedener Beschaffenheit begegnet auch der minder berggeübte Wanderer auf seinen Wegen; andere aber bergen sich in schwer zugänglichen Schluchten, an schwindelnden Graten und jähen Gehängen und es bedarf erprobter Muskeln und eines sicheren Auges, es bedarf auch mühseligen Steigens und Kletterns, um ihrer habhaft zu werden. Die „Steinklauber" besitzen das erste und sind des zweiten gewohnt, wenn sie, sobald der Sommer die Wände „ausapert", ausgerüstet mit Hammer, Meißel und Sprengzeug, ihrer Beute einsam nachgehen. Sie kennen auch wohl die Fremdnamen der selteneren Funde und wissen ihre Preise dafür zu bemessen. Du begegnest auch wohl einmal hoch oben im Gewände ein paar schwerbepackten Dirnen, die mit ihrer Last abwärts steigen. Ihre Antwort auf Deine Frage, was sie trügen, lautet: „Federweiß". So nennen sie jenes geschmeidige Mineral, dessen feiner Staub auch Dir dienstpflichtig wird, wenn der engschließende Handschuh sich der Hand nicht fügen will; bei den Mineralogen führt es den Namen Steatit.

Von diesen Mineralien haben nur wenige eine wirthschaftliche Bedeutung. Aber auch die Erzvorkommnisse dieses großen Gebietes sind nur von überraschend geringem Belange. Die uralten einst blühenden Goldzechen der Rauris, Fleiß, Fusch und des Radhausberges in Gastein ertragen wenig mehr als die Betriebskosten; andere sind, wie die vom Hainzenberg im Zillerthal, vollständig aufgelassen. Man muß die ungeheure Masse von Gestein betrachten, die zu verarbeiten ist, um wenige Flitter des edlen Metalles auszubringen, man muß die Beschwerden des Betriebes einer Grube an und über der Grenze des ewigen Eises, die Schwierigkeiten des Verkehrs in den unwirthlichen Höhen, man muß endlich die seit der Blüthezeit jener Baue eingetretenen Veränderungen im Werthe des Arbeitslohnes und der Edelmetalle erwägen, um einzusehen, warum selbst ohne Verarmung der Erzmittel die Werke zum Erliegen kommen.

Auch die übrigen Erzbergbaue des Centralgebietes auf Kupfer, Blei, Zink, Kobalt und Nickel geben keinen glänzenden Ertrag; manche werden nur fortgeführt, um der armen Bevölkerung ein dürftiges Auskommen zu erhalten, viele sind schon seit langer Zeit verlassen. Gegenwärtig werden noch Kupfererze in den Chloritschiefern des Ahrnthales, in den Urthonschiefern von Klausen, Zink- und Kupfererze in dem Glimmerschiefer des oberen Passeyrerthales am Schneeberg in geringer Menge ausgebeutet.

Nur die Eisenerze der Schieferzone retten das Bergmannsglück der Centralalpen. In einzelnen Theilen derselben entwickeln sie eine Mächtigkeit und Reinheit, durch welche sie zur Grundlage der hochentwickelten Industrie einer ganzen Provinz geworden sind. Das gilt von den Erzlagerstätten, die sich in einem Zuge von Friesach über Lölling durch Kärnten erstrecken und an vielen Punkten abgebaut und verhüttet werden.

Der Gneiß verliert bisweilen seine charakteristische schiefrige Beschaffenheit; Glimmerblättchen, Feldspath- und Quarzkörner liegen wirr und ungeordnet durch einander und das Gestein zeigt das Ansehen des wahren Granit. Es ist kaum zu bezweifeln, daß solche allmälige Uebergänge beider Gesteine in einander bestehen, so wie nach der anderen Seite der Gneiß in die Gesteine der Schieferhülle übergeht. Bisweilen erscheinen Lagen von Granit zwischen Gneiß eingebettet; oft aber zeigt der Granit nicht mehr jene Schichtung, die die Sedimentgesteine kennzeichnet, sondern tritt in unregelmäßig geformten großen Massen, in Stöcken, wie der Bergmann sagt, in dem Gneiß oder den Schiefergesteinen auf, dieselben quer durchbrechend.

Aechter Granit ist in unseren Alpen verhältnißmäßig in geringer Menge vorhanden. Häufiger erscheinen verwandte Gesteine; so der neben den Gemengtheilen des Granit auch dunkelgrüne Hornblende führende Tonalit, der im Adamellogebiete vorherrscht; ein ähnliches prächtiges Gestein säumt in gewaltigen Blöcken die Ufer des Rainbaches in der Rieserfernergruppe; seltener sind die noch dunkleren Syenite und Diorite und der Eklogit, ein schönes Gestein, welches aus grüner Hornblende und rothem Granat zusammengesetzt ist und auf der Saualpe in Kärnten, in kleineren Massen auch im inneren Oetzthale auftritt.

In der Reihe dieser alten Massengesteine ist auch der Serpentin zu nennen, eine Felsart von düsteren grünlich= grauen bis schwärzlich=grünen Farben, welche hie und da gang= oder stockförmig zwischen den Schiefergesteinen auftritt, z. B. in der Tauernkette, im obersten Zillerthal, bei Kraubath in Steiermark 2c., gewöhnlich von manchen selteneren Mineralien begleitet.

Mächtige Lager von weißem zuckerkörnigen Kalkstein — dem sogenannten Urkalk oder Bildhauermarmor — sind manchenorts den alten Schiefergesteinen eingelagert, z. B. bei Schlanders und Meran in Tirol, wo man sie in Steinbrüchen ausbeutet; minder ausgezeichnete Varietäten finden sich an sehr vielen Punkten der Centralkette.

Nachdem die Mineralmassen aller der bisher genannten Gesteine aus den Urmeeren sich abgesetzt und durch mancherlei chemische und mechanische Vorgänge Zusammenhang gewonnen hatten, trat eine Hebung des Bodens über den Meeresspiegel ein und in keiner der folgenden Epochen der Erdgeschichte wurde dieser Theil des Landes jemals wieder von Fluten bedeckt. Als langhingezogene, verhältnißmäßig schmale Felseninsel, von einzelnen Engen durchbrochen, zogen sich dazumal die Alpen durch jüngere Meere. In diesen setzten sich die bisherigen Vorgänge in ähnlicher Weise fort, es bildeten sich neue Gesteinslagen, aber unter Verhältnissen, welche von den gleichzeitig anderwärts auf unserem Continente herrschenden erheblich verschieden sein mußten. Während die Gesteine, welche dem Alter nach sich an die Schieferhülle der Centralalpen mantelförmig anschließen, so arm an Zeugen einstigen Lebens sind, daß die Forscher in vielen Fällen die geologische Altersstufe, der sie angehören, nicht zu bestimmen vermögen, während sie auch in ihrem äußeren Ansehen sehr häufig an die alten, versteinerungsleeren Schiefer erinnern, bildeten sich in dem Meere des böhmischen Beckens, in England, in der Eifel und in den Gewässern, die Skandi= navien bedeckten, Kalksteine, welche als Reste jener Zeit eine Unmasse wunderlicher Krebse, Fische und Mollusken enthalten; die Verhältnisse in den alpinen Meeren hatten sich noch wenig verändert, als in den Sumpfniederungen Englands, des Saar= beckens und Oberschlesiens jene großartige Flora sich entwickelte, deren Mumien — die Steinkohlen — wir heute aus dem Schutt der Jahrtausende wieder ausgraben. Nur geringe und seltene Spuren jener Geschöpfe lassen uns den Zusammenhang in der geologischen Geschichte des Alpenlandes erkennen und vermitteln den Uebergang zu jenem Zeitalter, in welchem das Material der beiden großen Nebenzonen in tiefen Meeren abgelagert wurde, zu dem eigentlichen Mittelalter der Geologie, der Bildung ungeheurer Kalksteinmassen in den Alpen.

II.

Wir hören die Berge der beiden Nebenzonen nicht selten als nördliche und südliche Kalkalpen bezeichnen. Wenn man mit dieser Bezeichnung nur das Herrschende in ihrem Wesen treffen will, mag man sie mit gutem Rechte gebrauchen. Denn der Kalkstein und seine Sippe überwiegen doch unter den mannigfachen Gebilden, aus welchen sie sich aufbauen, der Verbreitung und der Masse nach: und durch seine Eigenthümlichkeiten wird ein guter Theil der landschaftlichen Physiognomie, der Gliederung, des Wasserlaufes, des Pflanzenwuchses und wohl auch des Culturlebens in den Voralpen bestimmt.

Dabei entfaltet der Kalkstein eine wahrhaft verwirrende Mannigfaltigkeit in der äußeren Erscheinung, die eine Ein= förmigkeit im Charakter der Berge nicht aufkommen läßt. Bald sind es rothe, dichte Marmorwände, wie sie zu den Zinnen des Untersberges emporsteigen; bald blendend weiße oder graue Klippen, deren scharfkantiges Trümmerwerk unter dem Fuß= tritte klirrt wie zerbrochenes Glas; zartgeaderte, gefleckte oder tiefschwarze Platten, an welchen die Steinsägen ihr monotones Tagwerk üben; mürbe, löchrige Tuffmassen, voll Abdrücken von Schilf, Blättern und Schnecken, am Gehänge ausgebreitet; Myriaden von wunderlichen Gehäusen ausgestorbener Thiere, zu kompakten Gesteinsbänken verwachsen — unter allen diesen und manchen anderen Gestalten finden wir jenen Proteus des Mineralreiches, den Kalkstein, wieder, finden wir denselben Stoff, dieselbe Zusammensetzung. Kalkerde und Kohlensäure, der weiße Rost eines leichten, silberähnlichen Metalles und das prickelnde Gas des Champagners sind seine Hauptbestandtheile. —

Weiße und lichtgraue Farben herrschen im Allgemeinen an den Kalksteinen vor. Die Kalkberge tragen deßwegen an ihren Felswänden, Flußbetten und an den zahlreichen Blöcken des Vordergrundes den Farbenschmuck nicht, dem wir in vielen Thälern des Urgebirges begegnen; aber sie verdanken dem Umstande ihre wunderbar zarten blauen Schattentöne und die unbe= schreibliche Farbenpracht, welche das Morgenlicht und die sinkende Sonne über sie ausgießt. — Reiner Kalkstein ist ungefärbt oder weiß, wie der Carrarische Marmor oder das schöne Gestein von Schlanders. Die verschiedenartigen Färbungen rühren von fremden Beimengungen her, die mit der Substanz des Kalksteines nichts gemein haben und oft nur in winziger Menge auftreten. So enthalten viele Kalksteine Spuren von kohlensaurem Eisen. Unter dem Einflusse von Luft und Wasser bildet sich aus diesem an und für sich gelblichgrauen Körper Eisenrost, der solche Kalksteine mit einer röthlichbraunen Rinde überzieht Auch manche Gewässer, welche geringe Mengen von Eisen in Auflösung enthalten, färben die Oberfläche der Felswände, über welche sie rieseln, durch Absatz von Eisenrost tiefbraun — eine Erscheinung, die häufig genug beobachtet werden kann — z. B.

an der Schwarzbachwachtstraße, an der Stuhlwand westlich vom Funtensee — und nicht wenig zum Colorit der Landschaft beiträgt.

An der Färbung der Kalkfelsen hat auch ihr Pflanzenkleid einen gewissen Antheil. Das gilt nicht bloß von den verschiedenen Arten von Moos, die mit dunkelgrünen, gelben oder rostfarbenen Polstern die grauen Blöcke säumen, sondern noch mehr von den Flechten, jenen seltsamen blatt- und blüthelosen Gewächsen, welche unter anderen die niedrigste Stufe organisirter Wesen bezeichnen. Theils als buntfarbiger Schorf, theils aber auch als eine dünne, unscheinbare Kruste haften sie allenthalben und selbst weit über der Schneegrenze so fest und innig an dem Gesteine, daß sie mit demselben eins zu sein scheinen. Nur durch die Auflösung des Kalksteines in verdünnter Säure vermag man sie davon zu trennen. Dann bleiben sie als eine schleimige, bräunliche Haut übrig, die unter dem Mikroskop ein verfilztes Gewebe von äußerst feinen Fäden darstellt. Mit diesen bohren sie sich in den blanken Kalkstein ein, saugen daraus ihren frugalen Lebensbedarf und bilden endlich, wenn sie absterben, die Grundlage für die Ansiedelung neuer höher organisirter Pflanzen. Es sind die Pionire der Vegetation.

Der Oberfläche jener Kalkfelsen, die sie überkleiden, ertheilen sie gewöhnlich blaugraue oder grünlich-graue Farbentöne, die dunkler zu sein pflegen als die Farbe des Gesteines selbst. Freilich der schönsten Art dieser Flechten, dem sogenannten „Veilchenmoose", dessen Duft durch alle Tauernthäler weht und dessen brennend rothe Farbe auch auf den Blöcken des Riesengebirges und des Harzes leuchtet, begegnet man in den Kalkbergen nicht.

Man hat sich wohl mit der Frage beschäftigt, ob den Kalkalpen oder den Bergen der Centralkette der Preis landschaftlicher Schönheit zuzuerkennen sei. Die Frage ist eine müssige, wenn man sie in ihrem ganzen Umfange beantwortet haben will, wie so manche, über die der Geschmack der Zeit sein wechselndes Urtheil fällt. Aber einzelne Theile lassen sich wohl von dem Gedanken trennen und beantworten. Wie wir das bezüglich der Farbe versuchten, so möge es auch hinsichtlich der Bergformen geschehen. Und da fällt wohl den Kalkalpen die Palme zu. Wenn man auch den eisgekrönten Riesen des Granit, Gneiß und Glimmerschiefer den Vorzug in der Größe und Macht der Erscheinung einräumen muß, so ist es doch kaum schwer, zu erweisen, daß sie an malerischen Reizen, an Reichthum und Grazie der Gestaltung die Kalkberge nicht erreichen.

Die Ursache davon liegt in der verschiedenen Art, wie die Gesteine verwittern. Die Zerstörung, an der unablässig Wetter und Wasser arbeiten, führt im Urgebirge vorzugsweise zur Abrundung der Formen. Dort nagt der Zahn der Zeit, die lösende Kraft der Atmosphärilien besonders an den scharfen Kanten des Gesteins und bildet formlos stumpfe Blöcke; eine Menge von feinem Schutt und Gebröckel füllt die Vertiefungen aus und verwischt die feinen Züge in dem Antlitz der Berge. Nur hoch oben noch zeichnen sich schroffe Felsnadeln, ragende Thürme und wild zerrissene Grate.

Am Kalksteine aber, den gewöhnlich zahlreiche feine Klüfte nach allen Richtungen durchsetzen, schafft jeder Winter neue Formen. Das Wasser, welches in die Spalten gedrungen, sprengt in dem Augenblicke, da es Eis werden muß, mit unbändiger Kraft die Felsen. Beim Eintreten der warmen Jahreszeit verlieren die gelockerten Trümmer ihren Halt, stürzen herab und bedecken Thal und Gehänge mit Schutt, während sich oben an den luftigen Zinnen neue scharfe Kanten und Linien bildeten. Das ist ein seltsam ernstes Leben, das für Augenblicke durch die stille Einsamkeit der Thäler bricht, wenn aus schwindelnder Höhe so ein Block in die Tiefe rollt, häusergroß. Suche Dir einmal dort, wo in der sonnverbrannten Wüste des oberen Wimbachthales sich die Griesalpe wie eine Oase ausbreitet, ein Lager auf dem teppichfesten Rasen vor der verlassenen Hütte. Das ist eine Stelle, um die Gedanken dem entzückenden Grauen der Bergeseinsamkeit hinzugeben —

> „Das öde Hochthal glüht im Sonnenstrahle,
> Im Grunde siehst Du kahle Fichten ragen,
> Wo Felsenhörner Eiseslasten tragen,
> Wo weiß der Wildbach schäumt durch Felsportale.
> Da donnert's hoch herab mit einemmale
> Und dröhnt und splittert dann in Sturmesjagen,
> Um krachend jach von Wand zu Wand zu schlagen —
> Bis daß es drunten ruht im tiefsten Thale.
> Lang hallt der Donner aus — die Berge beben
> Zehnfaches Echo nach mit stolzem Klange
> Und Wolken Staubes aus der Tiefe schweben.
> Schuttbäche rieseln leis vom Felsenhange —
> Fahr' hin, du einsam, ungeheuer Leben:
> Wild war dein Stürmen — deine Ruh' ist lange!"

Max Haushofer.

Ein weiterer Grund für den größeren Formenreichthum der Kalkberge liegt in ihrem Baue aus gewaltigen Gesteinsbänken und plattenförmigen Massen, welche nach gewissen Richtungen einen geringeren Zusammenhang besitzen, überdies aber auf das Verschiedenartigste gebogen, zerknickt und durcheinander geworfen sind. Daher jener Reichthum in der Gliederung, an kecken Profilen und überraschenden Linien, jene Bestimmtheit im Ausdrucke, die doch nirgends stereotype Bilder entstehen läßt und gerade für den Künstler eine unerschöpfliche Quelle der Anregung wird. Wie ganz anders zeichnet sich doch der Charakter der Berge im Berchtesgadenerlande und am Kochelsee, an den Ufern der Salzach und an denen der Boita, am Inn und im

Zauberkreise des Königs Laurin; wie fremd und eigenartig leuchtet der gigantische Rücken des Watzmann über die dunkeln Wälder der Ramsau herein, der als stolzer Zackengipfel versöhnend über unserem Mittagstische in irgend einem internationalen Hotel Berchtesgadens thronte. Die Verschiedenheit der Formen ein und desselben Berges von verschiedenen Seiten verleiht den Landschaften seiner Umgebung ihr besonderes Gepräge.

Die Zerklüftung des Kalksteines bedingt eine Armuth an Wasser, die besonders für die oberen Regionen der Kalkberge bezeichnend ist. Ein schmächtiger Wasserfaden, der aus einer Felsenspalte an einem hineingesteckten Holzspane herabträufelt, ist das einzige Labsal in der brennenden Steinwüste, die das obere Drittheil des Watzmannes bildet. Die Sennerinnen der Reiteralpe sammeln den Ablauf der Dachtraufen, um nur Trinkwasser für sich und ihre Heerden zu schaffen. In einem Netzwerk von groben und feinen Spalten, die das Gestein durchziehen, versinkt das Schnee- und Regenwasser allenthalben spurlos in die Tiefe, um urplötzlich an irgend einer anderen, oft weit entlegenen Stelle als mächtiger Bach hervorzubrechen. Unter den östlichen Abstürzen der Reiteralpe liegt eine enge, mit dunklem Moose ausgekleidete Höhle, das „Schwarzbachloch", aus welcher ein Bach entspringt und in lustigen Sätzen durch das einsame Thal dem Reichenhaller Becken zueilt. Auch der Schrambach unweit St. Bartholomä am Königsee, der Jochbach am Kochelsee, welcher nach der Volksmeinung Wasser aus dem Walchensee bringt, der Partnachursprung am „Anger", der Gollinger Schwarzbach, der sich in wildschäumendem Wirbel aus einem Felsenloche herabstürzt, und mit großer Wahrscheinlichkeit als ein unterirdischer Abzug des Königsees angesehen werden kann, vor allem die wunderlichen Gewässer der Karstalpen, — nebst vielen anderen Erscheinungen dieser Art, wozu auch der Quellenreichthum der Thäler gehört, lassen sich auf dieselben natürlichen Ursachen zurückführen.

Unter besonderen Umständen füllten sich die Klüfte und Spalten des Kalksteines mit anderen Mineralmassen — am gewöhnlichsten mit Kalkspath. Das ist gewissermaßen ein veredelter Kalkstein; er besteht aus denselben Stoffen, unterscheidet sich aber durch das eigenthümliche Gefüge, das ihm die Kristallisation gibt und das beim Zerbrechen überall kleine glatte Flächen erscheinen läßt. Er besitzt meistens weiße oder lichtgraue Farben und zeichnet deshalb als Spaltenausfüllung zierliche Netze von helleren Linien in die Masse manches rothen, grauen oder schwarzen Kalksteines. Durch die Verwitterung treten sie nicht selten als schmale Wülste aus der Gesteinsoberfläche hervor, weil sie der Zerstörung besser zu trotzen vermögen als die Masse des Gesteins.

An einzelnen begünstigten Stellen, in beschützten Hohlräumen und Klüften des Gesteines ging das Wachsthum des Kalkspathes so ungestört vor sich, daß vollkommen ausgebildete, wasserklare oder lichtgelblich durchscheinende Kristalle davon entstanden. Sie sind verhältnißmäßig selten in unseren Bergen. Die schönsten fanden sich in der Berchtesgadner Gegend; gewöhnlichere Arten, zu Gruppen und Drusen vereinigt, sind häufiger.

In einem Lande, welches so steinreich ist wie die Alpen, macht man begreiflicher Weise von dem gemeinen Kalksteine nicht sonderlich viel Aufhebens. Man trifft zwar allenthalben auf Steinbrüche, die im grauen dichten Kalksteine betrieben werden, um Material für Straßenschotter und zum Kalkbrennen zu gewinnen; aber für den Hausbau zieht man im Allgemeinen andere Gesteine vor, die sich leichter bearbeiten lassen und doch dem Zerfallen weniger unterworfen sind, besonders gewisse Sandsteine, Nagelfluhe und so weiter. Manche Kalksteine, die mit der Fähigkeit, eine hohe Politur anzunehmen, besondere Farben oder Farbenzeichnung und genügende Festigkeit verbinden, bilden als Marmor den Gegenstand eines nicht allzuhoch entwickelten Gewerbfleißes. Die Fundstellen von Marmor sind zu zahlreich, um sie alle zu nennen und mit geringer Mühe könnten noch neue entdeckt werden. Jeder Besucher von Salzburg erinnert sich der weißen, rosenrothen bis rostbraunen, gefleckten und geaderten Marmorarten, deren Schönheit an manchem Bauwerke selbst mit einer kunstloseren Form versöhnen kann. Prächtiger rother Marmor wird in den großen Brüchen von Adneth bei Hallein gewonnen und verarbeitet. Weithin berühmt sind die Marmorarten aus der Gegend von Trient und Roveredo, die verschiedenfarbigen Marmorvarietäten aus dem Karst u. s. w. Die weißen Marmorquadern, welche König Ludwig I. zu seinen monumentalen Schöpfungen verwendete, stammen aus einer merkwürdigen Gesteinslage am nördlichen Gehänge des Untersberges, welche in mehreren Brüchen ausgebeutet wird. Dort rief auch das Vorkommen verschiedener Marmorarten eine kleine Industrie ins Leben, die Verfertigung jener niedlichen Kugeln, die im Volksmunde Schusser heißen und zu den gesuchtesten Artikeln im Kreise der lieben Schuljugend gehören. Wenn man von Glaneck bei Salzburg die Marmorbrüche oder gar den Salzburger „hohen Thron" am Untersberg besucht, kommt man an den Kugelmühlen vorüber und mag dort gern eine Weile der Arbeit zusehen.

Manche Kalkbildungen entstehen heute noch vor unseren Augen. Wer je die reizenden Waldpfade von Abwinkel am Tegernsee zum „Bauern in der Au" begangen, dem mußten die Quellwasser auffallen, die an einer Stelle, unmittelbar zur Seite des Weges, ihre Rinnsale mit gelblichweißem Schlamme überkleiden und herabgefallene Aeste und Blätter in kurzer Zeit damit überziehen. Das ist auch kohlensaurer Kalk. In Gewässern, die reich an Kohlensäure sind, löst sich eine beträchtliche Menge kohlensauren Kalkes auf, wenn sie langsam durch die Spalten von Kalksteinbergen sickern. Beim Austritt an die Oberfläche fällt der Kalk zu Boden oder setzt sich als Kruste auf allen Gegenständen ab, die von dem Wasser der Quelle überrieselt werden. Die jahrtausend lange Fortsetzung dieses einfachen Vorganges kann dicke Bänke von jenen porösen Kalkmassen zu Stande bringen, welche Kalktuff (im Volksmunde „Tuff- oder Duftstein") heißen; ähnliche Ablagerungen, die in Süßwasserseen entstanden sind und darum gewöhnlich eine Menge von Gehäusen verschiedener Süßwassermollusken umschließen, heißen Süßwasserkalksteine und spielen hie und da als Gesteine eine bedeutende Rolle. Unter Umständen kann der Kalktuff Festigkeit genug besitzen, daß er als Baumaterial verwendbar wird; man schätzt ihn dann um so mehr, als er vermöge seiner porösen Beschaffenheit trocken und von geringem Gewichte zu sein pflegt.

An dieselben Ursachen ist im Wesentlichen auch die Bildung der Tropfsteine oder Stalaktiten gebunden, nur mit der Abänderung, daß das kalkabsetzende Gewässer aus überhängendem Gestein, aus der Wölbung einer Höhle sickert. Sehenswerthe Tropfsteinbildungen gehören aber, obwohl sich Tuffquellen genug finden, in den nördlichen Kalkalpen zu den Seltenheiten. Der Grund davon ist in der auffallenden Thatsache zu finden, daß unsere Berge, trotz aller Zerklüftung, nur wenig und kleine Höhlen besitzen. Desto mehr und großartigere finden sich in den südlichen Kalkbergen; die Tafelländer des Karst sind auf große Strecken hin von Höhlen und Grotten vollständig unterwühlt — als deren schönste die „Adelsberger Grotte" Weltruf genießt.

So Manchem, der die gewaltigen Massen der Kalkberge bewunderte, mag sich die stille Frage aufgedrängt haben, wie sie denn entstanden seien. Und die Antwort, die ihm die Wissenschaft darauf geben kann, wird sein Staunen gewiß nicht vermindern. Sie bestehen nach den neuesten Anschauungen der Geologen der Hauptsache nach aus den kalkigen Gehäusen winziger Thierchen, die in ungeheurer Menge schwimmend im Meereswasser leben und auch in dem Ozean lebten, der einst das Voralpenland bedeckte. Die Schalen sinken, wenn die kleinen Bewohner ihr ephemeres Dasein geendet, zu Boden, häufen sich da fortwährend an und werden im Laufe der Zeit durch den Druck des Meeres und durch gewisse chemische Vorgänge zu einer zusammenhängenden Masse. Durch Austrocknen des Meeres oder durch Emporhebung seines Grundes treten sie nach Jahrtausenden als dichter Kalkstein wieder an die Sonne, an dem unsere genaueste Untersuchung kaum schwache Spuren der ursprünglichen Wesen wiederfindet. Nur in solchen Absätzen, welche vielleicht nicht ausreichend den wirksamen Kräften der Tiefe ausgesetzt waren, finden wir unter dem Mikroskop jene merkwürdigen Thierüberreste in einer Anzahl, die alle unsere Begriffe übersteigt. Das ist die echte Kreide, wie sie in den Klippen von Rügen und Dover, der Normandie und der Champagne sich zeigt, der wir freilich in unseren Bergen nicht begegnen.

Den Beweis für diese überraschende Theorie hat man vom Meeresgrunde emporzuholen gewußt. Noch heutzutage bilden sich solche schlammige Kalkabsätze auf dem Grunde der See und die mikroskopische Untersuchung der Schlammproben bis aus einer Tiefe von vierzehntausend Fuß hat gezeigt, daß sie fast ausschließlich aus solchen Kalkschalen bestehen. Wir verstehen darum auch, warum viele Kalksteine eine größere oder geringere Menge von fremden Stoffen enthalten. In jenen Theilen der vormaligen kalkabsetzenden Meere, die dem Lande näher lagen, wo die Flüsse des Festlandes ihren Schlamm viele Meilen weit in die See hinausführten, gelangte derselbe in sehr feiner gleichmäßiger Vermengung unter die Kalkschalen, die feinsten Theile am weitesten vom Lande entfernt, näher demselben die gröberen. Auch durch die Brandung an den Küsten nimmt das Meer eine Menge feinzermalmten Gesteines mit sich. Je nach dem Hinterlande der Ströme und nach den Gesteinen der Küste hat der Schlamm, welcher von denselben in die Kalkabsätze des Meeres gebracht wird, eine thonige oder eine kieselige Beschaffenheit und bedingt zunächst die Bildung von thonigen und kieseligen Kalksteinen. Es leuchtet ein, daß je tiefer und je größer die Meere, je weiter entfernt von den Mündungen großer Ströme, desto reiner der Kalkstein; und daß das wechselnde Mengenverhältniß zwischen Kalk, Thon und Sand uns Anhaltspunkte zur Beurtheilung gewährt, ob irgend ein Gestein in Meerestiefen oder an der Nähe der Küste sich gebildet. Näher an der Flußmündung erscheinen immer gröbere Beimengungen und zunächst dem Festlande der Gries, welcher liegen bleibt, sobald die treibende Kraft des Stromes schwächer wird. Mit dem Ueberhandnehmen des Flußschlammes und Sandes vermindern sich die Lebensbedingungen der feinen Kalkschalenthiere und es bilden sich thonige Schiefer, Letten und Sandsteine, es bilden sich aus den gröbsten Geschieben die Conglomerate und Nagelfluhen.

Kalksteine mit wenig Thon heißen mergelige Kalksteine, bei größerem Thongehalte bezeichnet man sie ohne bestimmte Grenze als Mergel oder Thonmergel. Es ist begreiflich, daß die mergeligen Kalksteine und die Mergel in großer Menge als Gestein auftreten, ja es gibt überhaupt nur wenige Kalksteine, welche nicht wenigstens Spuren von thonigen oder kieseligen Substanzen enthielten. Allmälige Uebergänge verknüpfen diese Gesteine; manche Mergel lassen sich von Kalksteinen dem äußeren Ansehen nach oft nicht unterscheiden. Der dumpfe Thongeruch, den sie beim Anhauchen entwickeln, die Neigung zu schiefrig-blättriger Ausbildungsweise und ihre geringe Widerstandsfähigkeit gegen die Zerstörung können als Zeichen mergeliger Gesteine dienen. Auf der letztgenannten Eigenschaft beruht aber die Bildung eines Bodens, der, reich an Pflanzennahrung, den Wuchs der würzigen Futterkräuter und damit die ganze Alpenwirthschaft, wenigstens in den Kalkalpen, mit bedingt. Ueberall, wo besonders reiche und ergiebige Alpenweide sich findet, wird sich zeigen, daß Mergelschichten im Spiele sind. Wir werden fette, tiefgründige Bodenarten dort finden, wo solche Gesteine zu Tage treten, und in ihrem Bereiche begegnen wir dem so oft wiederkehrenden Namen „Rothalpe", der somit Besseres meint, als er ausspricht. Die Brauchbarkeit gewisser Mergelarten zu Fabrikation von Cement entwickelte an vielen Orten unserer Berge eine lebhafte Industrie, die sich noch in fortwährendem Aufblühen befindet. Wir erinnern nur an die vorzüglichen Cementmergel von Staudach bei Marquartstein, von Kirchbichel im Unterinnthale unter vielen andern.

Die Zufälligkeiten, die beim Ursprunge der Mittelgesteine zwischen Kalkstein, Sandstein und Thonschiefer mitgewirkt, bedingten eine Mannigfaltigkeit in ihrer Erscheinung, welche jeder Abgrenzung und Beschreibung spottet.

Bei den Sandsteinen gibt es schon die größten Unterschiede nach der Größe, Substanz und Farbe der Körner. Weiße oder graue, scharfeckige oder auch abgerundete Körnchen jenes harten Minerals, welches den bezeichnenden deutschen Bergmannsnamen Quarz führt, bilden die Hauptmasse, mehr oder weniger fest verkittet durch kohlensauren Kalk, durch Mergel oder Thonschlamm, oder durch Quarzsubstanz selbst. Gesteine der letzten Art gehören zu den festesten und härtesten des ganzen Gebirges. Das Bindemittel selbst zeigt bisweilen eine röthlich- oder gelblichbraune Färbung, die von einem kleinen Gehalt an Eisen herrührt; durch die Beimengung kleiner Körner eines eigenthümlichen dunkelgrünen Minerals entstehen die Grünsandsteine;

wenn sich den Sandsteinen mehr Thon beimengt, nehmen sie die blättrige und schiefrige Beschaffenheit der Sandsteinschiefer an, und gehen endlich in sandige Schieferthone und Mergelschiefer über.

Durch manche Flüsse konnten, wie erwähnt, den Kalkbildungen auch quarzige (kieselige) Theile zugeführt werden, welche, in sehr feiner Vertheilung beigemengt, den Kalksteinen eine größere Härte und Schärfe geben und sie endlich bei einem bestimmten Gehalte an kieseliger Substanz zu den werthvollen Wetzsteinschiefern machen. Auf einem schmalen Gürtel dieses Gesteines, welcher sich von Unterammergau nach Westen zieht, stehen mehr als fünfzig, auf der östlichen Fortsetzung desselben gegen Ohlstadt zwölf Brüche auf Wetzstein im Betriebe, welche jährlich über hunderttausend Wetzsteine liefern.

Je größer die Menge der beigemengten, fein vertheilten Kieselsubstanz in den Kalksteinen wird, desto härter erscheinen sie und bilden endlich jene in unseren Bergen häufigen scharfen Gesteine, die man als Kalkhornstein oder Kieselkalkstein bezeichnet. Durch Verschwinden oder Zurücktreten des Kalkes können wahre Hornsteine daraus werden. Sie geben am Stahle Funken und habe rothe, braune und dunkelgraue Farben. Viele Kalksteine enthalten den Hornstein in rundlichen Knollen, oft von bunter Farbenzeichnung; andere schließen scharfe Splitter davon ein, welche bei dem Verwittern des Gesteins hervortreten und ihm eine äußerst rauhe, zackige Oberfläche geben; hie und da sind es auch verkieselte, in Hornstein umgewandelte Muscheln und besonders Korallen, welche den einschließenden Kalksteinen und Mergeln ein ähnliches Aussehen ertheilen.

Die meisten Kalksteine enthalten kleine Mengen von Magnesia, nur wenige sind ganz frei davon. Ein größerer Gehalt an diesem Stoffe bedingt gewisse Eigenschaften, welche der betreffenden Mischung einen anderen Namen erworben haben. Das ist der Dolomit. Häufig verwechselt man ihn mit Kalkstein und umgekehrt, weil die äußeren Unterschiede gering und nur dem geübten Auge zugänglich sind und weil die zahlreichen Zwischenstufen, welche man als dolomitische Kalksteine bezeichnen kann, die Grenzen unbestimmt lassen; bei genauer Untersuchung echter Dolomite findet man jedoch gewöhnlich einige bezeichnende Merkmale. Solche sind die etwas größere Schwere und Härte des Dolomites und vor allem ein kristallinisches Gefüge, welches an die Bruchflächen feinkörnigen Zuckers erinnert. Die Farbe des Dolomit geht aus dem Lichtgrauen durch Gelblich- und Bräunlichgrau ins Schwärzliche, weniger häufig sind gelblich- und röthlich-weiße Abarten. Durch die Verwitterung bleicht sich die Farbe; damit ist eine Auflockerung der Oberfläche verbunden, welche macht, daß das Gestein sich rauh wie Sandstein anfühlt und auch mehr sandähnliche Zerstörungsprodukte liefert als der Kalkstein.

Ueberhaupt pflegt der Dolomit in noch größerem Maße als der Kalkstein, vermöge seiner Zerklüftung, dem Zerfallen zu unterliegen. Da er aber, besonders wenn man die dolomitischen Kalksteine und Mergel dazu rechnet, dem Kalkstein an Verbreitung nahe kommt, läßt sich denken, daß sein Einfluß auf die Plastik der Berge ein bedeutender sein muß. Er macht sich nach zwei Richtungen geltend. In Höhen, welche die schützende Decke des Graswuchses nicht erreichen kann, verleiht er ihnen wildzerrissene Formen, abenteuerliche Felserker, Säulen und Nadeln, die allenthalben an ihnen emporragen, während sich an ihren Gehängen endlose Trümmerhalden nach der Thalsohle erstrecken. Das obere Wimbachthal mit der schartigen Griesspitze, den Palfelhörnern und mit den Strömen von Schutt, die sich von ihnen herabsenken, gibt ein volles Bild von den Formen und Verwüstungen des Dolomit.

Zu den großartigsten landschaftlichen Scenen entwickelt sich der Charakter der Dolomitberge im südlichen Kalkalpenzuge. Die Thäler von Fleims, Primiero, Buchenstein und Ampezzo, Bergesriesen wie der Schlern und Rosengarten, die eisbedeckte Marmolata, der schauerlich zerklüftete Monte Crystallo, die ungeheuren Felsnadeln der „Drei Zinnen" bleiben dem Naturfreunde unvergeßlich. Schon seit langer Zeit zogen sie die Aufmerksamkeit der Geologen auf sich. Seitdem sich Leopold von Buch eingehender mit ihnen beschäftigte, bildeten sie in der Seltsamkeit ihrer Erscheinung, in ihrer Armuth an Versteinerungen, in ihrem Zusammenhang mit merkwürdigen Eruptivgesteinen einen Brennpunkt geologischer Forschung und Spekulation. Aber die fortschreitenden Untersuchungen haben gezeigt, daß diese seltsamen Berge eben solche Sedimentbildungen sind, wie die Dolomitberge der nördlichen Kalkalpen, daß nur gewisse Eigenthümlichkeiten in der Schichtenstellung, in der Verwitterung, in der absoluten Höhe, die sie erreichen, in der Massenhaftigkeit des Gesteines das Besondere ihrer Erscheinung bedingen.

Sogar in die touristische Nomenclatur hat die Bezeichnung „Dolomit" Aufnahme gefunden und man hat den oben angegebenen Zug der südlichen Kalkalpen schlechtweg die „Dolomite" genannt, ohne zu bedenken, daß ein großer Theil, ja die Mehrzahl der dort ragenden Höhen nicht aus Dolomit, sondern aus Kalkstein bestehen, der dem Dolomit äußerlich oft sehr ähnlich erscheint.

Eine besondere Abart des Dolomit führt den bezeichnenden Namen Rauhwacke. Sie besteht aus poröser, zerfressener Dolomitmasse von gelblichgrauer bis brauner Farbe, zahlreiche Hohlräume enthaltend, welche gewöhnlich durch kleine Dolomitkristalle ausgekleidet werden, oft aber auch von Dolomitbrocken oder erdiger Dolomitsubstanz erfüllt sind. Außer den Zerstörungen, die im Gebiete der Rauhwacke heimisch sind, verdient sie wegen ihrer Verbindung mit Gipslagern und Schwefelquellen unsere Aufmerksamkeit. Zwei schmale, oft von jüngerem Gestein, Schutt und Pflanzenwuchs verhüllte Zonen von Rauhwacke ziehen sich am nördlichen Rande des Gebirges aus der Gegend von Ruhpolding nach Westen, hie und da in rauhen Felsköpfen hervorbrechend, an einzelnen Stellen von reichen Gipslagern begleitet. Wer das Studium von Rauhwackefelsen mit dem Genuß landschaftlicher Reize verbinden will, verlasse bei der Eisenbahnstation Bergen den Zug und suche sich über die grünen Matten von Pattenberg einen Weg an den Engelstein. Aus den Schutthalden, über welche man zuletzt zu klettern hat, starrt eine Reihe von braunen verwitterten Felskolossen empor, die Scheitel spärlich mit sonnverbranntem Grase bewachsen, hie und da mit Kristallrinden von braunem Kalkspath besetzt. Nach Süden duftige Thalgründe mit Wald und Matte, darüber die Wände des Hochfellen; nach Norden der Spiegel des Chiemsees im verdämmernden Flachlande. Jenseits des Hochfellen

treffen wir bei der Kaumalpe den zweiten Zug von Rauhwacke; ein verlassener Steinbruch, in welchem schneeweißer, alabaster=
ähnlicher Gips lagert, bezeichnet ihre Nähe.

Wenn die Rauhwacke wohl merkwürdige, aber verhältnißmäßig nur unbedeutende Einzelzüge in die Physiognomie des
Landes zeichnet, so liefert der Dolomit und der dolomitische Kalkstein große Massenkonturen. Eine Gruppe von Gesteinen,
nach ihren wenigen Versteinerungen unter ziemlich gleichen Bedingungen und im gleichen Zeitraume entstanden, besteht vor=
herrschend aus Dolomit, Rauhwacke und dolomitischen Kalksteinen und wird deßwegen der Hauptdolomit der Alpen genannt.
Unter allen Gesteinen nehmen unstreitig die der Hauptdolomitgruppe den größten Raum in unseren Bergen ein. Ein uner=
schrockener Fußgänger, wie sie die Alpenvereine liefern, könnte aus der Gegend von Reichenhall bis in die Gassen von Parten=
kirchen wandern und, wäre das Loisachthal nicht, bei Reutte ins Lechthal niedersteigen, ohne ein anderes Gesteinsgebiet zu
betreten, als das der Hauptdolomitgruppe, wahrscheinlich aber auch ohne sonderlich vielen Wirthshäusern zu begegnen.

In den nördlichen Voralpen sind es nur die mittleren Regionen des Gebirges, in welchen der Hauptdolomit herrscht;
bei vielen höheren Bergen, wie am Watzmann, steinernen Meer, Untersberg, an der Reiteralpe besteht nur das Fußgestell aus
den Gesteinen der Hauptdolomitgruppe. Damit sind Charakterzüge verbunden, die sich selten verbergen können. Wenn die
höheren Dolomitberge durch ihre wunderlich zerrissenen Felsköpfe und Nadeln vor anderen Gesteinsarten — wenn auch nicht
immer im Sinne landschaftlicher Schönheit — sich auszeichnen, so ist es an den mittleren und niedrigen Dolomitbergen eine
gewisse Formenarmuth, die sich geltend macht. Dem Freunde der Berge brauchen wir nur einige hervorragende Bekannte aus
dem Gebiete des Hauptdolomites zu nennen, um ihm das nachzuweisen. Berge, wie der ungeschlachte Ristfeuchtkogel, wie die
Hochplatte bei Marquartstein, der Geigelstein (oder Wechsel) bei Sacharang, die Hochries, der Jägerkamp, Wallberg, Miesing
und Planberg, erscheinen typisch für die mittleren Höhen, welche der Hauptdolomit zu= sammensetzt. Lang herabge= zogene Schuttgehänge, im Laufe der Zeiten wieder zusammen= gekittet und mit Wald, Krumm= holz oder braunen Matten überzogen, vermitteln den Graswuchs bis an den Scheitel der Berge; Thalsohle und Gipfel werden durch lang= gedehnte, ausdruckslose Bogen= linien verbunden; selten be= gegnet man der Gliederung, der feinen Architektur, welche den Kalksteinen anderer For=

Engelstein.

mationen eigen ist und selbst die Farben, die sich fast nur innerhalb der Grenzen von Braun und Grau bewegen, nehmen Theil an der Ein= förmigkeit des Gepräges. — Ueber die Entstehung des Do= lomit weiß man weniger als über die des Kalksteines; aber die Verwandtschaft, die Aehn= lichkeit und die Uebergänge zwischen beiden machen die Annahme wahrscheinlich, daß auch der Dolomit unmittelbar oder mittelbar durch Absatz aus großen Gewässern entstanden sei. Die Rauhwacke dagegen

kann mit ziemlich großer Gewißheit als eine Tuffbildung betrachtet werden, der Kalktuffbildung entsprechend. — Die dunkle Fär=
bung der Dolomite, aber auch der Kalksteine und Mergel rührt gewöhnlich von der Beimengung fein vertheilter Ueberreste von
Thier= oder Pflanzenkörpern oder von einem Zersetzungsprodukt derselben, dem sogenannten Bitumen, her. Die Anwesenheit des
letzteren verräth sich nicht selten durch den eigenthümlich brenzlichen Geruch, den solche Gesteine beim Reiben oder Zerschlagen
entwickeln und der ihnen den Trivialnamen „Stinkstein" verschafft hat. In manchen Mergelschiefern, besonders aus der Gruppe
des Hauptdolomit, ist der Gehalt an Bitumen (auch Asphalt, Erdpech genannt) ein so bedeutender, daß es sich verlohnt, sie einer
Destillation zu unterwerfen, um das Bitumen daraus zu gewinnen. Bei Seefeld in Tirol, im Oelgraben in der Vorderrieß,
Raibl in Kärnten, am Kramer und Griesberg bei Garmisch und Seinsbach bei Mittenwald treten dergleichen Asphaltschiefer
(Oelschiefer, Brandschiefer) auf, von welchen die ersten beiden Vorkommnisse einer technischen Ausbeutung unterliegen. Die
Destillation, welche an Ort und Stelle betrieben wird, liefert den Asphalt der Münchener Trottoirs und flüchtiges Erdöl, eine
Art von Petroleum, dessen Verwendung sich jedoch auf die Fabrikation von Wagenschmiere und den Verbrauch in der Haus=
apotheke des Bauern beschränkt. Wo solche Erdharze in genügend flüssigem Zustande die Gesteine durchdringen und die Lage=
rungsverhältnisse dazu angethan sind, kann es freiwillig aus dem Boden sickern, wie das bekannte Quirinusöl vom Tegernsee,
welches beim Finner am westlichen Ufer als ein tiefbraunes öliges Gemenge von Petroleum und Erdharzen so reichlich zu Tage
tritt, daß jährlich gegen vierhundert Maas gewonnen werden können. Wie die Bohrversuche, welche man dort anstellte, nach=
weisen, muß es aus einer Gesteinslage stammen, welche tief unter Geröll und jüngeren Schichten begraben ist. Längs des
ganzen Westufers bis nach Wiessee zeigen sich Spuren von Erdöl. — Wir können um so weniger an der Abstammung der
Erdharze aus vorweltlichen Thier= oder Pflanzenkörpern zweifeln, als die zahlreichen Abdrücke von Fischen, die sich zum Beispiel
in den Schiefern des Oelgrabens finden, oder die verkohlten Pflanzenreste in anderen Fällen deutlich genug dafür sprechen.

Der Stoff, welchen die Lebensthätigkeit vorweltlicher Wesen zum Bau der Gebirge beitrug, ist überhaupt der Masse
nach viel bedeutender, als man auf den ersten Anblick zu glauben geneigt ist. Abgesehen von den dichten Kalksteinen, deren
Entstehung schon besprochen wurde, trifft man auf mannigfache andere Gesteine, welche sich geradezu als eine Anhäufung von

Ueberresten vorweltlicher Thiere darstellen. Man darf unter anderen jene merkwürdigen Kalksteine nicht vergessen, die ihre Existenz dem Leben und der Baulust der Korallenthiere verdanken. Den felsgewordenen Ueberresten ihrer Wohnungen, den Korallenriffen, begegnet man in unseren Alpen zwar seltener, als in anderen Ländern, doch fehlen sie nicht und treten zum Beispiel ziemlich deutlich in den Felsmassen des Barmsteines und Eckerfürst, in der Göhlgruppe und im nördlichen Rücken des Hochfellen als lichtgraue Kalksteine auf, deren verwitterte Oberfläche rauh und höckerig erscheint in Folge zahlreicher hervorragender, zum Theil verkieselter Korallenreste. Hieher sind auch die sogenannten Lithodendron-Kalke zu rechnen, eine prächtige Gesteinsart, aus dunkelgrauer oder rothbrauner Kalkmasse bestehend, von lichten, walzenförmigen Körpern in gleicher Richtung durchzogen, die sich im Querbruche als rundliche Flecken auf dunklem Grunde darstellen und nichts Anderes sind, als die in Kalkspath verwandelten Aeste von Korallen. Viele namhafte Geologen sehen auch die merkwürdigen isolirten Kalk- und Dolomitriesen von Südtirol, wie den Schlern, den Langkofel, die Marmolada u. a. als Ueberreste großer Korallenriffe an, obwohl die eigenthümliche Korallenstruktur an ihren Gesteinen minder deutlich zu beobachten ist, als an den vorher genannten.

Der schon erwähnte schöne Marmor, welcher am Nordgehänge des Untersberges gewonnen wird, gehört dem Hippuriten- oder Rudistenkalkstein an, einer zwar wenig verbreiteten, aber sehr merkwürdigen Gesteinsart. Sie besteht größtentheils aus den wohlerhaltenen, kuhhorn- oder röhrenförmigen Gehäusen einer völlig ausgestorbenen Schalthierfamilie, der Rudisten, verkittet durch zermalmte Theile derselben und zieht sich von der bekannten Kugelmühle bis an den Nagelstein am Hallthurmpaß. Auch auf der Höhe des Lattengebirges finden wir sie wieder, freilich nicht in der Deutlichkeit, welche die „Nagelwand" oder der Ruine Plain zu einem Wallfahrtsort der Geologen machte.

In viel größerer Verbreitung erscheinen die ebenfalls zum größten Theile aus Thierüberresten zusammengesetzten sogenannten Nummulitenkalksteine und -Sandsteine am Nordrande der Alpen. Zahlreiche größere und kleinere Nummuliten von der Gestalt flacher Linsen oder kleiner Geldstücke („Pfennigsteine") bilden die Hauptmasse derselben, gemengt mit Sandkörnern, Thon, kleinen dunkelgrünen Glaukonitkörnchen und verschiedenen Muschelfragmenten. Im Höllgraben bei Adelholzen, am Fuße des Mariaeckberges bei Bergen treten sie in leicht zugänglichen, mürben Felsmassen auf. Beim Zerfallen der Gesteine gelangen die aus Kalk bestehenden Nummuliten in den Sand und Kies, wodurch sie so abgeschliffen werden, daß der zierliche Bau ihrer Kammern in feiner Zeichnung hervortritt. In diesem Zustande achtet sie der Volksglaube als ein Heilmittel für die Augen, welches, unter das Augenlid gebracht, fremde schädliche Gegenstände an sich ziehe. Daher heißen sie auch „Augensteine".

An vielen Kalksteinen beobachtet man bei einiger Aufmerksamkeit eine rundkörnige Anordnung der Theile, welche sich am besten mit dem Ansehen des Fischrogens vergleichen läßt. Unzählige Kalkkügelchen liegen, durch Kalksubstanz oder auch durch Thonmergel verkittet, aneinander und bilden feste Gesteinsbänke, die man Rogenstein oder Oolith nennt. In den meisten Oolithen sind die Kugeln hirsekorn- bis erbsengroß; in manchen besitzen sie einen kaum meßbaren Umfang, in anderen erreichen sie Kopfgröße, sind aber in letzterem Falle gewöhnlich nur durch kreisförmige Zeichnungen auf der Fläche des Gesteins angedeutet. Schneidet man die Körner durch, so findet man nicht selten, besonders bei den mittel- und kleinkörnigen Oolithen, den Mittelpunkt durch ein winziges Fragment einer Muschelschale, ein Sandkörnchen bezeichnet. — Das oolithische Gefüge kann leicht übersehen werden, besonders an frischgeschlagenen Gesteinsstücken; die Verwitterung pflegt erst die Körner an der Oberfläche deutlicher hervortreten zu lassen.

III.

Die Kalksteine unserer Berge entstanden weder der Zeit noch dem Orte nach in ununterbrochenem Zusammenhange. Was sich aus der Lagerungsweise, aus dem oft wiederholten Wechsel von Kalkstein-, Mergel-, Thon- und Sandsteinschichten, aus den jeder Schichtenfolge eigenthümlichen Thier- und Pflanzenresten folgern läßt, ist, daß in verschiedenen Theilen des Berglandes tiefe Meere, Küstenstriche, große Stromniederungen und Festland in unmeßbaren Zeiträumen auf einander folgten. So lernte man eine große Anzahl von Kalkbildungen verschiedenen Alters unterscheiden, welche einander dem äußeren Ansehen, der Farbe und dem Gefüge nach freilich oft so ähnlich sind, daß man sie ohne Berücksichtigung ihrer Petrefakten und Lagerungsfolge unbedingt verwechseln müßte.

Wenn wir uns nach der Betheiligung der verschiedenen Kalksteine an dem Bau der Gebirge fragen, wird sich finden, daß nur die wenigen Bildungsepochen zu einer einflußnehmenden Entwicklung gelangen. Eine solche Gesteinsgruppe lernten wir schon kennen, die des Hauptdolomites der Alpen. Unter dem Hauptdolomit treffen wir bei normaler Reihenfolge gewöhnlich auf eine nicht sehr starke Zone von mergeligen und thonigen Schiefern, die von dem reichsten Gewande der Matten bekleidet werden. Man nennt sie Raibler Schichten. Unter diesen lagern aber mächtige Bänke eines hellen dichten Kalksteines, den man Wetterstein- und Hallstädterkalk genannt hat, weil er sich an diesen Orten besonders deutlich entwickelt. Die Wettersteinkalke sind vorzugsweise weiß, auch lichtgelblich, undeutlich geschichtet, massig und sehr arm an Versteinerungen; die Hallstädterkalke, gewöhnlich gut geschichtet und reich an Versteinerungen, zeigen vorherrschend röthliche, gelbliche oder gefleckte Färbung und enthalten nicht selten bunte Hornsteinknollen eingeschlossen. Nach Osten zu immer deutlicher und mächtiger auftretend wird er im Westen der Nordalpen durch den Wettersteinkalk verdrängt. Eine Kette von Bergen, deren Formenschönheit uns entzückt, reiht sich von dem Staufen bei Reichenhall über den Rauschenberg gegen Westen und verdankt dem Wettersteinkalke die schroffen Wände, die weit über das Chiemgau hereinleuchten. Der Altmeister der Landschaft, der mit den wunderbaren Linien griechischer und italienischer Berge wie Keiner vertraute Rottmann, konnte sie mit Begeisterung klassisch nennen.

Emporgedrängte Felsenriffe von Wettersteinkalk durchbrechen in der zerrissenen Kampenwand, Gedererwand und Ueberhangenden Wand bei Aschau, im stolzgebauten Wendelstein und Breitenstein, Jockenstein und Geigerstein, in der Steinwand bei Fischbachau, der Benediktenwand und im „Stein" am Kochelsee die Decke jüngerer Gesteine; ihre Namen verrathen uns Form und Oberflächenbeschaffenheit. Ueber alle aber glänzen die weißen Wettersteinkalkmassen des Kaisergebirges, des Unnütz und Guffert, der gipfelreichen, dreifachen Karwendelzüge von jenseits der Grenze herein. Die größte Entwicklung erreichen sie in der Gruppe des Wettersteingebirges. Wettersteinwand, Wetterschrofen, Dreithorspitz und wie sie alle heißen die stolzen Häupter bis zur Zugspitze selbst, sind beinahe von Grund auf bis zum Scheitel aus dem Gesteine aufgebaut, dem sie den Namen gegeben. In einzelnen Regionen des Gebirgs ist diese Gesteinslage als Dolomit von großer Mächtigkeit entwickelt (Schlerndolomit).

Die Landstriche zwischen Etsch, Drau und Piave waren zur Zeit der großen Kalk- und Dolomitbildungen wiederholt der Schauplatz gewaltiger Störungen durch aus der Tiefe emporbrechende Massen von eruptiven Gesteinen. Schon in früheren Epochen waren in der Gegend von Bozen ungeheure Mengen von Porphyr emporgedrungen und hatten sich als mächtige Decken über die alten Schiefergesteine ausgebreitet. Es ist das grünlichgraue, durch die Verwitterung stellenweise bräunlich roth gewordene Gestein, welches in die Felsenengen des Eisak am Kunterswege abstürzt.

In späteren Epochen, in der Zeit, als sich die Kalksteine und Dolomite des Wettersteinkalkes absetzten, stiegen jene Massen empor, die jetzt den Syenit des Monzoniberges bei Predazzo bilden, begleitet von zahlreichen schönen Mineralien, ferner die schwarzen Melaphyre und Augitporphyre, welche als steile abgestumpfte Kegel aus den grünen Gehängen des Duronthales bei Campitello hervortreten.

Diese Gesteine sind von anderen, geschichteten begleitet, die sich zu ihnen verhalten wie die Asche eines Vulkans zu seinen Laven; es ist feinzerstäubte oder zermalmte Eruptivmasse, welche unter Mitwirkung des Wassers, — wie die eingeschlossenen Versteinerungen beweisen oft unter Meeresbedeckung — zu festen Gesteinsbänken wurden. Diese Tuffe — so nennt sie der Geologe — besitzen in dem genannten Gebiete eine große Verbreitung und treten nicht selten mit ächten Sedimentgesteinen in Wechsellagerung. Man muß an zeitweilige submarine Ausbrüche von Vulkanen denken, um manche dieser Erscheinungen zu erklären.

Wetterstein.

An den Wettersteinkalk und die zunächst liegenden Gesteine knüpfen sich, mit Ausnahme des Eisens, die wichtigsten Erzvorkommnisse, welche unsere Berge besitzen. Blei- und Zinkerze in unregelmäßig eingestreuten Nestern waren schon in alten Zeiten an vielen Punkten des Gebirges der Gegenstand eines äußerst lebhaft betriebenen Bergbaues. Mehr als fünfzig Stollen durchwühlten die Masse des Rauschenberges nach allen Richtungen; in aller Höhe unter der Zackenkrone der Kampenwand führt ein vergessener und halbverschütteter Bau in die Tiefe und ein Dutzend alter Stollenmundlöcher finden sich in dem Wettersteinkalk des Loisachgebietes. Aber es ist ein trügerischer Schatz gewesen. Abwechselnd reiche Anbrüche und rascher Gewinn — taubes Gestein und Verlust; das Versiegen der Erzmittel brachte endlich den Betrieb nach langem Kampfe und wiederholten fruchtlosen Versuchen zum Erlöschen. Wo sich in grauer Vorzeit Hunderte von geschäftigen Händen regten, da verfallen heute einsam die alten Knappenstuben und auf den Halden wächst das Krummholz. So liegen auch die alten Baue im Staufen, im Königsberg bei Berchtesgaden und im Höllenthal bei Garmisch. Bei diesen trat noch zur Armuth und Unstätigkeit der Erzlager das Unwirthsame einer wilden Hochgebirgsnatur, welche nur während weniger Monate im Jahre den Betrieb erlaubte. Viel mag im Allgemeinen auch das Sinken der Metallpreise zum Verfall des Bergbaues beigetragen haben. Nur an der „Silberleithen" bei Bieberwier und an mehren Punkten bei Nassereit besteht zur Zeit noch eine freilich sehr bescheidene Förderung. — Viel bedeutender sind die unter ganz gleichen geologischen Verhältnissen vorkommenden Blei- und Zinkerzlager von Bleiberg und Raibl in Kärnten.

Kalksteine, welche älter als der Wettersteinkalk, also in normaler Schichtenfolge unter demselben lagern würden, spielen eine nur ganz untergeordnete Rolle in dem Bau der Nordalpen. Wo die Thäler tief genug in die Gesteinsreihe einschneiden oder wo einzelne Theile der zertrümmerten Erdrinde hinreichend hoch emporgeschoben sind, stoßen wir unter dem Wettersteinkalke in der Regel zunächst auf dunkel gefärbte, thonige Schiefer und Sandsteine mit Pflanzenabdrücken. Es sind die Gesteine, welche die Partnach bei Graseck durchbrechen mußte, um in den Thalkessel von Garmisch zu gelangen. Ueber dem schmalen Pfade, der den Wanderer in die Partnachklamm führt, bauen sich die schwärzlichen dünnblättrigen Schiefermassen zu bröckligen Wänden empor. Mit ihrer düsteren Farbe, mit dem seltsamen matten Schimmer, den das Sonnenlicht über ihre

Platten spinnt, mit den rundlichen Formen und dem sattgrünen Wieswuchs ihrer Hügel setzen sie sich in den stärksten Gegensatz zu den kahlen weißen Riesengestalten des Wettersteinkalkes, welche uns in weitem Kreise umstarren, wenn wir aus dem Dämmerlichte der Klamm auf die sonnigen Gehänge des Forsthauses treten. In der südlichen Kalkalpenzone finden sich als geologisch nahezu gleichalterige Bildung die Mergelschichten von St. Cassian mit einer Fülle von wunderbar erhaltenen versteinerten Muscheln. — Diesem Horizonte werden auch die merkwürdigen Quecksilbererzlager von Idria zugerechnet.

Dunkelgraue, meist von weißen Kalkspathadern durchzogene Kalksteine pflegen die Partnachschiefer zu unterlagern; in der Gräsecker Klamm wechseln sie zweimal mit den Partnachschiefern in steilaufgerichteter Faltung, an dem gewaltigen Südabsturze der Zugspitze bei Ehrwald sieht man sie ziemlich hoch über die Thalsohle hinlaufen. Diese in den Nordalpen nur wenig verbreitete Kalksteinbildung pflegt man Guttensteiner Kalk (Muschelkalk der Alpen) zu nennen. Es ist so ziemlich der älteste Kalkstein unserer Berge. Auch diese geologische Stufe ist im südlichen Kalkalpenzuge oft als Dolomit und dolomitischer Kalkstein ausgebildet, der sogenannte Mendoladolomit. Er liegt auf einer ebenfalls nur selten und in spärlicher Verbreitung entblößten eigenthümlichen Gesteinsgruppe, welche vorzugsweise aus rothen, violetten, grünlichgrauen Sandsteinen und sandigen Mergelschiefern zusammengesetzt ist. Weil sie in der Gegend von Werfen zu bedeutender Entwicklung gelangen, hat man sie als Werfener Schichten bezeichnet. Die Versteinerungen, die sie umschließen, lassen eine gewisse Aehnlichkeit mit jenen der bunten Sandsteine in den Vogesen und am Neckar erkennen, und deßhalb werden sie mit jenen als gleichalterig betrachtet, wenn man auch nicht dafür einstehen kann, daß sie genau in demselben Jahrtausend entstanden seien. Wichtiger als diese Frage, wenigstens vom wirthschaftlichen Standpunkte aus, erscheint der Umstand, daß sie die werthvollsten Mineralschätze der Alpen umschließen — die Steinsalzlager von Berchtesgaden, Hallein und Hall. In den obersten Abtheilungen der Gruppe finden sich graue bis braune, gewöhnlich dolomitische Schieferthone, „Haselgebirge" genannt, welche das Salz theils in feiner Vermengung, theils aber auch, besonders nach unten zu, in großen Massen enthalten. Daneben enthalten sie auch Gips, Anhydrit und Kalksteinbrocken, oft von mächtigem Umfange, welche letztere zu einer Zeit, als die ganze Masse eine breiartige Beschaffenheit hatte, aus der Nachbarschaft hineingestürzt sein mögen.

Watzmann (Westseite).

— „Sinkwerken" — das Salz ausgelaugt und als salzhaltiges Wasser — Soole — wieder zu Tag geschafft wird. An einigen Stellen treten Soolquellen zu Tag, deren Herstellung die Natur selbst besorgt — wie die Salzquellen von Reichenhall. Durch Versieden der Soole in großen Pfannen wird das Salz hergestellt, nachdem die Soole beim Durchträufeln durch hochaufgeschichtetes Reisig in den sogenannten Gradirwerken schon einen Theil ihres Wassergehaltes durch Verdunstung verloren. Ein

Die Gewinnung des Salzes aus dem Salzthone besteht darin, daß man Quellwasser von Außen zuleitet, welches in großen Räumen Theil der Soole wird in Röhrenleitungen mit Hilfe bewunderungswerther Pumpwerke (Ilsang, Reichenhall) nach Traunstein und Rosenheim getrieben, um dort versotten zu werden. Außerdem gewinnt man in den unteren Theilen des Gebirges festes Steinsalz von weißer, grauer, brauner und rother Farbe. Als Seltenheit findet man Steinsalztheile, die sich durch eine prächtig blaue Farbe auszeichnen. Der treueste Begleiter des Steinsalzes ist der Gips, von welchem zierliche Kristallgruppen sich reichlich finden und unter anderen Proben dem Besucher als Andenken geboten werden. Die Berchtesgadner Gruben zeichnen sich vor anderen durch hohe Reinlichkeit und Trockenheit aus; „Selbstwässer" sind überhaupt der Feind des Salzbergmannes. So empfiehlt sich denn der Besuch der Baue; auch großartige Momente fehlen ihm nicht. Es ist eine ganz gewaltige Wirkung, die der Donner eines Schusses in den ungeheuren düsteren Gewölben ausübt; weithin bebt die Erde in ihren Grundfesten und man sendet unwillkürlich einen prüfenden Blick nach der Decke.

Ein Theil des sogenannten Grödner Sandsteines gehört vielleicht derselben Altersstufe an, während ein anderer Theil der Sandsteine, Konglomerate und Trümmergesteine, welche in Südtirol unter den mächtigen Kalksteinen und Dolomiten, von welchen bisher die Rede war, liegen, einer älteren Periode angehören.

Nachdem wir der Gesteinsfolge vom Hauptdolomit aus abwärts bis in die ältesten Ablagerungen nachgegangen, wählen wir denselben Ausgangspunkt, als die Hauptmasse des Berglandes, um mit dem Strome der Zeit gehend, die Bildungsreihe der Gesteine nach oben zu verfolgen.

Die obere Grenze des Hauptdolomit wird in der Regel durch lichtgraue Kalksteine bezeichnet, welche wegen ihrer Lagerung in deutlich von einander abgegrenzten Bänken die Plattenkalke des Hauptdolomit heißen. Nirgends ist ihre Auflagerung und Beschaffenheit besser zu beobachten, als an den oberen Abbrüchen des Watzmanns. An der Ost- und Westflanke des Berges, die steil nach dem Königsee und Wimbachthal abfallen, drücken sich die abgerissenen Schichten des Plattenkalkes in den zahlreichen Linien aus, welche in gleicher Richtung beiderseits hoch oben an den Wänden hinlaufen und vermöge ihres treppenförmigen Baues besonders nach neuem Schneefalle deutlich hervortreten. Sie gehören zu den Gesichtszügen dieses und vieler anderer Berge in unseren Alpen und entwickeln je nach dem Stande der Sonne eine Fülle malerischer Einzelnheiten. Kaum bedarf es der Bemerkung, daß auch andere Gesteinslagen als der Plattenkalk diese Eigenthümlichkeit der Form aufweisen, nur vielleicht nicht in so ausgesprochener Weise.

Die obere Grenze der Hauptdolomitgruppe wird gewöhnlich durch ein System von grauen Mergelbänken und thonigen Schiefern bezeichnet, welche zwar nur in geringer Mächtigkeit auftreten und deßhalb zur Zeichnung der Berglinien nur wenig beitragen, überall aber durch ihre Verwitterung weiche, wasserreiche Lettengründe erzeugen; je nach dem Bau der Berge bedingen sie blühende Alpenwirthschaft oder versumpfende Bergkessel. An einzelnen Orten, wo sie von Bergwässern entblößt oder durchschnitten werden, entdeckte man eine Menge von versteinerten Schalthieren, welche ihnen einen glänzenden Ruf bei den Geologen schafften. Die Kothalpe zwischen Breitenstein und Wendelstein, der Eipelgraben, der von Staubach aus sich an den Fuß des Hochgern emporzieht, von stattlichen Wäldern, Wiesgründen und Felsenufern gesäumt, die Matten des Unkener Heuthales, die vielbesuchte Himmelmoosalpe bei Oberaudorf und vor allen die Klamm der Schwarzlofer bei Kössen, von der dem System der Name Kössener Schichten gegeben wurde, sind Stellen, die nicht bloß den Mann der Petrefakten, sondern auch den der Bergesfreude lohnen mögen.

Die nächstjüngere Gesteinslage über den Kössener Schichten wird von blendend weißen bis grauen, seltener röthlichen Kalksteinen und Mergelbänken gebildet, die man nach dem Punkte ihrer Hauptentwicklung Dachsteinkalke genannt hat. Eine eigenthümliche zweischalige Muschel, die Dachsteinbivalve, deren Querschnitt auf verwitterten Blöcken oft als herzförmige Zeichnung erscheint — die sogenannten „Hirschtritte" — und graue oder röthliche, durch weißen Kalkspath symmetrisch gefleckte Lithodendronkalke gehören zu den Merkmalen unseres Gesteins. Im Osten der Alpen ebenso mächtig entwickelt, wie Wettersteinkalk und Hauptdolomit, verschmilzt er mit diesen durch Zusammenschrumpfen der Kössener und Raibler Schichten zu mächtigen Kalkstöcken, an welchen die Grenzen der einzelnen Gesteinsglieder sich selten scharf bestimmen lassen. Dadurch scheint sich der eigenthümlich großartige Gebirgsbau des Berglandes zwischen Saalach und Salzach und weiterhin östlich zu erklären. Diese fest zusammenhängenden Kalkmassen

Dachsteinkalk.

waren zu starr, um bedeutende Wellenbiegungen erleiden zu können und wurden deßhalb von den Kräften, die in den Alpen Berg und Thal formten, als ungeheure, hie und da zerbrochene und gekrümmte Steinplatten emporgedrängt. Solche Gebilde sehen wir in der Reiteralpe, im Untersberg, Lattengebirge, Göhl, Haagengebirge und vor allen gewaltig im Steinernen Meere mit der vergossenen Alpe. Es mag eine Zeit gegeben haben, in welcher auch der Watzmann, der Hochkalten und die südlichen Nachbarn mit dem großen

Massiv des Steinernen Meeres zusammenhingen in einer riesigen flachen Kuppel. Klaffend aufgeborstene Risse, durch die Zerstörung von Jahrtausenden zu Thälern ausgenagt, trennen sie jetzt; das Wimbachthal, der Königsee, die Einschnitte des Schrambaches, des Funtensees, die Schluchten der Eiskapelle und jene zwischen den klotzigen Gjaidköpfen. Auf ihren Hochflächen breitet sich der Dachsteinkalk, hie und da von jüngeren rothen Kalksteinen überlagert, in jenen ungeheuren Steinwüsten aus, die man im Salzkammergut so bezeichnend „todtes Gebirg", in wissenschaftlicher Sprache Karrenfelder nennt.

Es scheint ein vergebliches Bemühen, durch Feder oder Pinsel ein vollgiltiges Bild von der Größe jener Natur festhalten zu wollen: Graue, kahle, von den Rinnsalen des Schnee- und Regenwassers tief durchfurchte Felsengrate zu Tausenden nach allen Richtungen in der meilenbreiten Fläche aneinandergereiht, nur hie und da spärliches, verbranntes Moos in den Vertiefungen duldend; klafterbreite Spalten, die in unergründliche Tiefe hinabsetzen, trichterförmig ausgewaschene Felsenkessel, riesige Blöcke und scharfkantige Schuttmassen; dort erhebt sich ein kolossales Bergeshaupt in verwegenem Profile und birgt seinen Scheitel im Schatten der nahen fliegenden Gewölke; da taucht in tief eingeschnittener Mulde eine Matte vom prächtigsten Grün auf, der „Schönbühel"; eine wetterzerrissene Hütte, von der man nicht glauben mag, daß sie einen Menschen mehrere Wochen beherbergen könnte, legt Zeugniß dafür ab, daß diese Species zu den genügsamsten der Schöpfung gehört; das Rind, die Ziege können hier nicht bestehen und selbst die Gemse verläßt die dürftige Wüste, freilich zum Theil auch vom Schafe verdrängt, gegen welches sie einen unüberwindlichen Widerwillen zu besitzen scheint. Wer freundliche Bilder sucht, der meide diese Höhen; denn da ist es weder die Pracht der Farbe, noch Feinheit und Reichthum der landschaftlichen Scenerie, sondern nur die Größe der Masse, der Einsamkeit, der Verwüstung, da sind es die hippokratischen Züge im Antlitz der Natur, die Erhabenheit im Leblosen, das steingewordene Grausen, das die Seele bis zum Nimmervergessen erschüttert. Der Künstler wird sie nicht auf sein Blatt zu bannen versuchen, aber die Erinnerung des bergfrohen Wanderers wird solche Bilder festhalten, denn sie gehören zu den großartigsten im Bereich der Alpen — mag nun der tiefblaue Himmel sich über der weiten Oede ausspannen, die im Sonnenlichte glüht und zittert, mögen schwarze Wolkenschatten darüber hinfliegen oder braungraue Nebelfetzen aus allen Schlünden wirbeln und an allen Zacken hängen; das Sausen des Windes in den Felswänden, der schrille Pfiff eines „Mankei" sind die einzigen Töne dieser Regionen.

Die Frage nach den Ursachen der Karrenfeldbildung läßt sich nicht mit einem Satze erledigen. Mancherlei Umstände vereinigten sich zu der großartigen Zusammenwirkung. Schon beim Empordrängen der gewaltigen Kalkmassive entstanden eine Menge kreuz und quer ziehender Spalten, zahlreiche Schollen schoben sich höher empor, andere blieben zurück; die wässerigen Niederschläge der Atmosphäre graben sich wunderliche Furchen, bis sie die nächste Spalte erreichen und in die Tiefe gehen; keine krautartige Pflanze haftet an den humuslosen, versengten Klippen, nur da wo mergelige und thonige Massen zusammen= geschwemmt werden und die Klüfte des Kalksteines verschließen, kann sich Wasser halten und an solchen Stellen entwickelt sich ein Graswuchs, der uns üppig erscheint im Kontrast zu der umgebenden Oede.

Neben den großen Verbreitungsgebieten, die der Dachsteinkalk im östlichen Theile der Nordalpen beherrscht, beschränkt sich sein Auftreten westlich von der Saalach — mit Ausnahme der Loferer Steinberge — auf mehrere schmale westöstliche Parallelzüge, welche im Allgemeinen nur geringe Höhe besitzen. Aber auch da erinnert sich das Gestein seiner Hochalpennatur und bricht in steil aufgerichteten Felsenriffen hervor, die um so wirksamer in die Scenerie des Gebirges eingreifen, als sie der Verwitterung besser zu trotzen vermögen wie die weicheren, ringsum abgeschwemmten Gesteine der Kössener Schichten.

In den Südalpen gelangt der Dachsteinkalk zu großartiger Entwicklung. Der größte Theil der mächtigen Berge, welche in das Ampezzanerthal hinabsehen, besteht aus Dachsteinkalk, oft unrichtig als „Dolomite" bezeichnet.

In reicher Folge reihen sich nun jüngere Gesteinsbildungen aller Art aneinander, aber keine davon gelangt, in dem Theile der Alpen wenigstens, den wir im Auge haben, zu der gewaltigen Hochgebirgsentwicklung, wie der Wettersteinkalk, die Gruppe des Hauptdolomit und der Dachsteinkalk. Da sind zunächst die rothen, ammonitenreichen Marmorarten von Adnet und Hierlatz, die der Rothwand unweit des Spitzingsees, der Röthelwand bei Wessen, dem Rothpalfen am Hirschbühlerbach und anderen den Namen gaben; da sind ferner die Jurakalksteine aus der Gegend von Trient und Roveredo, vom Haselberge bei Ruhpolding, an der Tegernseer Weißach und die darüber lagernden, besonders im Ammergau entwickelten, grauen und fleckigen Wetzsteinschiefer. Es folgen grünliche Sandsteine, sandige Mergel und Kalkschiefer; man bezeichnet sie als ältere Kreidebildungen (Galt, Neocom). Nach ihrer Ablagerung müssen in unserem Berglande mächtige Aenderungen in der Anordnung von Berg und Thal vor sich gegangen sein. Denn während sie sich überall, wo sie auftreten, in übereinstimmender Lagerung mit der älteren Gesteinsreihe befinden, zeigt sich, daß die nächstjüngeren Gesteine, die Breccien, Kalksteinkonglomerate, Mergelschiefer und Thonmergel der sogenannten Gosaubildung nicht mehr übereinstimmend, sondern ganz unabhängig von der Lagerung der älteren Gesteine, in muldenförmigen Einbuchtungen derselben eingebettet sind. Der größte Theil der Hebungen und Senkungen, welche die bildende Ursache unseres Alpenlandes sind, mag nach der Ablagerung jener grünen Sandsteine und Mergel stattgefunden haben. Damit steht die Thatsache in Verbindung, daß sie im Westen unserer Alpen zu fehlen scheinen. Auch im Osten stellen sie sich nur in beschränkter Verbreitung ein.

Die nummulitenreichen Kalksteine und Sandsteine, die dem Alter nach folgen, die thonigen, sandigen und konglomerat= artigen Bildungen, die sich ihnen anschließen und bei den Schweizern Flysch genannt werden, erheben sich nicht mehr weit über die gegenwärtige Thalsohle und beweisen durch ihre Lagerungsverhältnisse ebenfalls, daß die Hauptzüge des Gebirges zur Zeit ihrer Bildung schon bestanden. Aus ihnen baut sich der nur hie und da bedeckte oder unterbrochene Zug von Vor= bergen, der sich allenthalben am Nordrande vom Hochgebirge in die Ebene herabsenkt. In der Natur seiner Gesteine liegen die Lebensbedingungen für stattliche Forste und üppige Alpenwiesen, liegen die Ursachen des Quellenreichthums und der sanft= gerundeten Hügel, die den Bergwanderer wie eine bekränzte Pforte begrüßen. In ihrem Bereiche begegnet man dem oft wiederkehrenden Namen „Gschwendt", der die Ausrodung des Waldes und jungen Anbau bedeutet. Aber auch an nutzbaren Gesteinen bieten sie Erwähnenswerthes. Abgesehen von den merkwürdigen rogensteinähnlichen Eisenerzen des Kressenberges, die von der Maxhütte bei Bergen verschmolzen werden, dürfen wir des Granitmarmor und der zahllosen Cementstein=, Mühl= stein= und Bausteinbrüche nicht vergessen, welche in der Nummuliten= und Flyschformation liegen. — Aus dem Umstande, daß sie im Innern des Berglandes nur selten und in kleinen Gebieten auftreten, ergibt sich wieder, daß die damals schon empor= gehobenen Gebirge wie ein Wall die Gewässer abhielten, aus welchen jene sich absetzten; auch dann sind es Einbuchtungen, die man sich wohl mit dem Vorlande in Verbindung denken kann, wie die Becken von Reichenhall, Reit im Winkel, Niedern= dorf und Oberaudorf; am weitesten zogen sie sich das offen stehende Innthal hinauf, wo sie bei Kirchbühel reiche Lagerstätten von Braunkohle umschließen.

Da, wo sie in das Vorland heraksteigen, werden sie zunächst meistens von der Molasse überlagert. So nennt man die Gesteine der letzten (sogenannten tertiären) Formation, die sich bildeten, ehe die Erdoberfläche und ihre Organismen die Gestaltung annahmen, welche sie im Allgemeinen heute noch besitzen. Da wechseln mergelige und thonige Schiefer, Letten, Sandsteine und Nagelfluhe in bunter Reihe miteinander, theils Bildungen des Meeres, theils solche von großen Süßwasser= seen. Wenn sie auch hie und da eine Meereshöhe von dreitausend Fuß erreichen, so erscheinen die Erhebungen, an welchen sie sich betheiligen, bei der allgemeinen hohen Lage des Landes und angesichts der Alpenkette nur als Hügel. Was ihnen aber eine besondere Aufmerksamkeit zuwendet, ist das Vorkommen von trefflicher Braunkohle (Pechkohle), die sich dem äußeren Ansehen nach nicht von der echten Steinkohle unterscheiden läßt. Zahlreiche, freilich oft nicht sehr mächtige Lager von

Pechkohle unterliegen bei Au, Miesbach und Tölz, bei Penzberg und am Peißenberge der bergmännischen Ausbeutung und am ganzen nördlichen Gebirgsrande zwischen Salzach und Lech finden sich Spuren ähnlicher Kohlenbildungen, begleitet von Sandsteinen und muschelreichen Mergeln, in welchen Süßwasserschnecken eine hervorragende Rolle spielen.

Und endlich kamen mit der letzten Umgestaltung des Landes die Geröllmassen, die die weite Ebene bis zur Donau hinab überdecken, es kam der Löß, der fruchtbare Schlamm, welcher den Erntesegen ganzer Provinzen trägt, es kamen die einzelnen gewaltigen Blöcke aus Urgebirgsstein, die in bestimmten Zügen über das Vorland zerstreut wurden — wer vermag zu sagen, wie und von wannen?

Man vermuthet, daß in einer der historischen Zeit verhältnißmäßig naheliegenden Epoche unser ganzes Alpenland bis weit herab von gewaltigen Gletschermassen überdeckt war, deren Zungen vielleicht in ausgedehnte Gewässer tauchten. Auf ihrem Rücken wanderten die großen Findlinge herab; es ist noch zu entscheiden, ob sie einfach, wie auf den Gletschern der Hochalpen, zur festen Erde kamen, oder ob sie, durch große Eisschollen getragen, weit hinausschwammen und endlich mit dem Zerfließen ihrer Träger niedersanken. Wenn man sich für die erste Annahme entscheidet, ergibt sich die Nothwendigkeit, die Gletscherzungen jener Epoche bis über den Starnberger-, Ammer- und Chiemsee und im Innthale hinab bis Attel reichen zu lassen; überall da finden sich die steinernen Wanderer der „Eiszeit", oder fanden sich, denn freilich bringt es die Armuth der Hochebene an festen Bausteinen mit sich, daß ihrer immer weniger werden; durch ihre dunkel grünlichgraue Farbe oder durch die flimmernden Kristallblättchen ihrer Gemengtheile verrathen sie sich in so manchem alten Gemäuer. — Die Eiszeit endete mit einer Senkung des Alpenlandes, welche so plötzlich oder wenigstens in so kurzer Zeit vor sich ging, daß auf einmal die ungeheuren Massen all des Eises zum Schmelzen kamen. Großartige Wasserfluten brachen überall den Wall der Berge und wälzten Millionen Kubikfuß von Schlamm und Gerölle mit sich. Endlich hob sich das Land noch einmal langsam bis zu seiner gegenwärtigen Höhe; die Gewässer verliefen sich bis auf die Seebecken, welche heute noch das Gebirge säumen, aber auch in geschichtlicher Zeit an Umfang abnahmen. So zeigt man am Fuße des Felsenkopfes, der das Schloß Marquartstein trägt, einige eingelassene eiserne Ringe, die im grauen Alterthume zur Befestigung der Schiffe gedient haben sollen, als der Chiemsee seine blauen Wellen bis hieher erstreckte. Wir sehen,

Blaueis.

daß auch das Eis eine nicht unbedeutende Rolle in der Geologie spielte und deßhalb mit Recht unter die Faktoren aufgenommen ist, die bei der Erdoberflächenbildung mitwirkten. Vor wenig Jahren fand man endlich mit überzeugender Sicherheit die Reste der Moränen, welche die Riesengletscher der Eiszeit vor sich herschoben, wie man schon an vielen Punkten die Spuren ihres Fortgleitens an eigenthümlich abgescheuerten Felswänden, in den sogenannten Gletscherschliffen entdeckte. Nach ihnen zu schließen, reichten die Eismassen jener Epoche weit herab in das Flachland über die Seen hinaus

bis nahe an München. Gewaltige Gletscherbäche brachen aus ihnen hervor, stauten sich an ihrem Fuße zu weiten Wasserbecken auf und gruben sich durch das Geröll der Ebene tiefe Rinnsale, deren Trockenbetten heute noch als „Teufelsgraben" erkennbar sind. — Auch im Hochgebirge selbst fehlt es nicht an unwiderleglichen Beweisen für die Existenz jener vorweltlichen Eiszeit. Hoch oben an den beiderseitigen Gehängen des Oetzthales bei Fend vermag der aufmerksame Beobachter mehrere Moränenlinien weithin zu verfolgen, die jener Zeit entstammen, als das Eis alle Thäler Tirols ausfüllte und selbst die geringeren Höhen der Voralpen überschritt. Heutzutage finden sich nur wenig und kleine Eisbildungen in den nördlichen Kalkalpen. In unserem Gebiete sind es der bekannte Plattachferner der Zugspitze, der benachbarte kleine Höllthalferner, und vor allen das „Blaueis" am Hochkalter, welches, wenn auch nur von geringer Ausdehnung, doch an Farbenpracht der blaugrünen Spalten des Eises mit den Gletschern der Centralalpen wetteifert.

Nach der Eiszeit scheinen die gebirgsbildenden Bewegungen der Erdrinde zu Ende gegangen zu sein. Untersuchungen darüber, ob die Berge noch steigen oder sinken, sind nicht angestellt, und so scheint es denn, als ob sich die geologische Thätigkeit der Gegenwart auf das stätige, unmerklich vorschreitende Nivellement des Gebirges, auf das Abtragen der Höhen, das Ausfüllen der Thäler und Seebecken beschränke. Und doch fehlt es nicht an neuen gewaltigen Gesteinsschöpfungen, die vor unseren Augen, freilich langsam, entstehen. Erinnern wir uns an die Tuffbildungen, an die Geröll- und Trümmermassen, die überall in den Thälern sich anhäufen; kohlensäurehaltige, kalkreiche Gewässer durchsickern und verkitten sie allmälig und nach einigen Jahrtausenden werden sie vielleicht als kompakte Konglomerate und Breccien dastehen.

So vermögen wir uns die großen Meere der Kalkbildungen, die Küsten und Stromdelta's mit ihren Sandsteinablagerungen in der Vergangenheit vorzustellen, wir können uns auch Bilder von der allmäligen Zerstörung schon gebildeter Gesteine machen, weil uns die analogen Vorgänge der Gegenwart bekannt sind; aber für die Beurtheilung der Kräfte, welche die abgelagerten Gesteinsschichten emporhoben, falteten oder zerbrachen, welche einzelne Schollen der Erdrinde übereinanderschoben, umstürzten oder versinken ließen, dafür fehlt uns der Maßstab. Aus mehreren Anzeichen, besonders aus der Verschiedenheit der vorweltlichen Organismen in den Alpen von jenen des mittleren und nördlichen Deutschland, ist man zu dem Schlusse gelangt, daß einst ein mächtiger Gebirgswall vom Böhmerwalde bis an den Bodensee sich zog, der die Meere der Alpen von jenen des mittleren und nördlichen Europa's trennte. Er ist spurlos versunken. Die Gesteinsmasse der Alpen nahm ursprünglich, als sie noch eben ausgebreitet war, einen viel größeren — etwa dreimal so breiten Flächenraum ein als gegenwärtig. Durch einen ungeheuren von Nord und Süd entgegengesetzt wirkenden Seitendruck, als dessen Ursache man die fortschreitende Erkaltung im Inneren des Planeten annimmt, wurden die vorher eben abgelagerten Schichten der Alpengesteine aufgestaucht und zusammengefaltet wie feuchte Pappe. Deßhalb liegen auch die meisten Höhenzüge der Kalkalpen von Ost nach West. Die großartigsten Beispiele dafür stellen sich in der Kaisergruppe und in den Parallelreihen des Karwendelgebirges dar. Nur wenige bedeutendere Gebirgsrücken machen davon eine Ausnahme. Darin liegt der Grund, daß viele unserer Berge, die sich als breite Massen aufbauen, wenn wir ihnen von Norden her näher kommen, von Westen oder Osten aus als scharfe Pyramiden erscheinen. Die Benediktenwand mit ihrem breiten, für das Loisachthal charakteristischen Nordabfall, der langgezogene Tschürgant, welcher dem Wanderer im Innthale auf viele Meilen hin zur Seite steht, die breiten Felsmauern der Karwendelketten und des Wettersteingebirges erkennt man von irgend einem westlich oder östlich gelegenen Punkte nicht wieder, weil ihre Profile als kühne Spitzen aus dem Meere von Bergesgipfeln auftauchen.

Dabei kann es allerdings auffallen, daß gerade die bedeutenderen Thäler jener Richtung nicht folgen. Bei eingehender Untersuchung wird man aber finden, daß es Durchbruchsthäler sind, durch welche der Rhein, der Lech, die Loisach, die Isar, der Eisak, der Inn, die Etsch, die Kitzbühler Achen, die Saalach und Salzach in die Ebene heraustreten, und daß die Gesteinsschichten in der Regel auf dem einen Ufer in derselben Lagerung fortsetzen, in der sie am andern abbrachen. Viel zahlreicher sind die Erdfalten der Ostwestrichtung, und wenn sie uns unbedeutend erscheinen, so geschieht das, weil sie im Allgemeinen höher liegen und weil der Verkehr ihrer kaum bedarf gegenüber jenen, die in und durch das Gebirge führen.

Zu all den Ursachen der Gebirgsbildung, welche in der Schichtung und in ihren mannigfaltigen Biegungen liegen, treten die Kräfte der Zerstörung. Sind schon die Wirkungen von Luft und Wasser in der Gegenwart groß genug, um merkliche Spuren ihrer Thätigkeit zu hinterlassen, so müssen sie sich, wenn wir sie auch in früheren Jahrtausenden nicht gewaltiger denken wollen, im Laufe der Zeiten so summirt haben, daß ihnen ein großer Antheil an der Plastik des Alpenlandes zugeschrieben werden kann. Manche Thatsachen dieser Art lassen sich in ihrem ursächlichen Zusammenhange wohl verfolgen, wie zum Beispiel die Bildung der Felsenklammen, der Bergstürze. Hoch oben an den Wänden der Unkener Klamm sehen wir die Spur der Wellen, die derselbe Bach noch heute in der Tiefe des Gesteines dahindrängt; wir sehen noch die Ufer, die einstens das Seebecken von Kössen umsäumten, dammartig in weitem Kreise abfallen; immer tiefer sägte sich der Abfluß in die Felsen des Klobensteinpasses, bis endlich das Niveau desselben unter die Thalfläche sank und der See vollständig abgelaufen war; wir können das Verdrängen der Isar aus ihrem alten Bette, das zum Walchen- und Kochelsee führte, durch die Schuttmassen erklären, die sie nach Osten ablenkten und wir erkennen noch die Reste alter Bergstürze, auf welchen heute stattliche Ortschaften liegen. Viel größere Resultate der Zerstörung entgehen uns jedoch, wenn wir nicht die geognostischen Profile zu Rathe ziehen und an ihrer Hand den Verlauf der Gesteinsschichten verfolgen. Da finden wir, wie die mächtigsten Schichtensysteme plötzlich aufhören und ihre muthmaßliche Fortsetzung ohne alle Spur verschwunden ist und man ist gezwungen an Wasserbewegungen zu denken, welche ganze Gebirgszüge abtragen konnten, die dem natürlichen Verlauf der Schichten nach sich konstruiren lassen.

Man hat der Naturwissenschaft nachgesagt, daß sie den Dingen den Reiz des Märchenhaften, den Hauch der Poesie nehme. Wir überlassen die Entscheidung darüber, ob sich dieser Tadel auch über die Erkenntniß des Wesens der Berge erstrecke, dem Urtheile jedes Einzelnen, der, hoch oben auf einsamem Bergeshaupte, den Blick über die Alpen, über ihre leuchtenden Höhen und blauduftigen Thäler sendet und dabei sich dessen erinnert, was ihm diese Zeilen von ihrer Entstehung, von ihren Meeren und Bewohnern, von ihren Erdbewegungen und ihrer ganzen gewaltigen Vergangenheit erzählten. —